河南省"十四五"普通高等教育规划教材

一流本科专业一流本科课程建设系列教材

土 力 学

主　编　刘忠玉
参　编　祝彦知　石明生　闫富有　师旭超
　　　　魏建东　纠永志　李永辉

机械工业出版社

本书根据现行技术规范,结合"土力学"学科近年来的发展,系统地介绍了土力学的基本原理和分析方法,注重基本理论、基本概念的阐述,强调基本原理的工程应用。本书主要内容包括绪论、土的物理性质及工程分类、土的渗透性与渗流、地基中应力计算、土的压缩性与地基沉降计算、土的抗剪强度、地基承载力、土压力计算、土坡稳定分析、特殊性土地基。

本书可作为高等学校土木工程专业及相近专业"土力学"课程的教材和参考书,也可供土建类研究人员和工程技术人员参考。

本书配有授课PPT、课后题参考答案等教学资源,免费提供给选用本书的授课教师,需要者请登录机械工业出版社教育服务网(www.cmpedu.com)注册后下载。

图书在版编目(CIP)数据

土力学/刘忠玉主编. —北京:机械工业出版社,2022.3
河南省"十四五"普通高等教育规划教材 一流本科专业一流本科课程建设系列教材
ISBN 978-7-111-70185-9

Ⅰ.①土… Ⅱ.①刘… Ⅲ.①土力学-高等学校-教材 Ⅳ.①TU43

中国版本图书馆 CIP 数据核字(2022)第 027782 号

机械工业出版社(北京市百万庄大街22号 邮政编码100037)
策划编辑:李 帅 责任编辑:李 帅 高凤春
责任校对:张 征 王 延 封面设计:张 静
责任印制:郜 敏
三河市国英印务有限公司印刷
2022年5月第1版第1次印刷
184mm×260mm・18.25 印张・452 千字
标准书号:ISBN 978-7-111-70185-9
定价:56.80 元

电话服务   网络服务
客服电话:010-88361066   机 工 官 网:www.cmpbook.com
        010-88379833   机 工 官 博:weibo.com/cmp1952
        010-68326294   金 书 网:www.golden-book.com
封底无防伪标均为盗版   机工教育服务网:www.cmpedu.com

前　言

"土力学"是土木类专业重要的核心专业课之一。本书依据《高等学校土木工程本科指导性专业规范》以及"土力学"课程教学大纲编写。考虑到不同专业方向对土力学的讲授内容有所区别，本书主要侧重于土木工程专业的建筑工程方向和城市地下空间工程专业，同时也适用于交通土建工程、岩土工程等方向，还可作为港口工程、水利水电工程等相近专业的参考用书。在内容上，本书既注重先进性与实用性的协调，又注重新规范和新成果的引用，在满足培养要求和符合学生认知特点的基础上，力求遵循以下原则：

1. 强调基本概念、基本原理和基本方法。力求准确阐述"土力学"课程的基本概念和基本原理，使学生在理解和掌握基本原理的基础上能应用这些基本原理和方法解决实际工程中应力、变形、稳定（强度）和渗流等问题。同时在涉及规范时，力求反映规范的基本原则和基本规定，以及与土力学的基本原理和基本概念的内在关系，有利于学生的应用。

2. 适当扩展学生的知识面。在介绍传统土力学内容的基础上，注意适当吸收国内外较成熟的最新成果，以使学生对土力学的发展动态有较全面的认识和了解。

3. 内容层次分明，适应多层次教学要求。在章节安排上，力求层次分明，使全书各部分内容既相互关联，具有系统性，又具有相对独立性，以适应不同学时、不同地区、不同类别教学的需要。

本书共分10章，其中第1章和第9章由郑州大学刘忠玉编写，第2章由郑州大学石明生编写，第3章由郑州大学李永辉和刘忠玉编写，第4章和第10章由中原工学院祝彦知和纠永志编写，第5章由郑州大学闫富有编写，第6章由河南工业大学师旭超和郑州大学刘忠玉编写，第7章由郑州大学魏建东编写，第8章由郑州大学石明生和刘忠玉编写。全书由刘忠玉统稿。

本书在编写过程中参考了相关教材以及许多专家、学者在教学、科研、设计和施工中积累的宝贵资料，在此一并表示感谢。

由于编者水平有限，书中不妥之处在所难免，恳请读者批评指正。

编　者

目 录

前言
第1章 绪论 ... 1
1.1 土力学及其研究对象 ... 1
1.2 土力学的任务 ... 2
1.3 土力学的学科地位 ... 3
1.4 土力学的发展简史 ... 3
1.5 土力学课程的学习方法 ... 5
思考题 ... 6

第2章 土的物理性质及工程分类 ... 7
2.1 土的生成 ... 7
2.2 土的组成 ... 9
2.3 土的结构和构造 ... 22
2.4 土的物理性质指标 ... 24
2.5 土的物理状态指标 ... 31
2.6 土的压实性 ... 36
2.7 土的工程分类 ... 40
思考题 ... 47
习题 ... 48

第3章 土的渗透性与渗流 ... 49
3.1 概述 ... 49
3.2 土的渗透性与达西定律 ... 50
3.3 渗透系数的测定及其影响因素 ... 56
3.4 二维渗流、流网及工程应用 ... 63
3.5 渗透力与渗透破坏 ... 72
思考题 ... 79
习题 ... 79

第4章 地基中应力计算 ... 81
4.1 概述 ... 81
4.2 土中的自重应力 ... 81
4.3 基底压力分布及简化计算 ... 84

4.4	地基附加应力	88
4.5	有效应力原理	106
思考题		112
习题		112

第5章　土的压缩性与地基沉降计算　114

5.1	概述	114
5.2	土的压缩性	115
5.3	地基最终沉降量计算	125
5.4	地基沉降问题讨论	138
5.5	饱和黏性土一维渗透固结理论	142
思考题		150
习题		150

第6章　土的抗剪强度　152

6.1	概述	152
6.2	库仑公式	153
6.3	抗剪强度的测试方法	160
6.4	砂类土的抗剪强度特征	170
6.5	黏性土的抗剪强度特征	172
6.6	孔隙水压力系数	174
6.7	应力路径	177
思考题		180
习题		181

第7章　地基承载力　183

7.1	概述	183
7.2	地基的失稳破坏形式	183
7.3	地基的临塑荷载和界限荷载	185
7.4	地基极限承载力	189
7.5	按现场载荷试验确定地基承载力	198
7.6	按规范方法确定地基承载力	200
思考题		206
习题		207

第8章　土压力计算　208

8.1	概述	208
8.2	静止土压力	211
8.3	朗肯土压力理论	213
8.4	库仑土压力理论	219
8.5	朗肯土压力理论与库仑土压力理论的比较	233
8.6	几种常见情况的土压力计算	233
8.7	挡土墙设计	239
8.8	埋管土压力	245

| 思考题 | 248 |
| 习题 | 249 |

第9章　土坡稳定分析　250

9.1　概述　250
9.2　无黏性土土坡的稳定性分析　251
9.3　黏性土土坡的稳定性分析　252
思考题　262
习题　263

第10章　特殊性土地基　264

10.1　概述　264
10.2　湿陷性黄土　265
10.3　膨胀土　271
10.4　污染土　277
思考题　283
习题　283

参考文献　285

第 1 章 绪 论

1.1 土力学及其研究对象

土力学（soil mechanics）是以传统的工程力学和地质学的知识为基础，研究土的物理力学性质以及土中渗流、应力、变形、强度和稳定性等问题的一个力学分支。

土力学的研究对象是土（soil）。土是在地质历史时期（特别是第四纪）地壳表层岩石经受长期风化作用而不断破碎、分解形成的碎屑颗粒，残留在原地或经过各种地质营力（如风、流水等）的搬运、沉积所形成的大小不等的颗粒状松散堆积物。在自然条件下，这些堆积物可形成具有一定物质组成、结构形式和赋存环境的地质体（geology body）。建筑、水利、交通、地下、地质灾害防治等工程涉及的那部分松散的地质体称为土体（soil mass）。

土在地球表面分布极广。在工程建设中，它往往作为不同的研究对象。在土体上修建工业厂房、民用住宅、桥梁、码头等建筑物时，它用来支承建筑物，并承受建筑物传下的荷载，此时一定范围内土体中的应力状态将发生变化，通常称这部分土体为建筑物的地基（subsoil；foundation soil），而建筑物将上部结构的荷载传给地基的地下部分，通常称为基础（foundation），基础底面至地面的距离，称为基础的埋置深度 d（embedment depth），简称埋深（图 1-1）。而在修筑土质堤坝、路基等时，土则被用作建筑材料。对于挡土墙、隧洞以及地下建筑，土又是建筑物周围的介质。因此，土的性质对于工程建设的质量、性状等，具有直接且重大的影响。与其他材料相比，土具有以下特点：

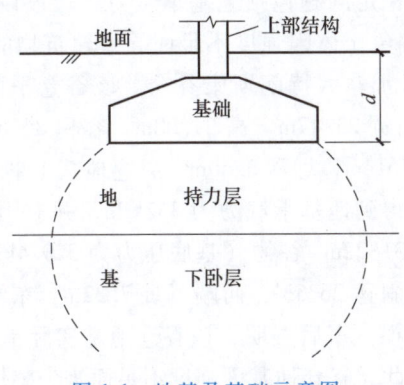

图 1-1 地基及基础示意图

1）三相体。土的固体颗粒相互搭接或弱胶结，构成土的骨架；固体颗粒之间存在着大量的孔隙，并被水和空气所填充，所以土是由固体颗粒、液体水和气体组成的一种三相体。特殊情况下，土是两相体，例如地下水位以下的饱和土仅由固体颗粒和孔隙水组成，而风干土则没有孔隙水。土体中颗粒大小和矿物成分差别很大，各组成部分的数量比例也各不相同，同时颗粒表面与孔隙水之间存在着复杂的化学作用，从而影响着土的性质。因此，土的力学性质要比单相固体或液体复杂得多。

2）碎散性。土体是由大小不同的颗粒组成的，而颗粒之间没有连接强度或连接强度远小于颗粒本身的强度，同其他材料（如岩石）相比，其强度（通常指抗剪强度）很低，可以近似认为土体是碎散的，是一种以摩擦为主的集聚性材料。这是土有别于其他连续介质的一大特点。

3）透水性。土体中存在着大量的孔隙，可以充满足够数量的重力水，并允许这些重力水在孔隙中自由运动。但砂土等粗粒土和黏土等细粒土的透水性差别很大。

4）多孔性。由于土体中存在着大量的孔隙，所以土体受到荷载作用而易于产生压缩变形，而且其变形量一般远比其他常见建筑材料大。这种变形主要表现为颗粒之间的相对移动和重新排列。

5）自然变异性或不均匀性。由于形成过程的自然条件不同，各地也就产生了性质各异的土，因此土具有区域性。由于土的生成条件和环境的改变，土体也会产生竖向和水平的不均匀性，甚至还会产生各向异性。因此同一场地、不同深度处土的性质可能不一样，相距很近的土的性质也可能发生变化，即使是同一点的土，其力学性质也会因方向的不同而不同。所以，土的性质远比其他建筑材料复杂。

6）易变性。同其他建筑材料相比，土的工程特性更易受外界温度、湿度、地下水、荷载等的影响而发生显著的变化。

1.2 土力学的任务

"万丈高楼平地起"说的是建造各类建筑物前打牢基础的重要性。这肯定都涉及土力学课题，保证建筑物施工期和竣工后的安全以及正常使用是土力学应该面对和处理的两大主题。因此，工程实践中，土力学学科主要研究和解决以下两大类问题：

1）土体稳定问题。土体稳定问题包括地基承载力、边坡以及挡土墙的稳定等，也就是研究土体中的应力和强度，避免土体因强度不足而导致建筑物的破坏或边坡丧失稳定性。该方面著名的失败案例之一就是加拿大特朗斯康谷仓。该谷仓平面呈矩形，由 65 个圆筒仓组成，南北向长 59.44m，东西向宽 23.47m，高 31.00m，容积 36368m³，自重 20000t。谷仓基础为钢筋混凝土筏板基础，厚度 61cm，埋深 3.66m。谷仓地基土事先未进行勘察，仅根据邻近结构物基槽开挖试验结果，计算得到地基承载力为 352kPa，并应用于该谷仓。谷仓于 1913 年完工后，10 月 13 日当谷仓装入 31822m³ 谷物（基底压力为 329.4kPa）时，发现 1h 内竖向沉降达 30.5cm，24h 内谷仓向西倾斜达 26°53′，西端下沉 7.32m，东端上抬 1.52m。但由于该谷仓整体性很强，上部筒仓完好无损。事后查明，该谷仓地基实际承载力仅为 194～277kPa，远小于谷仓破坏时的基底压力。因此，谷仓地基因强度不足而丧失整体稳定性。

2）土体变形问题。即使土体具有足够的强度能保证自身稳定，土体的变形尤其是沉降

（竖向变形）和不均匀沉降等也不应超过建筑物的允许值。否则，轻者导致建筑物的倾斜、开裂，降低或失去使用价值，重者将会造成建筑物的倒塌破坏，造成重大的人员财产损失。著名的意大利比萨斜塔就是如此。该塔于 1173 年动工，1178 年建至第 4 层中部，高度约 29m 时，因塔身明显倾斜而停工，以后又断续施工，并于 1372 年竣工。全塔 8 层，高度为 55m，总荷重 145MN，基底压力约 50kPa。地基持力层为粉砂，下为粉土和黏性土。该塔向南倾斜，南北两端沉降差 1.80m，塔顶偏离中心线达 5.27m，倾斜 5.5°，成为危险建筑，1990 年被封闭。

此外，需要指出的是，对于堤岸等土工建筑物、水工建筑物地基或其他挡土挡水结构，除了在荷载作用下土体要满足前述的稳定和变形要求外，还要研究渗流对土体变形和稳定的影响。

1.3 土力学的学科地位

土力学是土木工程、城市地下空间工程、水利水电工程、道桥工程、海港工程以及工程地质等专业的一门重要的专业基础课。它涉及的自然科学范围很广，从其独立成为一个力学的分支开始，就与土质学、工程地质学、渗流力学、材料力学、弹塑性力学等学科存在着千丝万缕的联系。随着理论与工程实践的发展，各学科之间的相互渗透、相互依存的特点更加突出，土力学与这些学科之间的联系将更加紧密。因此，掌握必要的土力学知识就成了将来在相关学科或领域内从事理论研究、工程设计、施工、监理以及养护维修的重要基础。例如，各类基础的设计与施工就是以土力学的地基承载力理论和沉降计算理论为前提，土方开挖、各类人工土坡和自然边坡以及基坑支护工程中的稳定计算等也都离不开土力学理论的指导。

在学习土力学课程前需要具备的基础知识主要是高等数学、工程地质学、水力学、材料力学和弹性力学的基本概念和部分计算理论。

1.4 土力学的发展简史

土力学是一门既古老而又年青的应用学科。说它古老，是因为人类自古以来就非常广泛地用土做建筑材料和建筑物地基，并成功地解决了某些地基基础问题。我国古代劳动人民创造了灿烂的文化，留下了令人叹为观止的工程遗产。恢宏的宫殿寺院、灵巧的水榭楼台、巍峨的高塔、蜿蜒万里的长城、大运河等，无不体现出能工巧匠的高超技艺和创新智慧。这里仅举两个例子。第一个是隋朝石工李春所修赵州石拱桥。它不仅因其建筑和结构设计的成就闻名于世，而且其地基基础的处理也值得称道。该桥台砌筑于密实粗砂层上，至今估计沉降约几厘米。现在反算其基底压力为 500~600kPa，十分接近于以现代土力学理论方法给出的地基承载力。第二个是北宋初开封开宝寺木塔。著名木工喻皓在建造该塔时，考虑到当地多西北风且地基为饱和软土，特意使塔身稍向西北倾斜，试图通过风力的长期断续作用把木塔逐渐扶正。这体现出古人在实践中早已试图解决建筑物地基的沉降问题了。然而这些仅仅局限于工程实践经验，受当时生产力水平的限制，未能形成系统的土力学和工程建设理论。

1）萌芽期（1773—1923 年）。土力学逐渐形成理论始于 18 世纪兴起工业革命的欧洲，那时，为满足资本主义工业化的发展和市场向外扩张的需要，工业厂房、城市建筑、铁路等大规模的兴建，提出了许多与土力学相关的问题，也积累了许多成功的经验和失败的教训。它促使人们深入开展有关土的理论研究。最初有关土力学的个别理论多与解决铁路路基问题有关。1776年，法国库仑（C. A. Coulomb）创立了著名的砂土抗剪强度公式，提出了计算挡土墙土压力的滑楔理论。1869年，英国朗肯（W. J. M. Rankine）又依据强度理论从另一途径推导了土压力计算公式。这两个至今广泛采用的土压力理论对土体强度理论的发展起了很大的推动作用。1885年，法国布斯内斯克（J. Boussinesq）求得了弹性半无限空间在竖向集中力作用下的应力与变形的理论解，它是各种竖向分布荷载下地基应力计算的基础。1916年，瑞典彼得森（K. E. Petterson）首先提出了边坡稳定计算的圆弧滑动法，1922年，瑞典费伦纽斯（W. Fellenius）对此做了进一步的发展，至今在边坡工程中广泛采用。1920年，法国普朗德尔（L. Prandtl）发表了地基滑动面计算的数学公式，为后来多种地基承载力理论公式的提出奠定了基础。此间，许多学者前赴后继的努力，为土力学的系统发展做出了贡献。

2）古典土力学（1923—1963年）。1923年，太沙基（K. Terzaghi）提出了饱和土体一维固结理论，1925年在归纳以往成果的基础上阐述了有效应力原理，发表了第一本《土力学》（*Erdbaumechanik*）专著，从而建立起一门独立的学科——土力学。此后，随着弹性力学的研究成果被大量引用，变形问题越来越成为研究的重点内容，但是，土体的破坏问题始终是当时土力学研究的主流。这一时期，费伦纽斯、泰勒（D. W. Taylor）和毕肖普（A. W. Bishop）等完善和发展了圆弧滑动分析方法，特别是1955年毕肖普对边坡安全系数提出的新定义，为其后非圆弧条分法的提出铺平了道路。1941年，比奥（M. A. Biot）提出了Biot三维固结理论，首次将渗流和变形耦合到一起。1948年，巴隆（R. A. Barron）提出的砂井固结理论成为预压法处理软弱地基的理论基础。1954年斯肯普敦（A. W. Skempton）提出的著名的孔隙水压力公式和1963年简布（N. Janbu）提出的模量公式，分别初步考虑了土体的剪胀性和压硬性，这说明现代土力学已在20世纪50年代开始酝酿。同时现代电子计算技术的发展为采用复杂的模型提供了手段，从而为现代土力学的建立创造了条件。

3）现代土力学（1963年以后）。1963年，罗斯科（K. H. Roscoe）等人创建的剑桥弹塑性模型，标志着人们对土性质的认识和研究进入了一个崭新的阶段。其后，非线性和弹塑性本构模型得以深入研究，新的本构模型（如损伤模型、结构性模型）不断涌现，非饱和土力学已日渐成形。随着土工数值计算的飞速发展，土力学进入了计算机模拟阶段。同时土工测试技术，特别是原位测试技术和离心模型试验技术也取得很大进展。时至今日，现代土力学理论的基本轮廓已逐渐清晰。沈珠江院士将其归结为一个模型、三个理论和四个分支。一个模型即本构模型，特别是指结构性模型；三个理论即非饱和土固结理论、液化破坏理论和渐进破坏理论；四个分支即理论土力学、计算土力学、试验土力学和应用土力学（土工学）。

4）中国学者的贡献。我国对土力学的研究始于1945年在中央水利试验处创立第一个土工实验室，但是，大规模的研究则是在新中国成立以后。我国进行了大规模的工程建设，成功地处理了许多大型的基础工程，如武汉长江大桥、南京长江大桥、葛洲坝水利枢纽工程、上海宝钢钢铁厂、三峡工程、青藏铁路以及延绵万里的高速公路、林立的高楼大厦等。围绕着解决工程建设中提出的问题，土力学学科在我国得到了广泛的传播和发展，在土力学理论和工程实践方面均取得了重要成果。例如在土的特性方面，有刘祖典等对黄土湿陷特性的研究、魏汝龙对软黏土强度变形特性的研究和汪闻韶对砂土动力特性的研究等；在理论和计算方面，有黄文熙对地基应力和沉降计算方面的改进、陈宗基的流变模型、钱家欢应用李氏比拟法求解黏弹性多孔介质的固结问题、谢定义关于砂土液化理论的研究、沈珠江关于有效应力动力分析方法的研究等；在试验技术方面，有黄文熙建议和汪闻韶负责建成的振动三轴仪等；在应用方面，有软土地基处理的真空预压法、灌浆技术和滑坡支挡技术等。工程建设需要学科理论，学科理论的发展更离不开工程建设。21世纪人类将面对资源和环境这一严酷生存问题的挑战，将会出现各种各样新的土力学问题需要解决，这恰恰是青年学生将来要肩负的任务。

1.5 土力学课程的学习方法

土力学的涉及面很广，因而具有理论公式多、概念抽象、系统性差、计算量大、实践性强等特点，所以在学习中要特别注意以下几方面：

1) 强化基本概念、基本理论的学习，重视有关理论和公式的适用性。要牢固掌握土力学中的基本概念、基本理论，并熟练地应用到实际工程中。如土的物理性质指标的计算贯穿于整个土力学课程的始末，只有对其概念及计算方法牢固掌握，地基应力计算、地基沉降分析等才能迎刃而解；有效应力原理是土力学的基石之一，深刻领会其精髓，才能理解饱和黏土的渗透固结和抗剪强度理论的实质；牢固掌握土的极限平衡理论，就可以驾轻就熟地进行土压力计算、地基承载力计算以及土坡稳定分析等。

由于问题的复杂性，许多土力学的计算理论和公式是在做出某些假设和忽略某些因素的前提下建立的，如土中应力计算、土的压缩变形与地基固结沉降计算方法、土的抗剪强度理论等。尽管这些理论和公式是我们目前解决工程实际问题的理论依据，并且在长期的工程实践中发挥着无可替代的作用，但是，我们也应当充分了解这些理论难以模拟、概括地基土各种力学性状全貌的不完善之处，注意这些理论在工程实际使用中的适用条件。对于计算公式，一定要掌握公式的来源、意义和应用条件，否则，计算结果是毫无意义的。

2) 紧抓四大主题，建立内在联系。初次接触土力学，一般都会觉得土力学要比其他力学学科的系统性差。认真学习后，我们会发现土力学研究的内容无外乎应力、变形、强度（稳定）和渗流四大主题，整个土力学课程的安排也就是围绕这四大主题展开的。实际上，前三大主题类似其他力学如材料力学研究的主要内容，仅仅是研究方法和侧重点有所不同而已。另外鉴于岩土材料的特殊性，土力学课程中增添了渗流的内容。因此学习中紧紧抓住这四大主题，找出各章之间的内在联系，就可以做到零而不乱，有条不紊。

3) 重视土工试验，加强动手操作能力。解决土力学问题的关键步骤之一是计算指标和参数的确定，即土的工程性质指标的测定。相关的试验方法包括室内试验和原位测试两类，它们各有其特点和适用条件。必须重视学习与掌握这些指标的试验测定方法，了解这些指标的适用条件，对主要的试验指标，应掌握其土工试验的操作方法与数据整理方法。这样也便于对土力学理论知识的理解，提高分析问题、解决问题的能力。

4) 加强案例学习，提高运用理论知识解决实际问题的能力。尽管土力学的理论性很强，不过这些理论是对实际工程的总结和升华，自然也可用于指导实际工程。土力学课程中

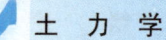

的大多数内容就是一个个工程实例，每章后面的习题就是工程内容的适当简化。如地基沉降量的计算、挡土墙土压力计算、地基承载力计算、边坡稳定性分析等，都是工程设计和施工中的常见内容。我们可以通过学习例题和完成作业，牢固掌握相应计算的要点，为今后的工作积累经验。

1. 什么是土力学？
2. 什么是地基？什么是基础？
3. 与其他材料相比，土具有什么特点？
4. 土力学主要研究和解决哪些工程问题？
5. 如何学好土力学？

第 2 章　土的物理性质及工程分类

■ 2.1　土的生成

土（soil）是指地壳表面的岩石在风化作用下形成的大小悬殊的颗粒，经过不同的搬运方式，在各种自然环境中堆积而形成的松散颗粒集合体。土中固体颗粒的矿物成分各异，颗粒间的黏结作用较弱，有的甚至没有黏结作用。

在漫长的地质年代中，土体经历压缩固结、胶结硬化，又可重新生成岩石（rock），也就是沉积岩（sedimentary rock）或变质岩（metamorphic rock），这种长期的地质过程称为沉积作用（sedimentation），与此同时，自然界中的岩石又不断风化破碎生成土，这是一个永无休止的循环过程。

2.1.1　风化作用

自然界的岩石每时每刻都在经历着风化作用，风化（weathering）是岩石在自然界各种因素和外力的作用下遭到破碎与分解，使颗粒变小及化学成分改变的现象。风化作用通常分为物理风化、化学风化和生物风化三种类型。这三种风化作用往往是同时进行并且相互加剧风化的发展进程。

1）物理风化（physical weathering）。物理风化是指岩石在各种物理作用力的影响下逐渐从大的块体分裂成较小的碎块和细小的颗粒的过程。这些物理作用力主要来自地质构造运动、温差变化、冻胀以及在运动过程中的碰撞、摩擦等。其中昼夜和季节的温度变化使岩石由于内外胀缩不一致而逐渐破碎成岩屑是物理风化的主要途径。物理风化只能引起岩块的机械破碎，其产物基本上保持与母岩相同的成分，称为原生矿物（primary mineral），如石英、长石和云母等。砾石、砂和其他粗粒土，主要是物理风化的产物。

2）化学风化（chemical weathering）。化学风化是指岩石和碎散的颗粒受环境因素的作用而改变其化学成分，形成新的矿物，也称为次生矿物（secondary mineral）。化学风化作用有水化作用、氧化作用、碳酸盐化作用及溶解作用等。化学风化作用的结果，形成十分细小的土颗粒，最主要的为黏土颗粒（粒径<0.005mm）及大量的可溶性盐类。

3）生物风化（biologic weathering）。生物风化是指岩石由各种动植物及人类活动所引起的破坏作用。这种破坏作用可以分为生物引起的物理风化和生物引起的化学风化两种基本形式。前者主要是生物产生的机械力造成岩石破碎，如植物根系在岩石裂隙中生长、人类对岩体的爆破、开挖从而使岩石破碎；后者则主要是生物产生的化学成分引起岩石成分改变从而使岩石破坏，如生物新陈代谢所析出的碳酸、硝酸及有机酸等对岩石的破坏作用等。

以上三种风化作用是相互关联的，可以同时或相互交替作用。在不同的地区，往往以一种作用为主。例如，在我国西北干旱大陆性气候地区，气温变化剧烈，岩石风化以物理风化为主；而在东南沿海地区，雨量充沛，潮湿炎热，岩石风化则以化学风化为主。由此可见，土的性质既取决于其生成条件，也随其存在环境的改变而变化，正是这样才形成了自然界中种类繁多、性质复杂多变的各种沉积物。由于影响风化的各种自然因素在地表最为活跃，地表向下随深度的增加而逐渐减弱，所以风化作用往往在岩体表面比较强烈，达到一定深度后，风化作用基本消失。

2.1.2 土的成因分类

工程上所遇到的土大多数是在第四纪地质年代内形成的，又称为第四纪沉积物（quaternary sediment）。第四纪沉积物在地表分布极广，成因类型也很复杂。不同类型的沉积物均有一定的分布规律及工程地质特征。按其形成条件，可以分为残积土（residual soil）和运积土（transported soil, carried soil）两大类。

残积土是指母岩表面经风化作用破碎成为岩屑或细小颗粒后，未经搬运，残留在原地的堆积物。它与母岩之间没有明显的界限，其矿物成分和母岩相同。由于未经搬运，其颗粒大小未经分选和磨圆，没有层理构造，均质性较差。此类土一般分布在宽广的分水岭上和平缓的山坡或低洼地带。

运积土是指岩石风化后所形成的土颗粒，受自然力的作用，被搬运到远近不同的地点所沉积下来的堆积物。其特点是颗粒经过滚动和摩擦作用而变圆滑，具有一定的浑圆度。在搬运和沉积过程中因受水流等自然力的分选作用可形成颗粒粗细不同的土层。其中，搬运力对土的性质影响很大。根据搬运力的不同，运积土又可分为以下几类：

1）坡积土（deluvium, slope wash）。风化岩石由于雨雪水流的搬运，或由于重力作用，沉积在较平缓的山坡上或坡脚处而形成的沉积物称为坡积土。它是搬运距离不远的风化物质，未经很好的分选，厚度不均匀，层理不明显，粒度沿山坡向下逐渐变细。

2）洪积土（diluvial soil）。由暴雨或大量融雪集聚而成的暂时性山洪急流，将残积土和坡积土挟带到山谷冲沟出口或山前倾斜平原而形成的沉积物称为洪积土。其地貌特征为靠山近处窄而陡，远处宽而缓，形似扇形，故称为洪积扇。洪积土离山区由近渐远颗粒呈现出由粗到细的分选现象，但由于搬运距离短，颗粒磨圆度仍不佳。由于历史洪水能量不尽相同，堆积下来的物质也不尽相同，因此，常呈现不规则的交错层理构造，并有夹层尖灭或透镜体等。

3）冲积土（alluvium）。河流两岸基岩及其上部覆盖的松散物质被河流流水剥蚀后搬运、沉积在河流坡降平缓地带形成的沉积物称为冲积土。这类土由于经过较长距离的搬运作用，浑圆度和分选性都更为明显，具有明显的层理构造。从河流的上游到下游，沉积物质由粗变细，上游沉积物多为磨圆粗大颗粒，如漂石、卵石、圆砾等，中下游沉积物大多由砂粒逐渐过渡到粉粒和黏粒。

4）湖泊沼泽沉积土（lacustrine soil, bog soil）。河流携带的大量泥砂以及湖水对岸边的侵蚀产生的风化物，在极为缓慢的水流或静水条件下沉积所形成的堆积物称为湖泊沼泽沉积土。这种土的特征，除了含有细小的颗粒外，常拌有由生物化学作用所形成的有机物，成为具有特殊性质的淤泥或淤泥质土，其工程性质很差。

5）海相沉积土（marine soil）。在海洋环境中形成的沉积物称为海相沉积土。海相沉积土可分为滨海沉积土、浅海沉积土和深海沉积土。滨海地带自陆地延至水下缓坡地带，这一带常是海陆相交带，有深厚的淤泥沉积，近海处常形成纯净的砂海滩及海滨沙丘。浅海沉积土是指低潮带至水下深度小于 200m 的水域，这一带又称为大陆架。该区域都是细粒土沉积。如果水深、水温、矿物质及基底状况合适，这里会是珊瑚礁岛及礁灰岩发育的地方。大陆架以外就是深海沉积土了。深海沉积土主要是黏土、淤泥质土、海洋生物遗骸和黏土混杂生成的生物软泥等。目前对深海沉积物的研究还不是很深入。

6）风积土（eolian soil）。由风力将岩石碎屑搬运到他处所形成的堆积物称为风积土。搬运的物质有明显的分选作用，即搬运的距离越远，颗粒越细。在同一地点沉积的风积物，颗粒大小相近，在水平方向上有着十分完善的分选特征。

7）冰川堆积物（glacial deposits）。冰川沿着沟谷缓慢地向下滑动，对其滑床有很大的刨蚀、磨蚀作用，其中还裹挟着残积层、坡积物等，待冰川下滑到一定的高度，气温变暖，冰川融化后留下的岩土混杂堆积物称为冰川堆积物或冰碛土。

2.2 土的组成

如前所述，土是各种矿物颗粒的松散集合体，集合体中间贯穿着孔隙，孔隙中间存在有水和空气，这时称土体为非饱和土（unsaturated soil）；有时候这些孔隙完全被水充满，则称为饱和土（saturated soil）；当这些孔隙完全被空气占据时，称为干土。所以，土是由固体颗粒、水和空气三部分所组成的三相体系，这些组成成分本身的性质、三者在质量和体积上的比例关系以及它们之间的相互作用决定着土的物理力学性质。因此，研究土的工程性质，必须先研究土的三相组成。

2.2.1 土的固体颗粒

土中的固体颗粒（简称土粒）形成土的骨架部分。土粒的矿物成分及组成、颗粒的大小和形状以及颗粒的级配情况是决定土的物理力学性质的重要因素。

1. 土粒的矿物成分

土中的固体颗粒是由矿物构成的。按其成因可分为原生矿物、次生矿物和有机质等。

1）原生矿物。原生矿物常见的有石英、长石、云母、角闪石等。其矿物成分与母岩相同，颗粒较大，物理化学性质较稳定，具有较强的抗水性和抗风化能力，亲水性较弱（所谓亲水性就是和水相互作用的难易性质）。它们对土的工程性质的影响主要表现在颗粒的形状、坚硬程度和抗风化稳定性方面。由它们构成的粗粒土，若级配良好，则工程性质较稳定（土的密度大，强度高，压缩性低）。

2）次生矿物。次生矿物主要有黏土矿物（clay mineral）、氧化物和水溶性盐类等。它们颗粒细小，一般呈片状或针状，是黏性土固相的主要成分。由于其粒径非常小（<0.005mm），因此，具有很大的比表面积（比表面积 A_s 是单位质量土颗粒的表面积总和），具有较强的亲水性。黏土矿物主要有蒙脱石、伊利石和高岭石三类。蒙脱石亲水性最强，容易吸水膨胀脱

水收缩，高岭石亲水性较弱，性质相对稳定，伊利石介于蒙脱石和高岭石之间。

水溶性盐类是可溶性次生矿物，按其溶解度的大小可分为易溶盐、中溶盐和难溶盐三类。土中盐类的溶解和结晶会影响土的工程性质，硫酸盐类还对金属和混凝土有一定的腐蚀作用，故工程中对易溶盐和中溶盐的含量有一定的限制，如修筑土坝，要求其总含量不超过8%；修筑铁路路堤，要求其总含量不超过5%，其中硫酸盐含量不超过2%。

3）有机质。有机质是由土层中的动植物分解而形成的。一种是分解不完全的植物残骸，形成泥炭，疏松多孔；另一种则是完全分解的腐殖质。有机质易于分解变质，亲水性强，使土具有较强的可塑性、膨胀性和黏性，对土的工程性质有很大的不利影响。

2. 黏土矿物的结构特征

黏土颗粒的矿物成分主要有黏土矿物和其他化学胶结物或有机物质，其中，黏土矿物的晶体结构特性对黏性土的影响较大。黏土矿物是由硅片和铝片构成的晶胞交互成层组叠而成的一种复合铝-硅酸盐晶体，呈片状。硅片的基本单元是硅-氧四面体，是由1个居中的硅原子和4个在角点的氧原子组成的（图2-1a），由6个硅-氧四面体组成一个硅片（图2-1b），其简化图形如图2-1c所示。

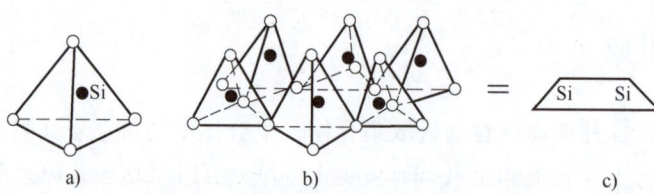

图2-1 硅片的结构
a）硅-氧四面体 b）硅片 c）硅片简化图
○—氧 ●—硅

铝片的基本单元是铝-氢氧八面体，由1个居中的铝原子和6个在角点上的氢氧根离子组成（图2-2a），由4个铝-氢氧八面体组成一个铝片（图2-2b），其简化图形如图2-2c所示。

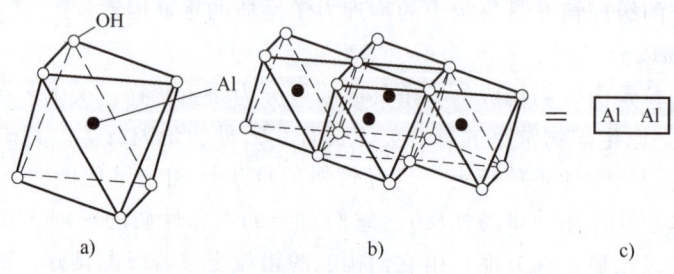

图2-2 铝片的结构
a）铝-氢氧八面体 b）铝片 c）铝片简化图
○—氢氧根离子 ●—铝

硅片和铝片的不同组合堆叠形成了大多数黏土矿物的各种层状结构。下面简述三种主要的黏土矿物：高岭石（kaolinite）、蒙脱石（montmorillonite）和伊利石（illite）的结构特征。

1）高岭石是长石风化的产物。它的晶格由1个硅片与1个铝片重复堆叠而成（图2-3a），这种晶体结构称为1∶1型结构单位层，也称为二层型。晶胞的一面为氢氧基，另一面为氧原子，晶胞间的连接是氢键，具有较强的黏结力，因此，晶胞之间的距离不易改变，水分子不能进入，故它的亲水性比伊利石还小，是一种遇水较为稳定的黏土矿物。由于晶层之间的黏结力较强，所以一个土颗粒往往由许多晶层组叠而成，多达百个以上。所以，与其他黏土矿物相比，高岭石的主要特征是颗粒较粗，不容易吸水膨胀和失水收缩，或者说亲水能力差。

2）蒙脱石是由伊利石进一步风化或火山灰风化而成的产物。结构单元是由两个硅片中间夹一个铝片堆叠而成的（图2-3b）。这种结构单元被称为2∶1型结构单位层，也称为三层结构。由于晶胞的两个面都是氧原子，其间没有氢键，因此黏结力很弱，水分子可以进入晶胞之间，从而改变晶胞之间的距离，甚至达到完全分散到单晶胞为止，此外，每一颗粒能组叠的晶层数也比较少。因此，蒙脱石的主要特征是颗粒细小，具有较大的吸水膨胀和脱水收缩特征。

3）伊利石是云母在碱性介质中风化的产物，它的晶胞构造与蒙脱石的相似，同属2∶1型结构单位层，但晶层之间有钾离子连接（图2-3c）。嵌入的钾离子增加了伊利石晶胞之间的黏结力，所以，伊利石的结晶结构的稳定性优于蒙脱石，膨胀性和收缩性也较蒙脱石小。

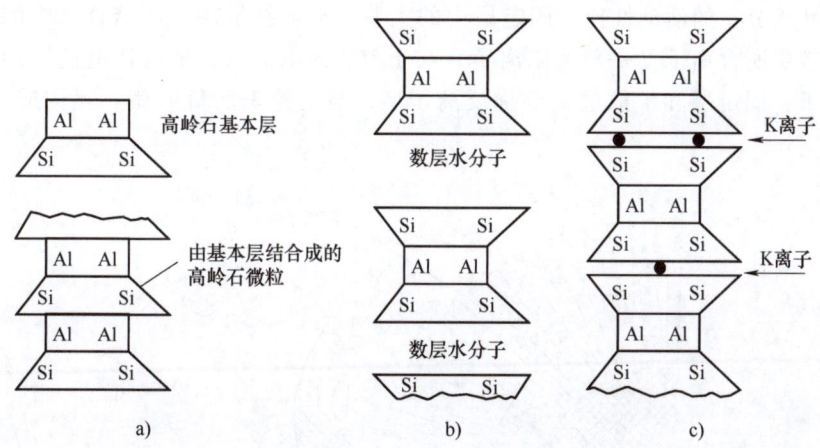

图2-3 黏土矿物的晶格构造
a）高岭石 b）蒙脱石 c）伊利石

3. 黏土矿物表面的带电性质

1807年，莫斯科大学列伊斯（F. F. Reuss）通过试验证明，黏土颗粒表面有带电性。他把黏土膏放在一个玻璃器皿内，将两个无底的玻璃筒插入黏土膏中，并向玻璃筒中注入相同高度的清水，然后将两个电极分别放入两个筒内的清水中，并将直流电源与电极连接，通电后发现，放阳极的筒中水位下降，水逐渐变浑，而放阴极的筒中水位逐渐上升，如图2-4所示。这种现象说明在电场中，土中的黏土颗粒泳向阳极，而水则渗向阴极。前者称为电泳（electrophoresis），后者称为电渗（electroosmosis）。土颗粒泳向阳极说明土颗粒表面带负电荷。

研究还表明，片状黏土颗粒的表面带有不平衡的电荷，在片状土颗粒的侧面断口处常带正电荷，整体通常表现为负电荷，如图2-5所示。产生不平衡电荷的原因主要有晶体边缘破键造成电荷不平衡、同晶置换作用、水化解离作用以及选择性吸附作用。

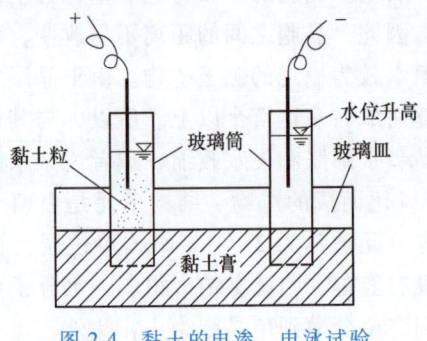

图2-4 黏土的电渗、电泳试验

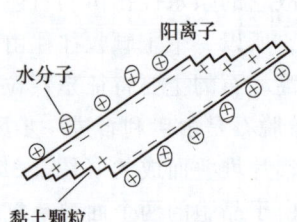

图2-5 黏土颗粒的表面电荷

由于黏土颗粒表面的带电性，围绕土粒表面形成一个电场。土粒周围水溶液中的阳离子，一方面受到土粒所形成的电场的静电引力作用，另一方面又受到布朗运动的扩散力作用。在最靠近土粒表面处，静电引力最强，水化离子和极性分子被牢固地吸附在颗粒表面形成固定层，定向性强烈，也就是结合水中的强结合水。在固定层外围，静电引力比较小，水化离子和极性水分子的活动性比在固定层中的大些，形成扩散层，即结合水中的弱结合水。固定层和扩散层所含离子（一般为阳离子）与土粒表面电荷（一般为负电荷）的电位相反，故称为反离子，固定层和扩散层又合称反离子层，与土粒表面负电荷一起构成双电层，如图2-6所示。

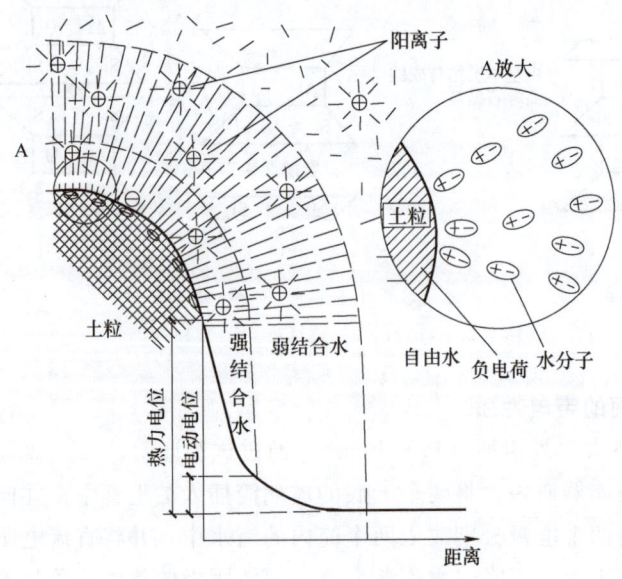

图2-6 结合水分子定向排列示意图

水溶液中的阳离子的原子价位越高，它与土粒之间的静电引力就越强，平衡土粒表面负电荷所需阳离子或水化离子的数量就越少，导致扩散层厚度越薄。在工程实践中可以利用这种原理来改良土质，例如利用三价及二价离子（如 Fe^{3+}、Al^{3+}、Ca^{2+}、Mg^{2+}）处理黏土，使扩散层中高价阳离子的浓度增加，扩散层变薄，从而增加土的强度与稳定性，减小膨胀性。

4. 土粒粒度分析方法

（1）颗粒大小与粒组划分　土粒的大小称为粒度，通常以粒径（grain size）表示。天然土体的粒度差别很大，大的超过几十厘米，小的只有千分之几毫米，形状也不尽相同。不同粒度组成的土，其性质也大不一样，如砂、卵石等粗粒土多为浑圆或棱角状的石英颗粒组成，具有较强的透水性而无黏性；而黏土的颗粒组成主要为颗粒细小的黏土矿物，形状为片状或针状，具有黏滞性而透水性低。因此，为了便于研究，工程上常把粒径大小和性质相近的土粒划分为一组，称为粒组（grain group）。每个粒组都有能代表这一粒组主要特征的名称。粒组的分界尺寸称为界限粒径。

对粒组的划分，许多国家，甚至一个国家内的不同部门有不同的规定。我国的粒组划分原则上是将土粒分为六大粒组，即漂石（float stone）或块石（block stone）、卵石（pebble）或碎石（macadam）、圆砾（pebble particle）或角砾（breccia）、砂粒（grains of sand）、粉粒（silt）和黏粒（clay），但各行业的界限粒径有所不同，表2-1给出了几种粒组的划分标准。

表 2-1　土的粒组的划分标准

粒组名称		粒径范围/mm	一般特征
巨粒组	漂石或块石	>200	透水性很大，无黏性，无毛细水
	卵石或碎石	200~60	
粗粒组	砾粒 粗砾	60~20	透水性大，无黏性，毛细水上升高度很小，一般不超过粒径大小
	砾粒 中砾	20~5	
	砾粒 细砾	5~2	
	砂粒 粗砂	2~0.5	易透水，当混入云母等杂质时透水性减小，而压缩性增加，无黏性，遇水不膨胀，干燥时松散，毛细水上升高度不大，随粒径变小而增大
	砂粒 中砂	0.5~0.25	
	砂粒 细砂	0.25~0.075	
细粒组	粉粒	0.075~0.005	透水性小，湿时稍有黏性，遇水膨胀小，干时稍有收缩，毛细水上升高度较大较快，极易出现冻胀现象
	黏粒	≤0.005	透水性很小，湿时有黏性、可塑性，遇水膨胀大，干时收缩显著，毛细水上升高度大，但速度较慢

（2）颗粒级配和颗粒分析试验　为了定量说明土颗粒的组成情况，不仅要了解土颗粒的大小，而且要了解不同粒组在土中所占的比例，即土中各粒组的含量占土样总质量的百分数，这个百分数习惯上称为土的颗粒级配（particle size distribution，gradation）。确定土中各粒组相对含量的方法称为土的颗粒分析试验（particle size analysis test），工程实践中常用的颗粒分析试验法有筛分法（sieve analysis）和密度计法（hydrometer analysis）两种。前者适用于分析粒径大于0.075mm的粗粒土；后者则适用于粒径小于0.075mm的细粒土。若土中同时含有大于0.075mm和小于0.075mm的土粒时，则须联合使用这两种方法。

振动筛

1）筛分法。将风干、分散的代表性土样经过一套自上而下、孔径由大到小的标准筛子（如孔径 60mm、20mm、5mm、2mm、0.5mm、0.25mm、0.1mm、0.075mm），在振筛机上充分振动后，依次称出留在各个筛子上的干土质量，计算出各个粒组的相对含量，即得土的颗粒级配。

2）密度计法。根据斯托克斯（Stokes）定理，球状的细颗粒在水中的下沉速度与颗粒直径的二次方成正比。因此可以利用不同粒径的土在水中的下沉速度不同的原理，将粒径小于 0.075mm 的细颗粒进一步分组。基于这一原理，实验室常用密度计测试水土悬液在不同时间的密度，进而确定土样中各粒组的相对含量，这一方法称为密度计法。具体试验方法见《土工试验方法标准》（GB/T 50123—2019）。

需要注意的是，实际土粒并不是球形，因此，用斯托克斯公式求得的颗粒直径不是土粒的实际尺寸，而是与实际土粒具有相同沉降速度的理想球体的直径，称为水力直径。

【例 2-1】 取全部通过 10mm 筛的烘干土 200g，用筛分法求各粒组含量和小于某种粒径（以筛眼直径表示）土质量占总土质量的百分数。

解：1）筛分结果列于表 2-2。

表 2-2 粗粒部分筛分试验结果

筛孔直径/mm	筛上土的质量（即粒组含量）/g	筛下土的质量（即小于某粒径土的含量）/g	筛上土的质量占总土质量的百分数（%）	小于该筛上土的质量占总土质量的百分数（%）
5	10	190	5	95
2.0	16	174	8	87
1.0	18	156	9	78
0.5	24	132	12	66
0.25	22	110	11	55
0.10	38	72	19	36

2）将表 2-2 中筛分试验的筛余量，即颗粒小于 0.10mm 的土颗粒 72g，用密度计法进行分析，得到细粒土的粒组含量，见表 2-3。

表 2-3 细粒部分粒组含量

粒组/mm	0.1~0.05	0.05~0.01	0.01~0.005	<0.005
含量/g	20	25	7	20

3）两种分析方法相结合，就可以将一个混合土样分成若干个粒组，并求得各粒组的含量，见表 2-4。

表 2-4 土样粒径分析试验结果

粒径/mm	10	5	2	1.0	0.5	0.25	0.10	0.05	0.01	0.005
粒组含量/g	10	16	18	24	22	38	20	25	7	20
小于某粒径土累积含量/g		190	174	156	132	110	72	52	27	20
小于某粒径土占总土质量的百分数（%）		95.0	87.0	78.0	66.0	55.0	36.0	26.0	13.5	10.0

3）颗粒级配曲线。根据颗粒大小分析试验成果，可以绘制如图 2-7 所示的颗粒级配曲线（particle size distribution curve），它的横坐标采用对数比例表示粒径，以方便将粒径相差数千倍甚至万倍的粗粒、细粒含量都表示出来，特别是将含量少，但对土的性质影响大的细颗粒清晰地表示出来。纵坐标为小于某一粒径的颗粒累积质量百分数，所以颗粒级配曲线又可称为颗粒级配累积曲线。

4）颗粒级配曲线的应用。工程中，从颗粒级配曲线的形态上常常可以定性地评定土的颗粒级配特征，从而评价土的工程性质。例如，曲线平缓表示粒度分布连续，颗粒大小不均匀，级配良好（图 2-8 中的 B 线）；若土中缺乏某些粒径，则级配曲线出现水平段（图 2-8 中的 C 线）；若曲线坡度陡而窄，说明颗粒均匀，级配不良（图 2-8 中的 A 线）。

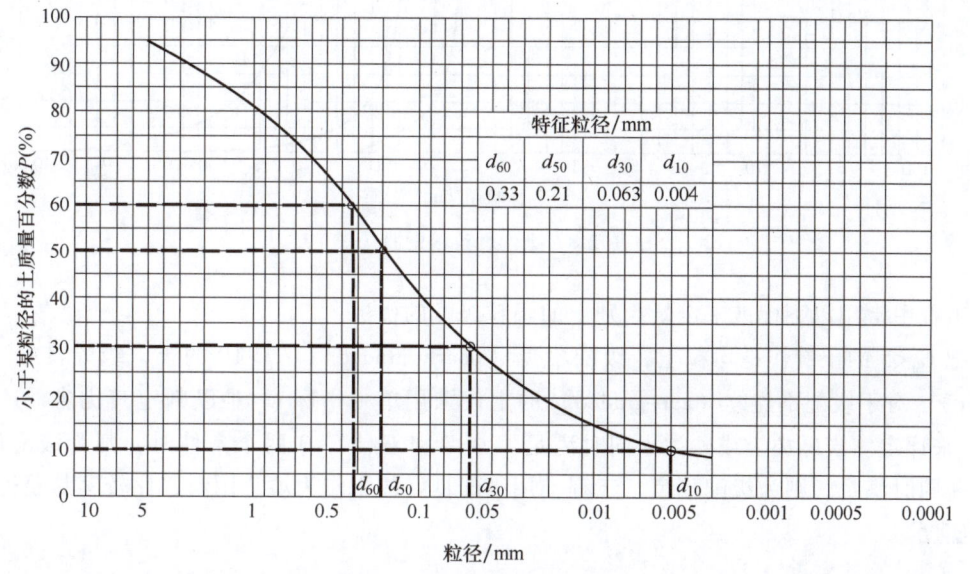

图 2-7　土的颗粒级配曲线 1

为了定量判别土级配的优劣，工程中常用不均匀系数（coefficient of uniformity）C_u 和曲率系数（coefficient of curvature）C_c 来描述级配曲线的形状，即

$$C_u = \frac{d_{60}}{d_{10}} \tag{2-1}$$

$$C_c = \frac{(d_{30})^2}{d_{60} d_{10}} \tag{2-2}$$

式中，d_{10}、d_{30} 和 d_{60} 分别表示小于某粒径的土粒质量占土总质量 10%、30% 和 60% 的粒径，分别又称为有效粒径（effective grain size）、中值粒径和限定粒径（constrained grain size）。

不均匀系数 C_u 反映了土中不同粒组的分布情况。其值越大，粒度的分布范围越大，表示土粒越不均匀，级配越良好。曲率系数 C_c 描述的是级配曲线分布的整体形态，表示是否有缺失粒组的情况，反映了限定粒径和有效粒径之间各粒组含量的分布情况。当 $C_c > 3$ 时，说明曲线曲率变化较快，土较均匀；当 $C_c < 1$ 时，说明曲线曲率变化过于平缓，此平缓段内粒组含量过少；若颗粒级配曲线斜率不连续，在该曲线上的某一位置出现水平段，在水平段内，只有横坐标粒径的变化，而没有纵坐标颗粒含量的增减，说明水平段内颗粒含量为零。

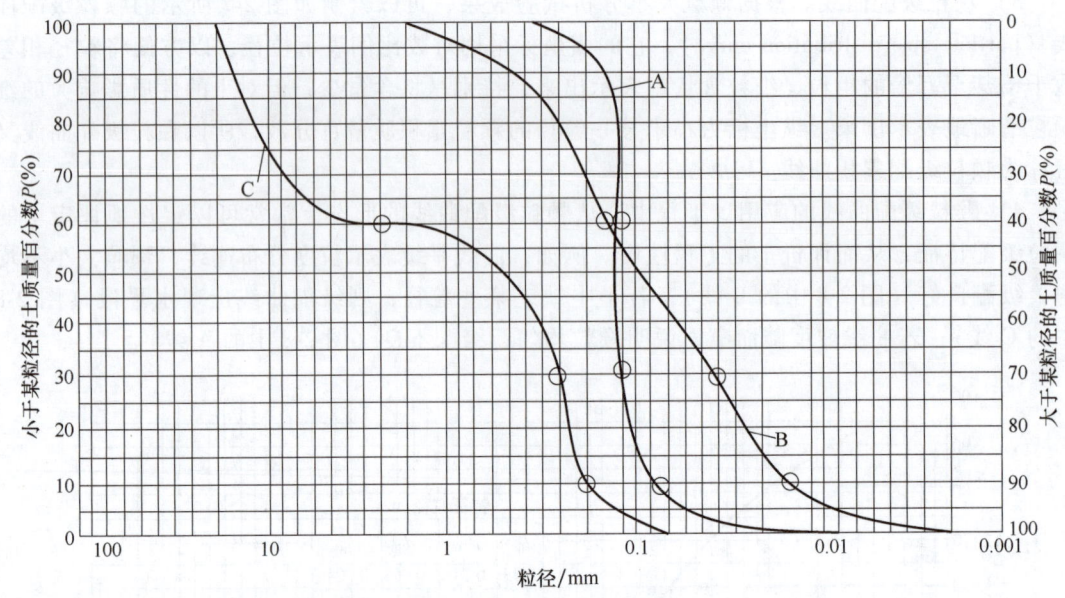

图 2-8　土的颗粒级配曲线 2

工程中常用以下标准来定量判别土的颗粒级配的优劣：

把 $C_u<5$ 的土看作是均粒土，级配不良（poorly graded）；$C_u>10$ 的土，级配良好（well graded）。对于级配不连续（gap-graded）的土仅采用单一指标 C_u 难以判定其优劣，还应结合 C_c 来评定。当砾类土或砂类土同时满足 $C_u \geqslant 5$ 和 $C_c=1\sim3$ 两个条件时，则为级配良好；如不能同时满足，则为级配不良。工程上用级配良好的土作为填土用料，比较容易获得较大的密实度。

2.2.2　土中水

在自然条件下，土中总是含有水分的。土中水可以有不同的存在形态：固态的冰、气态的水蒸气、液态的水，还有矿物颗粒晶格中的结晶水。气态水一般对土的性质影响不大。

1. 结晶水

结晶水（crystal water）以水分子形式存在于矿物结晶格架的固定位置上，是土颗粒的组成部分，不能自由移动，只有在高温（400℃左右）下才能脱离晶格，结晶水对土性质的影响是通过矿物颗粒表现的，当其从原来的矿物中析出后，又形成新的矿物时，土的性质也就发生了变化。

2. 液态水

土中的液态水（liquid water）可分为结合水（hygroscopic water）和自由水（free water）。

1）结合水。结合水是指受分子引力作用吸附在土粒表面的土中水。这种分子引力高达几千到几万个大气压，使水分子和土粒表面牢固地黏结在一起。结合水受土粒表面引力的控制而不服从静水压力分布。结合水密度、黏滞度均比一般自由水偏高，冰点低于 0℃。以上特征随着离开土粒表面的距离而变化，越靠近土粒表面的水分子受土粒的吸引力越强，与正常水的性质差别越大。因此，结合水可进一步分为强结合水（strong absorbed water）和弱结合水（feeble absorbed water）（图 2-6）。

强结合水是指靠近土粒表面的结合水膜。其性质接近于固体，不能自由移动，密度为 $1.2 \sim 2.4 \mathrm{g/cm^3}$，冰点为 $-78℃$，在 $105℃$ 才能变成水蒸气，不能传递静水压力，具有极大的黏滞度、弹性和抗剪强度。因为土粒可以从潮湿的空气中吸收这种水，所以，也称为吸附水或吸着水。黏土仅含吸着水时呈固体状态，磨碎后则呈粉末状态。

弱结合水是强结合水外围的结合水膜。它仍然不能传递静水压力，但是较厚的弱结合水膜能向邻近较薄的水膜缓慢转移，因而含有较多弱结合水的黏性土具有可塑性。由于受到的引力较小，弱结合水的密度在 $1 \sim 1.7 \mathrm{g/cm^3}$ 之间，靠近强结合水部分密度较大，越远则密度越小，其性质由固态渐变为半固态、黏滞状态和普通的液体状态。弱结合水的厚度对黏性土的黏性特征及工程性质有很大影响。砂土因矿物成分及土粒比表面积小等原因可认为不含弱结合水。

2）自由水。自由水是存在于土粒表面电场影响范围以外的水。它的性质和普通水一样，能够传递静水压力，冰点为 $0℃$，有溶解盐类的能力。自由水按其移动所受作用力的不同，又可分为重力水（bulk water, gravitational water）和毛细水（capillary water）。

重力水是存在于地下水位以下透水土层中的水。当存在水头差时，它将产生流动，对土颗粒有浮力作用。重力水的渗流特征是地下工程排水和防水工程的主要控制因素之一，对土的应力状态、基槽开挖、基坑及建筑地下构筑物等有重要影响。

毛细水是存在于地下水位以上的、透水土层中受到水与空气交界面处表面张力和重力共同作用的自由水。毛细水按其与地下水面是否联系可分为毛细悬挂水（与地下水无直接联系）和毛细上升水（与地下水相连）两种。土层中由于毛细现象所润湿的范围称为毛细水带。毛细水带按其形成条件和分布状况可分为正常毛细水带（又称为毛细饱和带，位于毛细水带的下部与地下水直接连通）、毛细网状水带（位于毛细水带中部）和毛细悬挂水带（位于毛细水带的上部，由地表面渗入），如图 2-9 所示。

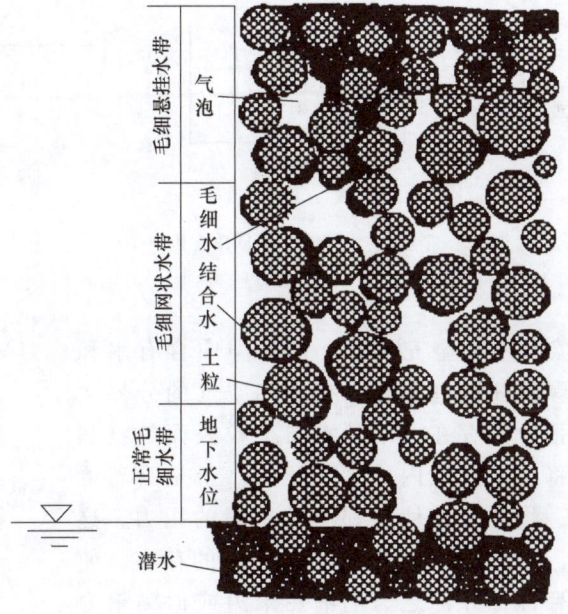

图 2-9　土层中的毛细水带

毛细水的上升高度与土粒粒度、成分有关。经验表明，碎石类土无毛细作用；砂性土毛细水上升最大高度 h_{max} 为 0.2~0.3m，粉土的 h_{max} 为 0.9~1.5m；而黏性土的 h_{max} 可能不及粉土，上升速度也较慢，这是由于结合水膜的存在影响了毛细水弯液面的形成，同时也减小了土中孔隙的有效直径，而使毛细水上升速度减小，上升高度降低。下面介绍毛细水上升高度 h_c 的计算方法。

图 2-10 表示一毛细管，其半径为 r。由于毛细作用，在空气和水的分界面上存在表面张力 T，假定毛细水弯液面夹角为 α，T 和 α 的值取决于液体和毛细管材料。如以大气压力作为基准面，则空气压力 $p_a = 0$。根据弯液面上竖向力的平衡，得

$$2\pi T\cos\alpha + u\pi r^2 = 0 \tag{2-3}$$

所以，作用在弯液面上的水压力为

$$u = -\frac{2T\cos\alpha}{r} \tag{2-4}$$

由于 $u = -h_c\gamma_w$，则毛细水的上升高度为

$$h_c = \frac{2T\cos\alpha}{r\gamma_w} \tag{2-5}$$

由式（2-5）可以看出，毛细水的上升高度不仅取决于空气和水界面上的表面张力，还取决于毛细管直径。毛细管直径越小，上升高度越大。另外，弯液面以下，地下水位以上，毛细水中压力是负值，其分布如图 2-10c 所示。

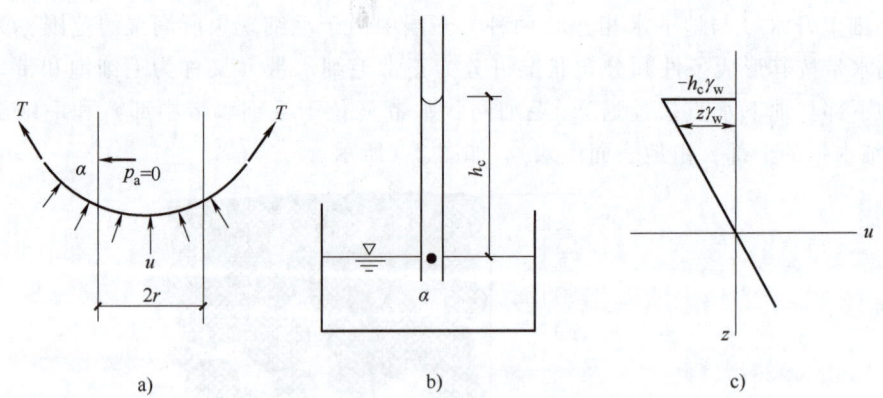

图 2-10 毛细水的上升高度计算
a) 弯液面受力分析 b) 毛细水上升高度 c) 毛细水压力

如果土骨架的孔隙内不完全充满水，即孔隙中含有水和气，这时水多集中于颗粒间的缝隙处。在水和空气的分界面处，由于弯液面表面张力的存在，以及水与土粒表面的浸润作用，孔隙水的压力将小于孔隙内的大气压力。于是沿着毛细弯液面的切线方向，将产生迫使相邻土粒挤紧的压力，这个压力称为毛细压力，如图 2-11 所示。毛细压力的存在，使得湿砂具有一定的黏聚性，并称之为毛细黏聚力或似黏聚力现象。当土中的水增加，孔隙被水占满，或土中水分蒸发，

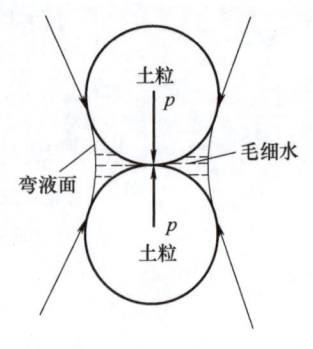

图 2-11 毛细压力示意图

完全变成干土，弯液面消失，毛细压力变为零，这时湿砂所具有的"似黏聚力"也就不存在了。

在工程中，毛细水的上升高度和速度对建筑物地下部分的防潮措施和地基土、路基等的浸湿、冻胀等有重要影响。此外，在干旱地区，地下水中的可溶盐随毛细水上升后不断蒸发，使盐分积聚于靠近地表处而形成盐渍土，对工程和农业经济产生影响。

3. 固态水和土的冻胀性

地面以下一定深度的土温，随大气温度而改变。在常压下，当地层温度降至0℃以下，孔隙中的水凝固成冰，以冰夹层、冰透镜体、细小的冰晶体等形式存在于土中，从而形成冻土（frozen soil）。固态水在土中起胶结作用，提高了土的强度。但解冻后土体的强度往往低于结冰前的强度。另外，有些细粒土在冻结时，往往会发生体积膨胀，即所谓冻胀（frost heave）现象。

(1) 土的冻结机理 土体之所以发生冻胀，主要是由于土层在冻结时，周围未冻区中的水分向冻结区迁移、集聚所致。弱结合水的外层在-0.5℃时冻结，越靠近土粒表面，其冰点越低，在-30~-20℃以下才能全部冻结。当大气负温传入土中时，土中的自由水首先冻结成冰晶体，弱结合水的最外层也开始冻结，使冰晶体逐渐扩大，于是冰晶体周围土粒的结合水膜变薄，土粒产生剩余的分子引力；另外，由于结合水膜的变薄，使得水膜中的离子浓度增加，产生了渗附压力，在这两种引力的作用下，下卧未冻结区水膜较厚处的弱结合水便被吸到水膜较薄的冻结区，并参与冻结，使冻结区的冰晶体增大，而不平衡引力却继续存在。假使下卧未冻结区存在着水源（如地下水位距冻结深度很近）及适当的水源补给通道（即毛细通道），能继续不断地补充到冻结区来，那么，未冻结区的水分（包括弱结合水和自由水）就会继续向冻结区迁移和积聚，使冰晶体不断扩大，在土层中形成冰夹层，土体随之发生隆起，出现冻胀现象。当土层解冻时，土中积聚的冰晶体融化，土体随之下陷，即融陷（thaw collapse）现象。土的冻胀现象和融陷现象是季节性冻土的特性，即土的冻胀性。

(2) 影响冻胀的因素 土的冻胀一般受土、水和温度等三种因素影响。

1) 在细粒土中易发生冻胀现象，特别是粉砂、粉土、粉质黏土等冻结时水分迁移积聚最为严重，冻胀现象最为严重。这主要是因为此类土具有显著的毛细现象，毛细水上升既快又高，水源补给较为通畅。同时，此类土的颗粒较细，比表面积较大，土中矿物成分亲水性强，能够持有较多的结合水，从而能使大量结合水迁移和积聚。但对于黏土，尽管其有较厚的结合水膜，但毛细孔隙很小，其中水分迁移遇到的阻力较大，不能提供畅通的水源补给通道，所以其冻胀性较弱。而对于砂砾等粗颗粒土，由于其中很少或几乎没有结合水，孔隙自由水冻结后，不会发生水分的迁移积聚，并且此类土几乎没有毛细现象，因此不会发生冻胀。

2) 土要发生冻胀，必须有较高的含水率。含水率极小的土，即使冻结也不会发生冻胀。另外，还要有充分的水源补给。当冻结区附近地下水位较高，毛细水能够达到或接近冻结线，使冻结区能得到外部水源的补给时，往往会在土层中形成很厚的冰夹层，产生强烈的冻胀。

3) 当气温骤降且冷却强度很大时，土的冻结面迅速向下推移，土中弱结合水及毛细水还来不及向冻结区迁移就在原地冻结成冰，毛细通道也被冰晶体堵塞，这样，难以发生水分的迁移和积聚，在土层中不会形成冰夹层，只有散布于土孔隙中的冰晶体，此时形成的冻土一般无明显的冻胀。相反，如气温缓慢下降，冷却强度尽管很小，但只要负温持续时间较长，则能促使未冻结区水分不断地向冻结区迁移积聚，在土中形成冰夹层，就会出现明显的冻胀现象。

上述三个方面的因素是土层发生冻胀的必要条件。据此可以采用相应的工程措施，如将建筑物的基础底面埋置于当地冻结深度以下等，来防止冻胀的危害。

（3）地基土的冻胀性分类　根据地基土的种类，天然含水率的大小与冻结期间地下水位的情况等，地基土的冻胀性可分为不冻胀、弱冻胀、冻胀、强冻胀和特强冻胀五种类型，详见表2-5。其中，冻土层的平均冻胀率 η 应按下式计算：

$$\eta = \frac{\Delta z}{z_d} \times 100\% \tag{2-6}$$

$$z_d = h' - \Delta z \tag{2-7}$$

式中，Δz 为地表冻胀量，单位为 mm；z_d 为设计冻深，单位为 mm；h' 为冻层深度，单位为 mm。

表 2-5　土的冻胀性分类

土的名称	冻前天然含水率 w（%）	冻结期间地下水位距冻结面的最小距离 h_w/m	平均冻胀率 η（%）	冻胀等级	冻胀类别
碎（卵）石、砾、粗砂、中砂（粒径小于 0.075mm 的颗粒含量不大于 15%），细砂（粒径小于 0.074mm 的颗粒含量不大于 10%）	不考虑	不考虑	$\eta \leq 1$	I	不冻胀
碎（卵）石、砾、粗砂、中砂（粒径小于 0.075mm 的颗粒含量不大于 15%），细砂（粒径小于 0.075mm 的颗粒含量不大于 10%）	$w \leq 12$	>1.0	$\eta \leq 1$	I	不冻胀
		≤1.0	$1 < \eta \leq 3.5$	II	弱冻胀
	$12 < w \leq 18$	>1.0			
		≤1.0	$3.5 < \eta \leq 6$	III	冻胀
	$w > 18$	>0.5			
		≤0.5	$6 < \eta \leq 12$	IV	强冻胀
粉砂	$w \leq 14$	>1.0	$\eta \leq 1$	I	不冻胀
		≤1.0	$1 < \eta \leq 3.5$	II	弱冻胀
	$14 < w \leq 19$	>1.0			
		≤1.0	$3.5 < \eta \leq 6$	III	冻胀
	$19 < w \leq 23$	>1.0			
		≤1.0	$6 < \eta \leq 12$	IV	强冻胀
	$w > 23$	不考虑	$\eta > 12$	V	特强冻胀

（续）

土 的 名 称	冻前天然含水率 w（%）	冻结期间地下水位距冻结面的最小距离 h_w/m	平均冻胀率 η（%）	冻 胀 等 级	冻 胀 类 别
粉土	$w \leqslant 19$	>1.5	$\eta \leqslant 1$	Ⅰ	不冻胀
		≤1.5	$1 < \eta \leqslant 3.5$	Ⅱ	弱冻胀
	$19 < w \leqslant 22$	>1.5			
		≤1.5	$3.5 < \eta \leqslant 6$	Ⅲ	冻胀
	$22 < w \leqslant 26$	>1.5			
		≤1.5	$6 < \eta \leqslant 12$	Ⅳ	强冻胀
	$26 < w \leqslant 30$	>1.5			
		≤1.5	$\eta > 12$	Ⅴ	特强冻胀
	$w > 30$	不考虑			
黏性土	$w \leqslant w_P + 2$	>2.0	$\eta \leqslant 1$	Ⅰ	不冻胀
		≤2.0	$1 < \eta \leqslant 3.5$	Ⅱ	弱冻胀
	$w_P + 2 < w \leqslant w_P + 5$	>2.0			
		≤2.0	$3.5 < \eta \leqslant 6$	Ⅲ	冻胀
	$w_P + 5 < w \leqslant w_P + 9$	>2.0			
		≤2.0	$6 < \eta \leqslant 12$	Ⅳ	强冻胀
	$w_P + 9 < w \leqslant w_P + 15$	>2.0			
		≤2.0	$\eta > 12$	Ⅴ	特强冻胀
	$w > w_P + 15$	不考虑			

注：1. w_P 为塑限含水率（%）；w 为冻前天然含水率在冻土层内的平均值。
2. 盐渍化冻土不在此表列。
3. 塑性指数大于 22 时，冻胀性降低一级。
4. 粒径小于 0.005mm 的颗粒含量大于 60% 时为不冻胀土。
5. 碎石类土当填充物大于全部质量的 40% 时其冻胀性按填充物土的类别判定。

2.2.3 土中气

土中气体存在于土孔隙中未被水所占据的部位，按其所处的状态可分为自由气体、封闭气体、吸附于颗粒表面的气体和溶解于水中的气体。通常认为自由气体与大气相通，在外力作用下，气体易排出，对土的性质影响不大。在粗颗粒沉积物中，常见到与大气相连通的气体。在细粒土中，则常存在与大气隔绝的封闭气体。封闭气体的体积与压力有关，压力增加，体积缩小；压力减小，则体积胀大。同时，在外力作用下，土中封闭气体易溶解于水，外力卸除后，溶解的气体又重新释放出来，因此，封闭气体的存在，使得土的弹性增加，影响土的变形性质，同时还可阻塞土中渗流通道，减弱土的透水性。目前，对其他两种气体的研究还不多，对土的性质的影响尚不完全清楚。

2.3 土的结构和构造

2.3.1 土的结构

土的结构（soil fabric）是指土粒或土粒集合体的大小、形状、相互排列与连接关系等综合特征。它直接与土的强度和稳定性、土的物理力学性质相关，是决定土的性质的重要因素。土的结构是在其沉积和存在的整个历史过程中逐渐形成的。土因其颗粒组成、沉积环境和沉积年代不同而形成各种各样的复杂结构，土的结构通常可归纳为三种基本类型：单粒结构、蜂窝结构和絮状结构。

1) 单粒结构（single grain fabric）。单粒结构是由粗大土粒在水或空气中自由下落堆积而成的，每个土粒都为已经下沉稳定的土颗粒所支承（图2-12），一般是碎石土和砂土的结构特征。因土粒尺寸较大，粒间的分子引力远小于土粒自重，故土粒间几乎没有黏结作用，是典型的散粒状土体，简称散体。只有在浸润条件下，粒间才可能有微弱的毛细压力作用。

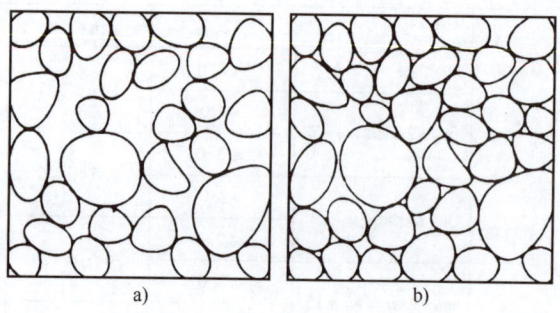

图 2-12 单粒结构
a) 疏松状态 b) 密实状态

单粒结构中，随着形成条件的不同，土粒的排列有疏松和密实两种方式，如图2-12所示。当土粒缓慢沉积，没有经受很高的压力作用，特别是没有受过动力作用时，所形成的结构往往是疏松的单粒结构，这种结构形式颗粒间的孔隙较大，颗粒位置不稳定，不论在静荷载或动荷载下都很容易错位，产生较大沉降，特别在振动作用下沉降更为明显。因此单粒结构的土层未经处理不宜作为天然地基。具有紧密的单粒结构的土层，由于其土粒排列紧密，结构稳定，在动荷载、静荷载作用下都不会产生较大的沉降，强度较高，压缩性较低，一般是较理想的天然地基。

2) 蜂窝结构（cellular fabric，honeycomb fabric）。蜂窝结构（图2-13）主要是由粉粒或细砂粒组成的土的结构形式。研究表明，粒径为0.075~0.005mm的土粒在水中下沉时，基本上是单个土粒下沉，当碰上正在下沉或已沉积稳定的土粒时，由于它们之间的引力大于其重力，土粒就停留在最初的接触点上不再下沉，逐渐形成连环状单元。很多这样的连环单元连接起来，便形成具有较大孔隙的蜂窝状结构。蜂窝结构的孔隙一般远大于土粒本身的尺寸，如沉积后没有受过比较大的上覆压力，则在建筑物荷载作用下可产生较大沉降。尤其是当其承受较大的动力荷载时，土的结构将会被破坏，导致严重的地基沉降。

3）絮状结构（flocculent fabric）。絮状结构（图 2-14）是由黏粒（<0.005mm）集合体组成的结构形式。根据颗粒的排列形式将其进一步划分为片堆结构与片架结构。

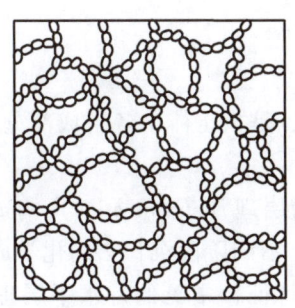

图 2-13　蜂窝结构

图 2-14　絮状结构

微小的黏粒大都呈片状或针状，尺寸极小，质量极轻，能够在水中长期悬浮而不因自重下沉。在结构形成中，其他的粒间力起主要作用。这些粒间力包括范德华力、库仑力、胶结作用力。

范德华力：分子间的引力，作用范围很小，为 0.3~100nm，只发生在粒间紧密接触点处。颗粒相距很近时，范德华力很大，随距离增加衰减很快，经典概念的范德华力与距离的 7 次方成反比。也有学者研究指出，范德华力与距离的 4 次方成反比。总之，距离稍远，范德华力就不存在了。范德华力是细粒土黏结在一起的主要因素。

库仑力：静电作用力。由于黏粒表面带有电荷，在其周围形成电场，从而产生静电作用力，即库仑力。库仑力的大小一般与电荷间距离的二次方成反比，所以库仑力随距离衰减的速度总是比范德华力慢。当颗粒是面与面排列时，库仑力表现为斥力；当颗粒是边与面、角与面排列时，库仑力表现为吸力。因此，颗粒间静电力是吸力或是斥力，视颗粒的排列情况而异。

胶结作用力：颗粒胶结在一起的作用力，一般为化合键。土粒间通过游离氧化物、碳酸盐和有机质等胶体黏结在一起，具有较高的强度。

细粒土的天然结构就是在其沉积过程中受这些力的共同作用而形成的。由电子显微镜观察得知，黏性土中的颗粒更多的是以颗粒集合体——集粒的形式存在，而不是以单个颗粒的形式存在。黏性土的性质主要取决于集粒间的相互联系与排列，在较小程度上取决于集粒内部颗粒间的联系与排列。土的结构一方面受沉积条件的影响，另一方面也受到沉积后外界环境变化的影响。当黏粒在淡水环境中沉积时，因为淡水中离子的浓度小，颗粒表面吸附的阳离子较少，存在着较高的未被平衡的负电荷，因此土颗粒周围的结合水膜比较厚，黏粒或集粒间的排斥力可以发挥到最大，黏粒或集粒将在分散状态下缓慢沉积，在一定程度上是面与面的平行排列，这种结构称为片堆结构。片堆结构的特点是密度大，由于黏粒的高度定向性，导致土有明显的各向异性特征。当黏粒在海水中沉积时，由于水中阳离子浓度很大，土颗粒表面吸附了大量的阳离子，平衡了土颗粒表面相当数量的负电荷，减少了颗粒间的排斥力，使颗粒得以相互靠近而引力增加，容易形成边与面、边与边搭接的结构形式，称为片架结构。这种结构形式具有较大的孔隙，性质均匀，各向同性，对扰动比较敏感。总的来说，当孔隙比相同时，片架结构较片堆结构具有较高的强度，较低的压缩性和较大的渗透性。

上述片堆结构和片架结构是黏性土的典型结构形式。实际上，任何自然土都不是单一的结构，而是呈多种类型的综合结构。往往是先由颗粒黏结成大小不等的粒团，再由各种粒团和原级颗粒组成不同的结构形式。

2.3.2 土的构造

土的构造（soil structure）也称为土体的宏观结构，是指土体中各组成部分之间的排列、分布及外貌特征，常见的有以下几种：

1）层状构造（layered structure）。层状构造也称为层理（stratification）构造，是第四纪地层构造的最主要特征。它是在土的生成过程中，由于不同阶段沉积物的化学成分、颗粒大小、颜色、厚度及包含物不同，而沿竖向呈现的成层特征，常见的有水平层理和交错层理（指具有夹层、尖灭或透镜体等产状）。层理构造使土在垂直层理方向与平行层理方向的性质不一，平行层理方向的压缩模量和渗透系数往往大于垂直方向的压缩模量和渗透系数。

2）裂隙状构造（fissure structure）。土体中有很多不连续的小裂隙，如黄土中的柱状裂隙。裂隙的存在大大降低了土体的强度和稳定性，增大了透水性，对工程不利。

3）分散构造（dispersed structure）。残积、洪积、冰积等形成的土体，土层中各部分的土粒组成无明显层次，粗细粒（碎石、砾石、砂、分散黏土等）混杂在一起，各部分的性质也相近，称为分散构造。

2.4 土的物理性质指标

如前所述，通常情况下土是由固体、液体和气体组成的三相体系，三相组成部分的性质与数量以及它们之间的相互作用，决定着土的物理力学性质。土力学中使用土体各相之间在体积和质量上的比例关系，作为反映土的物理性质的指标，这种比例关系称为土的三相比例指标，是评价土的性质的最基本的物理性质指标，可以直接反映土的松密、软硬等物理状态，也可以间接反映土的工程性质。

2.4.1 土的三相组成示意图

天然土体的三相分布是分散的，具有随机性。为了说明问题方便及更清楚地获取理论概念，通常把土体中实际处于分散状态的三相物质理想化地分别集中在一起，构成如图2-15所示的理想三相组成示意图，又称为三相简图。

三相简图中左侧符号分别表示各相的质量，右侧符号分别表示各相的体积。假如忽略不计气体的质量，则土样的总质量可以表示为

$$m = m_s + m_w \tag{2-8}$$

式中，m_s、m_w 分别为土样中固体颗粒和水的质量。

土样的总体积可表示为

$$V = V_s + V_v = V_s + V_a + V_w \tag{2-9}$$

式中，V 为土样的总体积；V_a、V_w、V_s 和 V_v 分别为土样中气体、水、固体颗粒和孔隙所占体积。

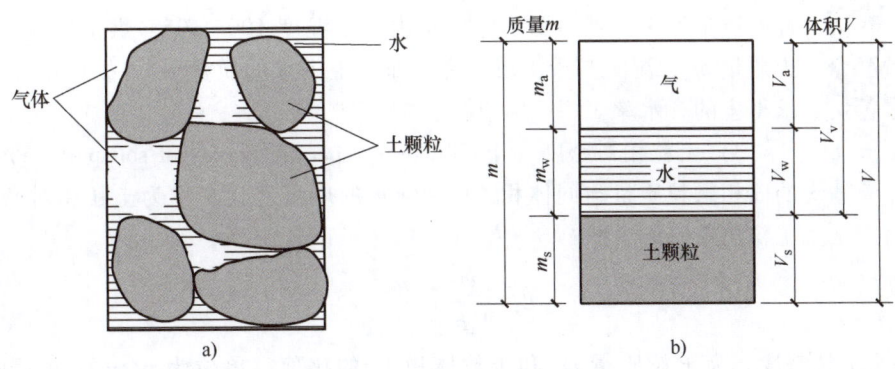

图 2-15 土的三相关系示意图
a) 土的三相分布 b) 三相简图

2.4.2 指标的定义

1. 三项基本物理性质指标

土的密度（或容重）、含水率（也称为含水量）和土粒相对密度（也称为土粒比重）称为土的三项基本物理性质指标（basic physical indexes），因为它们可以在实验室内直接测定，有时也称为三个实测物理性质指标，其具体试验方法可参见《土工试验方法标准》（GB/T 50123—2019）。

1）土的密度（bulk density）ρ。土单位体积的质量称为土的密度 ρ（g/cm³ 或 t/m³），即

土的密度定义及测定

$$\rho = \frac{m}{V} \tag{2-10}$$

土的密度一般采用环刀法（cutting ring method）测定，即用一个圆刀（质量恒定，刀刃向下）放置于削平的原状土样面上，徐徐地削去环刀外围土，边压环刀边削至土样伸出环刀口为止，削去两端余土，使与环刀口面平齐，称出环刀和土的质量，减去环刀的质量，就是土的质量，再与环刀体积之比值即为土的密度。天然状态下土的密度变化范围在 1.6~2.2g/cm³ 之间。

土的密度试验设备——环刀

2）土的含水率（water content）w。土中水的质量与土粒质量之比（用百分数表示）称为土的含水率 w，即

$$w = \frac{m_w}{m_s} \times 100\% \tag{2-11}$$

含水率是表示湿度的一个重要指标。含水率越小，土越干；反之，土很湿或饱和。一般来说，同一类土，含水率增大时，其强度就降低。土的含水率对黏性土、粉土的性质影响较大，对粉砂、细砂稍有影响，而对碎石土等基本上没有影响。

土的含水率试验
设备——铝盒烘箱

土的含水率一般采用烘干法（oven drying method）测定，即将天然土样的质量称出，然后置于电烘箱内，在温度 100~105℃ 烘至恒重，称得干土质量 m_s，湿土与干土质量之差即为土中水的质量 m_w，故可按式（2-11）求得土的含水率。

3）土粒相对密度（土粒比重）（specific gravity of soil particle）d_s。土的固相颗粒质量与同体积 4℃ 时纯水的质量之比，称为土粒相对密度（或土粒比重）d_s，即

$$d_s = \frac{m_s}{V_s \rho_{w1}} = \frac{\rho_s}{\rho_{w1}} \tag{2-12}$$

式中，ρ_s 为土粒密度，为土粒质量 m_s 和土粒体积 V_s 的比值，单位为 g/cm³；ρ_{w1} 为纯水在 4℃ 时的密度，等于 1g/cm³ 或 1t/m³。

土粒相对密度（土粒比重）
定义及测定

土粒比重试验设备——
比重瓶和调温电沙浴

一般情况下，土粒相对密度在数值上就等于土粒密度，但两者的含义不同，前者是两种物质的质量或密度之比，无量纲；而后者是一种物质（土粒）的质量密度，有单位。土粒相对密度 d_s 取决于土的矿物成分，可在实验室采用比重瓶法（density bottle method）测定。土粒相对密度变化幅度不大，一般也可按经验数值选用，即参考表 2-6 取值。

表 2-6　土粒相对密度参考值

土的名称	砂土	粉土	黏性土		有机质	泥炭
			粉质黏土	黏土		
土粒相对密度	2.65~2.69	2.70~2.71	2.72~2.73	2.74~2.76	2.4~2.5	1.5~1.8

2. 常用的换算指标

用试验方法确定出上述土的三项基本性质指标后，就可以计算出表示土体的其他六个常用指标，称为换算指标（calculated physical indexes）。

1）土的孔隙比（void ratio）e。土中孔隙体积与土粒体积之比称为土的孔隙比 e，即

$$e = \frac{V_v}{V_s} \tag{2-13}$$

2）土的孔隙率（porosity）n。土中孔隙体积与总体积之比（用百分数表示）称为土的孔隙率 n，即

$$n = \frac{V_v}{V} \times 100\% \tag{2-14}$$

土的孔隙比和孔隙率都是反映土体密实程度的重要物理性质指标。它们之间有如下关系：

$$e = \frac{V_v}{V_s} = \frac{V_v}{V-V_v} = \frac{\dfrac{V_v}{V}}{1-\dfrac{V_v}{V}} = \frac{n}{1-n} \tag{2-15}$$

一般情况下，e 和 n 越大，土越疏松；反之土越密实。一般来说，$e<0.6$ 的土是密实的，土的压缩性低；$e>1.0$ 的土是疏松的，其压缩性高。

3）土的饱和度（degree of saturation，saturation ratio）S_r。土中水的体积与孔隙体积之比称为土的饱和度 S_r，以百分数计，即

$$S_r = \frac{V_w}{V_v} \times 100\% \tag{2-16}$$

饱和度反映的是土中孔隙被水充满的程度。如果 $S_r=100\%$，表明土孔隙中充满水，土是完全饱和的；$S_r=0$，则土是完全干燥的。通常可根据饱和度的大小将细砂、粉砂等土划分为稍湿、很湿和饱和三种状态，见表 2-7。

表 2-7　砂土湿度状态的划分

湿　度	稍　湿	很　湿	饱　和
饱和度 S_r（%）	$S_r \leq 50$	$50 < S_r \leq 80$	$S_r > 80$

4）干密度（dry density）ρ_d。土木工程中的许多问题，有时还需要了解扣除水分后单位体积土的质量，因此引入了干密度的概念，即单位体积土中固体颗粒的质量，并以 ρ_d 表示，即

$$\rho_d = \frac{m_s}{V} \tag{2-17}$$

土的干密度一般为 $1.3 \sim 1.8 \text{g/cm}^3$。工程上常用土的干密度来评价土的密实程度，以控制填土、高等级公路路基和坝基的施工质量。

5）饱和密度（saturated density）ρ_{sat}。与干密度一样，有时还需要了解孔隙中全部充满水时单位体积土的质量，也就引入了饱和密度 ρ_{sat} 的概念，即土孔隙中充满水时单位体积的质量：

$$\rho_{sat} = \frac{m_s + V_v \rho_w}{V} \tag{2-18}$$

式中，ρ_w 为水的密度，近似可取 $\rho_w = 1 \text{g/cm}^3$。天然状态下土的饱和密度的变化范围为 $1.8 \sim 2.2 \text{g/cm}^3$。

6）有效密度（effective density）或浮密度（buoyant density）ρ'。在地下水位以下的土，会受到浮力的作用，此时土中固体颗粒的质量扣除同体积水的质量（浮力）后与土样总体积之比称为土的浮密度（有效密度）ρ'，表示为

$$\rho' = \frac{m_s - V_s \rho_w}{V} \tag{2-19}$$

上述土的九个三相比例指标中，共有四个质量密度指标：土的密度、干密度、饱和密度和浮密度。工程中计算自重应力时，还常用重度（unit weight）来表示类似的概念。由土的质量产生的单位体积的重力称为重力密度，简称为重度。与土的密度相对应，土的重度指标

也有四个，分别是土的重度 γ、干重度 γ_d、饱和重度 γ_{sat} 和有效重度 γ'。土的重度分别按下列公式计算：

$$\gamma = \rho g, \gamma_d = \rho_d g, \gamma_{sat} = \rho_{sat} g, \gamma' = \rho' g \tag{2-20}$$

工程上为计算方便，一般取重力加速度 $g = 10 \mathrm{m/s}^2$，各指标的单位均为 $\mathrm{kN/m}^3$。

2.4.3　三相指标的换算

如前所述，土的九个三相比例指标中，在测定 ρ、w 和 d_s 这三个基本指标后，可以换算出其余各个指标，即用 ρ、w、d_s 可表示出其余六个换算指标；也可以用某几个指标换算其他指标。

基本思路是：假设 ρ、w 和 d_s 已知，将三相简图中各相的质量和体积全部用 ρ、w 和 d_s 表示，再依据其余六个指标的定义求解其表达式。因为土的性质与研究时所取土样的具体体积无关，所以常假定 $V_s = 1$ 或 $V = 1$ 进行各个指标间关系的推导。

1. 利用基本指标表示三相图中各相的质量和体积

如图 2-16 所示，令固体体积 $V_s = 1$，则

由 $d_s = \dfrac{m_s}{V_s \rho_w}$ 可得 $m_s = d_s \rho_w$。

由 $w = \dfrac{m_w}{m_s} \times 100\%$ 可得 $m_w = w m_s = w d_s \rho_w$，所以，$m = m_s + m_w = (1+w) d_s \rho_w$。

由 $\rho = \dfrac{m}{V}$ 可得 $V = \dfrac{m}{\rho} = \dfrac{(1+w) d_s}{\rho} \rho_w$，所以，$V_v = V - V_s = \dfrac{(1+w) d_s \rho_w}{\rho} - 1$。

由 $m_w = V_w \rho_w$ 可得 $V_w = \dfrac{m_w}{\rho_w} = w d_s$，所以，$V_a = V_v - V_w = \dfrac{(1+w) d_s \rho_w}{\rho} - 1 - w d_s$。

至此，三相简图中各相的质量和体积全部用三个基本物理性质指标表示出来。

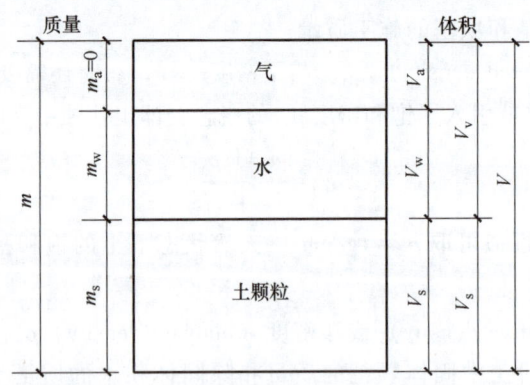

图 2-16　土的三相物理性质指标换算示意图

2. 求其他六个换算指标

根据用三个基本物理性质指标表示的三相简图，按定义即可求出其他六个换算指标。

$$e = \dfrac{V_v}{V_s} = \dfrac{(1+w) d_s \rho_w}{\rho} - 1 \tag{2-21}$$

为简便起见，可以令 $V_v = e$，则 $V = V_s + V_v = 1 + e$，于是其他指标可用孔隙比 e 等表示，见

表2-8。

实际上,土的九个常用物理性质指标中,只有三个是独立的;只要知道其中任意三个指标,都可以通过三相简图或换算公式求出另外六个指标;表2-8列出了常用的三相比例指标换算公式。

以上公式推导中,假定 $V_s=1$,实际上也可以其他量为单位值进行推导。这是因为三相量的指标都是相对的比例关系,不是量的绝对值。因此,在换算中可以根据具体情况决定采用某种方法。

表2-8 常用的三相比例指标换算公式

名称	符号	定义表达式	用直接测定指标表达的换算公式	用其他指标表达的换算公式
孔隙比	e	$e=\dfrac{V_v}{V_s}$	$e=\dfrac{(1+w)d_s\rho_w}{\rho}-1$	$e=\dfrac{wd_s}{S_r}$,$e=\dfrac{n}{1-n}$
孔隙率	n	$n=\dfrac{V_v}{V}\times 100\%$	$n=1-\dfrac{\rho}{d_s\rho_w(1+w)}$	$n=\dfrac{e}{1+e}$
饱和度	S_r	$S_r=\dfrac{V_w}{V_v}\times 100\%$	$S_r=\dfrac{wd_s\rho}{d_s\rho_w(1+w)-\rho}$	$S_r=\dfrac{wd_s}{e}$
干密度	ρ_d	$\rho_d=\dfrac{m_s}{V}$	$\rho_d=\dfrac{\rho}{1+w}$	$\rho_d=\dfrac{d_s}{1+e}\rho_w$
饱和密度	ρ_{sat}	$\rho_{sat}=\dfrac{m_s+V_v\rho_w}{V}$	$\rho_{sat}=\dfrac{(d_s-1)\rho}{d_s(1+w)}+\rho_w$	$\rho_{sat}=\dfrac{d_s+e}{1+e}\rho_w$,$\rho_{sat}=\rho'+\rho_w$
浮密度	ρ'	$\rho'=\dfrac{m_s-V_s\rho_w}{V}$	$\rho'=\dfrac{d_s-1}{d_s(1+w)}\rho$	$\rho'=\dfrac{d_s-1}{1+e}\rho_w$,$\rho'=\rho_{sat}-\rho_w$

【例2-2】 用体积为50cm³的环刀取得原状土样,称得土样总质量为95g,烘干后75g,经比重瓶法得到 $d_s=2.68$。求该土的天然含水率 w、重度 γ、孔隙比 e、孔隙率 n 及饱和度 S_r。

解:绘三相简图(图2-17),将已知值填入图中,按各指标的定义进行计算。

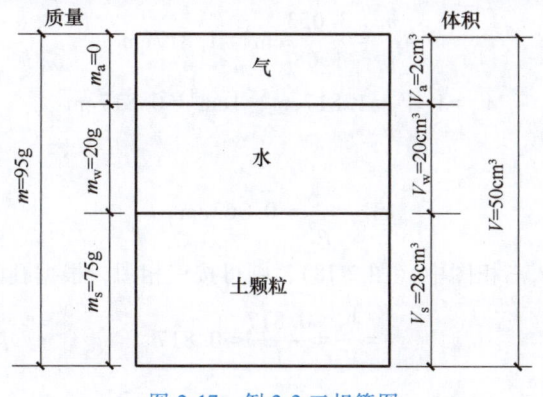

图2-17 例2-2 三相简图

1) 已知 $V = 50\text{cm}^3$，$m = 95\text{g}$，故

$$\rho = \frac{m}{V} = \frac{95}{50}\text{g/cm}^3 = 1.90\text{g/cm}^3，\quad \gamma = \rho g = 19.0\text{kN/m}^3$$

2) 已知 $m_s = 75\text{g}$，则 $m_w = 95\text{g} - 75\text{g} = 20\text{g}$，有

$$w = \frac{m_w}{m_s} \times 100\% = \frac{20}{75} \times 100\% = 26.7\%$$

3) $V_s = \dfrac{m_s}{d_s \rho_w} = \dfrac{75}{2.68 \times 1}\text{cm}^3 = 28\text{cm}^3$，则 $V_v = V - V_s = 50\text{cm}^3 - 28\text{cm}^3 = 22\text{cm}^3$，所以

$$e = \frac{V_v}{V_s} = \frac{22}{28} = 0.79$$

或

$$n = \frac{V_v}{V} \times 100\% = \frac{22}{50} \times 100\% = 44\%$$

4) 因 $V_w = \dfrac{m_w}{\rho_w} = \dfrac{20}{1}\text{cm}^3 = 20\text{cm}^3$，故

$$S_r = \frac{V_w}{V_v} \times 100\% = \frac{20}{22} \times 100\% = 91\%$$

【例 2-3】 某原状土样，试验测得相对密度 $d_s = 2.69$，含水率 $w = 13.5\%$，密度 $\rho = 1.68\text{g/cm}^3$，求该土样的孔隙比 e 和饱和度 S_r。

解：1) 按三相图求解。令土粒体积 $V_s = 1\text{cm}^3$。
由土粒的相对密度定义可得：

$$m_s = V_s d_s \rho_w = (1 \times 2.69 \times 1)\text{g} = 2.69\text{g}$$

由含水率的定义可得水的质量为

$$m_w = w m_s = 13.5\% \times 2.69\text{g} = 0.363\text{g}$$

则土的总质量为

$$m = m_s + m_w = 2.69\text{g} + 0.363\text{g} = 3.053\text{g}$$

由密度的定义可得土体总体积为

$$V = \frac{m}{\rho} = \frac{3.053}{1.68}\text{cm}^3 = 1.817\text{cm}^3$$

则孔隙体积为

$$V_v = V - V_s = 1.817\text{cm}^3 - 1\text{cm}^3 = 0.817\text{cm}^3$$

另外，水的体积为

$$V_w = \frac{m_w}{\rho_w} = 0.363\text{cm}^3$$

将上面计算结果全部填入三相图中（图 2-18），则可按三相图，根据孔隙比和饱和度的定义得

$$e = \frac{V_v}{V_s} = \frac{0.817}{1} = 0.817$$

$$S_r = \frac{V_w}{V_v} \times 100\% = \frac{0.363}{0.817} \times 100\% = 44.4\%$$

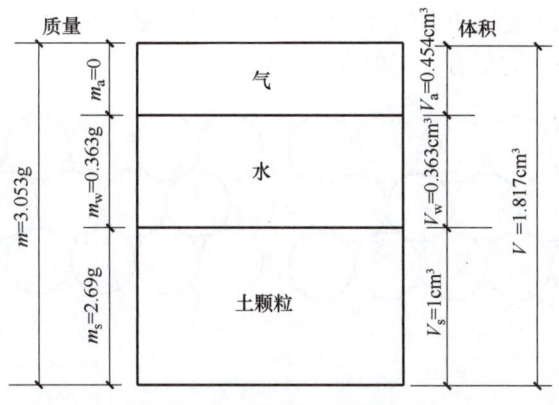

图 2-18 例 2-3 三相简图

上述解题中假设 $V_s=1\text{cm}^3$,实际上可假设其他值为 1(如 $V=1\text{cm}^3$ 或 $m_s=1\text{g}$ 等)来计算,并不影响指标的最终计算结果。只是假定的已知量选取合适时,可以减少计算的工作量。

2)用换算公式求解。根据表 2-8,孔隙比及饱和度的换算公式为

$$e = \frac{d_s(1+w)\rho_w}{\rho} - 1 = \frac{2.69 \times (1+13.5\%) \times 1}{1.68} - 1 = 0.817$$

$$S_r = \frac{wd_s}{e} = \frac{13.5\% \times 2.69}{0.817} = 0.444 = 44.4\%$$

显然,用换算公式比按三相图简便迅速。但学习中必须熟练地通过三相图推出主要物理性质指标,掌握土的三相图概念,不提倡死记公式。

2.5 土的物理状态指标

土的物理状态,对于粗粒土(coarse-grained soil),一般指土的密实度;对于细粒土 fine-grained soil,一般指土的软硬程度,即稠度。

2.5.1 粗粒土的密实度

粗粒土即无黏性土(cohesionless soil),如砂、卵石、砾石等。这类土颗粒一般为单粒结构,粒间黏结力很弱,所以是无黏性的散体。密实度是指这类土固体颗粒排列的紧密程度。天然状态下无黏性土处于松散到密实的不同物理状态,呈密实状态时,强度较大,结构稳定,是良好的天然地基;反之,其结构常处于不稳定状态,为不良地基;特别是饱和的粉细砂,结构性差,在振动荷载作用下可能发生液化,对工程很不利。因此,密实度是表征无黏性土物理性质的主要指标。

1. 砂土的密实度

砂土的密实度在一定程度上可用天然孔隙比 e 的大小来评定。但是由于土的密实度不仅和孔隙比有关,还与土颗粒形状和级配有关,仅用孔隙比一个指标还不能全面反映土的密实程度。假定有甲、乙两种砂,甲砂是理想的均匀圆球,不均匀系数 $C_u=1.0$,这种砂最密实时的排列如图 2-19a 所示,可以算出此时它的孔隙比 $e=0.35$;乙砂也是理想的圆球,但有两种粒径,大圆球之间的孔隙中,还有小圆球可以填充于其中(图 2-19b),不均匀系数 $C_u>1.0$,

显然此砂最密实时的孔隙比 $e<0.35$。可见两种同样处于最密实状态的砂，却有着不同大小的孔隙比，主要原因在于它们有不同的颗粒级配。

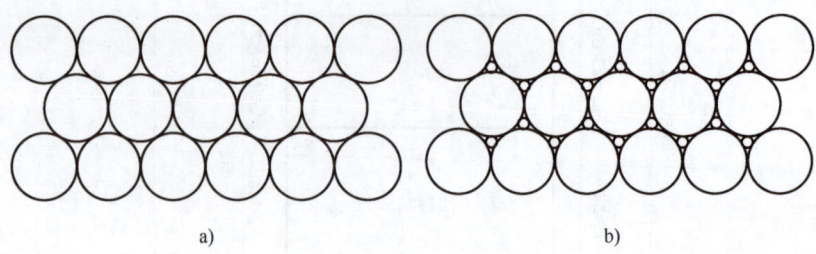

图 2-19　砂的密实排列
a）单一粒径　b）两种粒径

工程上为了更好地表明砂土的密实状态，采用将天然土的孔隙比 e 与该种土所能达到最密实时的孔隙比 e_{min} 和最疏松时的孔隙比 e_{max} 相对比的办法，来确定天然土的密实度。这种度量密实度的指标称为砂土相对密度（relative density）D_r，其表达式为

$$D_r = \frac{e_{max}-e}{e_{max}-e_{min}} \qquad (2-22)$$

显然，当天然孔隙比接近最小孔隙比时，D_r 接近 1.0，表示砂土接近最密实状态；当天然孔隙比接近最大孔隙比时，D_r 接近 0，表明砂土接近最松散的状态。工程上根据砂土的相对密实度可以将砂土的密实状态分为三类，即疏松，$0.00<D_r \leqslant 0.33$；中密，$0.33<D_r \leqslant 0.67$；密实，$0.67<D_r \leqslant 1.00$。

根据孔隙比与干密度间的换算公式，可以推导出用最大干密度和最小干密度表示的相对密度，即

$$D_r = \frac{(\rho_d-\rho_{dmin})\rho_{dmax}}{(\rho_{dmax}-\rho_{dmin})\rho_d} \qquad (2-23)$$

从理论上讲，相对密度的概念比较明确，能全面反映影响砂土密实度的各种因素，也是国际上通用的划分砂类土密实度的方法。但是由于测定砂土的最大孔隙比和最小孔隙比的试验方法不够完善，试验结果往往出现较大的离散性；同时也由于原状砂土试样难以取得，天然孔隙比 e 很难准确测定，使得相对密实度的计算结果更加不准确。因此，虽然相对密度这一指标理论上能够合理评价土的密实度，但以上所述种种原因使相对密度这一指标的应用受到了限制。在工程实际中，更多地采用标准贯入试验（standard penetration test，SPT）来判别砂土的密实度。

标准贯入试验是用质量为 63.5kg 的锤，在落距为 76cm 的条件下，把标准贯入器（带有刀口的对开管，外径 50mm，内径 35mm）打入土中，记录贯入 30cm 所需的锤击数 N 的原位测试方法。《建筑地基基础设计规范》（GB 50007—2011）规定砂土的密实度根据标准贯入锤击数可分为密实、中密、稍密和松散四种状态，其划分标准见表 2-9。

表 2-9　按标准贯入锤击数 N 确定砂土密实度

标准贯入锤击数 N	$N \leqslant 10$	$10<N \leqslant 15$	$15<N \leqslant 30$	$N>30$
密实度	松散	稍密	中密	密实

2. 碎石土的密实度

根据《岩土工程勘察规范》(GB 50021—2001)（2009版），对于平均粒径等于或小于50mm，且最大粒径小于100mm的碎石土，可以根据修正的圆锥动力触探试验（dynamic penetration test，DPT）锤击数按表2-10确定密实度。

表 2-10　碎石土密实度按重型动力触探锤击数 $N_{63.5}$ 分类

重型动力触探锤击数 $N_{63.5}$	密实度	重型动力触探锤击数 $N_{63.5}$	密实度
$N_{63.5} \leqslant 5$	松散	$10 < N_{63.5} \leqslant 20$	中密
$5 < N_{63.5} \leqslant 10$	稍密	$N_{63.5} > 20$	密实

对于平均粒径大于50mm，或最大粒径大于100mm的碎石土，可以根据修正的超重型动力触探试验锤击数按表2-11确定密实度。

表 2-11　碎石土密实度按超重型动力触探锤击数 N_{120} 分类

超重型动力触探锤击数 N_{120}	密实度	超重型动力触探锤击数 N_{120}	密实度
$N_{120} \leqslant 3$	松散	$11 < N_{120} \leqslant 14$	密实
$3 < N_{120} \leqslant 6$	稍密	$N_{120} > 14$	很密
$6 < N_{120} \leqslant 11$	中密		

对于大颗粒含量较多的碎石土，很难进行原位试验，可用野外鉴别方法按表2-12确定其密实度。

表 2-12　碎石土密实度野外鉴别方法

密实度	骨架颗粒含量和排列	可挖性	可钻性
松散	骨架颗粒质量小于总质量的60%，排列混乱，大部分不接触	锹可以挖掘，井壁易坍塌，从井壁取出大颗粒后，立即塌落	钻进较易，钻杆稍有跳动，孔壁易坍塌
中密	骨架颗粒质量等于总质量的60%~70%，呈交错排列，大部分接触	锹镐可挖掘，井壁有掉块现象，从井壁取出大颗粒处，能保持凹面形状	钻进较困难，钻杆、吊锤跳动不剧烈，孔壁有坍塌现象
密实	骨架颗粒质量大于总质量的70%，呈交错排列，连续接触	锹镐挖掘困难，用撬棍方能松动，井壁较稳定	钻进困难，钻杆、吊锤跳动剧烈，孔壁较稳定

2.5.2　黏性土的稠度

1. 稠度状态

黏性土最主要的物理状态特征是它的稠度（consistency of cohesive soil），即土的软硬程度。当土中含水率很低时，土中水被紧紧地吸着于土颗粒表面，成为强结合水膜（图2-20a）。强结合水膜的性质接近固体的性质，根据水膜厚薄不同，土表现为固态或半固态。

当土中含水率增加时，被吸附在土颗粒周围的结合水膜增厚，在强结合水膜外形成弱结合水膜（图2-20b）；由于弱结合水的存在，此时的黏性土在外力作用下可任意改变形状而不开裂，外力撤去后仍能保持改变后的形态，这种状态称为可塑状态。土处在可塑状态的含水率变化范围，大致相当于土粒所能吸收的弱结合水的含量；这一含量的大小主要取决于土颗粒的比表面积和矿物成分。颗粒很细黏性较大的土和亲水能力强的土，自然能吸附较多的结合水，因此土处在可塑状态的含水率变化范围也必定大。

当含水率继续增加时，土中除结合水外，还会有相当数量的自由水；此时土颗粒之间被自由水隔开（图 2-20c），相互间引力减小，土体不能承受任何剪应力，而呈流动的液态。

由此可见，黏性土的物理状态与含水率的大小密切相关；土的稠度实际上反映了土处于不同形态时的含水率，也反映了土粒之间的黏结强度随含水率的不同而变化的性质。

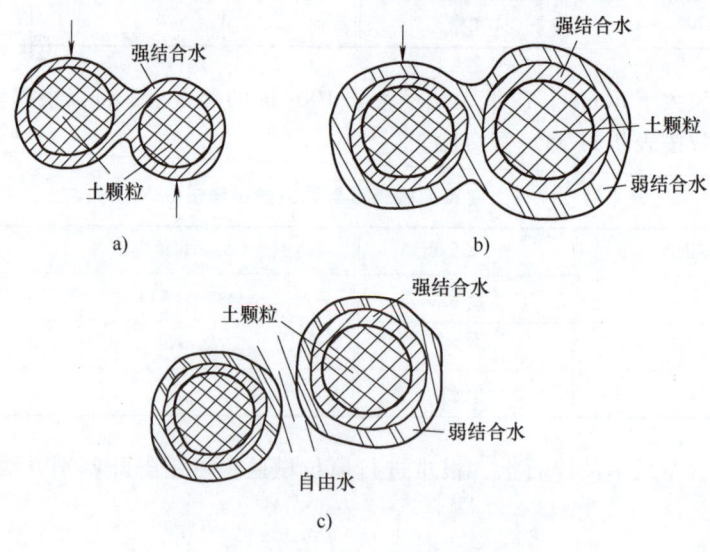

图 2-20　土中水与稠度状态
a) 固态和半固态　b) 可塑状态　c) 流动状态

2. 稠度界限

液塑限联合测定试验

黏性土随着含水率的不同，分别处于固态、半固态、可塑状态和流动状态。黏性土由一种状态转变为另一种状态的分界含水率，称为土的稠度界限或界限含水率，分别称为液限（liquid limit）、塑限（plastic limit）和缩限（shrinkage limit），如图 2-21 所示。工程上常用的稠度界限是液限和塑限。

液限表示黏性土由可塑状态转变为流动状态的分界含水率，用 w_L 表示；塑限表示土由半固态转变为可塑状态的分界含水率，用 w_P 表示；缩限表示土由固态转到为半固态的分界含水率，用 w_S 表示。由图 2-21 可以看出，土体体积随着含水率的减小而发生收缩现象，而当含水率小于缩限时，土体体积将不随含水率的变化而变化。

稠度界限采用室内试验确定。《土工试验方法标准》(GB/T 50123—2019) 规定：液限和塑限采用液塑限联合测定仪（liquid-plastic limit combined device）测定。液限也可以采用锥式液限仪（fall cone liquid limit device）、碟式仪（bowl-type liquid limit device）来测定；塑限也可以采用我国多年以来一直采用的搓条法（kneading method）进行测定；缩限采用收缩皿法测定。以上试验的具体方法步骤详见该标准。

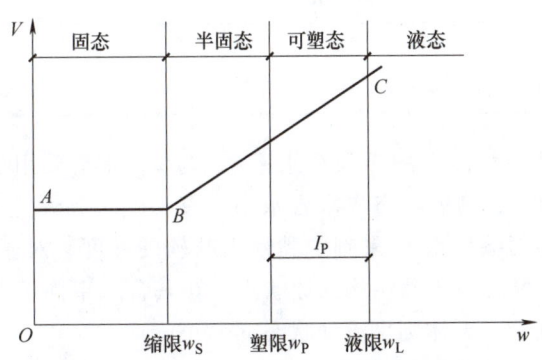

图 2-21 黏性土的体积与含水率关系示意图

液塑限联合测定仪确定的液限和塑限是对应于圆锥仪法和搓条法的。但是测试表明，用碟式仪测得的液限值大于圆锥仪的结果，经研究分析表明，取 76g 圆锥仪下沉 17mm 时的含水率与碟式仪测得的液限值相当。《公路土工试验规程》（JTG 3430—2020）规定采用 100g 圆锥仪下沉深度 20mm 与碟式仪测定的液限值相当。

液塑限联合测定仪

3. 塑性指数和液性指数

去掉"%"后的液限与塑限的差值定义为塑性指数（plasticity index）I_P，即

$$I_P = w_L - w_P \tag{2-24}$$

塑性指数 I_P 表示黏性土处在可塑状态的含水率的变化范围。显然塑性指数越大，土处于可塑状态的含水率范围越大，也就是说土中结合水的含量越高。从土颗粒大小而言，土粒越细，比表面积越大，结合水含量越高，则塑性指数 I_P 就越大。从矿物成分来说，黏土矿物含量越多，亲水矿物（如蒙脱石）含量越高，水化作用越剧烈，结合水含量越高，则 I_P 越大。从土中水的离子成分和浓度来说，当水中高价阳离子的浓度增加时，土粒表面吸附的反离子层中的阳离子数量减少，双电层厚度变薄，结合水含量减小，I_P 也小。在一定程度上，塑性指数综合反映了黏性土及其组成的基本特征。因此，在工程上常按塑性指数对黏性土进行工程分类。

前面提到，土的比表面积和矿物成分不同，吸附结合水的能力就不一样，因此，含水率相同而比表面积不同的土，就可能处于不同的物理状态：对于黏性高的土，水的形态可能全是结合水，而对于黏性低的土，则有可能相当部分的自由水。所以，仅仅知道含水率的绝对值，并不能说明土处于什么状态。为了说明黏性土的稠度状态，引入了一个能表征土的天然状态含水率和界限含水率之间相对关系的指标，这就是液性指数（liquidity index）I_L，定义为

$$I_L = \frac{w - w_P}{I_P} = \frac{w - w_P}{w_L - w_P} \tag{2-25}$$

由式（2-25）可知，当土的天然含水率 $w < w_P$ 时，I_L 小于 0，天然土处于坚硬状态；当 $w > w_L$ 时，I_L 大于 1，天然土处于流动状态；当 $w_P < w < w_L$ 时，I_L 介于 0～1 之间，天然土处于可塑状态。因此，《建筑地基基础设计规范》（GB 50007—2011）根据液性指数将黏性土划分为 5 种状态，划分标准见表 2-13。

表 2-13　黏性土的状态

状　态	坚　硬	硬　塑	可　塑	软　塑	流　塑
液性指数	$I_L \leq 0$	$0 < I_L \leq 0.25$	$0.25 < I_L \leq 0.75$	$0.75 < I_L \leq 1.0$	$I_L > 1.0$

这里需要指出的是，黏性土的界限含水率 w_P 与 w_L 都是采用扰动土样测定的。因此，w_P 与 w_L 实质上是扰动土的物理状态界限含水率，仅反映了黏性土细颗粒与水的相互作用，并未反映土体的结构性影响。用 I_L 来判定黏性土的软硬程度，对于扰动土是合适的，但对原状土则偏于保守。通常保持天然结构的原状土，在其含水率等于液限时，并不处于流塑状态。但土的结构一经扰动，土体则呈流动状态。

在公路建设中，有时采用稠度来判定黏性土的干湿状态。稠度可采用直接法和间接法测定，详见《公路土工试验规程》(JTG 3430—2020)。

高灵敏度土

4. 黏性土的灵敏度和触变性

天然状态下的黏性土通常都具有一定的结构性。当受到外力扰动时，土粒间的胶结物质以及土粒、离子、水分子所组成的平衡体系受到破坏，即土的天然结构受到破坏，导致土的强度降低和压缩性增大。天然土的这种因结构受到扰动而使强度改变的特征称为土的结构性（structural characteristic），一般用灵敏度（sensitivity）来衡量，即

$$S_t = \frac{q_u}{q_u'} \tag{2-26}$$

式中，q_u、q_u' 分别为原状土样和重塑土样的无侧限抗压强度，单位为 kPa。

工程上根据灵敏度的大小可将饱和黏土分为三类：低灵敏，$1 < S_t \leq 2$；中等灵敏，$2 < S_t \leq 4$；高灵敏，$S_t > 4$。土的灵敏度越高，其结构性越强，受扰动后土的强度降低就越多。因此，在基础工程施工中应注意保护基坑或基槽，尽量减少对坑（槽）底土结构的扰动。

饱和黏性土受到扰动后，结构产生破坏，土的强度降低。但当扰动停止后，土的强度随时间推移又会逐渐恢复。黏性土结构受到破坏，强度降低，但随时间推移土体的强度会逐渐恢复的胶体化学性质称为土的触变性（thixotropy）。

絮状结构形式的饱和黏土，由于含有大量的结合水，其强度主要取决于土粒间的黏结特征，即粒间分子产生的"原始黏聚力"和粒间胶结物产生的"固化黏聚力"。当土体扰动后，这两类黏聚力被部分或全部破坏，而产生强度降低。当扰动停止后，被破坏的粒间分子力可随时间逐渐恢复，而使强度有所增大，但是固化黏聚力是无法在短时间内恢复的。因此，易于触变的土，被扰动而降低的强度仅有部分恢复。

2.6　土的压实性

土的压实性（soil compaction）是指土体在压实能量作用下，土粒克服粒间阻力，产生位移，使土中的孔隙减小，密度增加的性状。工程中广泛用到的填土（fill），如路基、堤坝、飞机跑道、基坑回填土等，都要采用夯打、振动或碾压等方法，使土得到压实，以提高土的强度，减小其沉降量，降低其透水性，从而保证地基或土工构筑物的稳定。

实践经验表明，细粒土和粗粒土具有不同的压实性质。压实细粒土宜用夯击机具或压强

较大的碾压机具,同时必须把土的含水率控制在一定范围内;而压实粗粒土时,则宜采用振动机具,同时充分洒水。

2.6.1 细粒土的压实性

1. 击实试验及压实特性

细粒土的压实性一般用室内击实试验(proctor test,compaction test)或现场碾压试验研究,其中击实试验是研究土压实性的基本方法。击实试验分轻型和重型两种。轻型击实试验适用于粒径小于 5mm 的黏性土,而重型击实试验适用于粒径大于 20mm 的土。试验所用的主要设备是击实仪,包括击实筒、击锤及导筒等;轻型和重型击实筒容积分别为 947.4cm³ 和 2103.9cm³;击锤质量分别为 2.5kg 和 4.5kg;击锤落高分别为 30.5mm 和 45.7mm。

击实试验

试验时,先将土样分成 5~7 份,并使每份具有不同的含水率,然后对每份土样用完全相同的方法分别进行击实。击实后,测出击实土的含水率和干密度,以含水率为横坐标,干密度为纵坐标,绘制出如图 2-22 所示的含水率与干密度关系曲线,常称为击实曲线,详细试验方法见《土工试验方法标准》(GB/T 50123—2019)。

将不同含水率所对应的土体达到饱和状态时的干密度也点绘于图 2-22 中,得到理论上所能达到的最大压实曲线,即饱和度为 $S_r = 100\%$ 时的压缩曲线,也称为饱和曲线(saturation line)。其表达式为

$$w = \left(\frac{\rho_w}{\rho_d} - \frac{1}{d_s}\right) \times 100\% \tag{2-27}$$

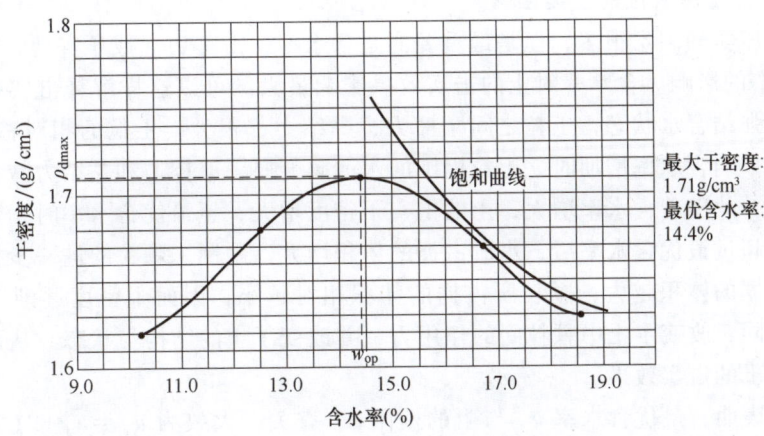

图 2-22 含水量干密度曲线

从击实曲线上可以看出细粒土有如下压实特性:

1)对于某一土样,在一定的击实功作用下,只有当土的含水率为某一适宜值时,土样才能被击实到最密实,对应的是击实曲线上的峰值点,峰值点所对应的纵坐标值称为最大干密度(maximum dry density)ρ_{dmax},对应的横坐标值称为最优含水率(optimum water content)w_{op}。

2)试验得出的击实曲线在峰值以右逐渐接近于理论饱和曲线,并且大体上与之平行;

在峰值以左，则两条曲线差别较大，而且随着含水率减小，差值迅速增加。

2. 土的击实机理

土被压密是由于土体受击实时土体内孔隙减小所致。孔隙减小的原因有：土团被击散、粒间黏结力被破坏、土粒棱角破碎、土粒排列方向变得更有规则等。在某一含水率下，将土击实到最密状态，理论上就是赶出土体孔隙中所有气体，使土体达到饱和状态，而不是挤出土中孔隙水来达到压实的效果，因为对于细粒土，短时间的加载是不能挤出土中孔隙水的。因此，人工压实不是挤出土中水分而是挤出土中气体来达到压实目的的。

当含水率很小时，土粒表面结合水膜很薄，粒间黏结力较大，土团不宜被击散，要使颗粒相互移动，需要克服很大的粒间阻力，因而需要消耗大量的能量（击实功），所以，干密度较小。然而，在含水率增加到最优含水率之前，总的来说，土中气体大都与外界连通，在击实功作用下，气体能够被排出。随着含水率的增加，结合水膜加厚，粒间阻力必然减小，颗粒自然容易移动，因而，土的干密度随含水率增加而增大，如图 2-22 所示。

当土的含水率接近最优含水率时，土孔隙中的气体越来越处于与大气不连通的状态，击实功已不能将其排出土体之外，土中出现孔隙水压力，它会抵抗击实功的作用，这时含水率的变化对干密度的影响就不那么明显，击实曲线趋于平缓。一般压实最好的土，气体含量也还有 3%~5%（以总体计）留在土中，即土不可能被击实到完全饱和状态，击实曲线必然位于饱和曲线的左侧而不能与饱和曲线有交点，如图 2-22 所示。

当含水率大于最优含水率时，水分的不断增多会使气体体积逐渐减少，且此时土中气体基本上是封闭式的，土中水和气不但不能排出，反而对击实功起抵消作用。因此，必然是含水率越高得到的压实干密度反而越小，如图 2-22 所示。

3. 影响黏性土压实性的主要因素

影响土体压实的因素很多，但是最重要的是含水率、击实功（或压实功）和土的性质。

1）含水率的影响。含水率对土的击实效果影响最大。可以这样解释击实机理：当土干燥时，水处于强结合水状态，土粒之间摩擦力、黏结力都很大，土粒的相对移动比较困难，故不易被击实；当含水率增加时，土粒周围的水薄膜变厚，摩擦力和黏结力减小，土粒之间彼此容易移动，故随着含水率增大，土的击实干密度增大，至最优含水率时，干密度达最大值。当含水率超过最优含水率后，水所占据的体积增大，限制了颗粒的进一步接近，含水率越大，水所占据的体积越大，颗粒所占据的体积相对越小，因而干密度逐渐变小。由此可见，含水率不同，改变了土中颗粒间的作用力，并改变了土的结构与状态，从而在一定压实功下，改变着土的击实效果。

试验统计表明，最优含水率 w_{op} 与土的塑限 w_P 有关，大致为 $w_{op} = w_P + 2(\%)$。一般的，土中黏土矿物含量大，则最优含水率越大。

2）击实功（或压实功）的影响。夯击的击实功与夯锤的质量、落高、夯击次数以及被夯击土的厚度等有关；碾压的压实功则与碾压机具的质量、接触面积、碾压遍数以及土层的厚度等有关。

对于同类土，图 2-23 说明击实功对击实曲线的影响。击实功不同时，曲线的形状不变，但最大干密度的位置却随着击实功的增大而增大。这就是说，当击实功增大时，最优含水率减小，最大干密度相应地增大。所以，在压实工程中，若土的含水率较小，则需较大的机具,才能把土压实至最大干密度;在碾压过程中,如未能将土压实至最密实的程度,则须增大压实功(选用功能较大的机具或增加碾压遍数等);若土的含水率较大,则应选用压实功较小的机具,否则会出现"橡皮土"现象。因此,若要把土压实到工程要求的干密度,必须合理控制压实时的含水率,选用适合的压实功,才能获得预期的效果。

3)不同土类和级配的影响。土的颗粒粗细、级配、矿物成分和添加的材料等因素对压实效果也有影响。对于黏性土,压实效果与其中的黏土矿物成分含量有关;添加木质素和铁基材料可改善土的压实效果。

4. 土的压实度

土的压实度(degree of compaction)或压实系数(compacting factor)λ_c定义为工地压实时要求达到的干密度ρ_d与室内击实试验所得到的最大干密度ρ_{dmax}的比值,可用下式表示:

$$\lambda_c = \frac{\rho_d}{\rho_{dmax}} \tag{2-28}$$

在工程中,填土的质量标准常以压实度来控制。压实度越接近1,表明对压实质量的要求越高。根据工程性质及填土的受力状况,所要求的压实度往往不一样。必须指出,现场施工的填土压实,无论是在压实能量、压实方法还是在土的变形方面,与室内击实试验都存在着一定差异。因此,室内击实试验用来模拟工地压实仅是一种半经验的方法,要使填土压实,现场施工要确保质量,达到要求的密实度,还应该进行现场试验。

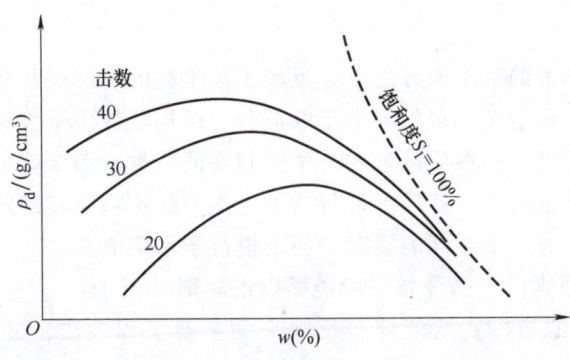

图 2-23 不同击实功的击实曲线

在工地上对压实度的检验,一般可用环刀法、灌砂(或灌水)法、湿度密度仪法或核子密度仪法等来测定土的干密度和含水率。具体选用哪种方法,可根据工地的实际情况来决定。

2.6.2 粗粒土的压实性

砂和砂砾等粗粒土的压实性也与含水率有关,不过不存在最优含水率。一般在完全干燥或者充分洒水饱和的情况下容易压实到较大的干密度。在潮湿状态,由于毛细压力增加了粒间阻力,压实干密度显著降低。粗砂在含水率为4%~5%,中砂在含水量为7%左右,压实干密度最小,如图2-24所示。所以,在压实砂砾时要充分洒水使土料饱和。

粗粒土的压实标准,一般用相对密度D_r控制。室内试验的结果表明,对于饱和的粗粒土,在静力或动力的作用下,相对密度大于0.70~0.75时,土的强度明显增加,变形显著减小,可以认为相对密度 0.70~0.75 是力学性质的一个转折点。同时,由于大功率的振动碾压机具的发展,提高碾压密实度成为可能。所以,我国现行的水工建筑物抗震规范规定,位于浸润线以上的粗粒土要求相对密度达到 0.7 以上,而浸润线以下的饱和土,相对密度则应达到 0.75~0.85。这些标准对于有抗震要求的其他类型的填土,也可参照采用。

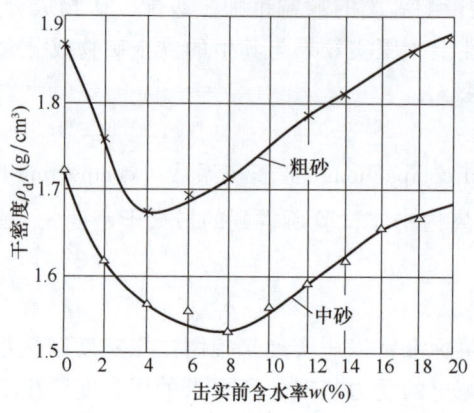

图 2-24　粗粒土的击实曲线

■ 2.7　土的工程分类

分类是一切自然学科的基本内容之一,反映了该学科的发展现状和发展历史。土的合理分类具有重要的工程实际意义。自然界中土的成分、结构及性质千变万化,表现出的工程性质也各不相同。如果能把工程性质接近的一些土归在同一类,那么就可以通过一种通用的鉴定标准,大致判断这类土的工程特性,评价这类土作为建筑物地基或建筑材料的适用性;又能使工程技术人员对土有一个共同的概念,便于进行学术交流。

(1) 分类的基本原则　土的分类一般遵循以下原则:

1) 分类体系采用的指标要既能综合反映土的主要工程性质,又能便于测定,且使用方便。

2) 分类体系采用的指标在一定程度上能反映土在不同用途和不同工作条件下的不同特性。

3) 分类体系要有一定的科学逻辑性,不仅要自成体系,纲目分明,而且要简单易记,便于应用。

(2) 分类的依据　自然界中的各种土,从直观上可以分成两大类:一类是由肉眼可见的松散颗粒所堆成,颗粒通过接触点直接接触的粗粒土,也称为无黏性土;另一类是由肉眼难以辨别的微细颗粒所组成的细粒土,又称为黏性土。但是在实际的工程应用中,仅有这种感性的、粗糙的分类是不够的,还必须更进一步地用某种最能反映土工程性质的指标来进行系统的分类。对于无黏性土,颗粒级配对其工程性质起着决定性的作用,因此颗粒级配是无黏性土工程分类的依据和标准。而对于黏性土,由于它与水作用十分明显,土粒的比表面积和矿物成分在很大程度上决定了这种土的工程性质,而体现土的比表面积和矿物成分的指标主要有液限和塑性指数,所以液限和塑性指数是对黏性土进行分类的主要依据。

（3）土的分类方法　国内外关于土的分类方法很多。有的根据土的结构构造分类，有的依据土的工程性质分类，有的考虑了土的颗粒和级配及可塑性（如液限和塑性指数）。不同国家根据各自的地域特点和需要，制定了相应的分类系统和分类方法。在美国，比较具有代表性的两种分类方法是农业部的 AASHTO 分类体系和统一分类体系（USCS），详见 ASTM 设计规程的 D-2487。这两种分类体系均考虑了土的结构性和土的可塑性。其中，统一分类体系得到了更广泛的应用。目前国内尚无一种统一的分类标准，不同的部门根据各自行业特点和需要建立了各自的分类标准。但由于土的性质的复杂性和多变性，至今还没有一个能涵盖任何一种土和适合任何情况的统一分类体系。目前国内土的分类标准主要有以下几种：建设部《土的工程分类标准》（GB/T 50145—2007）、住房和城乡建设部《建筑地基基础设计规范》（GB 50007—2011）、国家发展和改革委员会《水利水电工程土工试验规程》（DL/T 5355—2006）以及交通运输部《公路土工试验规程》（JTG 3430—2020）。

本节主要介绍《土的工程分类标准》和《建筑地基基础设计规范》中土的分类方法。

2.7.1 《土的工程分类标准》

该分类体系考虑了土的有机质含量、颗粒组成及其特征、土的塑性指标（液限、塑限和塑性指数），和国际上一些分类体系比较接近。按照这一标准，土体总的分类体系如图 2-25 所示。

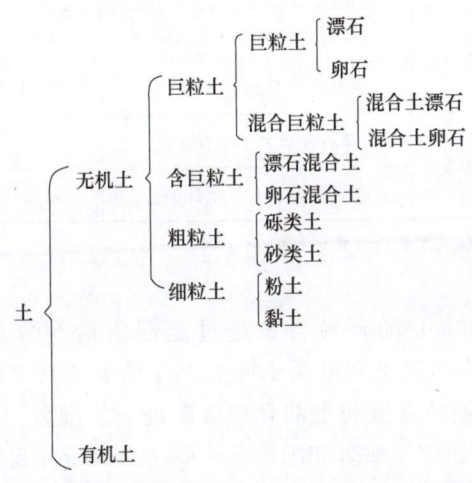

图 2-25　土体总的分类体系

按照这一体系对土进行分类时，要先判断该土是有机质土（organic soil）还是无机质土（inorganic soil）。土中有机质是指未完全分解的动植物残骸和无定形物质。该标准规定，当有机质含量在 5%～10% 之间时，定名为有机质土；当有机质含量超过 10% 时，该土就称为有机土（organo-soil），否则就属于无机土。若属于无机土，则可按表 2-14 划分其粒组，即根据土内各粒组的相对含量，将土分为巨粒组（huge grain）和含巨粒组、粗粒组（coarse grain）和细粒组（fine grain）3 大类。

表 2-14 无机土粒组划分标准

粒组统称	粒组名称		粒组粒径的范围 d/mm
巨粒组和含巨粒组	漂石（块石）		$d>200$
	卵石（碎石）		$60<d\leqslant 200$
粗粒组	砾粒	粗砾	$20<d\leqslant 60$
		中砾	$5<d\leqslant 20$
		细砾	$2<d\leqslant 5$
	砂粒		$0.075<d\leqslant 2$
细粒组	粉粒		$0.005<d\leqslant 0.075$
	黏粒		$d\leqslant 0.005$

1. 巨粒土和含巨粒土的分类

巨粒土和含巨粒土应按试样中所含粒径大于 60mm 的巨粒含量来划分，详见表 2-15。

表 2-15 巨粒土和含巨粒土的分类标准

土类	粒组含量		土代号	土名称
巨粒土	巨粒含量>75%	漂石含量大于卵石含量	B	漂石（块石）
		漂石含量不大于卵石含量	Cb	卵石（碎石）
混合巨粒土	50%<巨粒含量≤75%	漂石含量大于卵石含量	BSl	混合土漂石（块石）
		漂石含量不大于卵石含量	CbSl	混合土卵石（块石）
巨粒混合土	15%<巨粒含量≤50%	漂石含量大于卵石含量	SlB	漂石（块石）混合土
		漂石含量不大于卵石含量	SlCb	卵石（碎石）混合土

注：巨粒混合土可根据所含粗粒或细粒的含量进行细分。

2. 粗粒土的分类

试样中粒径大于 0.075mm 的颗粒含量超过全部质量 50% 的土称为粗粒土（course grained soil）。粗粒土又分为砾类土和砂类土两类，详见表 2-16。砾类土和砂类土按照试样中粒径小于 0.075mm 的细颗粒含量和土的颗粒级配进一步细分，具体见表 2-17 和表 2-18。在表 2-17 和 2-18 中，对于细粒土质砾和细粒土质砂，当属于黏土且细粒组中粉粒含量不大于 50% 时，则该土定名为黏土质砾（GC）或黏土质砂（SC）；当属于粉土且细粒组中粉粒含量大于 50% 时，该土定名为粉土质砾（GM）或粉土质砂（SM）。

表 2-16 粗粒土的分类标准

土类		粒组含量	土代号
粗粒土	砾类土	粒径大于 2mm 的颗粒含量大于全部质量的 50%	G
	砂类土	粒径大于 2mm 的颗粒含量不超过全部质量的 50%	S

表 2-17　砾类土的分类标准

土　类		粒　组　含　量		土代号	土名称
砾类土	砾	细粒含量<5%	级配：$C_u \geq 5$ 且 $C_c = 1 \sim 3$	GW	级配良好砾
			级配：不能同时满足 $C_u \geq 5$ 和 $C_c = 1 \sim 3$	GP	级配不良砾
	含细粒土砾	5%≤细粒含量<15%		GF	含细粒土砾
	细粒土质砾	15%≤细粒含量<50%	细粒组中粉粒含量不大于50%	GC	黏土质砾
			细粒组中粉粒含量大于50%	GM	粉土质砾

注：细粒含量指粒径小于 0.075mm 的颗粒的百分含量。

表 2-18　砂类土的分类标准

土　类		粒　组　含　量		土代号	土名称
砂类土	砂	细粒含量<5%	级配：$C_u \geq 5$，$1 \leq C_c \leq 3$	SW	级配良好砂
			级配：不能同时满足 $C_u \geq 5$ 和 $1 \leq C_c \leq 3$	SP	级配不良砂
	含细粒土砂	5%≤细粒含量<15%		SF	含细粒土砂
	细粒土质砂	15%≤细粒含量<50%	细粒组中粉粒含量不大于50%	SC	黏土质砂
			细粒组中粉粒含量大于50%	SM	粉土质砂

注：细粒含量指粒径小于 0.075mm 的颗粒的百分含量。

3. 细粒土的分类

试样中粒径小于 0.075mm 的细粒组含量大于或等于全部质量 50% 的土称为细粒土（fine grained soil）。细粒土按塑性图（plasticity chart）分类。塑性图是一个以液限为横坐标，以塑性指数为纵坐标的坐标系，如图 2-26 所示。图中用 A、B 两根线和 $I_P = 10$（$I_P = 6$）的一段水平线将坐标系分为不同的区域，每一区域代表不同的细粒土。塑性图是一种目前国内外比较普遍的细粒土分类方法。塑性图最早由美国的卡萨格兰地于 1948 年提出，现已广泛为各国所接受，并且以卡萨格兰地的塑性图为基础，各国都根据本国的具体土质特点，对卡萨格兰地的塑性图做了必要的修正。目前，我国很多部门对细粒土分类时采均用了塑性图。图 2-26 是我国《土的工程分类标准》（GB/T 50145—2007）中的塑性图，图中的液限是用碟式仪测得的，或用质量为 76g、锥角为 30° 的液限仪，以锥尖入土深度为 17mm 的标准测得的。

在图 2-26 中，当由塑性指数和液限确定的点位于 B 线以右、A 线以上时，该土为高液限黏土或高液限有机质土，分别标记为 CH 和 CHO；位于 B 线以右、位于 A 线以下时，为高液限粉土或高液限有机质粉土，分别标记为 MH 和 MHO；位于 B 线以左、A 线与 $I_P = 10$ 线以上时，则该土为低液限黏土或低液限有机黏土，分别标记为 CL 和 CLO；位于 B 线以左、A 线以下和 $I_P = 10$ 线以下时，为低液限粉土或低液限有机粉土，分别标记为 ML 和 MLO，这一范围的土还可按 $I_P = 6$ 再划分。

表 2-19 提供了与图 2-26 对应的细粒土分类定名方法。《土的分类标准》（GBJ 145—1990）还提供了以锥尖入土深度为 10mm 所测得液限为指标的细粒土分类塑性图和分类定名法作为过渡，但《土的工程分类标准》取消了 10mm 塑性图。

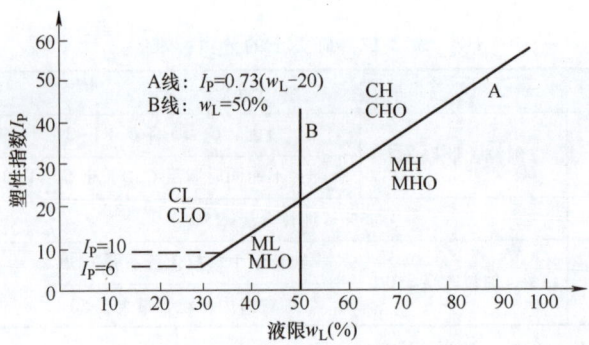

图 2-26 细粒土分类塑性图

表 2-19 细粒土分类定名方法（17mm 液限）

土的塑性指数和液限		土 代 号	土 名 称
塑性指数 I_P	液限 w_L		
$I_P \geq 0.73(w_L-20)$ 和 $I_P \geq 7$	$w_L \geq 50\%$	CH	高液限黏土
	$w_L < 50\%$	CL	低液限黏土
$I_P < 0.73(w_L-20)$ 或 $I_P < 4$	$w_L \geq 50\%$	MH	高液限粉土
	$w_L < 50\%$	ML	低液限粉土

注：1. 若细粒土内含部分有机质，土代号后加 O，如高液限有机质黏土（CHO）、低液限有机质粉土（MLO）等。

2. 若细粒土内粗粒含量为 25%~50%，则该土属含粗粒的细粒土。当粗粒中砂粒占优势，则该土属含砂细粒土，并在土后代号加 S，如 CLS、MHS 等。

用塑性图划分细粒土，是以扰动土的两个指标（I_P 及 w_L）为依据，它能较好地反映土粒与水相互作用的一些性质，却忽略了决定天然土工程性质的另一重要因素——土的结构性。因此，对于以土料为工程对象时，它是一种较好的分类方法，而对于以天然土作为地基时，却还存在着不足。

2.7.2 《建筑地基基础设计规范》

《建筑地基基础设计规范》(GB 50007—2011) 分类体系的主要特点是，考虑划分标准时，注重土的天然结构特征和强度，并始终与土的主要工程特性——变形和强度特征紧密联系，并且给出了岩石的分类标准，尽管这应该属于岩体力学的研究范畴。按这种分类方法，作为建筑地基的岩土被分为岩石（rock）、碎石土（crushed stone）、砂土（sand）、粉土（silt）、黏性土（cohesive soil）和人工填土（artificial fill）6 大类。从土力学的学科意义而言，整体岩体不属于土，而人工填土主要是成因上的区别。因此，天然土实际上分成碎石土、砂土、粉土和黏性土 4 大类。碎石土和砂土属于粗粒土，粉土和黏性土属于细粒土。粗粒土按粒径级配分类，细粒土则按塑性指数 I_P 分类。具体标准如下。

1. 岩石

岩石是颗粒间牢固黏结，呈整体或具有节理裂隙的岩体。作为建筑物地基，除应确定岩石的地质名称外，尚应按以下方法确定其坚硬程度和完整程度。

1) 岩石的坚硬程度按岩块的饱和单轴抗压强度划分为坚硬岩、较硬岩、较软岩、软岩和极软岩 5 类，详见表 2-20。

表 2-20 岩石坚硬程度的划分

坚硬程度分类	坚硬岩	较硬岩	较软岩	软岩	极软岩
饱和单轴抗压强度标准值 f_{rk}/MPa	$f_{rk}>60$	$30<f_{rk}\leqslant 60$	$15<f_{rk}\leqslant 30$	$5<f_{rk}\leqslant 15$	$f_{rk}\leqslant 5$

2）岩体完整程度按表 2-21 划分为完整、较完整、较破碎、破碎和极破碎 5 种。

表 2-21 岩体完整程度划分

完整程度等级	完整	较完整	较破碎	破碎	极破碎
完整性指数	>0.75	0.55~0.75	0.35~0.55	0.15~0.35	<0.15

注：完整性指数为岩体纵波波速与岩块纵波波速之比的二次方。选定岩体、岩块测定波速时应有代表性。

2. 碎石土

粒径大于 2mm 的颗粒含量超过全重 50% 的土称为碎石土。根据粗组含量和颗粒形状按表 2-22 分为漂石、块石、卵石、碎石、圆砾和角砾 6 类。

表 2-22 碎石土的分类

土的名称	颗粒形状	粗组含量
漂石	圆形及亚圆形为主	粒径大于 200mm 的颗粒含量超过全重 50%
块石	棱角形为主	
卵石	圆形及亚圆形为主	粒径大于 20mm 的颗粒含量超过全重 50%
碎石	棱角形为主	
圆砾	圆形及亚圆形为主	粒径大于 2mm 的颗粒含量超过全重 50%
角砾	棱角形为主	

注：分类时应根据粒组含量栏从上到下以最先符合者确定。

3. 砂土

粒径大于 2mm 的颗粒含量不超过全重 50%、粒径大于 0.075mm 的颗粒含量超过全重 50% 的土称为砂土。根据粒组含量按表 2-23 分为砾砂、粗砂、中砂、细砂和粉砂 5 类。

表 2-23 砂土的分类

土的名称	粒组含量
砾砂	粒径大于 2mm 的颗粒含量占全重 25%~50%
粗砂	粒径大于 0.5mm 的颗粒含量超过全重 50%
中砂	粒径大于 0.25mm 的颗粒含量超过全重 50%
细砂	粒径大于 0.075mm 的颗粒含量超过全重 85%
粉砂	粒径大于 0.075mm 的颗粒含量超过全重 50%

注：分类时应根据粒组含量栏从上到下以最先符合者确定。

4. 粉土

粉土为介于砂土与黏性土之间，塑性指数 $I_P \leqslant 10$ 且粒径大于 0.075mm 的颗粒含量不超过全重 50% 的土。这类土既不具有砂土透水性大、容易排水固结、抗剪强度较高的优点，又不具有黏性土防水性能好、不容易被水冲蚀流失、具有较大黏聚力的优点。在许多工程问题上，表现出较差的工程性质。

5. 黏性土

黏性土是指塑性指数 $I_P>10$ 的土。根据塑性指数 I_P 按表 2-24 细分为粉质黏土（silty clay）和黏土（clay）。

表 2-24 黏性土分类

塑性指数 I_P	土 的 名 称
$10<I_P \leqslant 17$	粉质黏土
$I_P>17$	黏土

注：塑性指数由相应于 76g 圆锥体沉入土样中深度为 10mm 时测定的液限计算而得。

6. 人工填土

人工填土是指由于人类活动而堆积的土，其物质成分杂乱，均匀性较差。根据其物质组成和成因可分为素填土、压实填土、杂填土和冲填土 4 类。

1）素填土（plain fill）：由碎石土、砂土、粉土、黏性土等组成的填土。

2）压实填土：经分层压实的素填土。

3）杂填土（miscellaneous fill）：含有大量建筑垃圾、工业废料或生活垃圾等杂物的填土。

4）冲填土（hydraulic fill，dredger fill）：由水力冲填泥砂形成的填土。

通常人工填土的强度低，压缩性大且不均匀，工程性质较差。其中，压实填土的工程性质相对较好，而杂填土的工程性质最差。

除了上述 6 大类岩土，自然界中还分布着许多具有特殊性质的土，如淤泥、淤泥质土、红黏土、湿陷性黄土、膨胀土、冻土等。它们的性质与上述 6 大类岩土不同，需要区别对待，这里不再详述。

【例 2-4】 取 100g 的土样，颗粒分析试验结果见表 2-25，试分别用《建筑地基基础设计规范》（GB 50007—2011）和《土的工程分类标准》（GB/T 50145—2007）分类法确定这种土的名称，比较其结果是否一致。

表 2-25 土样颗粒分析试验结果

试样编号	A								
筛孔直径/mm	200	60	20	2	0.5	0.25	0.075	<0.075	合计
留筛质量/g	0	34.7	5.5	30.8	5.2	13.82	9.98	0	100
大于某粒径含量占全部土样质量的百分数（%）	0	34.7	40.2	71	76.2	90.0	100		
通过某筛孔径的土样质量的百分数（%）	100	65.3	59.8	29	23.8	9.98	0	0	

解： 1）采用《建筑地基基础设计规范》分类法。分类时应根据粒组含量由大到小，以最先符合者确定。根据颗粒分析结果知，粒径大于 2mm 的颗粒含量占全部质量的 71%。查

表 2-22 知，粒径大于 2mm 的颗粒含量超过全部质量 50%者，定义为圆砾（角砾）。

2）采用《土的工程分类标准》分类法。由于土样中粒径大于 60mm 的颗粒含量占全部质量的 34.7%，介于 15%~50%之间；所以该土属于巨粒混合土。又因为 $d>200$mm 的漂石粒组含量为 0，$d>60$mm 的卵石粒组含量为 34.7%；所以，漂石含量<卵石含量。故根据表 2-15 定义该土为卵石混合土，土代号为 S1Cb。

评价：对同一种土样，采用不同的分类方法，得到的土的名称并不相同。可见分类方法影响土的定名。在实践中应根据具体工程所属的行业，选择适宜的分类方法。

【例 2-5】 已知某细粒土的 10mm 液限 $w_L = 46.0\%$，塑限 $w_P = 32.0\%$，天然含水率 $w = 42.0\%$。试分别用《建筑地基基础设计规范》和《土的工程分类标准》分类法确定这两种土的名称，并比较结果的一致性。

解：1）采用《建筑地基基础设计规范》分类法。土的塑性指数 $I_P = w_L - w_P = 14$。由于 $10 < I_P = 14 < 17$，所以该土属于粉质黏土。

2）采用《土的工程分类标准》（GB/T 50145—2007）分类法。由于该标准判别时采用的是 17mm 液限，所以我们需要由已知的 10mm 液限和塑限推算出 17mm 液限。由于锥尖入土深度与含水率在双对数坐标系中为线性关系，所以由 10mm 液限 $w_L = 46.0\%$，塑限 $w_P = 32.0\%$，可得 17mm 液限 $w_L = 51.8\%$。因此，塑性指数 $I_P = w_L - w_P = 19.8$。由于该土样 $w_L = 51.8\% > 50\%$，$0.73(w_L - 20) = 0.73 \times (51.8 - 20) = 23.21 > I_P$，对照图 2-26 或查表 2-19 可知，由上述各参数所确定的点落在塑性图的 MH 区。所以，该土属于高液限粉土，土的代号是 MH。

很明显，对于细粒土，不同的分类方法得出的土的名称也有可能不一致。本题一个分类标准判别为粉质黏土，另一个判别为高液限粉土。但由于《建筑地基基础设计规范》分类法只有一个参数指标，即塑性指数 I_P，而《土的工程分类标准》分类法中的塑性图采用双标准，还考虑了有机物的含量，与国际上对细粒土的分类法比较一致。所以，对于细粒土当采用不同标准所得结论不一致时，建议以塑性图的结果为准。

思 考 题

1. 土有哪几部分组成？土中水分为哪几类？各有什么特征？对土的工程性质有何影响？
2. 土的不均匀系数 C_u 及曲率系数 C_c 是如何定义的？如何从土的颗粒级配曲线形态上、C_u 及 C_c 的数值上评价土的工程性质？
3. 说明土的天然重度、饱和重度、有效重度和干重度的物理概念和相互关系，比较同一种土各重度数值的大小。
4. 土的三相指标有哪些？哪些可以直接测定？哪些需要通过换算求得？
5. 什么是土的结构？土的结构可分为哪几种？各是怎样形成的？
6. 试比较无黏性土和黏性土在矿物成分、结构构造、物理状态等方面的主要区别。
7. 何谓塑性指数？它的大小与土颗粒的粗细有何定性关系？它反映土的哪些性质？塑性指数较高的土具有哪些特点？
8. 黏性土最主要的物理特征是什么？用什么指标来评价？
9. 按照《土的工程分类标准》（GB/T 50145—2007）地基土分哪几大类？各类土的划分

依据是什么？说明粒组含量和塑性指数在土分类中的作用。

10. 按照《建筑地基基础设计规范》（GB 50007—2011）地基土分哪几类？各类土的划分依据是什么？

1. 某土样颗粒分析结果见表 2-26，试绘出颗粒级配曲线，确定该土的不均匀系数 C_u 及曲率系数 C_c，并评价该土的级配情况。

表 2-26 某土样颗粒分析结果

粒径/mm	>2	2~0.5	0.5~0.25	0.25~0.1	0.1~0.075	<0.075
粒组含量（%）	9	27	28	19	8	9

2. 天然状态湿土样，体积为 0.33dm³，质量为 0.64kg，烘干后质量为 0.55kg，如果土粒相对密度为 2.67，试利用三相草图计算土的天然含水率、孔隙比、饱和度、饱和重度和有效重度。

3. 某土样处于完全饱和状态，土粒相对密度为 2.68，含水率为 32.0%，试求该土样的孔隙比和重度。

4. 某干砂试样密度为 1.66g/cm³，土粒相对密度为 2.69，置于雨中，如砂样体积不变，饱和度增至 40% 时，此砂在雨中的含水率为多少？

5. 某湿土样 180g，已知其含水率为 18%，现需制备为含水率为 25% 的土样，需加水多少？

6. 某天然砂土试样的重度为 17.7kN/m³，含水率为 9.8%，土粒相对密度为 2.67，烘干后测定最小孔隙比和最大孔隙比分别为 0.461 和 0.943，试求砂土的天然孔隙比 e 和相对密实度 D_r，并评价该土的密实度。

7. 某原状土，天然含水率为 32%，10mm 液限为 30%，塑限为 18%。

1）计算该土的塑性指数 I_P 及液性指数 I_L，并确定土的状态。

2）试分别用《土的工程分类标准》（GB/T 50145—2007）和《建筑地基基础设计规范》（GB 50007—2011）确定该土的名称。

8. 采用《建筑地基基础设计规范》分类法确定习题 1 所示土样的名称，如该土埋深在地面下 3.0m，其标准贯入试验锤击数 $N=14$，试确定该土样的密实度。

9. 将土以不同含水率配制成试样，用标准的夯击能将土样击实，测定其密度，所得数据见表 2-27。

表 2-27 不同含水率的土试样的密度

w(%)	17.2	15.2	12.2	10.0	8.8	7.4
$\rho/(g/cm^3)$	2.06	2.10	2.16	2.13	2.03	1.89

已知土粒相对密度 $d_s=2.65$，试求最优含水率 w_{op}。

第 3 章 土的渗透性与渗流

■ 3.1 概述

土是由固体相的颗粒、孔隙中的液体和气体组成的三相混合体,土颗粒之间的孔隙在空间相互连通。当土孔隙中的水任意两点存在能量差时,水就会沿孔隙由能量高的点向能量低的点流动。如图 3-1 所示,当土作为建筑物的地基或直接把它用作建筑材料使用时(如土坝),水就会在水头差作用下,从水位较高的一侧透过土体的孔隙流向水位较低的一侧。图 3-1a 为土坝蓄水后,水从上游透过坝身填土孔隙流向下游的例子,图 3-1b 为隧道开挖时,地下水向隧道内流动的例子。

由于土体本身具有连续的孔隙,当任意两点之间存在水头差的作用时,水就会透过土体孔隙在两点之间发生孔隙内的流动,这一流动过程称为渗透(seepage)。土体允许水透过的性能称为土的渗透性(permeability)。这里所论及的水是指重力水。

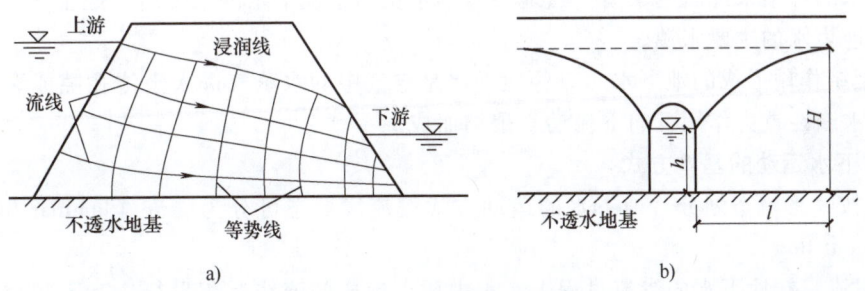

图 3-1 土木工程中的渗流问题
a) 土坝 b) 隧道

由土的渗透性引起的土体边坡失稳、边坡变形、地基变形、岩溶渗透塌陷等均属于土体的渗透稳定问题。作为土木、水利工程对象的地基或土工建筑物内一般都存在着各种形态的水分,而土本身又具有渗透性,所以会产生各种各样的工程问题。这些问题可以归纳为水的问题和土的问题。

所谓水的问题是指在工程中由于水本身所引起的工程问题,例如基坑、隧道等开挖工程中普遍存在地下水的渗出而出现需要排水的问题;相反在以蓄水为目的土坝中会由于渗透造成水量损失而出现需要挡水的问题;另外还有一些像地下水开采引起大面积地面沉降及沼泽枯竭等地下水环境的问题。也就是说，水的问题是指水自身的量（涌水量、渗水量）、质（水质）、赋存位置（地下水位）的变化所引起的问题。

所谓土的问题是指由于水的渗透引起土体内部应力状态的变化或土体、地基本身的结构、强度等状态的变化，从而影响建筑物或地基的稳定性或产生有害变形的问题。在坡面、挡土墙等结构物中常常会由于水的渗透而造成内部应力状态的变化而失稳；土坝、堤防、基坑等结构物会由于管涌逐渐改变地基土内的结构而酿成破坏事故；非饱和的坡面会由于水分的渗透而造成非饱和土的强度降低从而引起滑坡。由于渗透而引起地基变形的代表性例子就是地下水开采造成的地面下沉问题。

此外，土的渗透性的强弱，对土体的固结、强度以及工程施工都有非常重要的影响。因此，我们必须对土的渗透性质、水在土中的渗透规律及其与工程的关系进行很好的研究，从而给土工建筑物或地基的设计、施工提供必要的资料。

■ 3.2 土的渗透性与达西定律

3.2.1 地下水的运动方式

通常所说的地下水是指地下水位以下（饱水带）的重力水。除了一些特殊情况外，地下水总是处在运动状态。

1. 地下水的成因与分类

从地下水的成因方面可分为渗流作用形成的地下水和凝结作用形成的地下水。

1）渗流作用形成的地下水。部分地下水由雨、雪、水的大气降水和江河、水库或工业废水等的地表水经岩土的孔隙、裂隙等渗入地下聚积而成。降水量越多，土体的透水性越强，地下水的补给来源就越丰富。当地表水的水位高于地下水的水位时，经土体渗透的地表水就成为地表水的主要来源。

2）凝结作用形成的地下水。有些地下水是空气中的水蒸气进入土体孔隙或裂隙后凝结成水滴，水滴在重力作用下向下流动，聚结而成。

2. 地下水运动的基本方式

（1）按线形流态划分　地下水的运动方式按流线形态可分为层流（laminar flow）和湍流（turbulent flow）。

1）层流。在地下水的渗流过程中，水中质点形成的流线互相平行，互不相交；经过流场某处的流速均匀、水流平稳，在过水断面上中间流速大，两侧流速小，具有上述水流特征时称为层流。如河床平直的江河段水流，灌溉渠道平直段的水流等都是层流。地下水在土体中的流动多属于层流，流速较慢，坡度不大，流动平稳。地下水在基岩中远离构造破碎带的比较细小的节理裂隙中的渗流也属于层流。

2）湍流。若流动过程中水中质点形成的流线互相混交，呈曲折、混杂、不规则的运动，存在跌水和漩涡，这种水流称为湍流，也称为紊流。当水做湍流运动时，水流速度较大，所受阻力也较大，消耗能量多，经过流场空间某处的瞬时速度随时间而变（包括大小和方向），瞬时动水压力也随时间而变。在构造破碎带内，由于裂隙很发育，断裂面纵横交错、互相贯通，水在其中的运动属于湍流。在裂隙发育、很发育的岩体中，在具有大裂隙的岩体中及洞穴中的水流大多属于湍流。当土层中发生流砂现象时，水的流动属于湍流。在土体中打井抽水或在矿井中排水时，离井口近处，水位下降较快，流速大，常属于湍流；而在远离井口处，流速缓慢而平稳，则又会转化为层流状态。

层流与湍流之间并没有严格的界限，在典型的层流与湍流之间，存在一个较大的过渡区。

（2）按水流特征随时间的变化划分　地下水按水流特征随时间的变化状况可分为稳定流运动和非稳定流运动。

1）稳定流运动。常把发生渗流的区域称为渗流场，若渗流场中任一点的流速、流向、水位、水压力等运动特征不随时间而改变，则称为稳定流运动。当地下水的补给与排泄相互平衡时，例如井中的抽水量与补给量平衡时，在连续抽水的情况下，井中水位和降水漏斗的形状及大小均保持不变，这便称为稳定流运动。

严格而言，实际流动过程中很难有真正的稳定流运动，在一些情况下可近似作为稳定流运动看待。

2）非稳定流运动。若在渗流场中，任一点的流速、流向、水位、水压力等运动特征均随时间而改变，则称为非稳定流运动。在多数情况下，地下水的运动属于非稳定流运动。

（3）按水流在空间上的分布情况划分　地下水按水流在空间上的分布状况又可分为单向流动、二维流动和三维流动。

1）单向流动。单向流动又称为一维流动。等厚承压含水层中的地下水只能沿一个方向流动，即为单向流动。工程实践中常对饱和软黏土地层竖向施加大面积荷载，迫使地层中的水由顶面排出，这是典型的单向流动。

2）二维流动。二维流动是指地下水的流动与两个坐标方向有关，即水流质点的变化和横断面上的两个坐标方向都有关。堤内或者坝内河水对外部地下水的补给即属于二维流动。当河流流向平行于山体走向时，山体中的含水层对河水的补给也属于二维流动。

3）三维流动。三维流动是指地下水的流动沿三个坐标方向都有分速度，水流质点的变化与三个坐标方向都有关。例如，当打井时打穿了承压含水层的顶板，在不完整井的情况下水流属于三维流动；在完整井的情况下属于二维运动。在潜水层中打井抽水时，若是不完整井，水流属于三维流动，当为完整井时，在直角坐标系中属于三维流动，而在空间轴对称情况下的水流则属于二维运动。

3.2.2　水力坡降的概念

在研究水体流动时，通常采用水头（hydraulic head）的概念来研究水体流动过程中的位能与动能。所谓水头是指单位重力水体所具有的能量。按照伯努利（D. Bernoulli）方程，流体中任意点的总水头 h，可用位置水头（elevation head）z、压力水头（pressure head）$\dfrac{u}{\gamma_w}$ 和流速水头（velocity head）$\dfrac{v^2}{2g}$ 之和来表示，即有

$$h = z + \frac{u}{\gamma_w} + \frac{v^2}{2g} \tag{3-1}$$

当将伯努利方程应用于研究土中水沿贯通的孔隙通道流动时，一般不需要考虑流速水头 $\dfrac{v^2}{2g}$。这是因为土体渗流阻力大，土的渗透速度一般较小，从而流速水头也很小，对计算结果的影响很小，可以忽略不计。因此，土中渗流任一点的总水头可简化为

$$h = z + \dfrac{u}{\gamma_w} \tag{3-2}$$

如图 3-2 所示，当土体中渗流流经 A、B 两点时，按照式（3-2），A、B 两点总水头为

$$\begin{cases} h_A = z_A + \dfrac{u_A}{\gamma_w} \\ h_B = z_B + \dfrac{u_B}{\gamma_w} \end{cases} \tag{3-3}$$

式中，z_A、z_B 分别为 A 点和 B 点相对于任意选定的基准面的高度，代表单位重力水体所具有的位能，故称为位置水头；u_A、u_B 分别为 A 点和 B 点的孔隙水压力，代表单位重力水体所具有的压力势能，将它们分别除以水的重度 γ_w 后，u_A/γ_w 和 u_B/γ_w 则分别代表 A 点和 B 点的孔隙水压力的水柱高度，故称 u/γ_w 为压力水头。

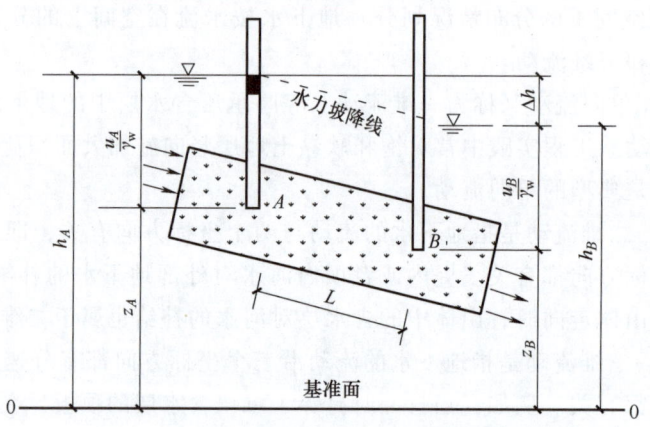

图 3-2 渗流中的位置水头、压力水头和总水头

实际应用时，通常将位置水头与压力水头之和称为测压管水头（piezometric head）。当将两根测压管分别安装在 A 点和 B 点时，测压管中的水面将会分别升到 $z_A + u_A/\gamma_w$ 和 $z_B + u_B/\gamma_w$ 标高处。因此，在忽略流速水头 $\dfrac{v^2}{2g}$ 的情况下，土中渗流任一点的总水头可以以测压管水头来代替。

将图 3-2 中 A 点和 B 点的测压管水头连接起来，则得到测压管水头线。当水沿土孔隙流动时，由于流动中受到土颗粒骨架以及其表面化学充填物质的阻力，故土的渗流过程中存在能量损失，表现为测压管水头沿渗流方向下降。

为了表示土中渗流沿渗流方向发生水头损失的程度，引入水力坡降（hydraulic gradient）i 的概念，即

$$i = \dfrac{\Delta h}{L} \tag{3-4}$$

式中，Δh 为 A 点和 B 点之间的水头差；L 为 A 点和 B 点两点间渗流路径的长度，也就是使水头损失 Δh 的渗流长度。

显然，水力坡降的物理意义可理解为单位渗流长度上的水头损失。

值得注意的是，饱和土中任意两点间渗流流动的发生仅取决于两点的总水头差 Δh。如图 3-3 所示，正是由于 a 点和 b 点两点之间有了总水头差，才能使渗流由 a 点流向 b 点，而与所研究两点的位置高低无关，不是位置高的点的总水头一定大于位置低的点的总水头。另外，任何高程均可选为位置水头的基准面。

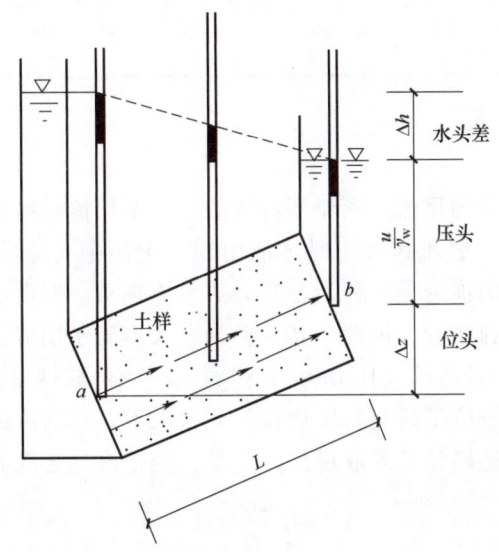

图 3-3　渗透水流通过土样时所产生的水头和压头示意图

【**例 3-1**】　某渗透试验装置及各点的测压管水头位置如图 3-4 所示。试分别求出 B 点、C 点、D 点、F 点的位置水头、压力水头、总水头及各段的水头损失。

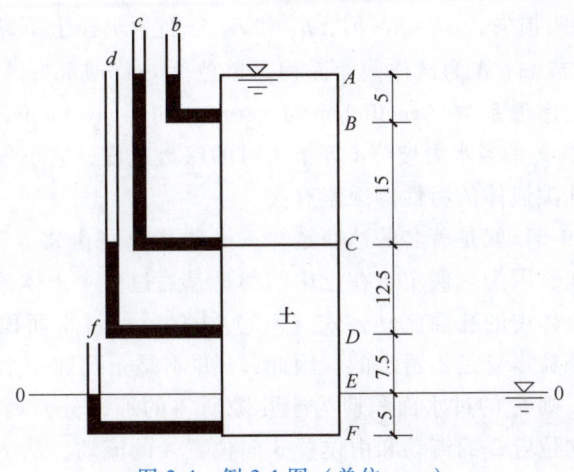

图 3-4　例 3-1 图（单位：cm）

解： 选下部水位面 0—0 面为基准面，根据式（3-2）和图 3-4，可以计算出各点的水头值及各段的水头损失，见表 3-1。

表 3-1　各点的水头值及各段的水头损失

点　　号	位置水头 z/cm	压力水头 $h_u = \dfrac{u}{\gamma_w}/\text{cm}$	总水头 $h = z + h_u/\text{cm}$	水头损失 $\Delta h/\text{cm}$
B	35	5	40	0
C	20	20	40	0
D	7.5	12.5	20	20
F	−5	5	0	40

3.2.3　达西定律

水力学中把水流状态分为层流和紊流两种状态。所谓层流状态是指相邻两个分子运动的轨迹相互平行且不互渗，一般流速较小时才能出现。土体中孔隙的形状和大小是极不规则的，因而水在土体孔隙中的渗透是一种十分复杂的水流现象。但由于土体中的孔隙一般非常微小，黏滞阻力很大，流速缓慢，因此，其流动状态大多属于层流。

早在 1856 年，法国学者达西（H. Darcy）进行了一项经典性试验，利用图 3-5 所示的试验装置，对砂土的渗透性进行了研究，发现在层流状态下，水的渗透速度与试样两端水面间的水位差成正比，而与渗透路径长度成反比。于是，他把渗透速度表示为

$$v = k\dfrac{\Delta h}{L} = ki \tag{3-5}$$

或渗流量 q 为

$$q = vA = kiA \tag{3-6}$$

式中，v 为假想渗透速度，单位为 cm/s 或 m/s，其过水面积是土样的整个断面面积，并包括土颗粒骨架所占的部分面积；q 为渗流量，单位为 cm³/s 或 m³/s；Δh 为试样两端的水位差，单位为 cm 或 m，即水头损失，$\Delta h = h_1 - h_2$，h_1 和 h_2 分别为土样上下端面的水头；L 为渗透路径长度，单位为 cm 或 m；A 为试样截面面积，单位为 cm² 或 m²；k 为反映土的透水性能的比例系数，称为土的渗透系数（coefficient of permeability，hydraulic conductivity），单位为 cm/s 或 m/s，其物理意义是当水力坡降 i 等于 1 时的渗透速度，它不仅取决于土体材料的性质，而且还与流经土孔隙流体的特性等因素有关。

式（3-5）或式（3-6）就是著名的达西定律。必须指出，由式（3-5）求出的渗透速度是一种假想的平均流速，因为它假定水在土中的渗透是通过整个土体截面来进行的。而实际上，渗透水仅仅通过土体中的孔隙流动，式（3-5）中的 v 的过水面积包含了土颗粒骨架所占的部分面积，而土颗粒本身是不透水的。因此，v 并不是土孔隙中水的实际渗透速度。假定实际渗透速度为 v_s，则 v_s 的过水面积应为土孔隙所占的那部分断面面积 A_v。比较达西试验装置中水由位置 1 向位置 2 的流动和由位置 3 向位置 4 的流动，从中可知，水由位置 3 向位置 4 的流动速度大于由位置 1 向位置 2 的流动速度。因为水由位置 3 向位置 4 时，其过水面积为土样孔隙面积 A_v，而水由位置 1 向位置 2 流动时的过水面积为容器的整个横截面面积 A，按照水流连续性原理，可建立水由位置 1 向位置 2 的流动速度 v 与由位置 3 向位置 4 的

流动速度 v_s 之间的关系为

$$vA = v_s A_v \tag{3-7}$$

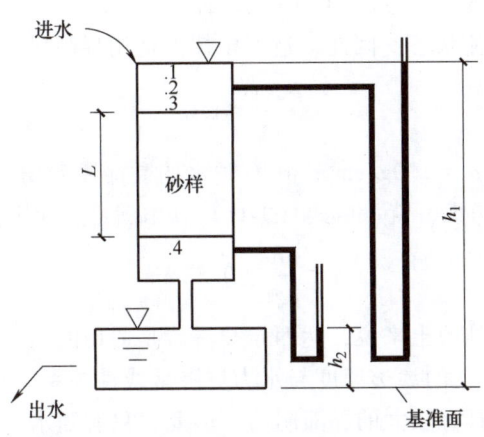

图 3-5 达西渗透试验示意图

若假定土样为各向同性，则其面积孔隙率等于体积孔隙率 n，所以

$$A_v = nA \tag{3-8}$$

因此，水在土体中的实际平均流速要比由式（3-5）所求得的数值大得多，它们之间的关系

$$v_s = \frac{v}{n} = v \frac{1+e}{e} \tag{3-9}$$

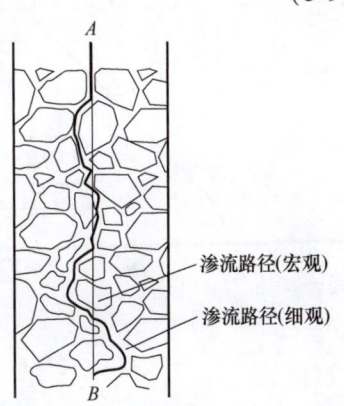

图 3-6 土中的实际渗流路径

式（3-9）反映了土中水以恒定流速沿直线轨迹从土孔隙中流过的情形。但实际上，土中水是以变化的速度沿着弯曲的轨迹从孔隙中流过的，如图 3-6 所示。因而 v_s 也并非是土中渗流的真实速度。要想正确测定土中渗流的真实流速，目前，无论从理论分析还是试验方法都很难做到。从工程应用角度而言，也没有这种必要。对于解决实际工程问题，最重要的是研究在某一范围内宏观渗流的平均效果。因此，在渗流计算中广泛采用的流速是假想平均流速。下面所述的渗透速度均指这种流速。

3.2.4 达西定律的适用条件

达西定律是土力学的基石之一，在达西建立此定律后的百余年期间，达西定律经历了众多试验的检验，大量的试验证实了达西定律对于土中大多数类型的液体流动都是适用的。但从式（3-5）可以看出，达西定律是把流速 v 与水力坡降 i 的关系作为正比关系来考虑的。许多学者的研究结果表明，这一正比关系只有在渗流为层流时才能成立。而渗流是层流还是紊流可由雷诺数（Re）来确定。

根据水的密度 ρ_w，流速 v，水的黏滞系数 η 和土粒的平均粒径 d，可以算出雷诺数（Re），即

$$Re = \frac{\rho_w v d}{\eta} \tag{3-10}$$

从层流转换为紊流时的 Re 一般在 0.1~7.5 的范围内，而一般认为只要 Re 小于 1.0，在土孔隙内的水流就处于层流状态。因此，达西定律的适用界限可以考虑为

$$\frac{\rho_w v d}{\eta} \leq 1.0 \tag{3-11}$$

我们知道，水的密度 $\rho_w = 1.0 \text{g/cm}^3$，10℃时水的黏滞系数 $\eta = 0.0131 \text{g/(s·cm)}$，如一般的流速按 $v = 0.25 \text{cm/s}$ 考虑，就可由式（3-11）算出满足达西定律的土的平均粒径 d：

$$d \leq \frac{\eta Re}{\rho_w v} = 0.52 \text{mm} \tag{3-12}$$

也就是说，对于比粗砂更细的土来说，达西定律一般是适用的。

从式（3-5）可知，砂土的渗透速度与水力坡降呈线性关系，如图 3-7a 所示。但是，对密实的黏土，由于结合水具有较大的黏滞阻力，因此，只有当水力坡降达到某一数值时，克服了吸着水的黏滞阻力以后，才能发生渗透。我们将这一开始发生渗透时的水力坡降称为黏性土的起始水力坡降。试验资料表明，黏性土不但存在起始水力坡降，而且当水力坡降超过起始水力坡降后，渗透速度与水力坡降的规律还偏离达西定律而呈非线性关系，如图 3-7b 中的实线所示。但是，为了使用方便，常用图 3-7b 中的虚直线来描述密实黏土的渗透速度与水力坡降的关系，即

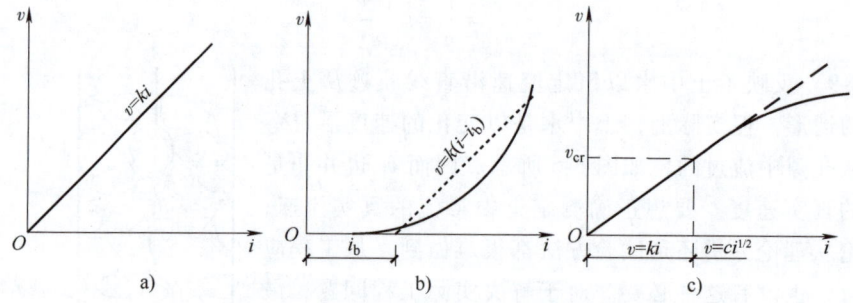

图 3-7　土体渗透速度与水力坡降的关系
a）砂土　b）密实黏土　c）砂砾

$$v = k(i - i_b) \tag{3-13}$$

式中，i_b 为密实黏土的起始水力坡降。

另外，大量试验也表明，在粗粒土中（如砾石、卵石等），只有在很小的水力坡降下，渗透速度与水力坡降才呈线性关系，而在较大的水力坡降下，水在土中的流动即进入紊流状态，渗透速度与水力坡降呈非线性关系，此时达西定律同样不能适用，如图 3-7c 所示。

3.3　渗透系数的测定及其影响因素

根据前节的研究，渗透系数可以理解为水力坡降等于 1 时的渗透速度。它是一个代表土的渗透性强弱的定量指标，也是渗流计算时必须要用到的一个基本参数。由表 3-2 可以看

出,对于不同种类的土体,渗透系数的差别很大。

表 3-2 常见土的渗透系数

土体类别	$k/(\text{cm/s})$	土体类别	$k/(\text{cm/s})$
粗砾	$5\times10^{-1}\sim10$	粉土	$10^{-4}\sim10^{-3}$
砂与砾混合物	$10^{-3}\sim10^{-1}$	黄土(砂质)	$10^{-4}\sim10^{-3}$
河砂	$10^{-2}\sim10^{-1}$	黄土(泥质)	$10^{-6}\sim10^{-5}$
粗砂	$10^{-2}\sim5\times10^{-2}$	粉质黏土	$10^{-6}\sim10^{-5}$
海边砂	2×10^{-2}	淤泥质土	$10^{-7}\sim10^{-6}$
细砂	$10^{-3}\sim5\times10^{-3}$	黏土	$10^{-8}\sim10^{-6}$
粉质砂	$10^{-4}\sim2\times10^{-3}$	均匀硬黏土	$10^{-10}\sim10^{-8}$

渗透系数可通过试验测定。相关试验分室内试验和野外现场试验两类。一般而言,现场试验比室内试验所得到的成果要准确可靠得多。这是由于土的渗透性在很大程度上取决于土的微观结构和宏观结构,而实验室在获取具有代表性的土样方面存在许多困难,因此,对于重要工程常需进行现场测定,但费用昂贵。而室内实验测定渗透系数简单易做,且能研究渗透系数与孔隙比等参数之间的关系,因而无论现场实验进行与否,室内试验都要进行。

3.3.1 实验室测定渗透系数

目前在实验室中测定渗透系数 k 的仪器种类和试验方法很多,但从其原理而言,可分为常水头试验法(constant head test)和变水头试验法(falling head test)两种。一般情况下常水头法试验适用于透水性较强的粗粒土,变水头法试验适用于透水性较弱的细粒土(黏性土等土类)。下面分别介绍这两种方法的基本原理。

1. 常水头试验法

常水头试验法就是在整个试验过程中水头保持为一常数,从而水头差也为常数。其试验装置如图 3-8a 所示。

试验时,在容器中装满长度为 L、截面面积为 A 的饱和土土样。试验时的水头差为 Δh,并在试验过程中保持不变。试验中我们只要用量筒和秒表测出在某一时段 t 内流经试样的水量 V,即可求出该时段内通过土体的流量为

常水头试验原理

$$q = \frac{V}{t} \tag{3-14}$$

将式(3-14)代入式(3-6)中,便可得到土的渗透系数

$$k = \frac{VL}{A\Delta h t} \tag{3-15}$$

2. 变水头试验法

黏性土由于渗透系数很小,流经试样的水量很少,难以直接准确量测,因此,应采用变水头试验法。

变水头试验法在整个试验过程中,水头是随着时间而变化的,其试验

变水头试验原理

装置如图 3-8b 所示。试样的一端与细玻璃管相接，在试验过程中测出某一时段内细玻璃管中水位的变化，就可根据达西定律，求出土的渗透系数。

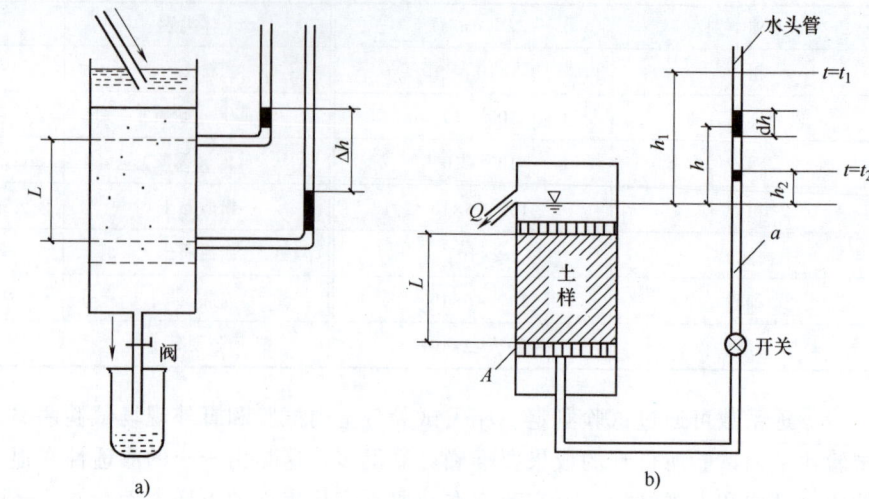

渗透试验装置

图 3-8　渗透试验装置示意图
a）常水头试验　b）变水头试验

设细玻璃管的内截面面积为 a，试验开始以后任一时刻 t 的水位差为 h，经时段 $\mathrm{d}t$，细玻璃管中水位下落 $\mathrm{d}h$，则在时段 $\mathrm{d}t$ 内流经试样的水量

$$\mathrm{d}V = -a\mathrm{d}h \tag{3-16}$$

式中，负号表示渗水量随 h 的减小而增加。

根据达西定律，在时段 $\mathrm{d}t$ 内流经试样的水量又可表示为

$$\mathrm{d}V = k\frac{h}{L}A\mathrm{d}t \tag{3-17}$$

令式（3-16）等于式（3-17），可以得到

$$\mathrm{d}t = -\frac{aL}{kA}\frac{\mathrm{d}h}{h} \tag{3-18}$$

将式（3-18）两边在 $t_1 \sim t_2$ 时段内积分，得

$$t_2 - t_1 = \frac{aL}{kA}\ln\frac{h_1}{h_2} \tag{3-19}$$

于是，可得到土的渗透系数

$$k = \frac{aL}{A(t_2-t_1)}\ln\frac{h_1}{h_2} \tag{3-20}$$

如用常用对数表示，则式（3-20）可写成

$$k = 2.3\frac{aL}{A(t_2-t_1)}\lg\frac{h_1}{h_2} \tag{3-21}$$

影响渗透系数的因素很多，诸如土的种类、级配、孔隙比以及水的温度等。因此，为了准确地测定土的渗透系数，必须尽可能保持土的原始状态并消除人为因素的影响。

3.3.2 渗透系数的现场测定

现场进行土的渗透系数测定通常采用井孔抽水试验（well pumping test）或井孔注水试验（water injection test）两种方法，其基本原理是相似的。下面主要介绍井孔抽水试验确定渗透系数 k 的基本方法。

现场井孔抽水试验多适用于均质粗粒土体，其试验示意图如图 3-9 所示，在现场打一口试验井（抽水孔），使其贯穿要测定渗透系数的砂土层，然后在距井中心不同距离处设置两个以上观测地下水位变化的观测孔。自井中以不变的速率连续抽水，抽水的过程中将使井周围的地下水迅速向井中渗透，造成试验井周围的地下水位下降。当稳定的渗流条件建立时，测定试验井和观测孔的稳定水位，可以画出测压管水位变化图形。测压管水头差形成的水力坡降使水流向试验井内。假定水流的流向是水平的，则流向试验井的渗流过水断面应该是一系列的同心圆柱面。

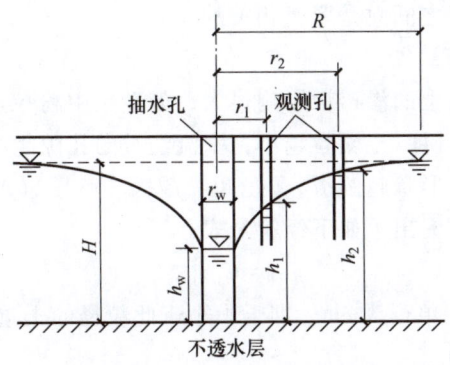

图 3-9 现场井孔抽水试验示意图

若测出的单位时间抽水量为 q，两个观测孔距试验井轴线的距离分别为 r_1、r_2，两个观测孔内的水位高度分别为 h_1、h_2，根据达西定律即可求出土层的平均渗透系数。

围绕试验井取一过水断面，该断面距井中心距离为 r，水面高度为 h，则过水断面的面积为

$$A = 2\pi rh$$

假使该过水断面上各处的水力坡降为常数，且等于地下水位在该处的坡降，则有

$$i = \frac{dh}{dr}$$

根据达西定律，单位时间自试验井内抽出的水量即单位渗水量 q 为

$$q = Aki = 2\pi rhk\frac{dh}{dr}$$

于是可得

$$q\frac{dr}{r} = 2\pi hk dh$$

等式两边进行积分，即

$$q\int_{r_1}^{r_2}\frac{dr}{r} = 2\pi k\int_{h_1}^{h_2}hdh$$

从而可得土的渗透系数为

$$k = \frac{q\ln\dfrac{r_2}{r_1}}{\pi(h_2^2 - h_1^2)} \tag{3-22}$$

若用常用对数表示，则式（3-22）可变为

$$k = 2.3\frac{q\lg\dfrac{r_2}{r_1}}{\pi(h_2^2 - h_1^2)} \tag{3-23}$$

3.3.3 影响渗透系数的主要因素

土的渗透系数不仅取决于土的性质，而且和土中水的特性有关。试验研究表明，影响土的渗透性的因素主要有以下几个方面。需要说明的是，下列因素很难单独地对土的渗透性产生影响，因为这些影响因素之间总是紧密相关的。

1. 土的粒径大小与级配

土的粒径大小和级配对土的渗透性影响很大，如砂土中粉粒及黏粒含量增多时，其渗透性就会大大降低。从逻辑上讲，土颗粒越小，水流经过的孔隙越小，土的渗透性就越低；而土颗粒越粗，大小越均匀，形状越圆滑，k 值也就越大。哈臣（A. Harzen）根据对处于松散状态下均匀砂的试验结果，提出了如下经验公式：

$$k = C_1 d_{10}^2 \tag{3-24}$$

式中，d_{10} 为土的有效粒径，单位为 cm，即土中小于此粒径的土重占全部土重的 10%；C_1 为经验常数，一般取 100~150。

2. 土的孔隙比

土的孔隙比大小决定着土体渗透系数的大小。当土体被压缩或受振动影响时，土的密度增大，孔隙比就变小，土的渗透性也就随之降低。根据一些学者的研究，土的渗透系数与孔隙率或孔隙比之间有如下关系：

$$k = \frac{C_2 n^3 \gamma_w}{S_s^2 (1-n)^2 \eta} = \frac{C_2 e^3 \gamma_w}{S_s^2 (1+e) \eta} \tag{3-25}$$

式中，C_2 为与土颗粒形状和水的实际流动方向有关的系数，可近似地采用 0.125；S_s 为土颗粒的比表面积。

一些试验表明，无黏性土（如砂土）的渗透规律常较好地符合式（3-25），而黏性土（如黏土）则误差较大。

3. 土的饱和度

土的饱和度对土的渗透性有重要影响。一般情况下饱和度越低，渗透性就越低；饱和度越高，渗透性就越高。这是因为低饱和土中的孔隙存在较多气泡会减小过水面积，甚至堵塞细小孔道。同时气体也可因孔隙水压力的变化而收缩。因此，为了保持测定 k 值时的试验精度，要求渗透试验中的试样必须充分饱和。

4. 土的结构和构造

土的结构是影响渗透性的最重要因素之一，对于细粒土更是如此。在孔隙比相同的情况

下，具有凝聚结构的黏性土其渗透性最高，而具有分散结构的黏性土其渗透性最低。在宏观结构上，由于天然土层在固结过程中颗粒会有一定的定向排列，因而造成土的渗透性呈现明显的各向异性。宏观构造上的成层土在水平方向上的渗透系数远大于竖直方向上的渗透系数。

5. 土的颗粒矿物组成

土的颗粒矿物组成往往影响颗粒的尺寸、形状、排列及结合水膜的厚度。黏性土与无黏性土的渗透性差别往往很大，其主要原因是两者的矿物成分不同。黏土矿物的种类对渗透系数的影响也很大。在孔隙比相同的情况下，黏土矿物的渗透性依次是：高岭石>伊利石>蒙脱石。

6. 水的黏滞度

土的渗透系数与水的重度 γ_w 以及水的黏滞度 η（Pa·s）有关，而两者均随温度的变化而变化。水温越高，η 越低。与水的黏滞度受温度的影响相比，水的重度受温度的影响可忽略不计。室内试验时，同一种土在不同的温度下将会得到不同的渗透系数。目前，国家标准《土工试验方法标准》（GB/T 50123—2019）采用20℃为标准温度进行渗透系数的测定。对于其他温度下所测定的渗透系数可采用下式进行转换：

$$k_{20} = \frac{\eta_T}{\eta_{20}} k_T \tag{3-26}$$

式中，k_T、k_{20} 分别为 T℃和20℃时土的渗透系数；η_T、η_{20} 分别为 T℃和20℃时水的黏滞度。

式（3-26）中的温度修正项 η_T/η_{20} 与温度的关系见表3-3。

表3-3 温度修正项与温度的关系

T/℃	5	10	15	20	25	30	35
η_T/η_{20}	1.501	1.297	1.133	1.000	0.890	0.798	0.720

能够对土的渗透系数产生影响的还有其他因素，但主要是土体的颗粒性质和孔隙比。

3.3.4 成层土的渗透性

天然沉积土往往由渗透性不同、厚薄不一的多层土所组成。往往其平行于沉积层向的渗透性要高于垂直于沉积层向的渗透性。例如用黏性土填筑的碾压式土坝，碾压施工时如果不注意上下层面的结合，则水平方向的渗透性同样会大于竖直方向的渗透性。因此研究成层土的渗透性时，需要分别研究各层水平方向与竖直方向的渗透系数。对于与土层层面平行和竖直的简单渗流情况，当各土层的渗透系数和厚度为已知时，则可求出整个土层与层面平行和竖直的平均渗透系数，作为进行渗流计算的依据。

现在，我们先来考虑与层面平行的渗流情况。图3-10a 为在渗流场中截取的渗透路径长度为 L 的一段与层面平行的渗流区域，各土层的水平方向的渗透系数分别为 k_1，k_2，…，k_n，厚度分别为 H_1，H_2，…，H_n，总厚度为 H。若通过各土层的渗流量为 q_{1x}，q_{2x}，…，q_{nx}，则通过整个土层的总渗流量 q_x 应为各土层渗流量的总和，即

$$q_x = q_{1x} + q_{2x} + \cdots + q_{nx} = \sum_{i=1}^{n} q_{ix} \tag{3-27}$$

由达西定律式（3-5）可得

$$k_x iH = k_1 i_1 H_1 + k_2 i_2 H_2 + \cdots + k_n i_n H_n \tag{3-28}$$

式中，i_j 为土层 j 的平均水力坡降，$j=1, 2, \cdots, n$。

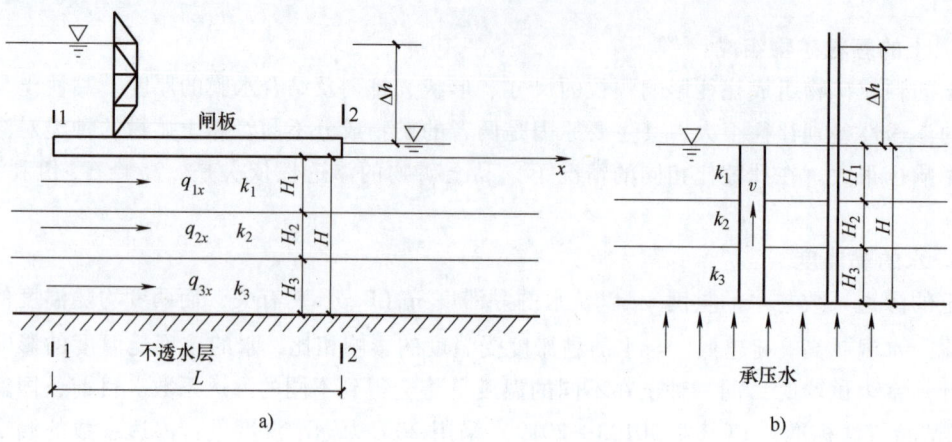

图 3-10　分层土体渗流示意图
a）水平渗流　b）竖直渗流

对于这种条件下的渗流，通过各土层相同距离的水头损失均相等。因此，各土层的水力坡降以及整个土层的平均水力坡降应相等，即

$$i = i_1 = i_2 = \cdots = i_n \tag{3-29}$$

所以

$$k_x iH = \sum_{i=1}^{n} k_i i H_i \tag{3-30}$$

于是可以得到整个土层与层面平行方向的平均渗透系数为

$$k_x = \frac{1}{H}(k_1 H_1 + k_2 H_2 + \cdots + k_n H_n) = \frac{1}{H}\sum_{i=1}^{n} k_i H_i \tag{3-31}$$

对于与层面垂直的渗流情况如图 3-10b 所示，我们可用类似的方法求解。设通过各土层的渗流量为 q_{1y}, q_{2y}, $\cdots$, q_{ny}，根据水流连续性原理，通过整个土层的渗流量 q_y 必等于通过各土层的渗流量，即

$$q_y = q_{1y} = q_{2y} = \cdots = q_{ny} \tag{3-32}$$

设渗流通过任一土层的水头损失为 Δh_i，水力坡降 i_i 为 $\Delta h_i/H_i$，则通过整个土层的水总损失 Δh 应为 $\sum \Delta h_i$，总的平均水力坡降 i 应为 $\Delta h/H$。这样，通过整个土层的总渗流量为

$$q_y = k_y \frac{\Delta h}{H} A \tag{3-33}$$

式中，k_y 为与层面垂直的土层平均渗透系数；A 为渗流截面面积。

而通过任一土层的渗流量为

$$q_{iy} = k_i \frac{\Delta h_i}{H_i} A = k_i i_i A \tag{3-34}$$

将式（3-33）、式（3-34）代入式（3-32），消去 A 后可得

$$k_y \frac{\Delta h}{H} = k_i i_i \qquad (3\text{-}35)$$

而整个土层的水头总损失又可表示为

$$\Delta h = i_1 H_1 + i_2 H_2 + \cdots + i_n H_n = \sum_{i=1}^{n} i_i H_i \qquad (3\text{-}36)$$

将式（3-36）代入式（3-35）并经整理后即可得到整个土层与层面垂直的平均渗透系数为

$$k_y = \frac{H}{\dfrac{H_1}{k_1} + \dfrac{H_2}{k_2} + \cdots + \dfrac{H_n}{k_n}} = \frac{H}{\sum_{i=1}^{n} \dfrac{H_i}{k_i}} \qquad (3\text{-}37)$$

由式（3-31）和式（3-37）可知，对于成层土，如果各土层的厚度大致相近，而渗透性却相差悬殊时，与沉积层面平行方向的平均渗透系数将取决于最透水土层的厚度和渗透性，并可近似地表示为 $k'H'/H$，这里 k' 和 H' 分别为最透水土层的渗透系数和厚度。而与沉积层面垂直方向的平均渗透系数将取决于最不透水土层的厚度和渗透性，并可近似地表示为 $k''H/H''$，这里 k'' 和 H'' 分别为最不透水土层的渗透系数和厚度。因此可以得出结论，成层土与层面平行的平均渗透系数总大于与层面垂直的平均渗透系数。

总之，土的渗透系数可以作为判别土体透水性强弱的标准和选择路基或坝体材料的重要依据。按照土层透水性的强弱划分，一般可分为：

1) 强渗透性土层，渗透系数 k 大于 10^{-2} cm/s。
2) 中等强渗透性土层，渗透系数 k 在 $10^{-5} \sim 10^{-3}$ cm/s 之间。
3) 相对不透水层，渗透系数 k 小于 10^{-6} cm/s。

【例 3-2】 在一不透水岩基上有水平分布的三层沉积土层，其厚度从上到下分别为 $H_1 = 2$m、$H_2 = 5$m、$H_3 = 6$m，各层土的渗透系数分别为 $k_1 = 2$m/d、$k_2 = 3.5$m/d、$k_3 = 5$m/d，试求沉积土层与沉积层面平行方向与垂直方向的渗透系数。

解： 根据式（3-31），可得与沉积层面平行的渗透系数 k_x 为

$$k_x = \frac{1}{H}(k_1 H_1 + k_2 H_2 + k_3 H_3) = \frac{1}{13} \times (2 \times 2 + 5 \times 3.5 + 6 \times 5) \text{m/d} = 3.96 \text{m/d}$$

由式（3-37）可以求得求与沉积层面垂直的渗透系数 k_y 为

$$k_y = \frac{H}{\dfrac{H_1}{k_1} + \dfrac{H_2}{k_2} + \dfrac{H_3}{k_3}} = \frac{13}{\dfrac{2}{2} + \dfrac{5}{3.5} + \dfrac{6}{5}} \text{m/d} = 3.58 \text{m/d}$$

3.4 二维渗流、流网及工程应用

上节讨论的渗流问题属于简单边界条件下的单向渗流，只要渗透土体介质的渗透系数、厚度以及两端的水位或水位差为已知，土体介质内的流动特性，例如测压管水头、渗透速度和水力坡降等均可根据达西定律确定。然而，在工程上遇到的渗流问题，如板桩墙下的渗流、混凝土坝或土石坝下的渗流等工程问题，其边界条件往往要复杂得多，水流形态通常呈现二向或三向状态，如闸坝地基的渗流和土坝的渗流（图 3-1a）等。这时，介质内的流动特性逐点不同，并且只能以微分方程的形式表示，然后根据边界条件进行求解，以所求得的

解来评价整个渗流场中的测压管水头、水力坡降和渗透速度。下面简要地讨论二维稳定渗流。

3.4.1 稳定渗流场中的拉普拉斯方程

设从稳定渗流场中任取一微小的土单元体，其面积为 $dxdy$，如图 3-11 所示。其中，单位时间内在 x 方向流入单元体的水量为 q_x，流出的水量为 $q_x + \frac{\partial q_x}{\partial x}dx$；在 y 方向流入的水量为 q_y，流出的水量为 $q_y + \frac{\partial q_y}{\partial y}dy$。假定在渗流作用下单元体的体积保持不变，考虑到水是不可压缩的，则单位时间内流入单元体的总水量必等于流出的总水量，即有

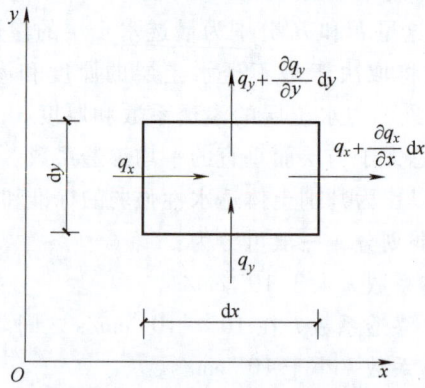

图 3-11 二维渗流场中的单元体

$$q_x + q_y = \left(q_x + \frac{\partial q_x}{\partial x}dx\right) + \left(q_y + \frac{\partial q_y}{\partial y}dy\right) \tag{3-38}$$

或

$$\frac{\partial q_x}{\partial x}dx + \frac{\partial q_y}{\partial y}dy = 0 \tag{3-39}$$

设 x 和 y 方向的渗透系数分别为 k_x 和 k_y，渗流场任意点的总水头或测压管水头为 H。根据达西定律，q_x 等于 $k_x i_x dy$，q_y 等于 $k_y i_y dx$，其中 x 和 y 方向的水力坡降分别为 $i_x = -\frac{\partial H}{\partial x}$、$i_y = -\frac{\partial H}{\partial y}$。则

$$k_x \frac{\partial^2 H}{\partial x^2} + k_y \frac{\partial^2 H}{\partial y^2} = 0 \tag{3-40}$$

这就是各向异性土在稳定渗流时的连续方程。如果土是各向同性的，即 $k_x = k_y$，则

$$\frac{\partial^2 H}{\partial x^2} + \frac{\partial^2 H}{\partial y^2} = 0 \tag{3-41}$$

式（3-41）即为著名的拉普拉斯（Laplace）方程，它是描述稳定渗流的基本方程式。

3.4.2 势函数和流函数

对于二维渗流问题，求解式（3-41）可得 $H = H(x, y)$，若给这个函数一定值就可得到一个曲线方程，称为等水头线。

引入势函数（potential function）$\varphi(x, y) = kH(x, y)$，则有

$$v_x = -\frac{\partial \varphi}{\partial x} = -k\frac{\partial H}{\partial x} \tag{3-42}$$

$$v_y = -\frac{\partial \varphi}{\partial y} = -k\frac{\partial H}{\partial y} \tag{3-43}$$

分别对式（3-42）和式（3-43）求关于 x 和 y 的偏导数，然后代入式（3-41），得

$$\frac{\partial^2 \varphi}{\partial x^2} + \frac{\partial^2 \varphi}{\partial y^2} = 0 \tag{3-44}$$

可见 $\varphi(x, y)$ 也满足拉普拉斯方程。

若 $H(x, y) = h_1$（常数），则 $\varphi(x, y) = kH(x, y)$ 表示 xOy 平面上的一条曲线。在该条曲线上 $\varphi = \varphi_1$（常数），称为等势线（isopotential line）。若取 $\varphi = \varphi_1, \varphi_2, \varphi_3, \cdots, \varphi_n$，则可得到一组等势线，沿这些等势线的 $H = h_1, h_2, h_3, \cdots, h_n$。

对势函数 $\varphi(x, y)$ 进行全微分为

$$d\varphi = \frac{\partial \varphi}{\partial x}dx + \frac{\partial \varphi}{\partial y}dy \tag{3-45}$$

在等势线上 $d\varphi = 0$，则有下式成立：

$$\frac{dy}{dx} = -\frac{\partial \varphi / \partial x}{\partial \varphi / \partial y} = -\frac{v_x}{v_y} \tag{3-46}$$

二维渗流问题的流线方程为

$$\frac{dx}{v_x} = \frac{dy}{v_y} \tag{3-47}$$

即有

$$v_x dy - v_y dx = 0 \tag{3-48}$$

设 $v_x dy - v_y dx$ 是某一函数 $\psi(x, y)$ 的全微分，则

$$d\psi = \frac{\partial \psi}{\partial x}dx + \frac{\partial \psi}{\partial y}dy = v_x dy - v_y dx \tag{3-49}$$

于是有

$$v_x = \frac{\partial \psi}{\partial y} \tag{3-50}$$

$$v_y = -\frac{\partial \psi}{\partial x} \tag{3-51}$$

$\psi(x, y)$ 称为流函数（flow function）。沿同一条流线，函数 $\psi(x, y)$ 为常数。

结合式（3-42）、式（3-43）、式（3-50）和式（3-51），可得

$$\frac{\partial \varphi}{\partial x} = -\frac{\partial \psi}{\partial y} \tag{3-52}$$

$$\frac{\partial \varphi}{\partial y} = \frac{\partial \psi}{\partial x} \tag{3-53}$$

分别对式（3-52）和式（3-53）进行关于 y 和 x 的偏导数，得

$$\frac{\partial^2 \varphi}{\partial x \partial y} = -\frac{\partial^2 \psi}{\partial y^2} \tag{3-54}$$

$$\frac{\partial^2 \varphi}{\partial x \partial y} = \frac{\partial^2 \psi}{\partial x^2} \tag{3-55}$$

于是可得

$$\frac{\partial^2 \psi}{\partial x^2} + \frac{\partial^2 \psi}{\partial y^2} = 0 \tag{3-56}$$

式（3-56）表明，流函数也满足拉普拉斯方程。可以证明，通过任意两条流线之间的流量等于这两条流线的流函数之差。

势函数 $\varphi(x, y)$ 和流函数 $\psi(x, y)$ 均满足拉普拉斯方程，它们之间是互为共轭的调和函数（harmonic function），知道一个就可以推求另一个。另外，由式（3-52）和式（3-53），可得

$$\frac{\partial \varphi}{\partial x}\frac{\partial \psi}{\partial x} + \frac{\partial \varphi}{\partial y}\frac{\partial \psi}{\partial y} = 0 \tag{3-57}$$

因为等势线 $\varphi = C_1$ 和流线 $\psi = C_2$ 的斜率分别为

$$\left(\frac{\mathrm{d}y}{\mathrm{d}x}\right)_\varphi = -\frac{\partial \varphi}{\partial x} \bigg/ \frac{\partial \varphi}{\partial y} \tag{3-58}$$

$$\left(\frac{\mathrm{d}y}{\mathrm{d}x}\right)_\psi = -\frac{\partial \psi}{\partial x} \bigg/ \frac{\partial \psi}{\partial y} \tag{3-59}$$

结合式（3-57）可知，在等势线和流线的交点上有

$$\left(\frac{\mathrm{d}y}{\mathrm{d}x}\right)_\varphi = -\frac{1}{\left(\dfrac{\mathrm{d}y}{\mathrm{d}x}\right)_\psi} \tag{3-60}$$

即两组曲线的斜率互成负倒数，这说明等势线和流线互相交织成正交的流网（flow net）。

3.4.3　平面渗流的流网解法

1. 流网及其特征

由上述可知，渗流场内任一点的水头是其坐标的函数，而一旦渗流场中各点的水头都已知，其他流动特性也就可以通过计算得出。因此，作为求解渗流问题的第一步，一般就是先确定渗流场内各点的水头，即求解渗流基本微分方程式（3-41）。

众所周知，满足拉普拉斯方程的是两组彼此正交的曲线。就渗流问题来说，一组曲线称为等势线，在任一条等势线上各点的总水头是相等的，或者说，在同一条等势线上的测压管水位都是同高的；另一组曲线称为流线，它们代表渗流的方向。等势线和流线交织在一起形成的网格称为流网。但必须指出，只有满足边界条件的那一簇流线和等势线的组合形式才是方程式（3-41）的正确解答。

为了求得满足边界条件的解答，常用的方法主要有解析法、数值法和电拟法三种。一般

解析解只有在边界条件较简单的情况才容易得到,因此并不实用。对于边界条件比较复杂的渗流,一般采用数值法和电拟法,它们的原理可参阅有关著作。但不论采用哪种方法求解,其最后结果均可用流网表示。根据水力学原理,对于各向同性的渗透介质,流网具有下列特征:

1) 流线与等势线彼此正交。
2) 每个网格的长度与宽度比值为常数。当比值为1时,网格就为正方形或曲线正方形。
3) 相邻等势线间的水头损失相等。
4) 各流槽的渗流量相等。

2. 流网的绘制

流网的绘制方法大致有三种:第一种是解析法,即用解析法求出势流的势函数及流函数,再令其函数等于一系列常数,就可以描绘出一簇流线和等势线。解析法对于在复杂的边界条件下求解数学问题会遇到困难,因此在使用中具有局限性。第二种方法是实验法,最常用的是电拟法。第三种方法是近似作图法,即根据等势线及流线的特性和确定的边界条件,用作图法逐步近似地画出流线和等势线。近似作图法在实际工程中应用较多,下面主要对这一方法做介绍。

近似作图法的步骤为:先按流动趋势画出流线,然后根据流网正交性画出等势线,形成大致流网。如检查发现流网不符合流网基本特征,需要反复进行修改等势线和流线直到满足要求为止。

图3-12所示为一水利工程中常见的闸基。在上下游水位压力差的作用下,渗流将沿地基土中的孔隙渗向下游。其流网的绘制方法大体步骤如下:

1) 先将建筑物及土层剖面按一定比例绘出,并根据渗流区域边界确定边界线及边界等势线。如图3-12中的上游透水边界AB是一条等势线,其上各点的流速势相等,即各点的测压管水头值是相等的。同样,下游透水边界CD也是一条等势线,同理,该边界上各点测压管水头也相等。构筑物的地下轮廓线$B—1—2—3—4—5—6—7—8—C$为一条流线,而渗流区域的底部边界EF为另一条流线。

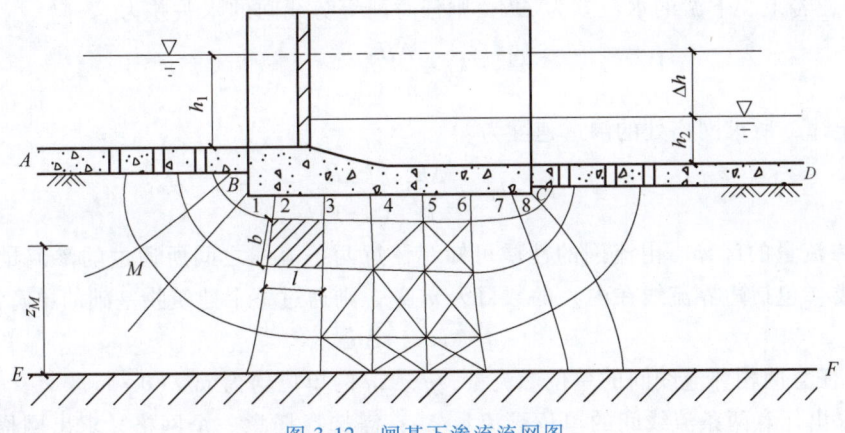

图3-12 闸基下渗流流网图

2) 根据流网特征,初步绘出流网形态。可先依照边界流线的变化趋势大致画出流线而形成流带,然后根据流网的特性(应该是一组正交的方格网),初步将已绘出的流带划分为许多尽可能的近于曲线正方形的网格。初绘时应注意等势线与上、下边界流线应保持垂直，并且等势线和流线均应是光滑的曲线，不能有突然的转折。

3）逐步修改流网。一般而言，初绘的流网并不能保证完全符合要求，为了检验流网是否画得正确，可以加绘网格的对角线来检验其正确性。如果每一网格的对角线都正交和相等，且呈互相垂直的正方形网格，则流网是正确的，否则应进一步修改。但是，由于边界形状往往是不规则的，且网格的数量不会无限多，在形状突变处，则很难保证网格为正方形，在边界突变的局部地方不可避免地会出现三角形或五角形等不规则的形状。对此，应从整个流网来分析，只要绝大多数网格满足流网特征，个别网格不符合要求，对计算结果影响不大，并不影响整个流网的应用。

流网的修改过程是一项细致的工作，常常是改变一个网格便带来整个渗流流网的变化。因此，只有通过反复的实践演练，才能做到快速正确地绘制流网。

另外随着计算机技术的推广应用，按照流网绘制的原则可以开发计算机辅助绘制流网以及渗流的计算软件，从而减轻手工绘制的工作量，加快渗流计算的工作进程。

需要注意的是，渗流流网图的形状只与渗流区域的边界条件有关，而与上、下游水位无关，当土体为均质各向同性体时，也与土体的渗透系数无关。

流网一经绘出，就可以从流网图形上直观地获得流动特性的总轮廓。如图 3-12 所示，越接近水闸底部，流线越密集，表明该处的水力坡降越大，渗透速度也越大；而离水闸底部越远，流线越稀疏，水力坡降越小。根据流网就可以按照后文的式（3-61）~式（3-69）定量地确定渗流场中的水头、孔隙水压力和水力坡降等。

3. 流网的工程应用

流网绘出并经过检验证明正确后，即可用它来求解渗流场中的渗透速度、渗流量及渗流区域中的孔隙水压力。

（1）渗透速度的计算　如图 3-12 所示，若要计算渗流区中某一网格内的渗透速度，可以从流网图中确定网格的流线长度 l，然后通过计算确定渗流在该网格内的水头差 Δh。根据流网的特性，任意两条等势线间的水头差均相等，设流网中的等势线条数为 n（包括边界等势线在内），若上、下游的水位差为 ΔH，则任意两等势线间的水头差为

$$\Delta h = \frac{\Delta H}{n-1} \tag{3-61}$$

根据达西定律，所求网格处的渗透速度为

$$v = ki = k\frac{\Delta h}{l} = \frac{k\Delta H}{(n-1)l} \tag{3-62}$$

（2）渗流量的计算　由流网的性质可知，任意两条流线之间所通过的渗流量 Δq 相等。若全部流线（包括边界流线在内）的数目为 m 条，则通过整个建筑物基础的单宽流量应为

$$q = (m-1)\Delta q \tag{3-63}$$

这里 Δq 为任意两相邻流线间的单位渗流量，q、Δq 的单位均为 $m^3/(d \cdot m)$。

为了求出任意两条流线间的单位渗流量 Δq，需选择任意一个网格，求出网格的渗透速度 v，并在图中量出两流线的间距（即该网格的过水断面宽度）b，则可得

$$\Delta q = vb = \frac{k\Delta H b}{(n-1)l} \tag{3-64}$$

再将式（3-64）代入式（3-63），得

$$q = \frac{k\Delta H(m-1)}{(n-1)} \frac{b}{l} \quad (3-65)$$

（3）孔隙水压力的计算　渗流场中各点的孔隙水压力，等于该点以上测压管中的水柱高度 h_u 与水的重度 γ_w 的乘积，即

$$u = h_u \gamma_w \quad (3-66)$$

任意点的测压管水柱高度 h_u 可根据该点所在等势线的水头确定。如图 3-12 所示，设 M 点位于上游开始起算的第 i 条等势线上，若从上游入渗的水流到达 M 点所损失的水头为 h_f，则 M 点的总水头 h_M（这里以不透水边界 EF 为 z 坐标的起始点）应为入渗边界上的总水头减去这段流程的水头损失，即

$$h_M = (z_1 + h_1) - h_f \quad (3-67)$$

而 h_f 可由等势线间的水头差 Δh 求得，即

$$h_f = (i-1)\Delta h \quad (3-68)$$

M 点的测压管水柱高度 h_u 为 M 点总水头与其位置坐标 z_M 之差，即

$$h_u = h_M - z_M = h_1 + (z_1 - z_M) - (i-1)\Delta h \quad (3-69)$$

【例 3-3】　某板桩支挡结构如图 3-13 所示，由于基坑内外土层存在水位差而发生渗流现象，渗流流网如图 3-13 所示。土层为各向同性均质土层，已知土层的渗透系数 $k = 2.6 \times 10^{-3}$ cm/s，A 点、B 点分别位于基坑底面以下 1.5m 和 3.0m。试求：

1）整个渗流区的单宽流量。
2）AB 段的平均渗透速度。
3）图中 A 点、B 点的孔隙水压力。

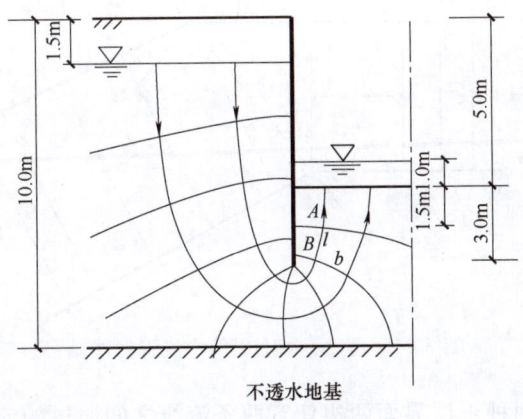

图 3-13　例 3-3 图

解：1）基坑内外的水头差：

$$\Delta H = (10.0 - 1.5)\text{m} - (10.0 - 5.0 + 1.0)\text{m} = 2.5\text{m}$$

根据图 3-13，流网中共有 4 条流线，10 条等势线，即有 $n = 10$，$m = 4$。在流网中选定网格的长度与宽度分别为

$$l = b = 1.5\text{m}$$

则整个渗流区域的单宽流量 q 为

$$q = \frac{k\Delta H(m-1)b}{(n-1)l} = \frac{2.6\times 10^{-3}\times 10^{-2}\times 2.5\times (4-1)}{(10-1)} \times \frac{1.5}{1.5} \text{m}^3/(\text{m}\cdot\text{s}) = 2.17\times 10^{-5} \text{m}^3/(\text{m}\cdot\text{s})$$

2) 由式（3-61），任意两等势线间的水头差为

$$\Delta h = \frac{\Delta H}{(n-1)} = \frac{2.5}{(10-1)} \text{m} = 0.28 \text{m}$$

则 AB 段平均流速为

$$v_{AB} = k i_{AB} = k\frac{\Delta h}{l} = \left(2.6\times 10^{-3} \times \frac{0.28}{1.5}\right) \text{cm/s} = 0.49\times 10^{-3} \text{cm/s}$$

3) A 点和 B 点的测压水柱高度分别为

$$h_A = [(10.0-1.5)-(10.0-5.0-1.5)-(9-1)\times 0.28] \text{m} = 2.76 \text{m}$$
$$h_B = [(10.0-1.5)-(10.0-5.0-3.0)-(8-1)\times 0.28] \text{m} = 4.54 \text{m}$$

于是可得 A 点和 B 点的孔隙水压力分别为

$$u_A = h_A \gamma_w = (2.76\times 10.0) \text{kPa} = 27.6 \text{kPa}$$
$$u_B = h_B \gamma_w = (4.54\times 10.0) \text{kPa} = 45.4 \text{kPa}$$

3.4.4 非均质土体中的流网

下面介绍由两种以上不同性质的土层所组成的非均质地层的流网绘制方法。由于各层土的渗透系数不同，流线在土层交界面处要发生折射现象，且不同土层流网的几何形状各不相同，如图 3-14 所示。

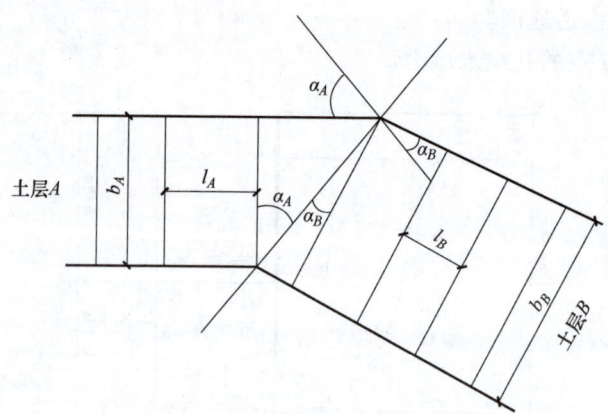

图 3-14　通过不同土层的渗流折射现象

对于稳定渗流，在两种土层界面两边任意两条流线之间通过的流量应当是相等的。若土层 A 的渗透系数为 k_A，土层 B 的渗透系数为 k_B，则有

$$q_A = q_B \tag{3-70}$$

由渗流量的定义，于是有

$$k_A \frac{\Delta h}{l_A} b_A = k_B \frac{\Delta h}{l_B} b_B \tag{3-71}$$

从图 3-14 可以看出：

$$\begin{cases} \tan\alpha_A = \dfrac{l_A}{b_A} \\ \tan\alpha_B = \dfrac{l_B}{b_B} \end{cases} \quad (3\text{-}72)$$

将式（3-72）代入式（3-71），整理后得

$$\frac{k_A}{k_B} = \frac{\tan\alpha_A}{\tan\alpha_B} \quad (3\text{-}73)$$

式（3-73）表明：不仅在不同渗透性土层的交界面处流线产生折射现象，而且流网的几何形状也产生变化。流网方格的长宽比同渗透系数有关。

3.4.5　各向异性土中的流网

式（3-41）是根据土体所有方向的渗透性都相同的基本假设导出的渗流拉普拉斯方程。但对于 $k_x \neq k_y$ 的各向异性土，这时稳定渗流场的基本微分方程应以普遍形式表示为

$$k_x \frac{\partial^2 H}{\partial x^2} + k_y \frac{\partial^2 H}{\partial y^2} = 0 \quad (3\text{-}74)$$

式（3-74）已不是拉普拉斯方程，其解也不是两簇正交曲线而是斜交曲线。

将式（3-74）两边同除以 k_y，可得

$$\frac{\partial^2 H}{\left(\dfrac{k_y}{k_x}\right)\partial x^2} + \frac{\partial^2 H}{\partial y^2} = 0 \quad (3\text{-}75)$$

若令

$$x' = \left(\frac{k_y}{k_x}\right)^{\frac{1}{2}} x \quad (3\text{-}76)$$

则式（3-74）可化为

$$\frac{\partial^2 H}{\partial x'^2} + \frac{\partial^2 H}{\partial y^2} = 0 \quad (3\text{-}77)$$

由此可见，对于各向异性土体渗流问题，只要把水平坐标 x 乘以比例尺 $\sqrt{k_y/k_x}$ 转换成新坐标 x'，同时保持 y 的比例尺不变，就可由原来自然截面得到一转化截面及该截面上的拉普拉斯方程式（3-77）。这样，只要通过式（3-76）的转化，就可在转化截面上按各向同性土体绘正交流网的方法来绘制各向异性土的流网。由此绘得的流网称为变态流网。转化截面上所绘流网中使用的等效渗透系数为

$$k_e = \sqrt{k_x k_y} \quad (3\text{-}78)$$

利用变态流网求渗流量，表达式如下：

$$\Delta q = k_e \Delta h \quad (3\text{-}79)$$

$$q = M k_e \Delta h \quad (3\text{-}80)$$

图 3-15 为某各向异性土体在自然截面和转化截面上的部分流网图。由转化截面，则能够通过 k_e 并运用式（3-80）计算土的渗流量。同时，也能够由转化截面直接计算任意点的压力水头 h_{ui}。然而，在计算各点水力坡降及水头损失的距离时，需注意计算尺度上的校正。

因为对于各向异性土，转化截面流网上求各点水力坡降、计算水头损失的流线长度时，等势线之间的流线长度应该使用自然截面上等势线之间的垂直距离，而不是转化截面上等势线之间的距离。

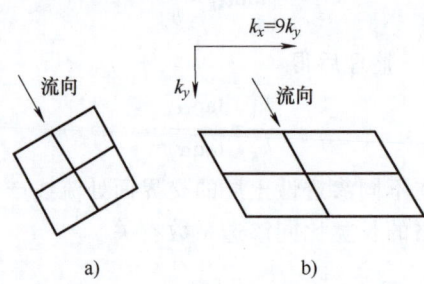

图 3-15　各向异性土中的流网区段
a) 转化截面　b) 自然截面

图 3-15 也说明了这样一个重要概念：仅在各向同性土中，流网图中的流线和等势线是相互垂直的，而在各向异性土体中，流网图中的流线并不与等势线相垂直。

■ 3.5　渗透力与渗透破坏

渗透不可避免地将引起土体内部应力状态的变化，从而改变建筑物基础的稳定条件。因此，对于土工建筑物来说，如何确保在有渗流作用时的稳定性是非常重要的。渗流所引起的渗透破坏问题主要有两大类：一类是土体的局部稳定问题。这是由于渗透水流将土体的细颗粒冲出、带走或局部土体产生移动，导致土体变形而引起的，因此，这类问题又常称为渗透变形问题。另一类是整体稳定问题。由于渗流作用，使得水压力或浮力发生变化，导致整个土体发生滑动、坍塌或建筑物失稳。前者主要表现为流土（soil flow）和管涌（piping），后者则表现为岸坡滑动或挡土墙等构筑物的整体失稳。土坝在水位降落时引起的滑动是这类破坏的典型事例。

应该指出，局部稳定问题如不及时加以防治，同样会酿成整个建筑物的毁坏。关于渗流引起的整体稳定问题将在后面章节中结合土坡稳定分析予以介绍，本节着重讨论土体的局部稳定问题。

3.5.1　渗透力的概念

水在土体中流动时，将会引起水头的损失。而这种水头损失是由于水在土体孔隙中流动时，试图拖曳土粒而消耗能量的结果。自然，水流在拖曳土粒时将给予土粒以某种拖曳力，将渗透水流施于单位土体内土粒上的拖曳力称为渗透力（seepage force）。

如图 3-16 中圆筒形容器 A 的细筛上装有均匀的砂土，其厚度为 L，容器顶缘高出砂面 h_w，细筛底部用一根管子与贮水器 B 相连，当贮水器的水面与容器 A 的水面保持齐平时，则无渗流发生。若将贮水器 B 逐级提升，则由于水位差的存在，贮水器 B 内的水就从底部透过砂层从容器 A 的顶缘不断溢出，渗透水流的速度也越来越快。当贮水器 B 提升到某一高度时，就可以明显地看到渗水翻腾并挟带着砂子向上涌出，这一现象称为渗透变形。产生

这一现象的原因可解释如下:

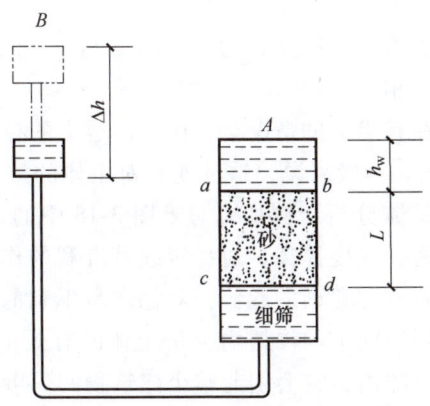

图 3-16　渗透破坏试验示意图

取图 3-16 的土样 $abcd$（截面面积为 A，长度为 L）进行受力分析，如图 3-17 所示，可采取以下三种隔离体取法:

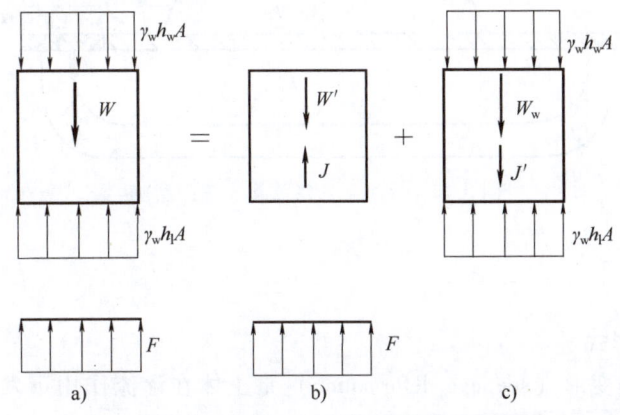

图 3-17　渗流时的三种隔离体取法
a) 土水整体　b) 土骨架　c) 水

1) 取土水为整体作为隔离体，此时作用在土体上的力有：流入面和流出面的水压力 $\gamma_w h_1 A$、$\gamma_w h_w A$，土样的重力 $W = \gamma_{sat} LA$，以及土样底面所受到的反力 F，如图 3-17a 所示。

2) 取土骨架作为隔离体，此时作用在隔离体上的力有：土骨架的有效重力 $W' = \gamma' LA$，渗透力 $J = jLA$，以及土样底面所受到的反力 F，如图 3-17b 所示。

3) 取土样中的孔隙水为隔离体，此时作用在隔离体上的力有：流入面和流出面的水压力 $\gamma_w h_1 A$、$\gamma_w h_w A$，孔隙水重力和土粒所受浮力反力之和 $W_w = \gamma_w LA$，及土粒对水流的阻力 J'（大小等于总渗透力，但方向相反），如图 3-17c 所示。

实际上，三种隔离体取法的总效果是一样的，即图 3-17 中的 a) = b) + c)。下面以土样中的孔隙水为隔离体进行受力分析，在竖直方向上要满足力的平衡，所以

$$\gamma_w h_w A + \gamma_w LA - \gamma_w h_1 A = J' = J = jLA \tag{3-81}$$

考虑到 $h_1 = L + h_w - \Delta h$，得单位体积土颗粒所受的渗透力为

$$j = \frac{J}{AL} = \frac{\gamma_w \Delta h A}{AL} = \gamma_w i \tag{3-82}$$

从式（3-82）可知，渗透力是一种体积力，其量纲与 γ_w 相同。渗透力的大小和水力坡降成正比，其方向与渗流方向相一致。

从上述分析结果可知，在有渗流的情况下，由于渗透力的存在，将使土体内部受力情况（包括大小和方向）发生变化。一般来说，这种变化对土体的整体稳定是不利的，但是，对于渗流中的具体部位应进行具体分析。例如，对于图 3-18 中的 1 点，由于渗透力方向与重力一致，渗流力促使土体压密、强度提高，对稳定起着有利的作用；2 点的渗透力方向与重力近乎正交，使土粒有向下游方向移动的趋势，对稳定是不利的；3 点的渗透力方向与重力相反，对稳定最为不利，特别当向上的渗透力大于土体的有效重力时，土粒将被水流冲出，造成流土破坏，如不及时加以防治，将会引起整个建筑物的失事。

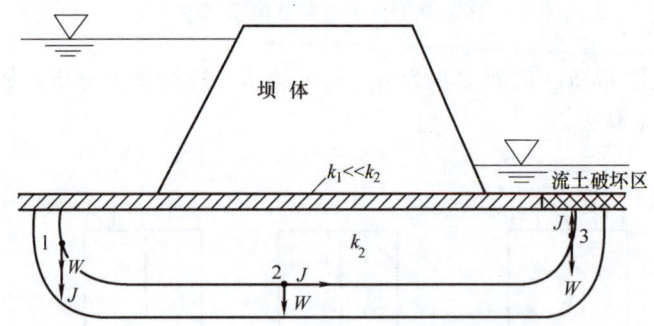

图 3-18　堤坝下的渗流对土体的影响

3.5.2　渗透变形

1. 渗透变形的形式

如前所述，渗透变形（seepage deformation）是土体在渗流作用下发生变形或破坏的现象，按照渗透水流所引起的局部破坏的特征，渗透变形可分为流土（soil flow）和管涌（piping）两种基本形式。

1）流土。流土是指在渗流的作用下，黏性土或无黏性土体中某一范围内的颗粒同时发生移动的现象。观察表明，流土主要发生在地基或土坝下游渗流逸出处，而不发生于土体内部。实际工程中在开挖基坑或渠道时经常会碰到所谓流砂（quick sand）现象，都属于流土类型。

如图 3-18 所示，当渗流流经上部较薄、渗透系数较小的黏土层和下部较厚、渗透系数较大的无黏性土构成的堤坝底双层地基时，水头将主要损失在上游水流渗入和下游水流渗出薄黏性土层的流程中，而在砂层的流程损失则很小，因此造成下游逸出处水力坡降较大。当水力坡降超过某临界值时就会在下游坝脚处出现隆起、裂缝开展、砂粒涌出、整块土体被渗透水流抬起的现象，这就是典型的流土破坏。

图 3-19 所示为在已建房屋附近进行排水开挖基坑时的情况。由于地基内埋藏着一细砂层，当基坑开挖至该层时，在渗透力作用下，细砂向上涌出，造成大量流土，引起房屋不均匀下沉，上部结构开裂，影响了正常使用。

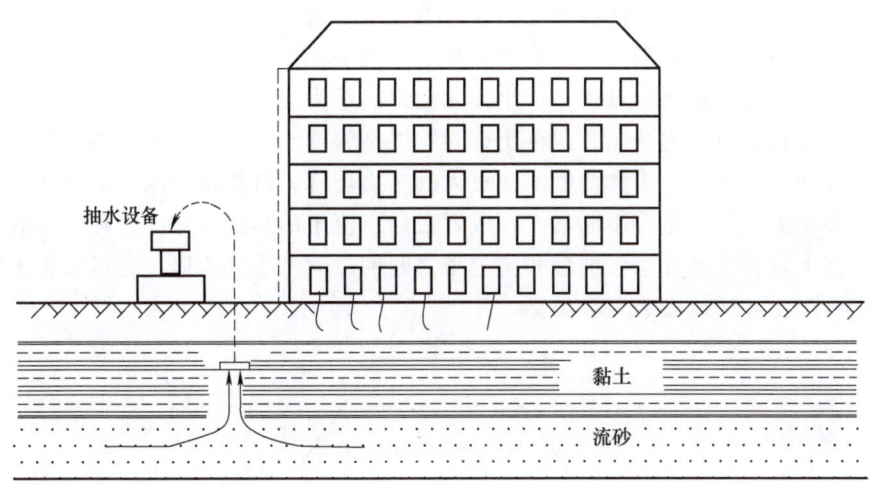

图 3-19 流砂涌向基坑引起房屋不均匀沉降

图 3-20 所示为河堤下相对不透水覆盖层下面有一层强透水砂层。由于堤内水位高涨，局部覆盖层被水流冲蚀，砂土大量涌出，危及堤防的安全。

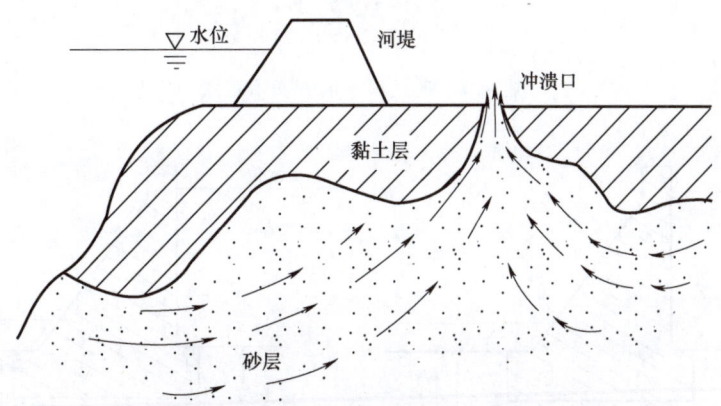

图 3-20 堤坝下游覆盖层下流砂涌出

2）管涌。管涌是渗透变形的另一种形式。它是指在渗流作用下，无黏性土体中的细小颗粒在粗大土粒形成的孔隙通道中发生移动并被带出的现象。它发生的部位可以是在渗流逸出处，也可发生在土体内部，故也称为渗流的潜蚀（suffosion）现象。

如图 3-21 所示，许多建于土基上的大坝由于土和基础之间贯通渗流通道的突然形成而发生破坏。由于这类贯通的渗流突然形成时，大坝中所储存的水会急速涌进通道，并使这类通道迅速扩大，直至大坝结构与基础相剥离后导致彻底破坏。

管涌主要发生在砂砾土中。图 3-22 所示为混凝土坝坝基由于管涌失事的示例。开始土体中的细土粒沿渗流方向移动并不断流失，继而较粗土粒发生移动，从而在土体内部形成管状通道，带走大量砂粒，最后上部土体坍塌而造成坝体失事。

渗流可能会引起两种形式的局部破坏，但就土本身性质来说，却只有管涌和非管涌之分。对于某些土，即使在很大的水力坡降下也不会出现管涌，而对于另一些土（如缺乏中间粒径的砂砾料）却在不大的水力坡降下就可以发生管涌。因此，通常把土分为管涌土和非管涌土两种类型。非管涌土的渗透变形形式就是上述流土型;管涌土的渗透变形形式属于管涌型。另外,虽同属管涌型土,但渗透变形后的发展状况有所不同。某些土,一旦出现渗透变形,细土粒即连续不断地被带出,土体无能力再承受更大的水力坡降,有的甚至会出现所能承受的水力坡降下降的情况,这种土称为发展型管涌土;另一些土,当出现渗透变形后不久,细土粒即停止流失,土体尚能承受更大的水力坡降,继续增大水力坡降后,直至土体表面出现许多泉眼,渗流量会不断增大,或者最后以流土的形式破坏,这种土称为非发展型管涌土,实际上这种土是介于管涌型和流土型之间的过渡型土。所以,也可以将土细分为管涌型土、过渡型土和流土型土三种类型。

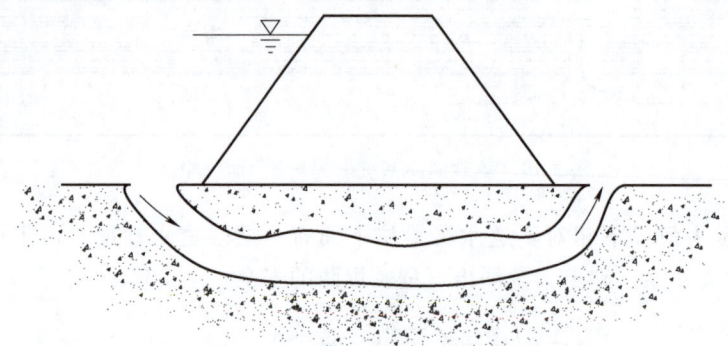

图 3-21　通过坝基的管涌示意图

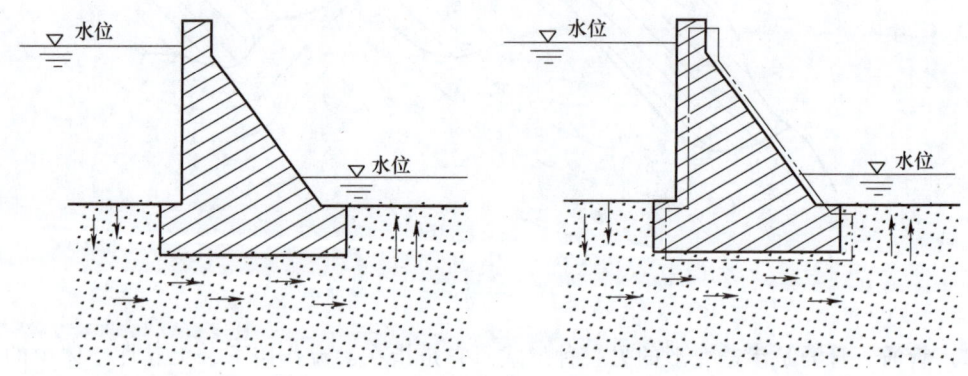

图 3-22　混凝土坝坝基管涌失事示意图

2. 土的临界水力坡降

土体抵抗渗透破坏的能力,称为抗渗强度。通常以濒临渗透破坏时的水力坡降表示,一般称为临界水力坡降(critical hydraulic gradient)。

1)流土型土体临界水力坡降。前面已提到,渗透力的方向与渗流方向相一致。如果堤坝下游渗流逸出面为一水平面,则那里的渗透力将是竖直向上的。在这种情况下,一旦竖向渗透力足够大,逸出面将会隆起或土粒群同时流动流失,而导致土体流土破坏。下面我们来确定其临界状态。

现从图 3-18 中渗流逸出处任取一单位土体,如图 3-23 所示。则该单位土体上的作用力有土体本身的水下重力,其数值等于土的有效重度

$$\gamma' = \frac{(d_s - 1)\gamma_w}{1+e} = \gamma_w(d_s - 1)(1-n) \quad (3\text{-}83)$$

以及竖直向上的渗透力

$$j = \gamma_w i \quad (3\text{-}84)$$

当竖向渗透力等于土体的有效重度时，土体就处于流土的临界状态。若设这时的水力坡降为 i_{cr}，则根据上述条件可得

$$i_{cr} = (d_s - 1)(1-n) \quad (3\text{-}85)$$

此即流土的临界水力坡降。

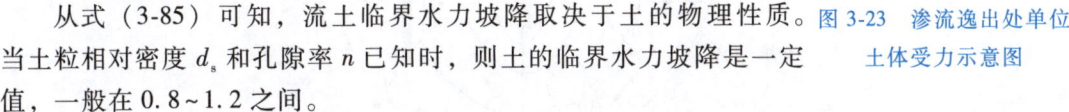

图 3-23　渗流逸出处单位土体受力示意图

从式（3-85）可知，流土临界水力坡降取决于土的物理性质。当土粒相对密度 d_s 和孔隙率 n 已知时，则土的临界水力坡降是一定值，一般在 0.8~1.2 之间。

应该指出，式（3-85）是根据竖向渗流且不考虑周围土体的约束作用情况下推得的，因此，按此式求得的临界水力坡降偏小，一般比试验值要小 15%~20%。黏性土由于土颗粒间黏结力的存在，其临界水力坡降较大，特别是渗流逸出面有保护层时，将使临界水力坡降大大提高。此外，黏性土发生流土破坏的机理与无黏性土不完全相同，因为前者不仅是由于渗透力作用的结果，而且还与土体表面的水化崩解程度（即水稳性）以及渗流出口临空面的孔径等因素有关。而土体水稳性又直接与土中所含黏土矿物的成分和含量有关。

流土一般发生在渗流的逸出处。因此，只要我们将渗流逸出处的水力坡降，即逸出坡降 i_e 求出，就可判别流土的可能性：当 $i_e < i_{cr}$ 时，土处于稳定状态；当 $i_e = i_{cr}$ 时，土处于临界状态；当 $i_e > i_{cr}$ 时，土处于流土状态。在设计时，为保证建筑物安全，通常要求将逸出坡降 i_e 限制在容许坡降 $[i]$ 之内，即

$$i_e \leq [i] = \frac{i_{cr}}{F_s} \quad (3\text{-}86)$$

式中，F_s 为安全系数，按式（3-86）确定 i_e 时，取 $F_s = 2.0 \sim 2.5$。

2) 管涌型土体临界水力坡降。由于对管涌发生发展的机理研究还不十分成熟，对其临界水力坡降的确定一般还主要根据试验资料。中国水利水电科学研究院根据渗流场中单个土粒受到渗透力、浮力以及自重作用时的极限平衡条件，并结合试验资料分析的结果，提出了管涌土临界水力坡降的计算公式为

$$i_{cr} = 2.2(d_s - 1)(1-n)^2 \frac{d_5}{d_{20}} \quad (3\text{-}87)$$

式中符号意义同前。

【例 3-4】　如图 3-24 所示，若地基上的土粒相对密度 d_s 为 2.68，孔隙率 n 为 28.0%。试求：

1) a 点测压管中的水位高度。
2) 渗流逸出处 1—2 是否会发生流土？
3) 图中网格 9、10、11、12 上的渗透力是多少？

解：1) 由图中可知，上下游的水位差 $h = 8$m，等势线的间隔数 $N = 10$，则相邻两等势线间的水头损失 $\Delta h = \frac{h}{10} = \frac{8}{10}$m = 0.8m。$a$ 点在第二根等势线上，因此，该点的测压管水位应

比上游水位低 $\Delta h = 0.8\text{m}$，从图中直接量得下游静水位至 a 点的高差 $h_a' = 10\text{m}$，而超过下游静水位的高度应为 $h_a'' = h - \Delta h = 8\text{m} - 0.8\text{m} = 7.2\text{m}$。则 a 点测压管中的水位高度 $h_a = h_a' + h_a'' = 10\text{m} + 7.2\text{m} = 17.2\text{m}$。

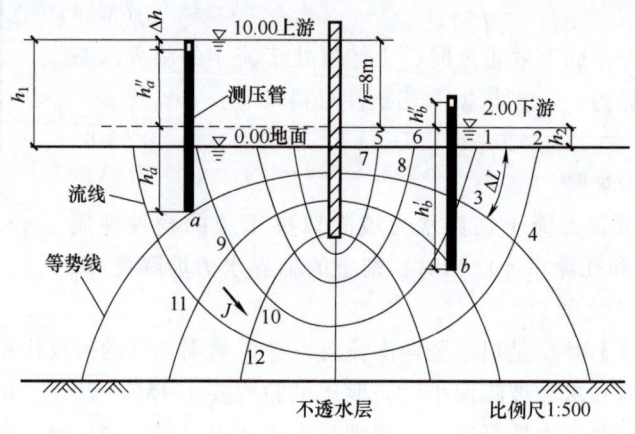

图 3-24　例 3-4 图

2）从图中可直接量得网格 1、2、3、4 的平均渗透路径长度 $\Delta L = 8\text{m}$，而任一网格的水头损失均为 $\Delta h = 0.8\text{m}$，则该网格的平均水力坡降为

$$i = \frac{\Delta h}{\Delta L} = \frac{0.8}{8} = 0.1$$

该梯度即近似代表地面 1—2 处的逸出梯度 i_e。而流土的临界水力坡降为

$$i_{cr} = (d_s - 1)(1 - n) = (2.68 - 1) \times (1 - 0.38) = 1.04 > i_e$$

所以，渗透逸出处 1—2 不会发生流土现象。

3）从图中可直接量得网格 9、10、11、12 的平均渗透路径长度 $\Delta L = 5\text{m}$，两流线间的平均距离 $b = 4.4\text{m}$，网格的水头损失 $\Delta h = 0.8\text{m}$，所以作用在该网格上的渗透力为

$$J = \gamma_w \frac{\Delta h}{\Delta L} b \Delta L = \gamma_w b \Delta h = (10 \times 0.8 \times 4.4)\text{kN/m} = 35.2\text{kN/m}$$

3.5.3　渗透变形的控制措施

关于如何防止渗透变形的发生，一般可以从两个方面采取措施：一是改变几何条件；二是改变水力条件。其主要措施可归纳为以下几种方法：

1）减小水力坡降。可以采取降低水头或增加渗透路径的办法来实现，如在建筑工程中采取先在基坑范围以外以井点降低地下水后再开挖，或在不排水基坑内以抓斗等工具进行水下挖土等施工方法来减少或消除基坑内外地下水的水头差，以及沿坑壁打入深度超过坑底的足够长的板桩来增加渗透路径；在水利工程中堤坝上游做水平防渗铺盖和垂直悬挂式防渗帷幕（如混凝土防渗墙、灌浆帷幕等），以延长渗透路径，降低下游的逸出坡降。

2）在向上渗流逸出处用透水材料覆盖压重，以防止土体在渗透力作用下悬浮。

3）在渗流逸出处设反滤层（由级配较为均匀的砂子和砾石组成），或在建筑物下游配置减压井、减压沟等，贯穿渗透性弱的黏性土层，以降低作用在黏性土层底面的渗透力，使渗透水流有畅通的出路。

思 考 题

1. 何谓达西定律？其应用条件和适用范围是什么？
2. 影响渗透系数的主要因素有哪些？实验室内测定渗透系数的方法有几种？它们之间有什么不同？
3. 流网的特征都有哪些？简述流网的绘制过程。
4. 渗透变形有几种形式？它们各自具有什么特征？
5. 什么是临界水力坡降？判别发生管涌和流土的临界水力坡降的含义有什么不同？
6. 渗透力是怎样引起渗透变形的？土体发生流土和管涌的机理和条件是什么？与土的性质有什么关系？
7. 根据达西定律计算出的流速和土中水的实际流速是否相同？为什么？
8. 拉普拉斯方程是由哪两个基本定律推导出来的？你认为土的渗透系数是各向同性的吗？

习 题

1. 对一试样进行简单的常水头渗透试验，土样的长度为 20cm，试样的横截面面积为 100cm^2，试样两端稳定水头差为 20cm。若经过 10s，由量筒测得流经试样的水量为 150cm^3，试问试样的渗透系数多少？

2. 某基坑开挖断面如图 3-25 所示。其中粉质黏土夹砂土层的孔隙比 $e_1 = 1.10$，土粒密度 $\rho_{s1} = 2.75 \text{g/cm}^3$，渗透系数 $k_1 = 1.8 \times 10^{-5} \text{cm/s}$；砂土层的孔隙比 $e_2 = 0.68$，土粒密度 $\rho_{s2} = 2.68 \text{g/cm}^3$，渗透系数 $k_2 = 3.6 \times 10^{-2} \text{cm/s}$。假定砂土层底的测压管水头位于地表下 1.5m 处且保持不变，基坑开挖过程中坑内水位与坑底齐平。试求：

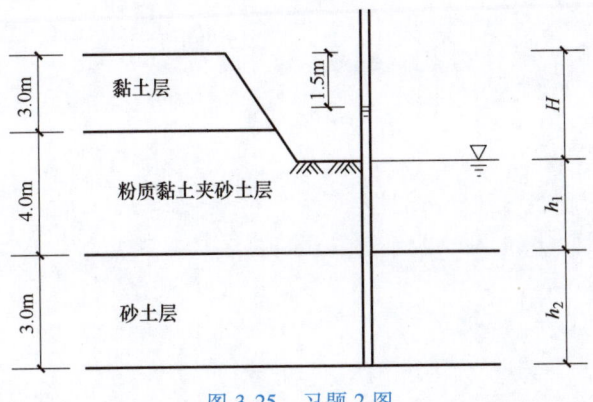

图 3-25 习题 2 图

1) 若将基坑底面以下土层内的渗流视为垂直单向渗流，试证明坑底下粉质黏土夹砂土层与砂土层的平均等效渗透系数为 $k_y = \dfrac{(h_1 + h_2) k_1 k_2}{h_1 k_2 + h_2 k_1}$。

2) 当开挖深度 $H=5.0$m 时，求每昼夜基坑内单位面积的渗流量 Q。

3) 求不发生流土破坏的最大开挖深度 H_{max}。

3. 对某土样进行室内渗透试验，土样的长度为 25cm，试验水头差为 40cm，土样的土粒相对密度 d_s 为 2.65，孔隙比为 0.4，试求：

1) 通过土样的单位渗透力。

2) 若渗流自下而上发生，判别土样是否发生流土。

3) 计算土样发生流土时的水头差。

4. 某深基坑工程施工中采用地下连续墙围护结构，其渗流的流网如图 3-26 所示。已知渗透土层的孔隙比 $e=0.96$，土粒密度 $\rho_s=2.70$g/cm³，坑外地下水位离地表 1.5m，基坑开挖深度为 8.3m，图中 a 点、b 点所在的流网网格长度 $l=1.8$m。试判断基坑中 $a\sim b$ 渗流逸出处的渗流稳定性。

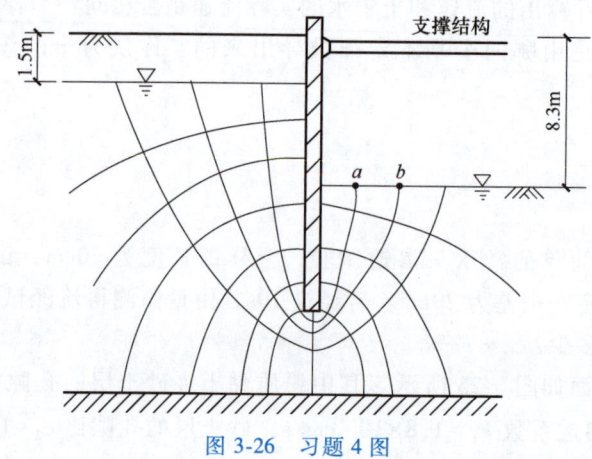

图 3-26　习题 4 图

第 4 章 地基中应力计算

4.1 概述

建筑物的荷载最终将通过基础底面传给地基,由于土颗粒的传递、扩散作用,将地基局部荷载分布到较广、较深的地基中,使地基中原有的应力状态发生变化,从而引起地基的变形,基础产生沉降或不均匀沉降。如果基础的沉降或不均匀沉降超过了一定限度,就会导致建筑物的开裂、歪斜甚至破坏。因此,为了保证建筑物的正常使用和经济合理,在地基基础设计时,必须计算地基的变形值,使这一变形值控制在容许的范围内,否则应采取必要的措施。

地基土产生变形的原因有两条:一是外因,即建筑物荷载作用使地基中产生附加应力(additional stress,stress increase);二是内因,即土本身具有压缩性。所以本章将讨论地基中原有的自重应力(geostatic stress,effective overburden pressure)、上部结构荷载传给地基的基底压力及由此在地基中引起的附加应力。

地基中的应力计算大多利用弹性理论求解,即假定地基土为均匀、连续、各向同性的半空间线性变形体,这样假设可使应力的计算简单。虽然这与地基土的实际性质不完全一致(地基土往往是成层的非均质各向异性体),但在实际工程中,地基中应力的变化范围一般不会很大,可以将土中应力与应变的关系近似为线性关系,由此引起的误差工程上认为是容许的。

另外,由于土体一般不能承受拉应力,所以,在土力学中,规定压应力为正,拉应力为负。

4.2 土中的自重应力

土中自重应力是指土的有效重力在土中产生的应力,它与是否修建建筑物无关,是始终存在于土体之中的。在计算自重应力时,可认为天然地面为一无限大的水平面,当土质均匀时,土体在自重应力作用下,任一竖直面都为对称面,土中没有侧向变形和剪切变形,只能产生垂直变形。因此,可以任取一土柱作为脱离体来研究地面下深度 z 处的自重应力(图 4-1),当土的重度为 γ 时,该处的自重应力为

$$\sigma_{cz} = \frac{\gamma z A}{A} = \gamma z \tag{4-1}$$

侧向自重应力 σ_{cx}、σ_{cy} 可根据广义胡克定律求得,即

$$\sigma_{cx} = \sigma_{cy} = K_0 \sigma_{cz} \tag{4-2}$$

式中，K_0 为静止土压力系数。

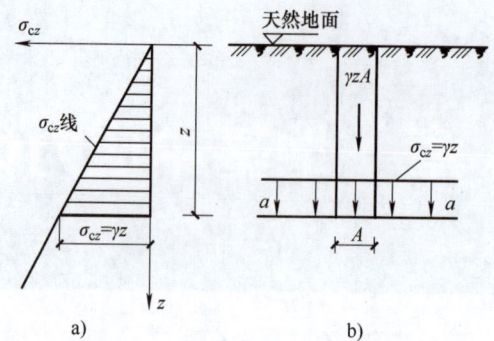

图 4-1 均质土中竖向自重应力
a) σ_{cz} 沿深度的分布 b) 任意水平面上的分布

如深度 z 范围内由多层土组成，则 z 处的竖向自重应力为各层土竖向自重压力之和，即

$$\sigma_{cz} = \gamma_1 h_1 + \gamma_2 h_2 + \cdots + \gamma_n h_n = \sum_{i=1}^{n} \gamma_i h_i \tag{4-3}$$

式中，n 为从地面到深度 z 处的土层数；γ_i 为第 i 层土的重度，地下水位以下的土，受到水的浮力作用，减轻了土的重力，计算时应取土的有效重度 γ_i' 代替 γ_i，单位为 kN/m^3；h_i 为第 i 层土的厚度。

按式（4-3）计算出各土层分界处的自重应力，分别用直线连接，可得出竖向自重应力分布（图 4-2）。需要注意的是，对基岩或坚硬黏土层可视为不透水层，在不透水层中不存在水的浮力，所以其自重应力按上覆土层的水土总重力计算（图 4-2）。

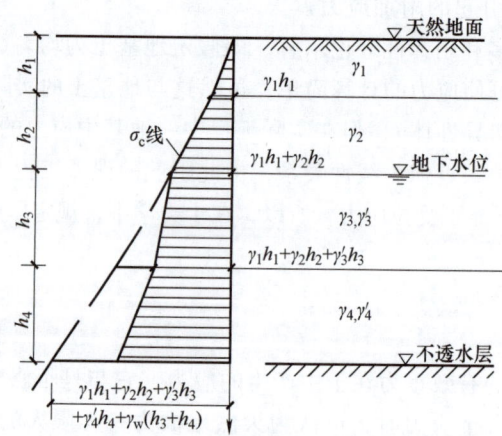

图 4-2 成层土中竖向自重应力沿深度的分布

由 σ_{cz} 分布图可知竖向自重应力的分布规律为

1) 土的自重应力分布线是一条折线，折点在土层交界处和地下水位处，在不透水层面处分布线有突变。

2) 同一层土的自重应力按直线变化。

3) 自重应力随深度增加而变大。

4)在同一水平面上自重应力各点相等。

自然界中的天然土层,形成至今已有很长的时间,在本身的自重作用下引起的土的压缩变形早已完成,因此自重应力一般不会引起建筑物基础的沉降。但对于近期沉积或堆积的土层就应考虑由自重应力引起的变形。

此外,地下水位的升降会引起土中自重应力的变化。当水位下降时,原水位以下自重应力增加,增加值可看作附加应力,会引起地表或基础的下沉;当水位上升时,对设有地下室的建筑或地下建筑工程地基的防潮不利,对黏性土的强度也会有一定的影响。

【例 4-1】 已知某地基土层剖面(图 4-3a),求各层土的竖向自重应力及地下水位下降至淤泥层顶面时的竖向自重应力,并分别绘出其分布曲线。

解:按式(4-3)依次计算各层面处的自重应力。

1)地下水位下降前,

$\sigma_{cz0} = 0$

$\sigma_{cz1} = (15.7 \times 0.5) \text{kPa} = 7.85 \text{kPa}$

$\sigma_{cz2} = (7.85 + 18.0 \times 0.5) \text{kPa} = 16.85 \text{kPa}$

$\sigma_{cz3} = [16.85 + (18.0 - 10) \times 3.0] \text{kPa} = 40.85 \text{kPa}$

$\sigma_{cz4}^{上} = [40.85 + (16.7 - 10) \times 7.0] \text{kPa} = 87.75 \text{kPa}$

$\sigma_{cz4}^{下} = [87.75 + 10 \times (3.0 + 7.0)] \text{kPa} = 187.75 \text{kPa}$

2)当地下水位降至淤泥层顶面时,

$\sigma_{cz1} = 7.85 \text{kPa}$

$\sigma_{cz2} = 16.85 \text{kPa}$

$\sigma_{cz3} = (16.85 + 18.0 \times 3.0) \text{kPa} = 70.85 \text{kPa}$

$\sigma_{cz4}^{上} = [70.85 + (16.7 - 10) \times 7.0] \text{kPa} = 117.75 \text{kPa}$

$\sigma_{cz4}^{下} = (117.75 + 10 \times 7.0) \text{kPa} = 187.75 \text{kPa}$

依次用直线连接以上各点,即可得到土层的自重应力曲线,如图 4-3b、c 所示。

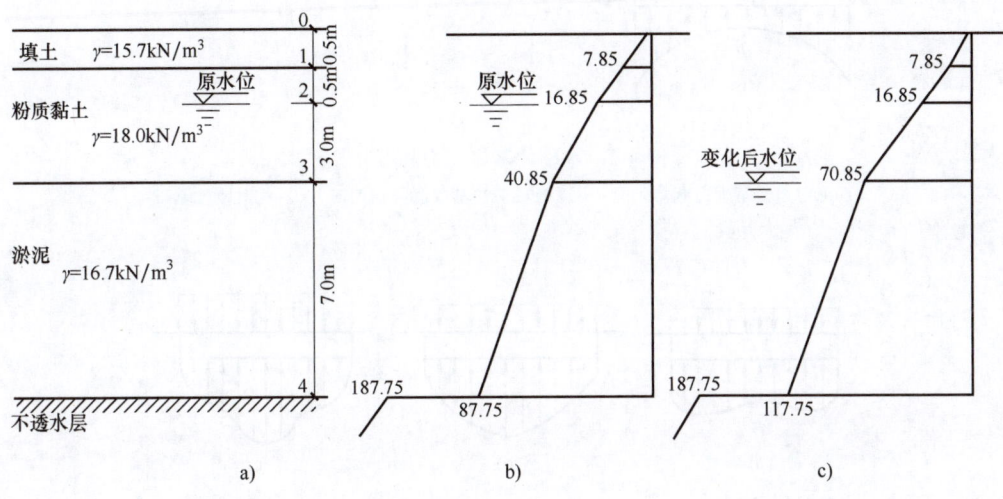

图 4-3 例 4-1 图(单位:kPa)

a)土层剖面 b)地下水位下降前的自重应力 c)地下水位下降后的自重应力

4.3 基底压力分布及简化计算

4.3.1 基底压力

在基础与地基之间接触面上作用着建筑物荷载通过基础传给地基的压力（方向向下），称为基底压力（contact pressure），同时也存在着地基对基础的反作用力（方向向上），称为基底反力，两者大小相等。

基底压力的分布形态与基础的刚度、地基土的性质、基础埋深以及荷载的大小等有关。当基础为绝对柔性基础时（即无抗弯强度），基础随着地基一起变形，中部沉降大，四周沉降小，其压力分布与荷载分布相同（图 4-4a）。如果要使柔性基础各点沉降相同，则作用在基础上的荷载必须是四周大而中间小（图 4-4b）。当基础为绝对刚性基础时（即抗弯刚度无限大），基底受荷后仍保持为平面，各点沉降相同，由此可知，基底压力分布必是四周大而中间小（图 4-4c 中的虚线），由于地基土的塑性性质，特别是基础边缘地基土产生塑性变形后，基底压力发生重分布，使边缘压力减小，而边缘与中心之间的压力相应增加，压力分布呈马鞍形（图 4-4c 中的实线）。随着荷载的增加，基础边缘地基土塑性变形区扩大，基底压力由马鞍形发展为抛物线形，甚至钟形（图 4-5）。

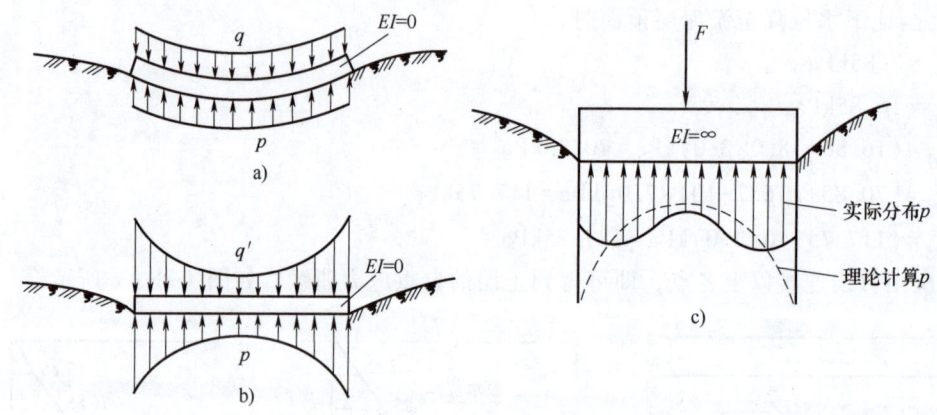

图 4-4 基础的基底压力和沉降
a）绝对柔性基础荷载均匀时 b）绝对柔性基础沉降均匀时 c）绝对刚性基础

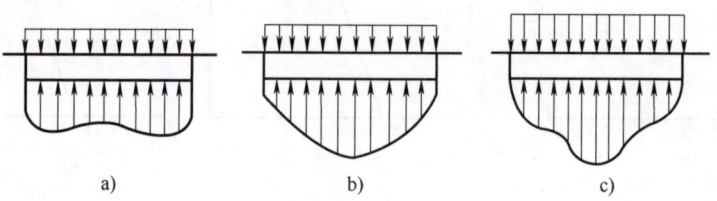

图 4-5 刚性基础基底压力的分布形态
a）马鞍形 b）抛物线形 c）钟形

4.3.2 基底压力简化计算

对于桥梁墩台基础以及柱下独立基础、墙下条形基础等扩展基础,由于其刚性较大,并且受到地基承载力的限制,加上基础往往有一定的埋深,其基底压力往往呈马鞍形分布,而且在中心荷载作用时,其发展趋向于均匀,所以其基底压力可近似简化为均匀分布。另外,根据圣维南原理,在基础底面下一定深度所引起的地基附加应力与基底荷载分布形态无关,而只与其合力的大小和作用点位置有关。因此,在工程应用中,对于具有一定刚度且尺寸较小的扩展基础,其基底压力可近似按线性分布计算。而对于较复杂的基础,如柱下条形基础、筏形基础和箱形基础,基底压力的细微变化,往往对基础内力有明显的影响,此时需考虑上部结构和基础的刚度以及地基土的力学性质,按弹性地基梁板理论进行计算。

1. 中心荷载（centric load）作用下的基础

中心荷载作用下的基础所受竖向荷载的合力通过基底形心（图 4-6），基底压力按下式计算:

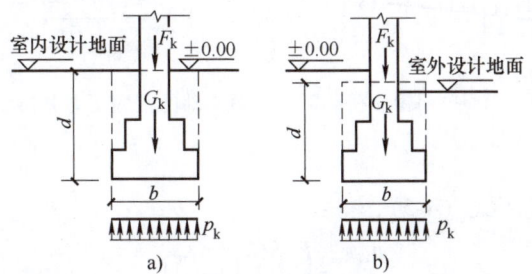

图 4-6　中心荷载下的基底压力分布
a) 内墙或内柱基础　b) 外墙或外柱基础

$$p_k = \frac{F_k + G_k}{A} \tag{4-4}$$

式中,p_k 为相应于荷载效应标准组合时,基础底面处的平均压力,单位为 kPa;F_k 为相应于荷载效应标准组合时,上部结构传至基础顶面的竖向力,单位为 kN;G_k 为基础及其台阶上回填土的总重力,对一般的实体基础:$G_k = \gamma_G A d$,其中 γ_G 为基础及回填土的平均重度,通常 $\gamma_G = 20 \text{kN/m}^3$,但在水位以下部分应扣除浮力,取有效重度 $\gamma_G' = 10 \text{kN/m}^3$;$d$ 为基础埋深（设计地面到基础底面的竖向距离）,当室内外设计标高不同时取平均值,单位为 m;A 为基础底面积,单位为 m^2,对矩形基础,$A = lb$,l 和 b 分别为矩形基础底面的长边和短边;对于条形基础,长度方向取 $l = 1\text{m}$,此时,F_k 和 G_k 则为每延米的相应值 $\overline{F}_k$ 和 $\overline{G}_k$ (kN/m)。

2. 偏心荷载（eccentric load）作用下的基础

在单向偏心荷载作用下,设计时通常使基础长边方向与偏心方向一致（图 4-7a）,此时相应于荷载效应标准组合时,两短边边缘最大压力值 p_{kmax} 和最小压力值 p_{kmin} 按材料力学偏心受压公式计算,即

$$\begin{matrix} p_{kmax} \\ p_{kmin} \end{matrix} = \frac{F_k + G_k}{A} \pm \frac{M_k}{W} \tag{4-5}$$

式中，M_k 为相应于荷载效应标准组合时，作用在基底形心上的力矩值，单位为 kN·m，$M_k=(F_k+G_k)e$，e 为偏心距；W 为基础底面的抵抗矩，单位为 m^3，$W=bl^2/6$。

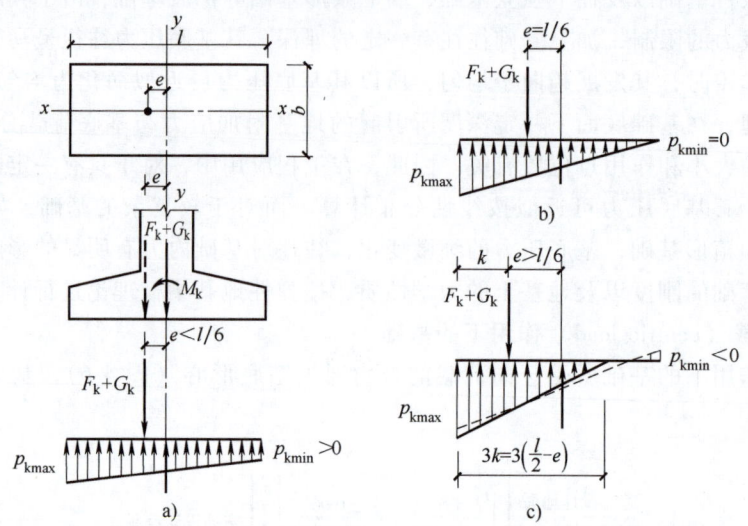

图 4-7　单向偏心荷载下的矩形基础的基底压力分布图
a) $e<l/6$　b) $e=l/6$　c) $e>l/6$

将 $M_k=(F_k+G_k)e$ 代入式（4-5），得：

$$\begin{matrix}p_{kmax}\\p_{kmin}\end{matrix}=\frac{F_k+G_k}{A}\left(1\pm\frac{6e}{l}\right) \tag{4-6}$$

由式（4-6）可见，当 $e<l/6$ 时，p_{kmin} 为正值，基底压力分布图呈梯形（图 4-7a）；当 $e=l/6$ 时，$p_{kmin}=0$，基底压力分布图呈三角形（图 4-7b）；当 $e>l/6$ 时，p_{kmin} 为负值，表示基础底面与地基之间一部分出现拉应力（图 4-7c 中虚线），实际上，它们之间不会传递拉应力，此时基底将与地基局部脱开，从而使基底压力重新分布。因此，根据偏心荷载应与基底反力相平衡的条件，荷载合力（F_k+G_k）应通过三角形反力分布图的形心（图 4-7c 中实线），则基底边缘的最大压力 p_{kmax} 为

$$p_{kmax}=\frac{2(F_k+G_k)}{3kb} \tag{4-7}$$

式中，$k=\dfrac{l}{2}-e$。

对于条形基础，偏心方向为宽度方向，$k=\dfrac{b}{2}-e$，则

$$p_{kmax}=\frac{2(\overline{F}_k+\overline{G}_k)}{3k} \tag{4-8}$$

【例 4-2】　某构筑物基础（图 4-8），在设计地面标高处作用有偏心荷载 680kN，偏心距为 1.31m，基础埋深为 2.0m，底面尺寸为 4m×2m。试求基底平均压力 p_k 和边缘最大压力 p_{kmax}，并绘出沿偏心方向的基底压力分布图。

解： 作用在基底形心上的基础竖向力及填土重力：

$$G_k = (20 \times 4 \times 2 \times 2) \text{kN} = 320 \text{kN}$$
$$F_k + G_k = (680 + 320) \text{kN} = 1000 \text{kN}$$

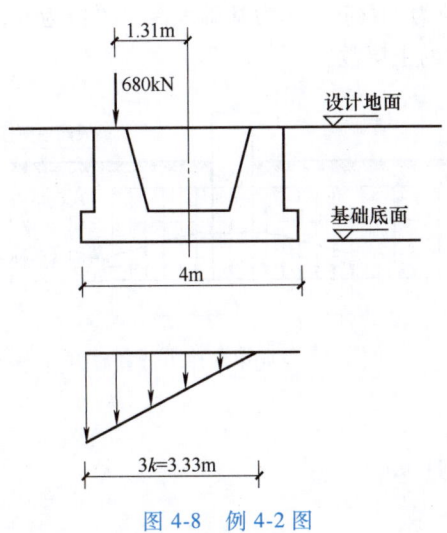

图 4-8 例 4-2 图

作用在基础形心处的弯矩为
$$M_k = (680 \times 1.31) \text{kN} \cdot \text{m} = 890.8 \text{kN} \cdot \text{m}$$

偏心距为
$$e = \frac{M_k}{F_k + G_k} = \frac{890.8}{1000} \text{m} = 0.89 \text{m} > \frac{l}{6} = 0.67 \text{m}$$

$p_{k\max}$ 应按式（4-7）计算，即
$$k = \frac{l}{2} - e = \frac{4}{2} \text{m} - 0.89 \text{m} = 1.11 \text{m}$$

$$p_{k\max} = \frac{2(F_k + G_k)}{3kb} = \frac{2 \times 1000}{3 \times 1.11 \times 2} \text{kPa} = 300 \text{kPa}$$

基底压力沿基础长边的作用范围为
$$3k = 3.33 \text{m}$$

基底平均压力为
$$p_k = \frac{1}{2}(p_{k\max} + p_{k\min}) = \frac{1}{2} \times 300 \text{kPa} = 150 \text{kPa}$$

4.3.3 基底附加压力

一般的天然土层，在自重应力的长期作用下，变形早已完成，只有新增加于基底上的压力［即基底附加压力（net contact pressure）］才能引起地基产生附加应力和变形。

通常，基础总是埋置在天然地面下一定深度处，该处原有的自重应力由于开挖基坑而卸除。因此，由建筑物建造后的基底压力中扣除基底标高处原有的土中自重应力后，才是基底平面处新增加于地基的附加压力 p_0（图 4-9），即

$$p_0 = p - \sigma_c = p - \gamma_0 d \tag{4-9}$$

式中，p 为对应于荷载效应准永久组合时的基底平均压力，单位为 kPa；σ_c 为基底处土的自重应力，单位为 kPa；γ_0 为基础底面标高以上天然土层的加权平均重度，$\gamma_0 = (\gamma_1 h_1 + \gamma_2 h_2 + \cdots + \gamma_n h_n)/(h_1 + h_2 + \cdots + h_n)$，单位为 kN/m³；$d$ 为基础埋深，单位为 m，一般从天然地面算起，$d = h_1 + h_2 + \cdots + h_n$，$n$ 为 d 范围内的土层数。

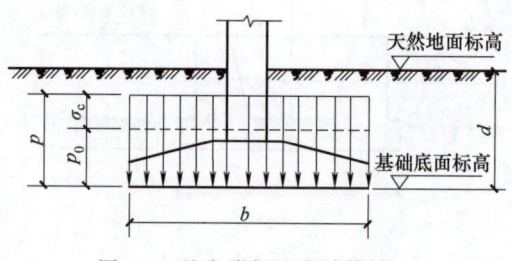

图 4-9 基底附加压力计算简图

4.4 地基附加应力

附加应力是由建筑物荷载或其他外荷载在地基内引起的应力。目前土中附加应力的计算一般采用弹性理论法，即将地基视作半无限均质弹性体，利用弹性力学的计算公式求解。

4.4.1 竖向集中力作用下的附加应力

设竖向集中力 P 作用于半空间表面（图 4-10a），它在半空间内任意点 $M(x, y, z)$ 引起的应力和位移解，由法国的布辛奈斯克（J. Boussinesq）根据弹性理论求得，其表达式如下：

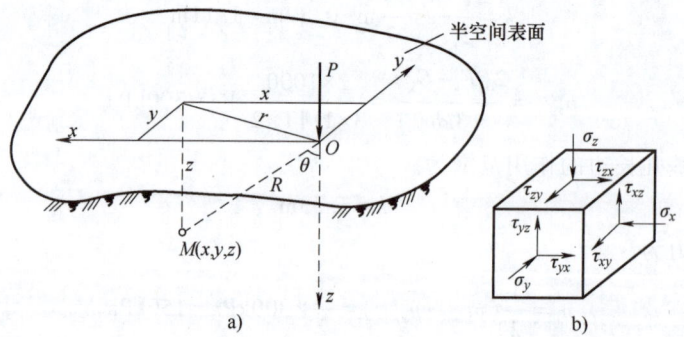

图 4-10 一个竖向集中力 P 作用下的附加应力
a) 半空间任意点 M b) M 点处的微单元体

$$\sigma_x = \frac{3P}{2\pi} \left\{ \frac{x^2 z}{R^5} + \frac{1-2\mu}{3} \left[\frac{R^2 - Rz - z^2}{R^3(R+z)} - \frac{x^2(2R+z)}{R^3(R+z)^2} \right] \right\} \qquad (4\text{-}10\text{a})$$

$$\sigma_y = \frac{3P}{2\pi} \left\{ \frac{y^2 z}{R^5} + \frac{1-2\mu}{3} \left[\frac{R^2 - Rz - z^2}{R^3(R+z)} - \frac{y^2(2R+z)}{R^3(R+z)^2} \right] \right\} \qquad (4\text{-}10\text{b})$$

$$\sigma_z = \frac{3P}{2\pi}\frac{z^3}{R^5} = \frac{3P}{2\pi R^2}\cos^3\theta \qquad (4\text{-}10c)$$

$$\tau_{xy} = \tau_{yx} = \frac{3P}{2\pi}\left[\frac{xyz}{R^5} - \frac{1-2\mu}{3}\frac{xy(2R+z)}{R^3(R+z)^2}\right] \qquad (4\text{-}11a)$$

$$\tau_{yz} = \tau_{zy} = \frac{3P}{2\pi}\frac{yz^2}{R^5} = \frac{3Py}{2\pi R^3}\cos^2\theta \qquad (4\text{-}11b)$$

$$\tau_{zx} = \tau_{xz} = \frac{3P}{2\pi}\frac{xz^2}{R^5} = \frac{3Px}{2\pi R^3}\cos^2\theta \qquad (4\text{-}11c)$$

$$u = \frac{P(1+\mu)}{2\pi E}\left[\frac{xz}{R^3} - (1-2\mu)\frac{x}{R(R+z)}\right] \qquad (4\text{-}12a)$$

$$v = \frac{P(1+\mu)}{2\pi E}\left[\frac{yz}{R^3} - (1-2\mu)\frac{y}{R(R+z)}\right] \qquad (4\text{-}12b)$$

$$w = \frac{P(1+\mu)}{2\pi E}\left[\frac{z^2}{R^3} + 2(1-\mu)\frac{1}{R}\right] \qquad (4\text{-}12c)$$

式中，σ_x、σ_y、σ_z 分别为 M 点平行于 x、y、z 轴的正应力；τ_{xy}、τ_{yz}、τ_{zx} 分别为 M 点的剪应力；u、v、w 分别为 M 点沿 x、y、z 轴方向的位移；θ 为 OM 线与 z 轴的夹角；R 为集中力作用点至 M 点的距离，$R = (x^2+y^2+z^2)^{1/2} = (r^2+z^2)^{1/2} = z/\cos\theta$；$r$ 为集中力作用点与 M 点的水平距离；E 为土的弹性模量（或土力学中的地基变形模量 E_0）；μ 为土的泊松比。

以上公式中，竖向正应力 σ_z 和竖向位移 w 最常用，以后计算土中附加应力时主要是计算 σ_z。为了计算方便，以 $R = (r^2+z^2)^{1/2}$ 代入式（4-10c）得：

$$\sigma_z = \frac{3P}{2\pi}\frac{z^3}{(r^2+z^2)^{5/2}} = \frac{3}{2\pi}\frac{1}{\left[\left(\frac{r}{z}\right)^2+1\right]^{5/2}}\frac{P}{z^2} \qquad (4\text{-}13)$$

令

$$\alpha = \frac{3}{2\pi}\frac{1}{\left[\left(\frac{r}{z}\right)^2+1\right]^{5/2}} \qquad (4\text{-}14)$$

则

$$\sigma_z = \alpha\frac{P}{z^2} \qquad (4\text{-}15)$$

式中，α 为集中荷载作用下的地基竖向附加应力系数，可按 r/z 查表 4-1。

利用式（4-15）可求出地基中任意点的附加应力值。如将地基划分为许多网格，并求出各网格点上的 σ_z 值，可绘出如图 4-11 所示的土中附加应力分布曲线。其中，图 4-11a 是在荷载轴线上及在不同深度的水平面上的 σ_z 分布。从该图可以看出，在 $r=0$ 的荷载轴线上，随着 z 增大，σ_z 减小；当 z 不变时，在荷载轴线上的 σ_z 最大，随着 r 增加，σ_z 变小。图 4-11b 是将 σ_z 值相等的点连接所得的曲线，称为 σ_z 等值线。该图表明土中存在附加应力扩散的现象。

表 4-1　集中荷载作用下地基竖向附加应力系数 α

r/z	α	r/z	α	r/z	α	r/z	α	r/z	α
0	0.4775	0.50	0.2733	1.00	0.0844	1.50	0.0251	2.00	0.0085
0.05	0.4745	0.55	0.2466	1.05	0.0744	1.55	0.0224	2.20	0.0058
0.10	0.4657	0.60	0.2214	1.10	0.0658	1.60	0.0200	2.40	0.0040
0.15	0.4516	0.65	0.1978	1.15	0.0581	1.65	0.0179	2.60	0.0029
0.20	0.4329	0.70	0.1762	1.20	0.0513	1.70	0.0160	2.80	0.0021
0.25	0.4103	0.75	0.1565	1.25	0.0454	1.75	0.0144	3.00	0.0015
0.30	0.3849	0.80	0.1386	1.30	0.0402	1.80	0.0129	3.50	0.0007
0.35	0.3577	0.85	0.1226	1.35	0.0357	1.85	0.0116	4.00	0.0004
0.40	0.3294	0.90	0.1083	1.40	0.0317	1.90	0.0105	4.50	0.0002
0.45	0.3011	0.95	0.0956	1.45	0.0282	1.95	0.0095	5.00	0.0001

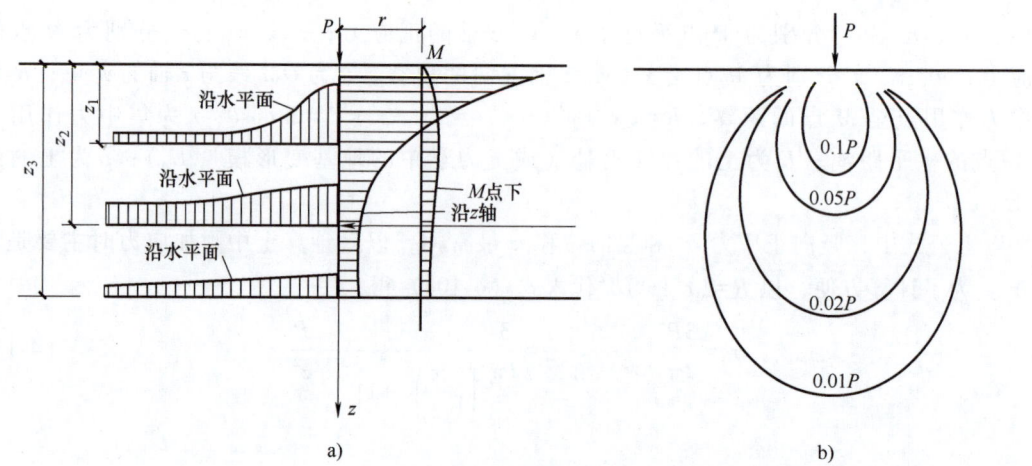

图 4-11　土中附加应力 σ_z 分布图
a) 一个集中力作用下不同深度上 σ_z 分布　b) σ_z 等值线图

当有若干个竖向集中力 P_i 作用在地表面时，按叠加原理，地面下某深度处 M 点的 σ_z 应为各集中力单独作用时在 M 点所引起的竖向附加应力的总和，即

$$\sigma_z = \alpha_1 \frac{P_1}{z^2} + \alpha_2 \frac{P_2}{z^2} + \cdots + \alpha_n \frac{P_n}{z^2} = \frac{1}{z^2} \sum_{i=1}^{n} \alpha_i P_i \qquad (4\text{-}16)$$

式中，α_i 为第 i 个集中力竖向附加应力系数，按 r_i/z 由表 4-1 查得，其中 r_i 是第 i 个集中力作用点至 M 点的水平距离。

当局部荷载的作用平面形状或分布值的大小不规则时，可将荷载面（或基础底面）分成若干个形状规则的单元（图 4-12），每个单元上的分布荷载近似地以作用在单元面积形心上的集中力（$P_i = A_i p_{0i}$）来代替，利用式（4-16）计算地基中某点 M 的竖向附加应力。这种方法称为等代荷载法。由于在集中力作用点处（$R=0$）σ_z 为无限大，因此，计算 M 点不应过于接近荷载面。一般当矩形单元的长边小于单元面积形心至计算点的距离的 1/3（即 $R_i/l_i \geq 3$）

时，其计算误差不大于 3%。

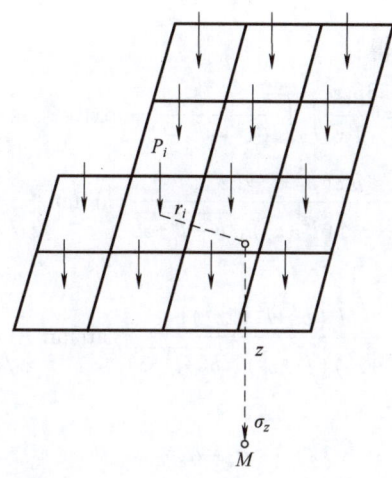

图 4-12　等代荷载法计算 σ_z

4.4.2　矩形面积上竖向均布荷载作用下的竖向附加应力

1. 矩形面积上竖向均布荷载作用下角点下的竖向附加应力

在地基表面有一短边为 b、长边为 l 的矩形面积，其上作用均布矩形荷载 p_0（图 4-13），可按下列方法求得角点下的附加应力。

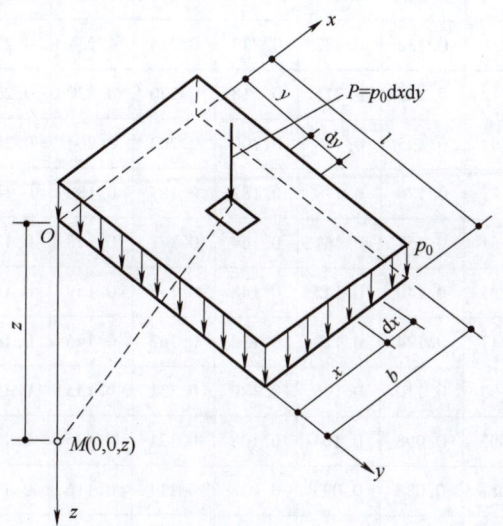

图 4-13　均匀矩形荷载角点下的附加应力 σ_z

设坐标原点 O 在荷载面角点处，在矩形面积内取一微面积 $dxdy$，距离原点 O 为 x、y，微面积上的分布荷载以集中力 $P=p_0dxdy$ 代替，则在角点下任意深度 z 处的 M 点，由该集中力引起的竖向附加应力 $d\sigma_z$，由式（4-10c）可得：

$$\mathrm{d}\sigma_z = \frac{3}{2\pi} \frac{p_0 z^3}{(x^2+y^2+z^2)^{5/2}} \mathrm{d}x\mathrm{d}y \tag{4-17}$$

将它在矩形荷载面 A 内积分可得：

$$\sigma_z = \iint_A \mathrm{d}\sigma_z = \frac{3p_0 z^3}{2\pi} \int_0^b \int_0^l \frac{1}{(x^2+y^2+z^2)^{5/2}} \mathrm{d}x\mathrm{d}y$$

$$= \frac{p_0}{2\pi} \left[\frac{blz(b^2+l^2+2z^2)}{(b^2+z^2)(l^2+z^2)\sqrt{b^2+l^2+z^2}} + \arctan \frac{bl}{z\sqrt{b^2+l^2+z^2}} \right] \tag{4-18}$$

令

$$\alpha_c = \frac{1}{2\pi} \left[\frac{blz(b^2+l^2+2z^2)}{(b^2+z^2)(l^2+z^2)\sqrt{b^2+l^2+z^2}} + \arctan \frac{bl}{z\sqrt{b^2+l^2+z^2}} \right] \tag{4-19}$$

则

$$\sigma_z = \alpha_c p_0 \tag{4-20}$$

式中，α_c 为矩形面积上均布荷载作用下角点的竖向附加应力系数，按 l/b、z/b 查表 4-2。

表 4-2 矩形面积上均布荷载作用下角点的竖向附加应力系数 α_c

z/b	l/b											
	1.0	1.2	1.4	1.6	1.8	2.0	3.0	4.0	5.0	6.0	10.0	条形
0.0	0.250	0.250	0.250	0.250	0.250	0.250	0.250	0.250	0.250	0.250	0.250	0.250
0.2	0.249	0.249	0.249	0.249	0.249	0.249	0.249	0.249	0.249	0.249	0.249	0.249
0.4	0.240	0.242	0.243	0.243	0.244	0.244	0.244	0.244	0.244	0.244	0.244	0.244
0.6	0.223	0.228	0.230	0.232	0.232	0.233	0.234	0.234	0.234	0.234	0.234	0.234
0.8	0.200	0.207	0.212	0.215	0.216	0.218	0.220	0.220	0.220	0.220	0.220	0.220
1.0	0.175	0.185	0.191	0.195	0.198	0.200	0.203	0.204	0.204	0.204	0.205	0.205
1.2	0.152	0.163	0.171	0.176	0.179	0.182	0.187	0.188	0.189	0.189	0.189	0.189
1.4	0.131	0.142	0.151	0.157	0.161	0.164	0.171	0.173	0.174	0.174	0.174	0.174
1.6	0.112	0.124	0.133	0.140	0.145	0.148	0.157	0.159	0.160	0.160	0.160	0.160
1.8	0.097	0.108	0.117	0.124	0.129	0.133	0.143	0.146	0.147	0.148	0.148	0.148
2.0	0.084	0.095	0.103	0.110	0.116	0.120	0.131	0.135	0.136	0.137	0.137	0.137
2.2	0.073	0.083	0.092	0.098	0.104	0.108	0.121	0.125	0.126	0.127	0.128	0.128
2.4	0.064	0.073	0.081	0.088	0.093	0.098	0.111	0.116	0.118	0.118	0.119	0.119
2.6	0.057	0.065	0.072	0.079	0.084	0.089	0.102	0.107	0.110	0.111	0.112	0.112
2.8	0.050	0.058	0.065	0.071	0.076	0.080	0.094	0.100	0.102	0.104	0.105	0.105
3.0	0.045	0.052	0.058	0.064	0.069	0.073	0.087	0.093	0.096	0.097	0.099	0.099
3.2	0.040	0.047	0.053	0.058	0.063	0.067	0.081	0.087	0.090	0.092	0.093	0.094
3.4	0.036	0.042	0.048	0.053	0.057	0.061	0.075	0.081	0.085	0.086	0.088	0.089

(续)

z/b	l/b											
	1.0	1.2	1.4	1.6	1.8	2.0	3.0	4.0	5.0	6.0	10.0	条形
3.6	0.033	0.038	0.043	0.048	0.052	0.056	0.069	0.076	0.080	0.082	0.084	0.084
3.8	0.030	0.035	0.040	0.044	0.048	0.052	0.065	0.072	0.075	0.077	0.080	0.080
4.0	0.027	0.032	0.036	0.040	0.044	0.048	0.060	0.067	0.071	0.073	0.076	0.076
4.2	0.025	0.029	0.033	0.037	0.041	0.044	0.056	0.063	0.067	0.070	0.072	0.073
4.4	0.023	0.027	0.031	0.034	0.038	0.041	0.053	0.060	0.064	0.066	0.069	0.070
4.6	0.021	0.025	0.028	0.032	0.035	0.038	0.049	0.056	0.061	0.0-3	0.066	0.067
4.8	0.019	0.023	0.026	0.029	0.032	0.035	0.046	0.053	0.058	0.060	0.064	0.064
5.0	0.018	0.021	0.024	0.027	0.030	0.033	0.043	0.050	0.055	0.057	0.061	0.062
6.0	0.013	0.015	0.017	0.020	0.022	0.024	0.033	0.039	0.043	0.046	0.051	0.052
7.0	0.009	0.011	0.013	0.015	0.016	0.018	0.025	0.031	0.035	0.038	0.043	0.045
8.0	0.007	0.009	0.010	0.011	0.013	0.014	0.020	0.025	0.028	0.031	0.037	0.039
9.0	0.006	0.007	0.008	0.009	0.010	0.011	0.016	0.020	0.024	0.026	0.032	0.035
10.0	0.005	0.006	0.007	0.007	0.008	0.009	0.013	0.017	0.020	0.022	0.028	0.032
12.0	0.003	0.004	0.005	0.005	0.006	0.006	0.009	0.012	0.014	0.017	0.022	0.026
14.0	0.002	0.003	0.004	0.004	0.004	0.005	0.007	0.009	0.011	0.013	0.018	0.023
16.0	0.002	0.002	0.003	0.003	0.003	0.004	0.005	0.007	0.009	0.010	0.014	0.020
18.0	0.001	0.002	0.002	0.002	0.003	0.003	0.004	0.006	0.007	0.008	0.012	0.018
20.0	0.001	0.001	0.002	0.002	0.002	0.002	0.004	0.005	0.006	0.007	0.010	0.015
25.0	0.001	0.001	0.001	0.001	0.001	0.002	0.002	0.003	0.004	0.005	0.007	0.013
30.0	0.001	0.001	0.001	0.001	0.001	0.001	0.002	0.002	0.003	0.003	0.005	0.011
35.0	0.000	0.000	0.001	0.001	0.001	0.001	0.001	0.002	0.002	0.002	0.004	0.009
40.0	0.000	0.000	0.000	0.000	0.001	0.001	0.001	0.001	0.001	0.002	0.003	0.008

2. 矩形面积上均布荷载作用下任意点的竖向附加应力

在实际工程中常需求地基中任意点的附加应力。如图4-14所示的荷载面，求 O 点下深度为 z 处 M 点的附加应力时，可通过 O 点将荷载面积划分为几块小矩形，并使每块小矩形的某一角点为 O 点，分别求每个小矩形块在 M 点的附加应力，然后将各值叠加，即为 M 点的最终附加应力值，这种方法称为角点法。

1) 图4-14a，O 点在荷载面边缘，则

$$\sigma_z = (\alpha_{cI} + \alpha_{cII}) p_0 \tag{4-21}$$

式中，α_{cI}、α_{cII} 分别表示相应于面积 I（$Oabe$）和 II（$Odce$）角点下的附加应力系数。必须注意，查表4-2时所取边长 l 和 b 应为划分后小矩形块的长边和短边，以下各种情况相同。

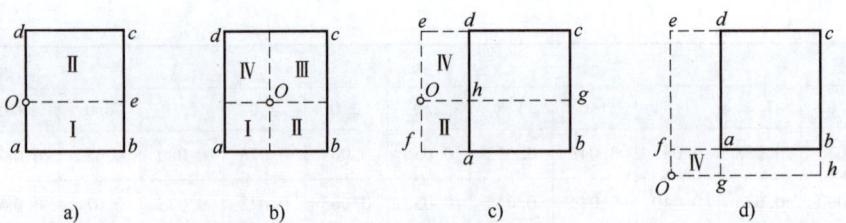

图 4-14 以角点法计算矩形面积上均布荷载作用下任意点的竖向附加应力
a) O 点在荷载面边缘　b) O 点在荷载面内　c) O 点在荷载面边缘外侧　d) O 点在荷载面角点外侧

2) 图 4-14b，O 点在荷载面内，则

$$\sigma_z = (\alpha_{cI} + \alpha_{cII} + \alpha_{cIII} + \alpha_{cIV}) p_0 \tag{4-22}$$

当 O 点位于荷载面中心时，$\alpha_{cI} = \alpha_{cII} = \alpha_{cIII} = \alpha_{cIV}$，所以，$\sigma_z = 4\alpha_{cI} p_0$。

3) 图 4-14c，O 点在荷载面边缘外侧，此时荷载面 $abcd$ 可以看成是由Ⅰ($Ofbg$) 与Ⅱ($Ofah$) 之差和Ⅲ($Oecg$) 与Ⅳ($Oedh$) 之差合成的，则

$$\sigma_z = (\alpha_{cI} - \alpha_{cII} + \alpha_{cIII} - \alpha_{cIV}) p_0 \tag{4-23}$$

4) 图 4-14d，O 点在荷载面角点外侧，把荷载面看成是由Ⅰ($Ohce$) 和Ⅳ($Ogaf$) 两个面积中扣除Ⅱ($Ohbf$) 和Ⅲ($Ogde$) 而成的，则

$$\sigma_z = (\alpha_{cI} - \alpha_{cII} - \alpha_{cIII} + \alpha_{cIV}) p_0 \tag{4-24}$$

【例 4-3】 三个宽度相同、长度不同的基础，它们的基底尺寸分别为 2m×2m、4m×2m、20m×2m，埋深都是 1m，地基土重度为 $18kN/m^3$。作用在基底面上的中心荷载 ($F+G$) 分别为 472kN、944kN、4720kN（视为条形基础时为 236kN/m），试求这三个基础中心点下 $z=2m$ 处的竖向附加应力。

解：1) 基础 1：

$$p_{01} = \left(\frac{472}{2 \times 2} - 18 \times 1\right) kPa = (118 - 18) kPa = 100 kPa$$

由于 $\dfrac{l}{b} = \dfrac{2/2}{2/2} = 1$，$\dfrac{z}{b} = \dfrac{2}{2/2} = 2$，查表 4-2 可得

$$\alpha_c = 0.084$$

所以，

$$\sigma_{z1} = 4\alpha_c p_0 = (4 \times 0.084 \times 100) kPa = 33.6 kPa$$

2) 基础 2：

$$p_{02} = \left(\frac{944}{4 \times 2} - 18 \times 1\right) kPa = (118 - 18) kPa = 100 kPa$$

由于 $\dfrac{l}{b} = \dfrac{4/2}{2/2} = 2$，$\dfrac{z}{b} = \dfrac{2}{2/2} = 2$，查表 4-2 可得

$$\alpha_c = 0.120$$

所以，

$$\sigma_{z2} = (4 \times 0.120 \times 100) kPa = 48 kPa$$

3) 基础 3：

$$p_{03} = \left(\frac{236}{2} - 18 \times 1\right) kPa = (118 - 18) kPa = 100 kPa$$

由于 $\dfrac{l}{b}=\dfrac{20/2}{2/2}=10$，$\dfrac{z}{b}=\dfrac{2}{2/2}=2$，查表 4-2 可得

$$\alpha_c = 0.137$$

所以，

$$\sigma_{z3}=(4\times 0.137\times 100)\text{kPa}=54.8\text{kPa}$$

比较此例题的计算结果可知，在其他条件（p_0、b、z）相同的条件下，基础中心点以下的附加应力随着基础长边与短边的比值增大而增大。因此，在基础设计施工中需要查明基础下一定深度范围的地基土是否存在有较软弱土层或其他异常情况，对于条形基础所需考虑的深度要比同宽度的独立基础深一些。

【例 4-4】 有相邻两荷载面 A 和 B（图 4-15），试计算荷载面 A 中点以下深度 $z=2\text{m}$ 处的附加应力。

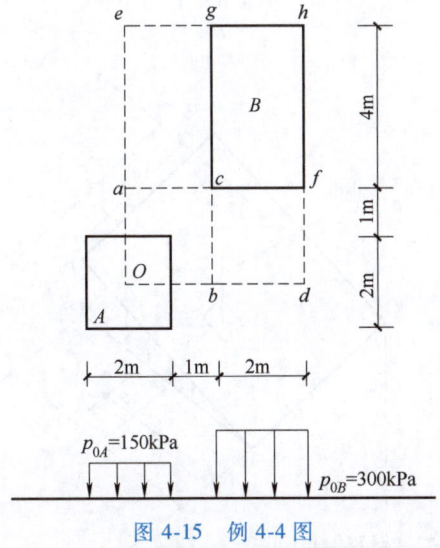

图 4-15 例 4-4 图

解： 1) 基础 A 本身在中心点 O 下产生的附加应力。

由于 $\dfrac{l/2}{b/2}=\dfrac{1}{1}=1$，$\dfrac{z}{b/2}=\dfrac{2}{1}=2$，查表 4-2 可得

$$\alpha_c=0.084$$

所以，

$$\sigma_{zA}=4\alpha_c p_{0A}=(4\times 0.084\times 150)\text{kPa}=50.4\text{kPa}$$

2) 基础 B 对基础 A 中心点产生的附加应力，应等于矩形 Ⅰ（$Odhe$）与 Ⅱ（$Obca$）在 O 点下的附加应力之和再减去矩形 Ⅲ（$Odfa$）与 Ⅳ（$Obge$）在 O 点下的附加应力之和。

Ⅰ：$l/b=6/4=1.5$，$z/b=2/4=0.5$，$\alpha_{c\text{Ⅰ}}=0.237$

Ⅱ：$l/b=2/2=1$，$z/b=2/2=1$，$\alpha_{c\text{Ⅱ}}=0.175$

Ⅲ：$l/b=4/2=2$，$z/b=2/2=1$，$\alpha_{c\text{Ⅲ}}=0.200$

Ⅳ：$l/b=6/2=3$，$z/b=2/2=1$，$\alpha_{c\text{Ⅳ}}=0.203$

所以，$\sigma_{zB}=[0.237+0.175-(0.200+0.203)]\times 300\text{kPa}=2.7\text{kPa}$

3）A、B 两基础在 O 点的共同影响为

$$\sigma_z = \sigma_{zA} + \sigma_{zB} = 50.4\text{kPa} + 2.7\text{kPa} = 53.1\text{kPa}$$

4.4.3　矩形面积上三角形分布荷载作用下的附加应力

由于弯矩作用，基底反力呈梯形分布，此时可采用荷载均匀分布及三角形分布叠加的方法求地基的附加应力。下面给出三角形分布荷载作用下焦点下的附加应力计算公式。

设 b 边荷载呈三角形分布，另一 l 边的荷载分布不变，荷载最大值为 p_0（图 4-16）。取荷载零值边的角点 O 为坐标原点，在荷载面积内某点 (x, y) 取微面积 $dxdy$ 上的分布荷载用集中力 $(x/b)p_0 dxdy$ 代替，则角点 O 下深度 z 处的 M 点，由该集中力引起的附加应力 $d\sigma_z$ 可按式（4-10c）计算，即

$$d\sigma_z = \frac{3}{2\pi} \frac{x p_0 z^3}{b(x^2 + y^2 + z^2)^{5/2}} dxdy \tag{4-25}$$

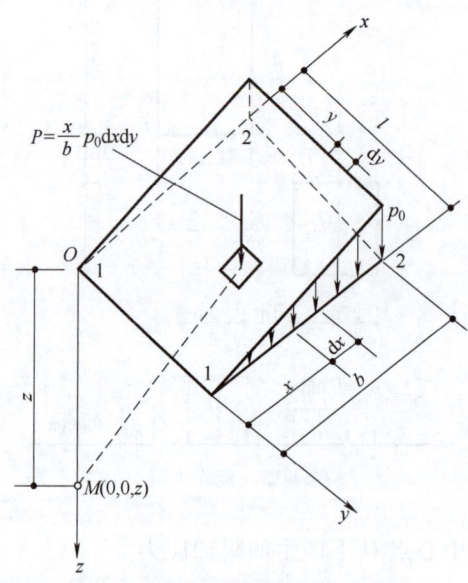

图 4-16　三角形分布荷载作用下角点下的附加应力 σ_z

在整个矩形面积进行积分，得：

$$\sigma_z = \iint_A d\sigma_z = \frac{3p_0 z^3}{2\pi b} \int_0^b \int_0^l \frac{xdxdy}{(x^2 + y^2 + z^2)^{5/2}}$$

$$= \frac{p_0 l}{2\pi b} \left[\frac{z}{\sqrt{b^2 + l^2}} - \frac{z^3}{(b^2 + z^2)\sqrt{b^2 + l^2 + z^2}} \right] = \alpha_{t1} p_0 \tag{4-26}$$

式中，α_{t1} 为角点 1 下的竖向附加应力系数，由 l/b 及 z/b 查表 4-3。

同理可求得最大荷载边角点下的附加应力为

$$\sigma_z = \alpha_{t2} p_0 \tag{4-27}$$

式中，α_{t2} 为角点 2 下的附加应力系数，由 l/b 及 z/b 查表 4-3。

第4章 地基中应力计算

表 4-3　矩形面积上三角形分布荷载作用下角点的竖向附加应力系数 α_{t1} 和 α_{t2}

z/b	l/b									
	0.2		0.4		0.6		0.8		1.0	
	1	2	1	2	1	2	1	2	1	2
0.0	0.0000	0.2500	0.0000	0.2500	0.0000	0.2500	0.0000	0.2500	0.0000	0.2500
0.2	0.0223	0.1821	0.0280	0.2115	0.0296	0.2165	0.0301	0.2178	0.0304	0.2182
0.4	0.0269	0.1094	0.0420	0.1604	0.0487	0.1781	0.0517	0.1844	0.0531	0.1870
0.6	0.0259	0.0700	0.0448	0.1165	0.0560	0.1405	0.0621	0.1520	0.0654	0.1575
0.8	0.0232	0.0480	0.0421	0.0853	0.0553	0.1093	0.0637	0.1232	0.0688	0.1311
1.0	0.0201	0.0346	0.0375	0.0638	0.0508	0.0852	0.0602	0.0996	0.0666	0.1086
1.2	0.0171	0.0260	0.0324	0.0491	0.0450	0.0673	0.0546	0.0807	0.0615	0.0901
1.4	0.0145	0.0202	0.0278	0.0386	0.0392	0.0540	0.0483	0.0661	0.0554	0.0751
1.6	0.0123	0.0160	0.0238	0.0310	0.0339	0.0440	0.0424	0.0547	0.0492	0.0628
1.8	0.0105	0.0130	0.0204	0.0254	0.0294	0.0363	0.0371	0.0457	0.0435	0.0534
2.0	0.0090	0.0108	0.0176	0.0211	0.0255	0.0304	0.0324	0.0387	0.0384	0.0456
2.5	0.0063	0.0072	0.0125	0.0140	0.0183	0.0205	0.0236	0.0265	0.0284	0.0313
3.0	0.0046	0.0051	0.0092	0.0100	0.0135	0.0148	0.0176	0.0192	0.0214	0.0233
5.0	0.0018	0.0019	0.0036	0.0038	0.0054	0.0056	0.0071	0.0074	0.0088	0.0091
7.0	0.0009	0.0010	0.0019	0.0019	0.0028	0.0029	0.0038	0.0038	0.0047	0.0047
10.0	0.0005	0.0004	0.0009	0.0010	0.0014	0.0014	0.0019	0.0019	0.0023	0.0024

z/b	l/b									
	1.2		1.4		1.6		1.8		2.0	
	1	2	1	2	1	2	1	2	1	2
0.0	0.0000	0.2500	0.0000	0.2500	0.0000	0.2500	0.0000	0.2500	0.0000	0.2500
0.2	0.0305	0.2184	0.0305	0.2185	0.0306	0.2185	0.0306	0.2185	0.0306	0.2185
0.4	0.0539	0.1881	0.0543	0.1886	0.0545	0.1889	0.0546	0.1891	0.0547	0.1892
0.6	0.0673	0.1602	0.0684	0.1616	0.0690	0.1625	0.0694	0.1630	0.0696	0.1633
0.8	0.0720	0.1355	0.0739	0.1381	0.0751	0.1396	0.0759	0.1405	0.0764	0.1412
1.0	0.0708	0.1143	0.0735	0.1176	0.0753	0.1202	0.0766	0.1215	0.0774	0.1225
1.2	0.0664	0.0962	0.0698	0.1007	0.0721	0.1037	0.0738	0.1055	0.0749	0.1069
1.4	0.0606	0.0817	0.0644	0.0864	0.0672	0.0897	0.0692	0.0921	0.0707	0.0937
1.6	0.0545	0.0696	0.0586	0.0743	0.0616	0.0780	0.0639	0.0806	0.0656	0.0826
1.8	0.0487	0.0596	0.0528	0.0644	0.0560	0.0681	0.0585	0.0709	0.0604	0.0730
2.0	0.0434	0.0513	0.0474	0.0560	0.0507	0.0596	0.0533	0.0625	0.0553	0.0649
2.5	0.0326	0.0365	0.0362	0.0405	0.0393	0.0440	0.0419	0.0469	0.0440	0.0491
3.0	0.0249	0.0270	0.0280	0.0303	0.0307	0.0333	0.0331	0.0359	0.0352	0.0380
5.0	0.0104	0.0108	0.0120	0.0123	0.0135	0.0139	0.0148	0.0154	0.0161	0.0167
7.0	0.0056	0.0056	0.0064	0.0066	0.0073	0.0074	0.0081	0.0083	0.0089	0.0091
10.0	0.0028	0.0028	0.0033	0.0032	0.0037	0.0037	0.0041	0.0042	0.0046	0.0046

(续)

z/b	l/b									
	3.0		4.0		6.0		8.0		10.0	
	1	2	1	2	1	2	1	2	1	2
0.0	0.0000	0.2500	0.0000	0.2500	0.0000	0.2500	0.0000	0.2500	0.0000	0.2500
0.2	0.0306	0.2186	0.0306	0.2186	0.0306	0.2186	0.0306	0.2186	0.0306	0.2186
0.4	0.0548	0.1894	0.0549	0.1894	0.0549	0.1894	0.0549	0.1894	0.0549	0.1894
0.6	0.0701	0.1638	0.0702	0.1639	0.0702	0.1640	0.0702	0.1640	0.0702	0.1640
0.8	0.0773	0.1423	0.0776	0.1424	0.0776	0.1426	0.0776	0.1426	0.0776	0.1426
1.0	0.0790	0.1244	0.0794	0.1248	0.0795	0.1250	0.0796	0.1250	0.0796	0.1250
1.2	0.0774	0.1096	0.0779	0.1103	0.0782	0.1105	0.0783	0.1105	0.0783	0.1105
1.4	0.0739	0.0973	0.0748	0.0982	0.0752	0.0986	0.0752	0.0987	0.0753	0.0987
1.6	0.0697	0.0870	0.0708	0.0882	0.0714	0.0887	0.0715	0.0888	0.0715	0.0889
1.8	0.0652	0.0782	0.0666	0.0797	0.0673	0.0805	0.0675	0.0806	0.0675	0.0808
2.0	0.0607	0.0707	0.0624	0.0726	0.0634	0.0734	0.0636	0.0736	0.0636	0.0738
2.5	0.0504	0.0599	0.0529	0.0585	0.0543	0.0601	0.0547	0.0604	0.0548	0.0605
3.0	0.0419	0.0451	0.0449	0.0482	0.0469	0.0504	0.0474	0.0509	0.0476	0.0511
5.0	0.0214	0.0221	0.0248	0.0265	0.0283	0.0290	0.0296	0.0303	0.0301	0.0309
7.0	0.0124	0.0126	0.0152	0.0154	0.0186	0.0190	0.0204	0.0207	0.0212	0.0216
10.0	0.0066	0.0066	0.0084	0.0083	0.0111	0.0111	0.0128	0.0130	0.0139	0.0141

4.4.4 圆形面积上竖向均布荷载作用下的附加应力

设圆形面积半径为 r_0，均布荷载 p_0 作用在半无限体表面上（图 4-17），求圆形面积中心点下深度 z 处的竖向附加应力时，采用极坐标，原点设在圆心 O 处，在圆面积内取微面积 $dA = rd\theta dr$，将作用在此微面积上的分布荷载以一集中力 $p_0 dA$ 代替，由此在 M 点引起的附加应力仍可按式 (4-10c) 计算，即

$$d\sigma_z = \frac{3p_0 r z^3 d\theta dr}{2\pi(r^2+z^2)^{5/2}} \quad (4-28)$$

将式 (4-28) 积分得：

$$\sigma_z = \iint_A d\sigma_z = \frac{3p_0 z^3}{2\pi} \int_0^{2\pi} \int_0^{r_0} \frac{rd\theta dr}{(r^2+z^2)^{5/2}}$$

$$= p_0 \left[1 - \left(\frac{z^2}{z^2+r_0^2}\right)^{3/2}\right] = \alpha_0 p_0 \quad (4-29)$$

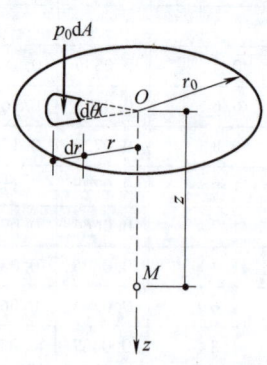

图 4-17 圆形面积上均布荷载作用下中心点下的附加应力 σ_z

式中，α_0 为圆形面积上均布荷载作用下中心点的竖向附加应力系数，按 z/r_0 查表 4-4。

同理，可计算圆形荷载边点的附加应力：

$$\sigma_z = \alpha_t p_0 \tag{4-30}$$

式中，α_t 为圆形面积上均布荷载作用下边点的附加应力系数，按 z/r_0 查表 4-4。

表 4-4　圆形面积上均布荷载作用下中心点及边点的附加应力系数 α_0、α_t

z/r_0	α_0	α_t	z/r_0	α_0	α_t	z/r_0	α_0	α_t
0.0	1.000	0.500	1.6	0.390	0.244	3.2	0.130	0.103
0.1	0.999	0.482	1.7	0.360	0.229	3.3	0.124	0.099
0.2	0.993	0.464	1.8	0.332	0.217	3.4	0.117	0.094
0.3	0.976	0.447	1.9	0.307	0.204	3.5	0.111	0.089
0.4	0.949	0.432	2.0	0.285	0.193	3.6	0.106	0.084
0.5	0.911	0.412	2.1	0.264	0.182	3.7	0.100	0.079
0.6	0.864	0.374	2.2	0.246	0.172	3.8	0.096	0.074
0.7	0.811	0.369	2.3	0.229	0.162	3.9	0.091	0.070
0.8	0.756	0.363	2.4	0.211	0.154	4.0	0.087	0.066
0.9	0.701	0.347	2.5	0.200	0.146	4.2	0.079	0.058
1.0	0.646	0.332	2.6	0.187	0.139	4.4	0.073	0.052
1.1	0.595	0.313	2.7	0.175	0.133	4.6	0.067	0.049
1.2	0.547	0.303	2.8	0.165	0.125	4.8	0.062	0.047
1.3	0.502	0.286	2.9	0.155	0.119	5.0	0.057	0.045
1.4	0.461	0.270	3.0	0.146	0.113			
1.5	0.424	0.256	3.1	0.138	0.108			

4.4.5　线荷载作用下的地基附加应力

在地基表面作用一竖向线荷载 $\bar{p}$，设线荷载沿 y 轴均匀分布且为无限延伸（图 4-18），现求地基中某点 M 的附加应力。

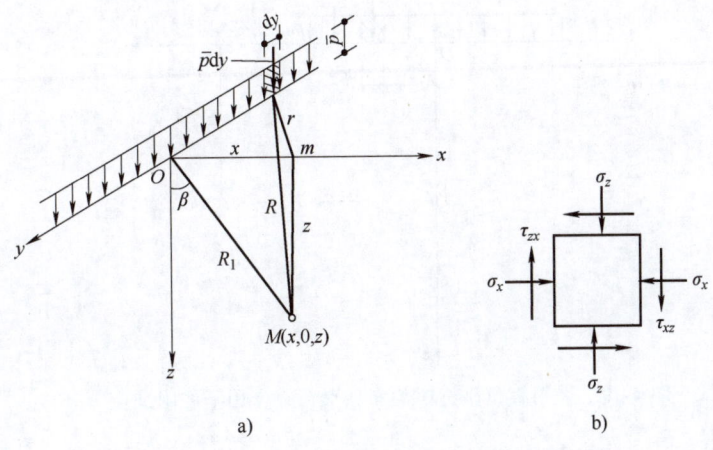

图 4-18　线荷载作用下的附加应力
a) M 点的位置　b) M 点的应力分量

过 M 点作与 y 轴垂直的平面 xOz，且平面 xOy 位于地基表面，从图 4-18 可知，$R_1 = \sqrt{x^2 + z^2}$，$\cos\beta = z/R_1$。沿 y 轴取一微分长度 $\mathrm{d}y$，在此微分段上的分布荷载以集中力 $P = \bar{p}\mathrm{d}y$ 代

替，从而可用式（4-10c）求地基中任意 M 点处由 P 引起的附加应力，即

$$d\sigma_z = \frac{3\bar{p}}{2\pi} \frac{z^3}{R^5} dy \tag{4-31}$$

将式（4-31）积分得：

$$\sigma_z = \int_{-\infty}^{\infty} d\sigma_z = \int_{-\infty}^{\infty} \frac{3\bar{p}z^3}{2\pi R^5} dy = \frac{2\bar{p}z^3}{\pi R_1^4} = \frac{2\bar{p}}{\pi z}\cos^4\beta \tag{4-32}$$

同理可得：

$$\sigma_x = \frac{2\bar{p}x^2 z}{\pi R_1^4} = \frac{2\bar{p}}{\pi z}\cos^2\beta\sin^2\beta \tag{4-33}$$

$$\tau_{xz} = \tau_{xz} = \frac{2\bar{p}xz^2}{\pi R_1^4} = \frac{2\bar{p}}{\pi z}\cos^3\beta\sin\beta \tag{4-34}$$

由于线荷载沿 y 轴均匀分布且无限延伸，因此与 y 轴垂直的任何平面上的应力状态完全相同。根据弹性力学原理可得：

$$\tau_{xy} = \tau_{yx} = \tau_{yz} = \tau_{zy} = 0 \tag{4-35}$$

$$\sigma_y = \mu(\sigma_x + \sigma_z) \tag{4-36}$$

4.4.6 均布条形荷载作用下的附加应力

在地基表面作用一宽度为 b 的均布条形荷载 p_0，且沿 y 轴无限延伸（图 4-19），求地基中任一点 M 的附加应力时，可取 $\bar{p} = p_0 d\xi$ 作为线荷载，利用式（4-32）~式（4-34）在宽度 b 范围内积分得：

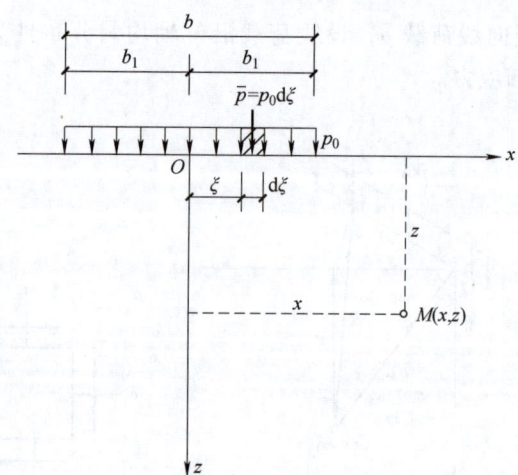

图 4-19 采用直角坐标时均布条形荷载作用下的附加应力 σ_z

$$\sigma_z = \int_{-b_1}^{+b_1} \frac{2p_0 z^3 d\xi}{\pi[(x-\xi)^2 + z^2]^2}$$

$$= \frac{p_0}{\pi}\left(\arctan\frac{b_1-x}{z} + \arctan\frac{b_1+x}{z}\right) - \frac{2p_0 b_1 z(x^2 - z^2 - b_1^2)}{\pi[(x^2+z^2-b_1^2)^2 + 4b_1^2 z^2]}$$

$$= \alpha_{sz} p_0 \tag{4-37}$$

同理可得：

$$\sigma_x = \alpha_{sx} p_0 \tag{4-38}$$

$$\tau_{xz} = \tau_{zx} = \alpha_{sxz} p_0 \tag{4-39}$$

式中，α_{sz}、α_{sx}、α_{sxz} 分别为 σ_z、σ_x、τ_{xz} 的附加应力系数，按 x/b、z/b 查表 4-5。

表 4-5 均布条形荷载作用下的附加应力系数 α_{sz}、α_{sx}、α_{sxz}

z/b	x/b 0.00			0.25			0.50			1.00			1.50			2.00		
	α_{sz}	α_{sx}	α_{sxz}	α_{sz}	α_{sx}	α_{sxz}	α_{sz}	α_{sx}	α_{sxz}	α_{sz}	α_{sx}	α_{sxz}	α_{sz}	α_{sx}	α_{sxz}	α_{sz}	α_{sx}	α_{sxz}
0.00	1.00	1.00	0	1.00	1.00	0	0.50	0.50	0.32	0	0	0	0	0	0	0	0	0
0.25	0.96	0.45	0	0.90	0.39	0.13	0.50	0.35	0.30	0.02	0.17	0.05	0.00	0.07	0.01	0	0.04	0
0.50	0.82	0.18	0	0.74	0.19	0.16	0.48	0.23	0.26	0.08	0.21	0.13	0.02	0.12	0.04	0	0.07	0.02
0.75	0.67	0.08	0	0.61	0.10	0.13	0.45	0.14	0.20	0.15	0.22	0.16	0.04	0.14	0.07	0.02	0.10	0.04
1.00	0.55	0.04	0	0.51	0.05	0.10	0.41	0.09	0.16	0.19	0.15	0.16	0.07	0.14	0.10	0.03	0.13	0.05
1.25	0.46	0.02	0	0.44	0.03	0.07	0.37	0.06	0.12	0.20	0.11	0.14	0.10	0.12	0.10	0.04	0.11	0.07
1.50	0.40	0.01	0	0.38	0.02	0.06	0.33	0.04	0.10	0.21	0.08	0.13	0.11	0.10	0.10	0.06	0.10	0.07
1.75	0.35	—	0	0.34	0.01	0.04	0.30	0.03	0.08	0.21	0.06	0.11	0.13	0.09	0.10	0.07	0.09	0.08
2.00	0.31	—	0	0.31	—	0.03	0.28	0.02	0.06	0.20	0.05	0.10	0.14	0.07	0.10	0.08	0.08	0.08
3.00	0.21	—	0	0.21	—	0.02	0.20	0.01	0.03	0.17	0.02	0.06	0.13	0.03	0.07	0.10	0.04	0.07
4.00	0.16	—	0	0.16	—	0.01	0.15	—	0.02	0.14	0.01	0.03	0.12	0.02	0.05	0.10	0.03	0.05
5.00	0.13	—	0	0.13	—	—	0.12	—	—	0.12	—	—	0.11	—	—	0.09	—	—
6.00	0.11	—	0	0.10	—	—	0.10	—	—	0.10	—	—	0.10	—	—	—	—	—

若采用极坐标（图 4-20），在 x 轴上取一微分段长度 dx，在此微分段上分布荷载用线荷载 $\bar{p}$ 代替，则

$$\bar{p} = p_0 dx = p_0 \frac{R_1 d\beta}{\cos\beta} = \frac{p_0 z}{\cos^2\beta} d\beta \tag{4-40}$$

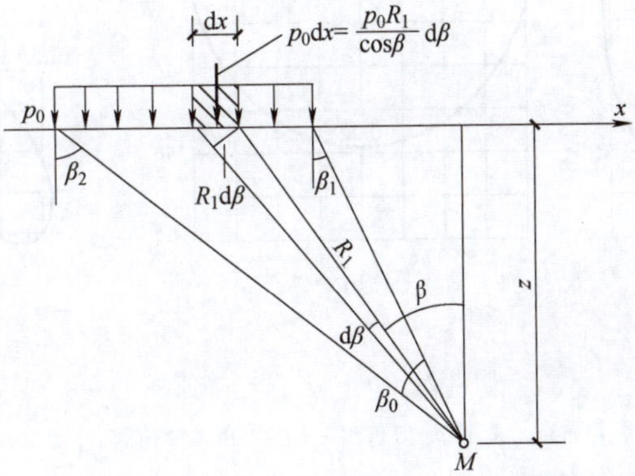

图 4-20 采用极坐标时均布条形荷载作用下的附加应力 σ_z

将式（4-40）代入式（4-32），并积分得：

$$\sigma_z = \int_{\beta_1}^{\beta_2} \frac{2p_0}{\pi} \cos^2\beta \, d\beta = \frac{p_0}{\pi} [\sin\beta_2 \cos\beta_2 - \sin\beta_1 \cos\beta_1 + (\beta_2 - \beta_1)] \quad (4\text{-}41)$$

同理可得：

$$\sigma_x = \frac{p_0}{\pi} [-\sin(\beta_2 - \beta_1) \cos(\beta_2 - \beta_1) + (\beta_2 - \beta_1)] \quad (4\text{-}42)$$

$$\tau_{xz} = \tau_{zx} = \frac{p_0}{\pi} (\sin^2\beta_2 - \sin^2\beta_1) \quad (4\text{-}43)$$

在式（4-41）~式（4-43）中，当 M 点位于荷载分布宽度两端点竖直线之外时，β_1、β_2 均取正值；反之，β_1 取负值，β_2 仍取正值。

将式（4-41）~式（4-43）代入材料力学主应力公式，可得 M 点的大主应力 σ_1 和小主应力 σ_3 的表达式为

$$\genfrac{}{}{0pt}{}{\sigma_1}{\sigma_3} = \frac{\sigma_z + \sigma_x}{2} \pm \sqrt{\left(\frac{\sigma_z - \sigma_x}{2}\right)^2 + \tau_{xz}^2} = \frac{p_0}{\pi} [(\beta_2 - \beta_1) \pm \sin(\beta_2 - \beta_1)] \quad (4\text{-}44)$$

令 $\beta_0 = \beta_2 - \beta_1$，称为视角（angle of view），则式（4-44）可写为

$$\genfrac{}{}{0pt}{}{\sigma_1}{\sigma_3} = \frac{p_0}{\pi} (\beta_0 \pm \sin\beta_0) \quad (4\text{-}45)$$

其中，σ_1 的方向同视角 β_0 的角平分线，而 σ_3 与 σ_1 相互垂直。

利用式（4-20）、式（4-37）、式（4-38）和式（4-39）可绘出 σ_z、σ_x 和 τ_{xz} 等值线图（图4-21）。对于均布条形荷载，$\sigma_z = 0.1p_0$ 的影响深度为 $6b$（图4-21a），而均布方形荷载，

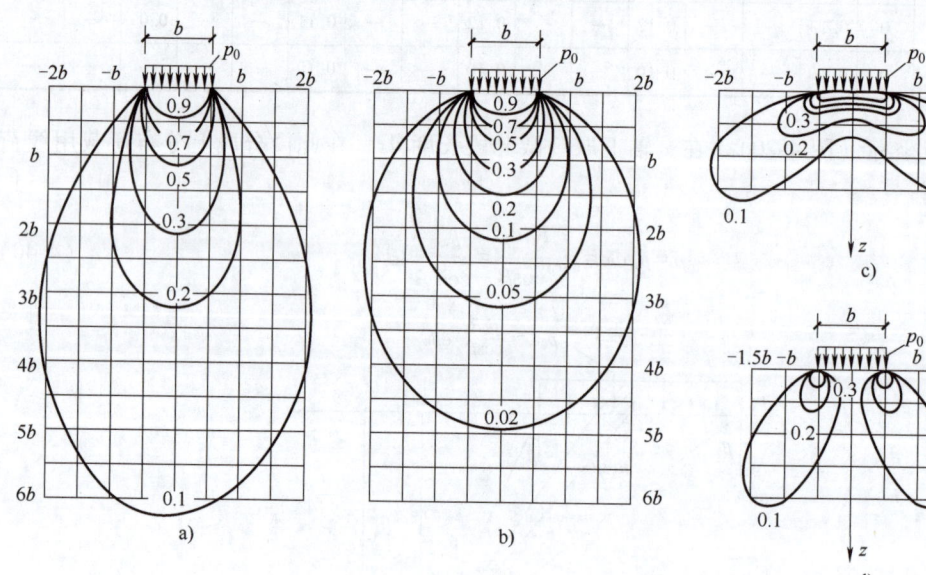

图 4-21 σ_z、σ_x、τ_{xz} 等值线

a) 均布条形荷载 σ_z 等值线　b) 均布方形荷载 σ_z 等值线
c) 均布条形荷载 σ_x 等值线　d) 均布条形荷载 τ_{xz} 等值线

第4章 地基中应力计算

$\sigma_z = 0.1 p_0$ 的影响深度仅 $2b$（图 4-21b）。这是由于在 p_0 及宽度相同的条件下，均布条形荷载面积较均布方形荷载的大，在相邻荷载作用下应力产生叠加的结果。图 4-21c、d 是 σ_x 和 τ_{xz} 等值线。由图可见，在荷载边缘处有应力集中现象，因此，地基土的破坏首先出现在基础的边缘。

【例 4-5】 有一条形基础，作用在基础上的轴力每延米为 500kN/m，基底宽度 $b=4$m，埋深 $d=1.8$m，埋深范围内土层情况如图 4-22 所示。原天然地面在图中设计地面以下 0.5m。试计算图中 0-5、6-11 及 8-8 剖面各点的附加应力 σ_z，并绘出附加应力分布图。

解：1）计算基底压力。

$$p = \frac{\overline{F}+\overline{G}}{b} = \frac{\overline{F}+\gamma_G b d}{b} = \frac{500+20\times4\times1.8}{4}\text{kPa} = 161.0\text{kPa}$$

2）计算埋深范围内土的加权平均重度。

$$\gamma_0 = \frac{\gamma_1 h_1 + \gamma_2 h_2}{d} = \frac{17.0\times1.0+18.5\times0.3}{1.3}\text{kN/m}^3 = 17.35\text{kN/m}^3$$

3）计算基底附加压力。

$$p_0 = p - \sigma_c = p - \gamma_0 d = (161.0 - 17.35\times1.3)\text{kPa} = 138.45\text{kPa}$$

4）按式（4-32）计算地基中附加应力，以点 12 为例计算如下：

$x/b = 2/4 = 0.5$，$z/b = 4/4 = 1.0$，查表 4-5 得

$$\alpha_{sz} = 0.41$$

则 $\sigma_{z12} = \alpha_{sz} p_0 = 0.41\times138.45\text{kPa} = 56.76\text{kPa}$

其他各点计算过程见表 4-6。上述计算结果，如图 4-22 所示。

表 4-6 例 4-5 计算过程表

点	x/m	z/m	x/b	z/b	α_{sz}	σ_z/kPa
0		0		0	1.00	138.45
1		2		0.5	0.82	113.53
2		4		1	0.55	76.15
3	0	6	0	1.5	0.40	55.38
4		8		2	0.31	42.92
5		10		2.5	0.26	36.00
6		0		0	0	0
7		2		0.5	0.08	11.08
8	4	4	1	1	0.19	26.31
9		6		1.5	0.21	29.07
10		8		2	0.20	27.69
11		10		2.5	0.19	26.31

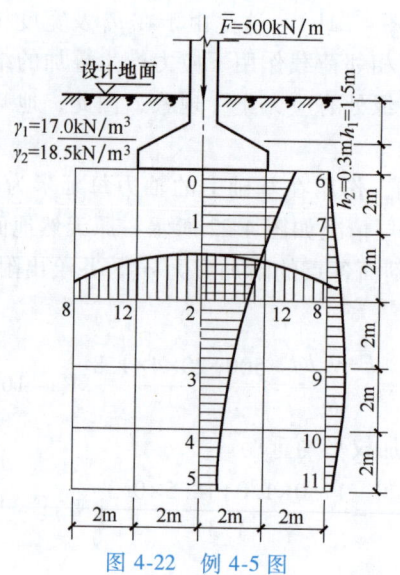

图 4-22 例 4-5 图

4.4.7 双层地基

以上介绍的附加应力计算是假定地基为均匀、连续、各向同性的线性半空间得出的,然而实际上地基往往是非均匀和各向异性的,大多数情况下通常仍按上述假定计算。但当地基性质差异较大时,仍这样计算可能会造成较大的误差,此时应该考虑地基不均匀对附加应力计算的影响。下面仅介绍双层地基附加应力的计算方法。

1. 上层软弱而下层坚硬的情况

在山区常遇到地基土上层为可压缩土层,而在不太深处为基岩的情况。在这种情况下,土层中在荷载轴线附近的 σ_z 有增大现象,称为应力集中现象(图 4-23)。σ_z 增大的程度与荷载面宽度 b、土层厚度 h 和界面上的摩擦力有关。一般,h/b 越小,应力集中现象就越显著。

对于均布条形荷载作用下的双层地基,在荷载轴线上土层中深度为 z 处的附加应力 σ_z,可按下式计算:

$$\sigma_z = \alpha_d p_0 \tag{4-46}$$

式中,α_d 为附加应力系数,按 z/h 查表 4-7,这里 h 为基岩面至荷载作用面的距离。

表 4-7 双层地基(上软下硬)均布条形荷载中点下的附加应力系数 α_d

z/h	岩层埋藏深度		
	$h = b_1$	$h = 2b_1$	$h = 5b_1$
0.0	1.000	1.00	1.00
0.2	1.009	0.99	0.82
0.4	1.020	0.92	0.57
0.6	1.024	0.84	0.44
0.8	1.023	0.78	0.37
1.0	1.022	0.76	0.36

注:z 为计算点至荷载作用面的距离;h 为基岩面至荷载作用面的距离;b_1 为条形基础宽度的一半。

图 4-24 所示为均布条形荷载作用下，可压缩土层厚度不同时，荷载轴线上的 σ_z 分布。

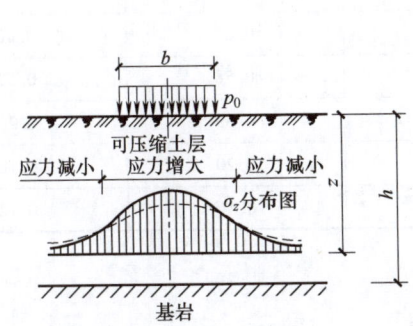

图 4-23 双层地基应力集中现象
（虚线表示均质地基中深度为 z 的水平面上 σ_z 分布）

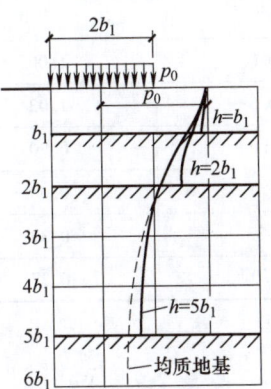

图 4-24 均布条形荷载作用下
可压缩土层厚度不同时 σ_z 分布

2. 上层坚硬而下层软弱的情况

地表为坚实的土层而下层为软弱土也是在工程中常遇到的一种情形。此时，地基中附加应力将出现应力扩散现象（图 4-25）。为了简化计算，忽略上、下界面上的摩擦力，对于均布条形荷载作用下，界面上 M 点的附加应力可按下式计算（图 4-26）：

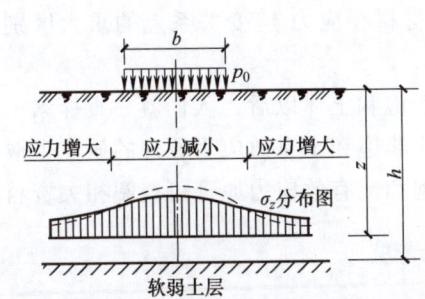

图 4-25 附加应力扩散现象
（虚线表示均质地基中深度为 z 的水平面上 σ_z 分布）

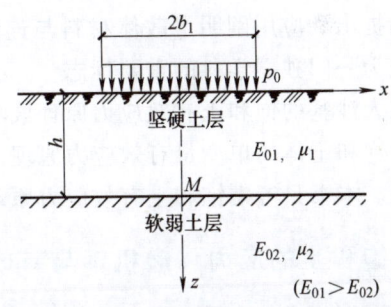

图 4-26 均布条形荷载下的双层地基

$$\sigma_z = \alpha_E p_0 \tag{4-47}$$

式中，α_E 为附加应力系数，可查表 4-8 确定。表中 v 与土的变形模量及泊松比有关，可按下式计算：

$$v = \frac{E_{01}}{E_{02}} \frac{1-\mu_2^2}{1-\mu_1^2} \tag{4-48}$$

式中，E_{01}、E_{02} 分别为硬层和软弱土层的变形模量，可由静载荷试验测得；μ_1、μ_2 分别为硬层和软弱土层的泊松比。

从表 4-8 及式（4-48）可以看出，上层坚硬而下层软弱的双层地基（$v>1.0$），其 α_E 值均小于均质地基（$v=1.0$）的 α_E 值，说明地基中应力分散，如图 4-25 所示的附加应力曲线。

表 4-8　均布条形荷载下界面上 M 点的附加应力系数 α_E

h/b_1	$v = 1.0$	$v = 5.0$	$v = 10.0$	$v = 15.0$
0.0	1.00	1.00	1.00	1.00
0.5	1.02	0.95	0.87	0.82
1.0	0.90	0.69	0.58	0.52
2.0	0.60	0.41	0.33	0.29
3.33	0.39	0.26	0.20	0.18
5.0	0.27	0.17	0.16	0.12

4.5　有效应力原理

土是由固体颗粒、液体水和气体空气组成的三相体，根据土中水的含量，分为饱和土和非饱和土。饱和土和非饱和土在外力的作用下，应力的传递机理不同。太沙基早在 1923 年就发现并研究了该方面的问题，提出了土力学中最重要的有效应力原理（the principle of effective stress）和固结理论（consolidation theory），并经后来的试验所证实。有效应力原理是近代土力学与古典土力学的一个重要区别。古典土力学用总应力来研究土的压缩性和土的强度；近代土力学则是用有效应力来研究土的力学特性，后者更具有科学性。可以说，有效应力原理的提出和应用阐明了散体材料与连续固体材料在应力-应变关系上的重大区别，是使土力学成为一门独立学科的重要标志。

自从太沙基的饱和土有效应力原理成功应用于饱和土体以后，人们就一直探索一种能很好反映非饱和土体的单变量有效应力原理。目前，非饱和土有效应力原理的研究也取得了不少的成果。本书只考虑饱和土有效应力原理，非饱和土有效应力原理可查阅相关资料。

4.5.1　饱和土的应力传递机理与有效应力原理

在如图 4-27 所示的饱和土体中任意取一水平面 a—a，若在 a—a 处装一测压管，测压管中水柱高度为 h_w，则 a—a 平面处的孔隙水压力为

$$u = \gamma_w h_w \tag{4-49}$$

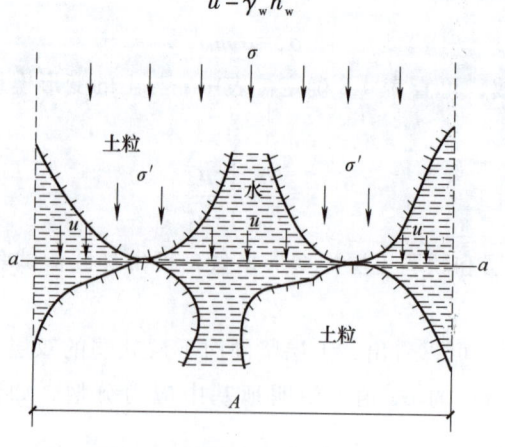

图 4-27　土中应力传递示意图

孔隙水压力的特性与静水压力一样，方向始终垂直于作用面，任意一点的孔隙水压力在各个方向是相等的。只要某一点的测压管水柱高度已知，则该点的孔隙水压力即可根据液体的压强求出。

有效应力（effective stress）是靠土颗粒之间的接触面传递的粒间应力。但是，由于土颗粒之间的接触面积非常小，接触情况非常复杂，粒间应力的传递方向变化频繁，因此，若按力与传力面积之比来计算有效应力是困难的。为了实用的需要，通常把研究平面内所有粒间接触面上接触力的法向分力之和 N_s，除以所研究平面的总面积（包括粒间接触面积和孔隙所占面积在内）A 所得到的平均应力定义为有效应力，即

$$\sigma' = \frac{N_s}{A} \tag{4-50}$$

即使做了上述简化，要按式（4-50）直接计算或实测有效应力仍然困难。因此，只有寻求孔隙水压力与有效应力的关系来间接求出有效应力。

设图 4-27 中 a—a 平面的总面积为 A，其中粒间接触面积之和为 A_s，则该平面内由孔隙水所占的面积为 $A_w = A - A_s$。若由荷载在该平面上所引起的法向总应力为 σ，那么它必将由该面上的孔隙水和粒间接触面共同承担，即该面上的法向总应力等于孔隙水所分担的力和粒间所分担的力之和，于是有：

$$\sigma A = N_s + (A - A_s)u \tag{4-51a}$$

或

$$\sigma = \frac{N_s}{A} + \left(1 - \frac{A_s}{A}\right)u \tag{4-51b}$$

将式（4-50）代入式（4-51b）中得：

$$\sigma = \sigma' + \left(1 - \frac{A_s}{A}\right)u \tag{4-52}$$

由于颗粒间接触面积 A_s 很小，试验研究表明，一般 $A_s/A \leq 0.03$，实际上可以忽略不计。于是式（4-52）可简化为

$$\sigma = \sigma' + u \tag{4-53}$$

式（4-53）即为饱和土的有效应力原理，表示饱和土中的总应力 σ 等于有效应力 σ' 与孔隙水压力 u 之和。

应当指出，土体孔隙中的水压力有静水压力和超静水压力之分。前者是由水的自重引起的，其大小取决于水位的高低；后者一般是由附加应力引起的，在土体固结过程中会不断地向有效应力转化。超静孔隙水压力通常简称为孔隙水压力，以后提到的孔隙水压力一般是指该部分。

在饱和土中，无论是土的自重应力还是附加应力，均应满足式（4-53）的要求。对自重应力而言，σ 为水与土颗粒的总自重应力，u 为静水压力，σ' 为土的有效自重应力。对附加应力而言，σ 为附加应力，u 为超静孔隙水压力，σ' 为有效应力增量。

式（4-53）从形式上看很简单，但它的内涵十分重要。以后凡是涉及土的体积变形或强度变化的应力均是有效应力 σ'，而不是总应力 σ，这一概念对非饱和土同样适用。

4.5.2 有效应力原理应用

1. 水位在地面以上时土中孔隙水压力和有效应力

如图 4-28 所示，地面以上水深为 h_1，A 点在地面以下的深度为 h_2，求 A 点的有效应力。

作用在 A 点的竖向总应力为

$$\sigma = \gamma_w h_1 + \gamma_{sat} h_2$$

A 点测压管水位高为 h_A，于是：

$$u = \gamma_w h_A = \gamma_w (h_1 + h_2)$$

根据式（4-53），可得 A 点的有效应力为

$$\sigma' = \sigma - u = \gamma_w h_1 + \gamma_{sat} h_2 - \gamma_w (h_1 + h_2)$$
$$= \gamma_{sat} h_2 - \gamma_w h_2 = (\gamma_{sat} - \gamma_w) h_2 = \gamma' h_2$$

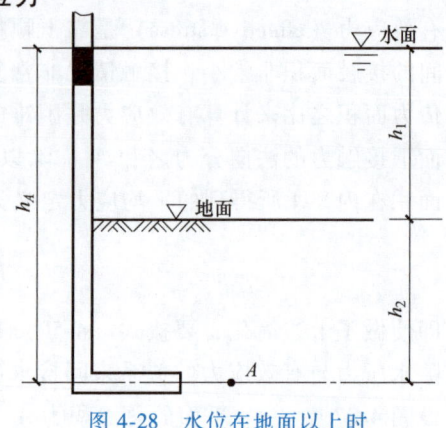

图 4-28　水位在地面以上时土中有效应力计算简图

由此可见，当地面以上水深变化时，可以引起土体中总应力 σ 和孔隙水压力 u 的变化，但有效应力 σ' 不会随 h_1 的升降而变化，即 σ' 与 h_1 无关，h_1 的变化不会引起土体的压缩或膨胀。

2. 毛细水上升时土中孔隙水压力和有效应力的变化

设地基土层如图 4-29 所示，在深度为 h_1 的 B 线以下的土完全饱和，地下水的自由表面（潜水面）在其下的 C 线处，即毛细水上升高度为 h_c。

按照有效应力原理，应先计算总应力 σ，对 B 点以下的土，应以饱和重度计算。应力分布图如图 4-29 所示。

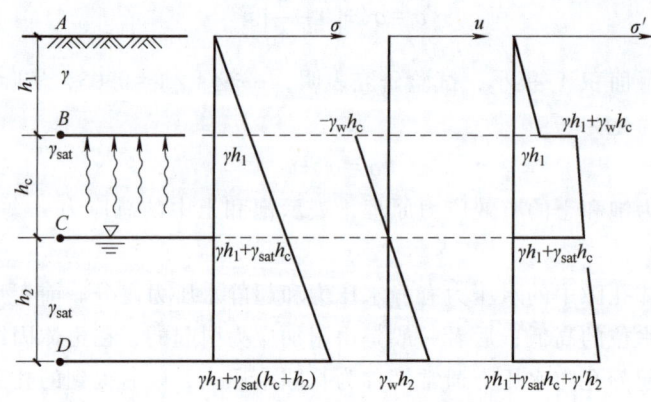

图 4-29　毛细水上升时土中应力计算

在毛细水上升区，由于空气—水界面处表面张力的作用使孔隙水压力为负值，即 $u = -\gamma_w h_c$。（因为静水压力假定大气压力为零，所以紧靠 B 线下的孔隙水压力为负值）。

竖向有效应力为总应力与孔隙水压力之差。在毛细水上升区，有效应力增加；在地下水位以下，由于水对土颗粒的浮力作用，使土的有效应力减少。具体计算见表 4-9。

表 4-9 毛细水上升时土中总应力、孔隙水压力及有效应力计算

计算点		总应力 σ	孔隙水压力 u	有效应力 σ'
A		0	0	0
B	B 点上	γh_1	0	γh_1
	B 点下		$-\gamma_w h_c$	$\gamma h_1 + \gamma_w h_c$
C		$\gamma h_1 + \gamma_{sat} h_c$	0	$\gamma h_1 + \gamma_{sat} h_c$
D		$\gamma h_1 + \gamma_{sat}(h_c + h_2)$	$\gamma_w h_2$	$\gamma h_1 + \gamma_{sat} h_c + \gamma' h_2$

3. 在稳定渗流作用下的孔隙水压力和有效应力

当土中有水渗流时，土中水将会对土颗粒作用有渗透力，这必然影响土中有效应力的分布。下面通过图 4-30 所示的三种情况，说明土中水渗流时对有效应力及孔隙水压力分布的影响。

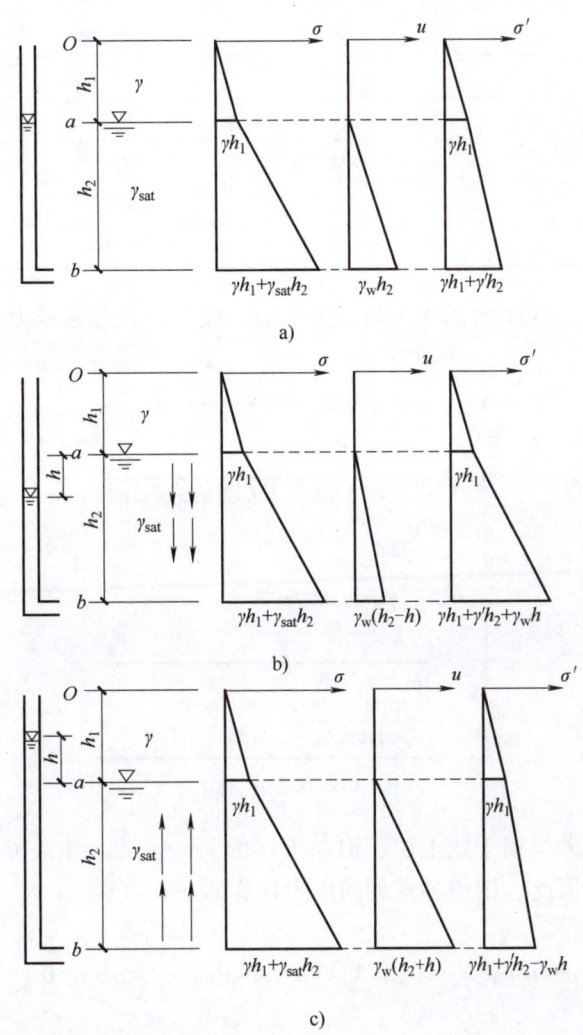

图 4-30 土中水渗流时的总应力、孔隙水压力及有效应力分布
a) 水静止时 b) 水自上向下渗流 c) 水自下向上渗流

图 4-30a 中表示水静止,即 a、b 两点的水头相等;图 4-30b 中表示 a、b 两点有水头差 h,水自上向下渗流;图 4-30c 中表示 a、b 两点有水头差 h,但水自下向上渗流。现按上述 3 种情况计算土中的总应力 σ、孔隙水压力 u 及有效应力 σ' 的值,见表 4-10,并绘出分布图如图 4-30 所示。

从表 4-10 和图 4-30 中的计算结果可见,三种不同情况水渗流时土中的总应力 σ 的分布是相同的,土中水的渗流不影响总应力值。水渗流时土中将产生渗透力,致使土中有效应力与孔隙水压力发生变化。当土中水自上向下渗流时,渗透力方向与土的重力方向一致,于是有效应力增加,而孔隙水压力相应减少。反之,土中水自下向上渗流时,则会导致土中有效应力减少,孔隙水压力相应增加。

表 4-10　土中水渗流时总应力 σ、孔隙水压力 u 及有效应力 σ' 的计算

渗流情况	计算点	总应力 σ	孔隙水压力 u	有效应力 σ'
水静止时	a	γh_1	0	γh_1
	b	$\gamma h_1 + \gamma_{sat} h_2$	$\gamma_w h_2$	$\gamma h_1 + (\gamma_{sat} - \gamma_w) h_2$
水自上向下渗流	a	γh_1	0	γh_1
	b	$\gamma h_1 + \gamma_{sat} h_2$	$\gamma_w (h_2 - h)$	$\gamma h_1 + (\gamma_{sat} - \gamma_w) h_2 + \gamma_w h$
水自下向上渗流	a	γh_1	0	γh_1
	b	$\gamma h_1 + \gamma_{sat} h_2$	$\gamma_w (h_2 + h)$	$\gamma h_1 + (\gamma_{sat} - \gamma_w) h_2 - \gamma_w h$

【例 4-6】　计算如图 4-31 所示水下地基土中的总应力、孔隙水压力和有效应力。

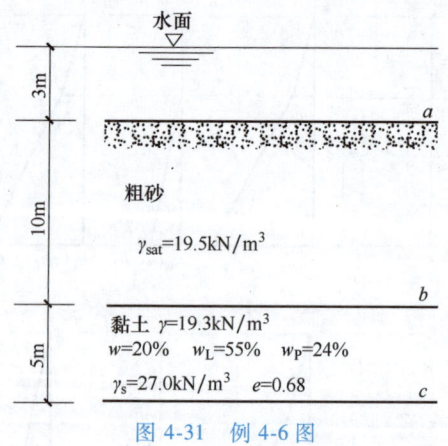

图 4-31　例 4-6 图

解:该土层中的粗砂层属于透水层,但黏土层的 $w < w_P$,$I_L \leqslant 0$,所以它属于不透水层,即不能传递静水压力。因此,图中各点处的应力计算如下:

a 点处:

$$\sigma = u = \gamma_w h_w = (10 \times 3) \text{kPa} = 30 \text{kPa}, \quad \sigma' = \sigma - u = 0$$

b 点处:

$$\sigma = \gamma_w h_w + \gamma_{sat} h_1 = (10 \times 3 + 19.5 \times 10) \text{kPa} = 225 \text{kPa}$$

b 点处上:

$$u = \gamma_w (h_w + h_1) = (10 \times 13) \text{kPa} = 130 \text{kPa}$$

$$\sigma' = \sigma - u = (225-130)\text{kPa} = 95\text{kPa}$$

b 点处下：
$$u = 0$$
$$\sigma' = \sigma - u = 225\text{kPa}$$

c 点处：
$$\sigma = \gamma_w h_w + \gamma_{sat} h_1 + \gamma h_2 = (225+19.3\times5)\text{kPa} = 321.5\text{kPa}$$
$$u = 0, \quad \sigma' = \sigma - u = 321.5\text{kPa}$$

总应力 σ、孔隙水压力 u、有效应力 σ' 分布如图 4-32 所示。

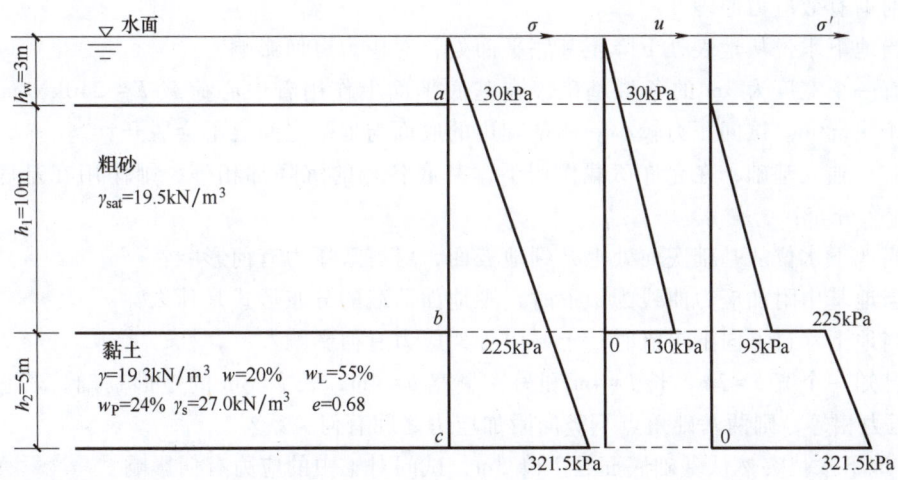

图 4-32　例 4-6 计算结果

【例 4-7】 如图 4-33 所示，要在一饱和黏土层中开挖基坑，黏土层厚 10m，黏土层下为含承压水的砾砂层，其水头高出 A 点 6m，试求满足开挖后基坑底部黏土层不出现隆起的最大开挖深度 H。

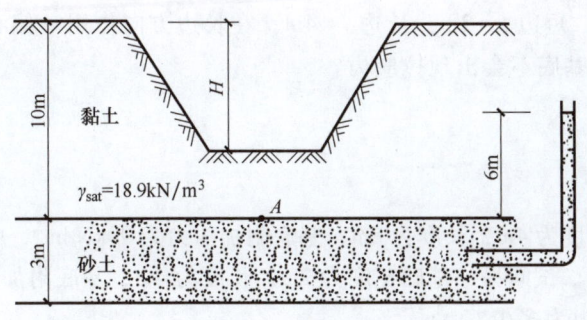

图 4-33　例 4-7 图

解：设基坑开挖深度达到 H 后坑底将隆起失稳，A 点的稳定条件为有效应力 $\sigma'_A \geq 0$。
A 点的总应力为
$$\sigma_A = 18.9\text{kN/m}^3 \times (10\text{m}-H)$$

A 点的孔隙水压力为
$$u = \gamma_w h = (10\times6)\text{kPa} = 60\text{kPa}$$

A 点的有效应力为

$$\sigma'_A = \sigma_A - u = 18.9\text{kN/m}^3 \times (10\text{m} - H) - 60\text{kPa} \geq 0$$

解得：　　　　　　　　　　　　$H \leq 6.83\text{m}$

故基坑坑底不出现隆起的最大开挖深度为 6.83m。

思 考 题

1. 何谓土的自重应力和附加应力？两者沿深度的分布有何特点？
2. 何谓有效应力原理？
3. 当地下水位从地表处下降至基底平面处，对应力有何影响？
4. 有一个宽度为 3m 的条形基础，在基底平面上作用着中心荷载 $F = 240\text{kN/m}$ 及力矩 $M = 100\text{kN} \cdot \text{m/m}$。试问压力较小一侧基础边的底面与地基之间会不会脱开？
5. 有一独立基础，在允许荷载作用下，基底各点的沉降都相等，则作用在基底的反力应该是什么分布？
6. 当地下水位从基础底面处上升到地表面，对有效压力有何影响？
7. 当地基中附加应力曲线为矩形时，则地面荷载的分布形式是什么？
8. 当地下水自上向下渗流时，土层中骨架应力有何影响？
9. 已知一个宽 $b = 2\text{m}$，长 $l = 4\text{m}$ 和另一个宽 $b = 4\text{m}$，长 $l = 8\text{m}$ 的矩形基础。若它们基底的附加压力相等，则两基础角点下竖向附加应力之间有何关系？
10. 地下水位突然从基础底面处下降 3m，试问对土中的应力有何影响？
11. 甲乙两个基础的 l/b 相同，且基底平均附加压力相同，但它们的宽度不同，$b_甲 > b_乙$，基底下 3m 深处的应力关系如何？
12. 条形均布荷载中心线下，附加应力随深度减小，其衰减速度与基础的宽度 b 有何关系？
13. 在地面上修建一座梯形土坝，则坝基的反力分布形状应为何种形式？
14. 一矩形基础，短边 $b = 3\text{m}$，长边 $l = 4\text{m}$，在长边方向作用一偏心荷载 $F + G = 1200\text{kN}$，则偏心矩为多少时，基底不会出现拉应力？

习 题

1. 有一基础，宽度为 4m，长度为 8m，基底附加压力为 90kN/m^2，中心线下 6m 处竖向附加应力为 26.28kN/m^2。试问另一基础宽度为 2m，长度为 4m，基底附加压力为 100kN/m^2，角点下 6m 处的附加应力为多少？

2. 在水平地表面上，瞬时施加一无穷均布 2m 厚的填土。填土的重度为 16kN/m^3，地基土的重度为 17.5kN/m^3，地下水位在地表处。求地表下 5.5m 处的附加应力。

3. 有一基础埋置深度 $d = 1.5\text{m}$，建筑物荷载及基础和台阶土重传至基底总压力为 100kN/m^2，若基底以上土的重度为 18kN/m^3，基底以下土的重度为 17kN/m^3，地下水位在地表处，试求基底竖向附加压力。

4. 某建筑物的地基剖面如图 4-34 所示。

1) 计算各土层的自重应力，并绘出自重应力分布图。

2) 当地下水位从地面下 3.0m 处降至地面下 5.0m 处时，计算各土层的自重应力，并绘出自重应力分布图。

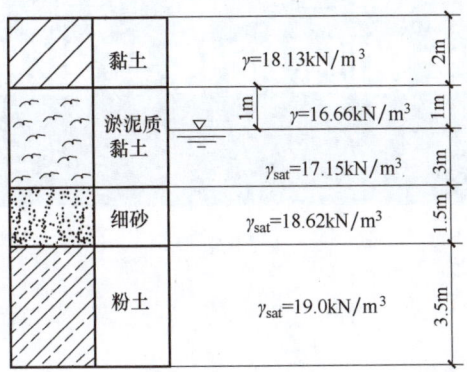

图 4-34　习题 4 图

5. 有一矩形面积上作用有三角形分布荷载，如图 4-35 所示，试计算矩形面积内 O 点下 $z=3$m 的 M 点处的竖向附加应力 σ_z。

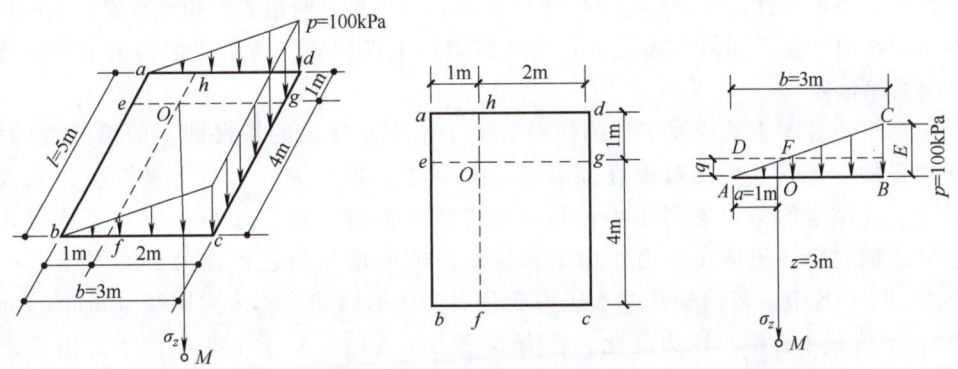

图 4-35　习题 5 图

6. 某基础底面如图 4-36 所示，其上作用均布荷载，基底附加压力 $p_0=220$kPa，求 M 点下 $z=2$m 处的竖向附加应力 σ_z。

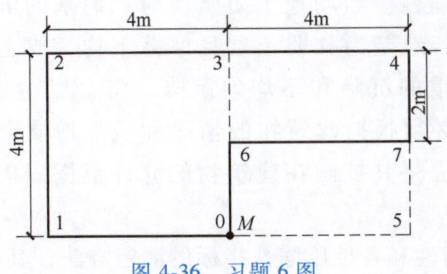

图 4-36　习题 6 图

第 5 章　土的压缩性与地基沉降计算

■ 5.1　概述

　　土体在压力作用下体积缩小的特性称为土的压缩性（compressibility of soil）。在一般压力作用下，土中固体颗粒和水的压缩量与土总的压缩量相比非常微小，可以忽略不计。所以土的压缩可以看成是土体孔隙的减小，即土中水和气体从孔隙中被挤出，固体颗粒发生移动并重新排列、挤密靠拢，从而使得土体体积减小。对于只有两相的饱和土来说，土的压缩则是孔隙水的挤出。至于如何考虑土中封闭气体被压缩的问题，属于非饱和土土力学研究之列，本书暂不涉及。

　　对饱和土而言，土的压缩变形的快慢取决于土中水排出的快慢即土的渗透性的强弱。对透水性强的砂土，其压缩过程在加载后较短时期内即可完成；对于黏性土，尤其是饱和软黏土，孔隙水的排出速率很小，其压缩过程所需时间往往较长，十几年甚至几十年压缩变形才能稳定。土体在外力作用下，压缩随时间增长的过程称为土的固结（consolidation of soil）。其中，依赖于孔隙水压力变化而产生的固结，称为主固结（primary consolidation）；不依赖于孔隙水压力变化，在有效应力不变时，对于某些黏性土，由于土体蠕变而引起的固结称为次固结（secondary consolidation）。土的固结理论是土力学中复杂而重要的课题。

　　由于土的压缩性，地基土层承受上部建筑物的荷载，必然产生沉降（settlement）。沉降的大小，一方面取决于建筑物荷载与分布情况；另一方面还要取决于地基土层的类别、各土层的厚度以及土的压缩性。当场地土质坚实时，地基的沉降较小，对工程正常使用没有影响或影响不大；但若地基为软弱土层且厚薄不均，或上部结构荷载轻重变化悬殊时，地基将发生较大或严重的沉降和不均匀沉降，将会影响建筑物的正常使用与安全。因此，进行地基设计时，必须根据建筑物的情况和工程地质资料，计算基础可能发生的沉降量及沉降差异，并设法将其控制在建筑物的允许范围以内。必要时，尚应采取一些建筑或结构措施。

　　本章首先讲述土的压缩性和各种压缩性指标的测定方法，其次介绍地基沉降量的计算方法，最后讨论土体的一维渗透固结理论。

5.2 土的压缩性

5.2.1 压缩试验

压缩试验

压缩试验（compression test），也称为固结试验（oedometer test），是目前常用的测定土的压缩性的室内试验方法。试验时将切有土样的环刀（常用直径61.8mm和79.8mm两种，高度20mm）置于刚性护环中，如图5-1所示。在土样上下放置的透水石是土样受压后排出孔隙水的两个界面。由于金属环刀及刚性护环的限制，使得土样在竖向压力作用下只能发生竖向变形，而无侧向变形，又称为侧限压缩试验（confined compression test）。压缩过程中竖向压力通过刚性板施加给土样，土样产生的压缩量可通过百分表或位移传感器量测。一般规定每小时变形量不超过0.005mm即认为变形已经稳定。常规压缩试验通过逐级加载进行试验，常用的分级加载量p为50kPa、100kPa、200kPa、400kPa、800kPa等。必要时，可做加载—卸载—再加载试验。

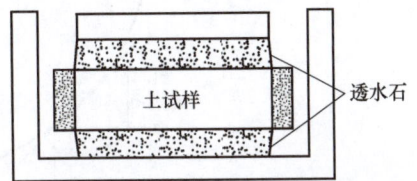

图5-1 侧限压缩试验装置示意图

如图5-2所示，设土样的初始高度为H_0，初始孔隙比为e_0，横截面面积为A，施加压力p后试样的压缩变形量为s，孔隙比为e，则施加p前、后试样固体颗粒的体积分别等于：

三联压缩仪

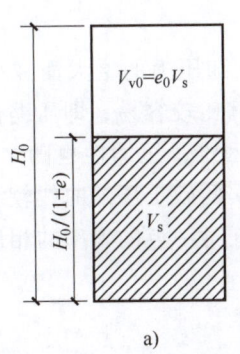 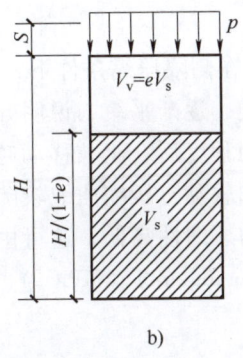

a)   b)

图5-2 压缩试验土样高度变化示意图
a）加载前 b）加载后

$$V_s = \frac{1}{1+e_0} H_0 A$$

$$V_s = \frac{1}{1+e} (H_0 - s) A$$

由于试验过程中，试样横截面面积及固体颗粒的体积不变，因此

$$\frac{H_0}{1+e_0} = \frac{H_0 - s}{1+e}$$

则

$$e = e_0 - (1+e_0)\frac{s}{H_0} \tag{5-1}$$

或

$$s = \frac{e_0 - e}{1+e_0}H_0 \tag{5-2}$$

利用式（5-1）计算的每级荷载 p 作用下达到压缩稳定后的孔隙比，可绘制出 e-p 关系曲线或 e-$\lg p$ 关系曲线，称为压缩曲线（compression curve），如图 5-3 所示。

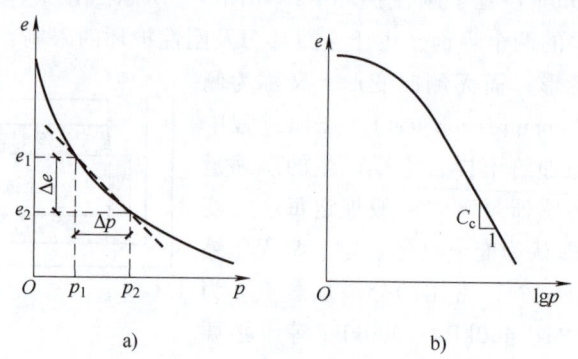

图 5-3 土的压缩曲线
a) e-p 曲线　　b) e-$\lg p$ 曲线

5.2.2 压缩性指标

1. 压缩系数

由 e-p 曲线可见，在侧限压缩条件下，孔隙比随压力的增大而减小，而且初始压缩阶段比后压缩阶段曲线较陡，逐渐平缓，说明开始压缩比较容易，即压缩性较高，随着孔隙比的减小，土密实到一定的程度后，土粒移动越来越困难，压缩性也随之降低。不同类别的土，压缩曲线形态有别。如软黏土压缩曲线较陡，密实的砂土压缩曲线较缓。所以，压缩曲线的陡缓程度可反映出土的压缩性高低，这可由其上任意一点的斜率的相反数 a 来表示，称为压缩系数（compression coefficient）（MPa^{-1}），即

$$a = -\frac{de}{dp} \tag{5-3}$$

式中，负值表示孔隙比 e 随压应力增加而减小。在应用上，土体原来受到其自重应力 p_1 的作用（孔隙比为 e_1），而后受到外部荷载产生的附加应力与自重应力之和 p_2 的作用（孔隙比为 e_2），为了反映这一压力间隔土的压缩性，常取曲线的割线斜率作为土在侧限条件下的压缩系数，即

$$a = \frac{\Delta e}{\Delta p} = \frac{e_1 - e_2}{p_2 - p_1} \tag{5-4}$$

压缩系数 a 是评价土的压缩性的重要指标之一。压缩系数越大，表明在同一压力范围内，土的孔隙比减小越多，即土的压缩性越高。由图 5-3a 所示的 e-p 曲线可知，上述定义的压缩系数并不是常数，为便于比较，工程上常采用压力 $p_1 = 100\text{kPa}$ 增加到 $p_2 = 200\text{kPa}$ 时的压

缩系数 a_{1-2} 来评价土的压缩性高低，即：当 $a_{1-2}<0.1\mathrm{MPa}^{-1}$ 时，属于低压缩性土；$0.1\mathrm{MPa}^{-1}\leqslant a_{1-2}<0.5\mathrm{MPa}^{-1}$，属于中压缩性土；$a_{1-2}\geqslant 0.5\mathrm{MPa}^{-1}$，属于高压缩性土。

2. 压缩指数

侧限压缩试验结果还可用 e-$\lg p$ 曲线表示，如图 5-3b 所示。用这种形式表示的优点是，在压力较大部分，e-$\lg p$ 关系接近直线，其斜率的相反数称为土的压缩指数（compression index）C_c，即

$$C_c = -\frac{\Delta e}{\Delta \lg p} = \frac{e_1 - e_2}{\lg(p_2/p_1)} \tag{5-5}$$

C_c 是一个无量纲的参数，不随 p 而变，其值越大，土的压缩性越高。一般认为，$C_c<0.2$ 时，属于低压缩性土；$C_c=0.2\sim0.4$ 时，属于中压缩性土；$C_c>0.4$ 时，属于高压缩性土。e-$\lg p$ 曲线广泛用于分析应力历史对地基压缩性的影响。

3. 压缩模量和体积压缩系数

在完全侧限条件下，土中竖向应力增量与相应的竖向应变增量之比称为压缩模量（compression modulus）或侧限压缩模量（oedometric modulus）E_s（MPa），即

$$E_s = \frac{\Delta p}{\Delta \varepsilon} = \frac{\Delta p}{\Delta H/H_0} = \frac{1+e_0}{a} \tag{5-6}$$

E_s 的倒数称为土的体积压缩系数（coefficient of volume compressibility）m_v，即

$$m_v = \frac{1}{E_s} = \frac{a}{1+e_0} \tag{5-7}$$

土的压缩模量 E_s 是表示土的压缩性高低的又一个重要指标。E_s 与 a 成反比，即 a 越大，压缩性越高，压缩模量 E_s 越小。$E_s<4\mathrm{MPa}$，属于高压缩性土；E_s 在 $4\sim15\mathrm{MPa}$ 之间，属于中压缩性土；$E_s>15\mathrm{MPa}$，属于低压缩性土。m_v 的单位与压缩系数 a 相同。a 表示单位压力变化引起的孔隙比变化，而 m_v 表示单位压力变化引起的单位体积变化。

a、E_s、m_v 和 C_c 都是常用的土力学参数，用以表示侧限条件下土的压缩性。参数之间可以相互换算。

4. 回弹指数

在室内压缩试验过程中，如果加压到某一值 p_i（如图 5-4 中曲线上的 b 点）后不再加压，而是逐级卸载直至为零，并且测得各卸载等级下土样回弹稳定后的土样高度，进而换算得到相应的孔隙比，即可绘制出卸载阶段的关系曲线，如图 5-4 中虚线 bc 曲线所示，称为回弹曲线（或膨胀曲线）。可以看到，不同于一般弹性材料的是，土的回弹曲线不和初始加载的曲线 ab 重合，卸载至零时，土样的孔隙比没有恢复到初始压力为零时的孔隙比。这就显示出土残留了一部分压缩变形 e_p，称为残余变形（residual deformation），但也恢复了一部分压缩变形 e_e，称为弹性变形（elastic deformation）。若接着重新逐级加压，则可测得土样在各级荷载作用下再压缩稳定后的孔隙比，相应地可绘制出再压缩曲线，如图 5-4 中 cdf 曲线所示。可以发现其中 df 段像是 ab 段的延续，犹如其间没有经过卸载和再加压的过程一样。

在 e-$\lg p$ 坐标系中，卸载段和再压缩段的平均斜率称为回弹指数（swelling index, expansion index）或再压缩指数（recompression index）C_e。通常 $C_e<C_c$。试验表明，一般黏性土的 $C_e \approx (0.1\sim0.2)C_c$。

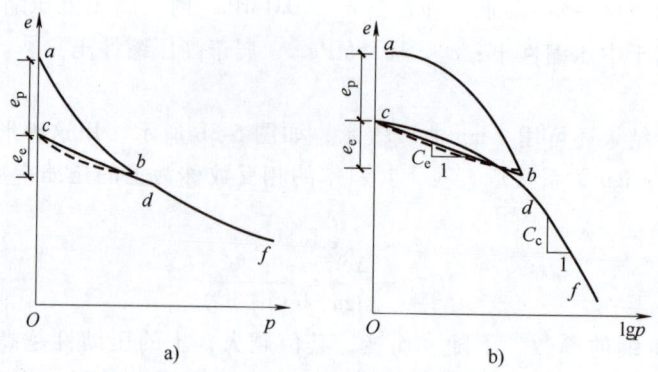

图 5-4 土的回弹与再压缩曲线
a) e-p 曲线　b) e-$\lg p$ 曲线

在基坑工程中，尤其是大面积的深基坑，由于开挖后地基受到较大的减压作用，发生膨胀，造成坑底回弹，利用压缩回弹再压缩曲线，可计算回弹变形量。

5.2.3　天然土层的固结状态

天然土层在历史上所经受的最大固结压力（指有效应力），称为先期固结压力（preconsolidation pressure）p_c。先期固结压力的大小取决于天然土层的应力历史，即长期的自然地质作用，一般很难查明，只能根据原状土样的 e-$\lg p$ 曲线来推断。e-$\lg p$ 曲线在前一段比较平缓，后面一段比较陡，如图 5-5 中的曲线 CmD。这是因为土样从土层中取出之前经历了从 A 到 B 的压缩过程，取出后经历了从 B 到 C 的卸载过程。然后放在室内压缩仪中压缩，先是再压缩，当压力超过原来曾经受到过的压力后，就进入初始压缩的直线段。实际上，先期固结压力只不过是一个压力界限，压力超过这个值后会使土的压缩性剧增。卡萨格兰德（A. Casagrande，1936 年）建议采用作图法确定 B 点，相应于 B 点的压力就是先期固结压力 p_c，其步骤如下：

1）从 e-$\lg p$ 曲线上找出曲率半径最小的一点 m，过 m 点作水平线 $m1$ 和切线 $m3$。

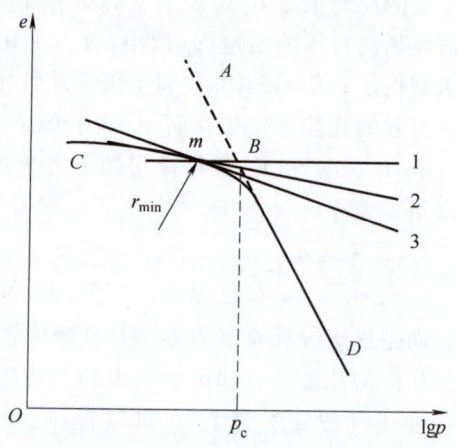

图 5-5　作图法确定先期固结压力

2）作 $\angle 1m3$ 的平分线 $m2$，与 e-$\lg p$ 曲线中直线段延长线的交点即为所求 B 点。

必须指出，采用这种简易的经验作图法，对取土质量要求较高，绘制 e-$\lg p$ 曲线时要选用适当的比例，否则，有时很难找到一个突变的 m 点。因此，不一定都能得到可靠的结果。事实上，这种方法是对先期固结压力的一种大致估计，因为采用的"原状"土样，已是卸载后的土样，取出过程中对土的扰动无法避免，而土样的扰动程度对试验结果的可靠性和准确度影响很大。

土层的先期固结压力 p_c 与现有土层自重应力 p_1（有效应力）之比称为超固结比（over

consolidation ratio) OCR, 即

$$OCR = \frac{p_c}{p_1} \tag{5-8}$$

根据超固结比，可把天然土层分为三种固结状态：超固结状态、正常固结状态、欠固结状态。

1) 超固结状态，OCR>1。由于冰川融化、覆盖土层剥蚀、地下水位上升、持久的渗透力作用，地面暴露而干裂等因素，原来长期存在于土层中的竖向有效应力减小了，即先期固结压力大于目前所受的自重压力。

2) 正常固结状态，OCR=1。土层在历史上最大固结压力作用下压缩已经稳定，以后土层厚度变化不大，也没有受到过其他荷载的继续作用。许多地基土属于此类。

3) 欠固结状态，OCR<1。土层逐渐沉积到现在的状态，尚未达到固结稳定状态。如新近沉积的黏性土、人工填土等，沉积后经历的年代不久，在自重压力作用下固结尚未完成，先期固结压力小于目前所受的自重压力。大多数近海海底淤积土即属于此类。

5.2.4 原位压缩曲线

上述 e-p 和 e-$\lg p$ 曲线，都是由室内侧限压缩试验得到的。由于取样过程中土体受到扰动和从地层中取出后应力释放等因素的影响，室内压缩曲线已无法完全代表地基土层中原位土体的压缩性状，需要由室内压缩曲线推求出原位压缩曲线（in-situ compression curve）。

1. 正常固结土

正常固结土（normally consolidated soil）的原位压缩曲线如图 5-6a 所示，作法如下：

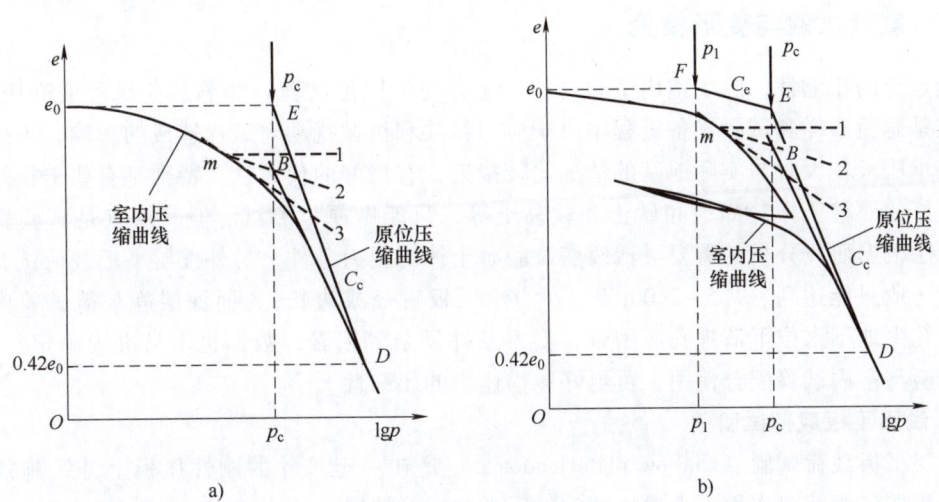

图 5-6 原位压缩曲线
a) 正常固结土　b) 超固结土

1) 先作 E 点，其横坐标为试样的现场自重应力 p_1，由 e-$\lg p$ 曲线资料分析 p_1 等于 E 点所对应的先期固结压力 p_c，其纵坐标为现场孔隙比 e_0。

2) 再作 D 点，由室内压缩曲线上孔隙比等于 $0.42e_0$ 处确定。这是根据许多室内压缩试验发现的，若将土试样加以不同程度的扰动，所得出的不同室内压缩曲线的直线段，都大致

交于纵坐标 $e=0.42e_0$ 处的一点，由此推想原位压缩曲线也应该通过该点。

3）然后作 ED 直线，该线段即为原位压缩曲线的直线段，其斜率为正常固结土的压缩指数 C_c。

2. 超固结土

对于超固结土（over consolidated soil），如图 5-6b 所示，相应于原位压缩曲线 FED 中 E 的压力是土样的先期固结压力 p_c。后来，有效应力减少到现有土层自重应力 p_1（相当于原位回弹曲线 EF 上 F 点的压力，$p_1<p_c$）。在现场应力增量的作用下，孔隙比将沿着原位再压缩曲线 FE 变化。当压力超过先期固结压力后，曲线将沿原位压缩曲线的延伸线 ED 发展。

超固结土的原位压缩曲线，可按下列步骤求得（图 5-6b）：

1）先作 F 点，其横、纵坐标分别为试样的现场自重应力 p_1 和现场孔隙比 e_0。

2）过 F 点作一直线，其斜率等于室内回弹曲线与再压缩曲线的平均斜率，该直线与通过 B 点的垂线（其横坐标相应于先期固结压力值）交于 E 点，FE 就即为原位再压缩曲线，其斜率为回弹指数 C_e（根据经验得知，因为试样受到扰动，使初次室内压缩曲线的斜率比原始再压缩曲线的斜率要大得多，因而室内回弹与再压缩曲线的平均斜率则比较接近于原始再压缩曲线的斜率）。

3）作 D 点，由室内压缩曲线上孔隙比等于 $0.42e_0$ 处确定。

4）连接 ED 直线，即得原位压缩曲线的直线段，取其斜率作为压缩指数 C_c。

3. 欠固结土

对于欠固结土（underconsolidated soil），因自重作用下其压缩尚未稳定，只能近似地按正常固结土的方法求得原始压缩曲线，从而定出压缩指数 C_c。

5.2.5 载荷试验与变形模量

测定土的压缩性，除了室内试验之外，还有现场原位试验，如静载荷试验或旁压试验。其优点是避免取样和试样制备过程中由于应力释放和机械扰动对试样造成的影响，土中应力状态在承压板较大时与实际地基的情况比较接近，有更好的代表性。特别是有些土很难取得质量较好的原状土样，如饱和砂土和软黏土等，只能做原位测试。但其缺点是试验费时费事，无法根据研究分析的需要灵活改变试验时土体的受力条件，另外浅层平板载荷试验的影响深度一般只能达到 $(1.5\sim2.0)B$（B 为承压板直径或边长），而深层静载荷试验由于在深部钻孔中地下水位下清理孔底困难、受力条件复杂等因素，数据也不易准确确定。所以，现场试验与室内试验配合使用，可更好地描述土的压缩性。

1. 浅层平板载荷试验

浅层平板载荷试验（shallow plate load test）是在一定尺寸的刚性压板上分级施加静荷载，观测在各级荷载作用下天然地基土随压力的变形情况。可用于：

1）根据荷载-沉降关系曲线（p-s 曲线）确定地基土的承载力。

2）计算土的变形模量。

3）估算土的不排水抗剪强度和极限填土高度等。

试验设备主要包括四部分：承压板、加载系统、反力系统和观测系统，如图 5-7 所示。一般情况下承压板尺寸为 $0.25\sim0.5\text{m}^2$。由承压板施加单位面积静压力 p 于土层上，测读承压板相应的沉降 s，直至土体到达或接近破坏。在每级加载后，按一定时间间隔测读沉降量。每加一级荷载,必须等待一段时间,待沉降达到规定的稳定要求后,再施加下一级荷载。

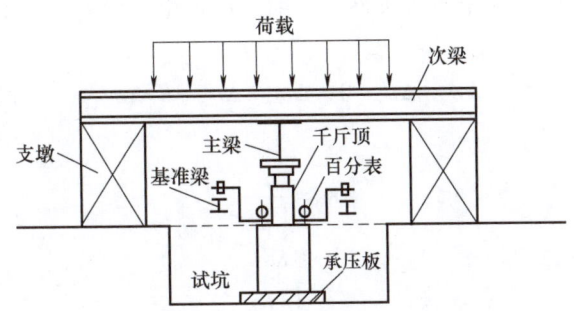

图 5-7 浅层平板载荷试验装置

现场试验典型的 p-s 曲线可分为以下三段（图 5-8）：

1）线性变形阶段：当压力低于比例界限荷载 p_1 时,土体受荷而压密,以压缩变形为主,p-s 接近线性关系。

2）弹塑性变形阶段：当压力超过 p_1 而低于极限荷载 p_u 时,压缩变形所占比例逐渐减少,而剪切变形逐渐增加,p-s 由直线变为曲线。

3）完全破坏阶段：当压力大于 p_u,承压板沉降急剧增大,其底部土体中形成连续滑裂面,四周土体向外上方滑动而出现隆起。

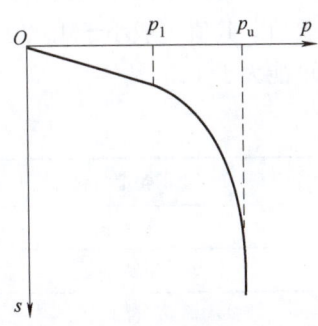

2. 变形模量

图 5-8 荷载-沉降（p-s）曲线

土的变形模量（modulus of deformation）E_0 是指土体在无侧限条件下的应力增量 $\Delta\sigma$ 与同一方向上应变增量 $\Delta\varepsilon$ 的比值,即

$$E_0 = \frac{\Delta\sigma}{\Delta\varepsilon} \tag{5-9}$$

由于计算土的变形模量时应变增量含有可恢复的弹性变形和不可恢复的残余变形两部分,并随应力水平而异,且加载又不同于卸载时的情况,故不叫弹性模量而称变形模量,以示区别。

在 p-s 曲线中,当荷载小于比例界限荷载时,视其为直线或接近于直线,可根据弹性理论计算沉降的公式反求地基的变形模量 E_0：

$$E_0 = \omega(1-\mu^2)\frac{p_1 B}{s_1} \tag{5-10}$$

式中,ω 为与承压板的刚度和形状有关的系数,对刚性承压板,方形 $\omega = 0.88$,圆形 $\omega = 0.79$；B 为承压板的边长或直径；μ 为地基土的泊松比,砂土可取 $0.2 \sim 0.25$,黏性土可取 $0.25 \sim 0.45$；p_1 和 s_1 分别为所选取的比例界限荷载与相应的沉降值。

如 p-s 曲线不出现直线段,建议对中、高压缩性粉土与黏性土取 $s_1 = 0.02B$ 及其对应的荷载 p_1；对低压缩性粉土、黏性土、碎石土及砂土,取 $s_1 = (0.01 \sim 0.015)B$ 及其对应的荷载 p_1。

3. 变形模量与压缩模量的关系

变形模量 E_0 与压缩模量 E_s 都是竖向应力增量与应变增量的比值,且都包含了相当部分不可恢复的残余变形。不过 E_0 是现场测试获得，土体压缩过程中无侧限，而 E_s 是通过室内压缩试验换算求得，土体在完全侧限条件下压缩。但理论上两者可以换算。

在侧限压缩试验中

$$\Delta\varepsilon_x = \Delta\varepsilon_y = 0, \quad \Delta\sigma_x = \Delta\sigma_y = K_0 \Delta\sigma_z \tag{5-11}$$

利用广义胡克定律，得：

$$K_0 = \frac{\mu}{1-\mu} \tag{5-12a}$$

或

$$\mu = \frac{K_0}{1+K_0} \tag{5-12b}$$

式中，K_0 为侧限条件下土体的侧向应力与竖向应力之比，称为土的侧压力系数（coefficient of lateral pressure）或静止土压力系数（coeffcient of earth pressure at rest）。

不同地区土的侧压力系数通常可通过试验来测定，无试验条件时，可采用表 5-1 所列的经验值。其值一般小于 1，但如果地面是经过剥蚀后遗留下来的，或者土层为强超固结土，则可能大于 1。

表 5-1 K_0、μ、β 的经验值

土的类型与状态		K_0	μ	β
碎石土		0.18~0.25	0.15~0.20	0.95~0.90
砂土		0.25~0.33	0.20~0.25	0.90~0.83
粉土		0.33	0.25	0.83
粉质黏土	坚硬状态	0.33	0.25	0.83
	可塑状态	0.43	0.30	0.74
	软塑及流塑状态	0.53	0.35	0.62
黏土	坚硬状态	0.33	0.25	0.83
	可塑状态	0.53	0.35	0.62
	软塑及流塑状态	0.72	0.42	0.39

由（侧限）压缩模量定义有：

$$\Delta\varepsilon_z = \frac{\Delta\sigma_z}{E_s} \tag{5-13}$$

而在完全侧限压缩过程中，应用广义胡克定律，可得

$$\Delta\varepsilon_z = \frac{\Delta\sigma_z}{E_0} - \frac{\mu}{E_0}\Delta\sigma_x - \frac{\mu}{E_0}\Delta\sigma_y \tag{5-14}$$

综合式（5-11）、式（5-13）和式（5-14），得到压缩模量 E_s 与变形模量 E_0 的关系为

$$E_0 = \beta E_s \tag{5-15}$$

$$\beta = 1 - 2\mu K_0 = 1 - \frac{2\mu^2}{1-\mu} \tag{5-16}$$

必须指出，上述土的压缩模量与变形模量之间的关系，仅仅是理论关系。实际上，两者的关系与式（5-15）有很大的出入。根据试验资料统计，E_0 值可能是 βE_s 值的好几倍。一

一般来说，土越坚硬则倍数越大；而软土的 E_0 值与 βE_s 值比较接近。这是由于存在很多无法考虑的因素所造成的，例如：两者得到的途径不一样，载荷试验与压缩试验的加载速率、加载条件、压缩稳定标准各异，试验过程具有无侧限与有侧限之别；土样受到的扰动程度不同，压缩试验土样受到的扰动较大，尤其是低压缩性土。

5.2.6 弹性模量

当建筑物受短时荷载的作用（如高层建筑或高耸结构受风荷载的作用或在路面分析中考虑地震荷载的作用）时，地基土体中的孔隙水来不及排出或仅仅少部分排出，压缩变形来不及发生或不明显。此时土的骨架以及孔隙水和封闭气体所发生的变形都是弹性变形，几乎没有发生不可恢复的残余变形。如果采用变形模量或压缩模量计算此时建筑物地基的变形，将得出较实际大得多的结果。此时应采用土的弹性模量进行计算。

土的弹性模量（elasticity modulus）定义为土体在无侧限条件下瞬时压缩的应力增量与弹性应变增量的比值。在集中力作用于半无限空间体表面的布辛奈斯克解的位移解答式中，土体参数选用弹性模量可计算地基加载瞬间孔隙水来不及排出、孔隙体积尚未变化、仅产生剪切变形即地基的瞬时位移量。而计算静荷载作用下土体的压缩变形时，由于土体是三相体系，其变形包括弹性变形与残余变形两部分，所以其土体参数要采用变形模量。

测定土的弹性模量，常采用室内三轴压缩试验。试验在不排水条件下进行。首先对试样施加三向相等的围压，该围压可取试样在现场 K_0 固结条件下的有效自重应力，记为 σ_3；然后施加轴向应力增量 $\Delta\sigma$，此时的轴向应力 $\sigma_1 = \sigma_3 + \Delta\sigma$；最后卸载到零。重复加载和卸载，并绘出其主应力差 $(\sigma_1 - \sigma_3)$ 与轴向应变 ε_1 的关系曲线，如图5-9所示，一般重复5~6个循环即可。这样，土经过反复的加载与卸载后，不可恢复的残余变形逐步减小，最后只剩下可恢复的弹性变形，类似于"橡皮土"，土样表现出应变硬化的特征。此时在 $(\sigma_1 - \sigma_3)$-ε_1 曲线上量取最后一循环中加载与卸载曲线的平均斜率，即为土的弹性模量，相当于再加载模量 E_r。

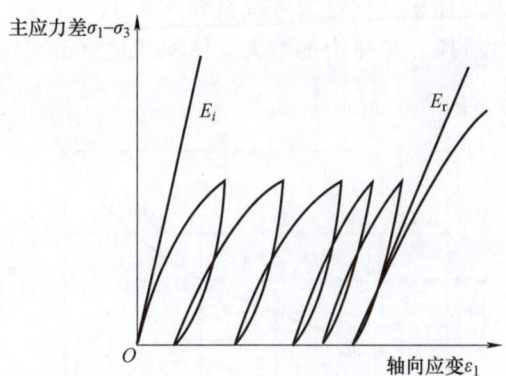

图5-9 三轴压缩试验确定土的弹性模量

5.2.7 旁压试验及旁压模量

旁压试验（pressuremeter test）的主要设备是旁压仪，根据钻孔情况可分为预钻式和自钻式。预钻式旁压仪设备比较简单，由旁压器、压力与体积控制装置及导管等三部分组成，如图 5-10 所示。旁压器为圆柱形骨架，外部套有密封的弹性橡皮膜，一般分上、中、下三个腔体：中腔为主腔（测试腔），上下腔以金属管相连通，为护腔，与中腔隔离。测试时，高压水从控制装置经管路进入主腔，使橡皮膜发生径向膨胀，压迫周围土体。与此同时，以同样压力水向护腔压入。这样，三腔同步向四周变形，以此保证主腔周围土体的变形呈平面应变状态。

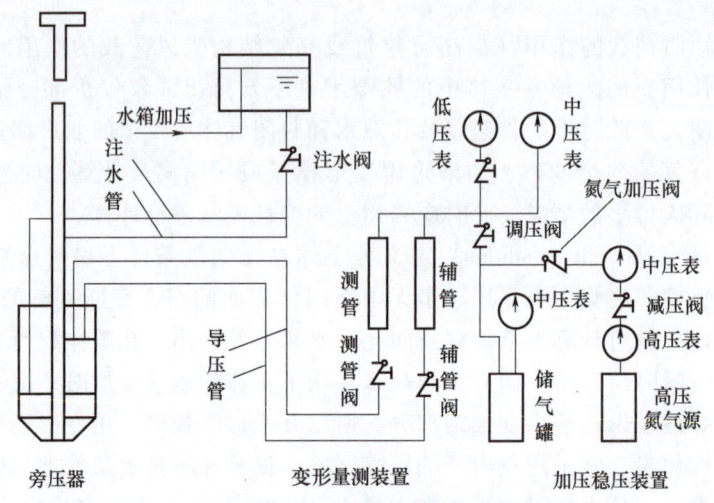

图 5-10　旁压仪（管路）结构图

预钻式旁压试验是将旁压器置于预先钻好的孔中，向旁压器内充水（或气），使之加压扩张并向孔周岩土施加均匀压力，使之产生变形乃至破坏。通过测量压力和径向变形的关系可得到被测对象的应力应变关系，其体积变形量 V 与压力 p 的关系如图 5-11 所示。由图可看出，p-V 曲线可分为以下三段：

1）首曲线段为初步阶段。
2）似弹性阶段，压力与体积变化量大致成直线关系。
3）尾曲线段处于塑性阶段，随压力的增大，体积变化量迅速增加。

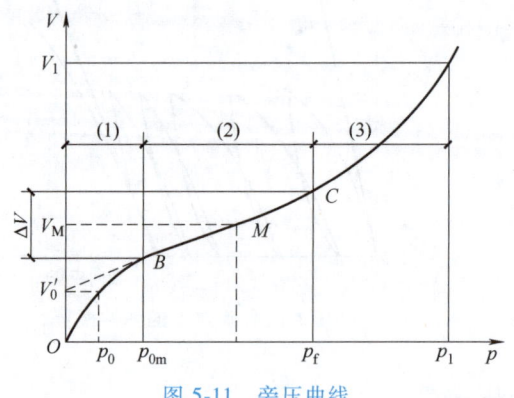

图 5-11　旁压曲线

旁压模量（pressuremeter modulus）E_M 是反映土层中应力与体积变形关系的一个重要指标，其值与直线段的压力增量和体积增量之比成正比，可由旁压曲线的直线段求出，即

$$E_M = 2(1+\mu)(V_C+V_M)\frac{\Delta p}{\Delta V} \qquad (5-17)$$

式中，Δp 为旁压曲线的直线变形段的压力增量，单位为 kPa；ΔV 为相应于 Δp 的低体积变化增量，单位为 cm^3；V_M 为旁压曲线直线段头尾中间的平均扩张体积，单位为 cm^3；V_C 为旁压器中腔初始固有体积，单位为 cm^3。

前述变形模量 E_0 反映的是土层在竖直方向上的压缩性质，是沉降计算中常用的参数。而旁压模量综合反映的是在侧向加载条件下土层在水平方向上的压缩与拉伸性能。梅那德用土的结构系数将变形模量与旁压模量联系起来，即

$$E_M = \alpha E_0 \qquad (5-18)$$

式中，α 为土的结构系数，是土类型和 E_M/p_1 的函数，这里 p_1 为极限压力，即 $p\text{-}V$ 曲线趋向于与纵轴平行的渐近线时所对应的压力。对于黏性土，在超固结状态，$E_M/p_1 > 16$ 时，取 $\alpha = 1$；在正常固结状态，$E_M/p_1 = 9 \sim 16$ 时，取 $\alpha = 2/3$。

式（5-18）为利用旁压模量估算沉降提供了可能。此外，旁压试验更多的用于单桩和地基承载力测试等方面。

5.3 地基最终沉降量计算

地基最终沉降量（final settlement）是指地基土在建筑荷载作用下达到压缩稳定时地基表面的竖向位移，其计算是地基基础设计的基本内容。目前常用的沉降计算方法基本上都以室内压缩试验为基础，未考虑侧限变形的影响。

5.3.1 最终沉降量计算的基本课题

设厚度为 H 的土层在自重作用下已经固结，现于其上施加大面积均布荷载 p，如图 5-12a 所示。此时，土层只能在竖向产生压缩变形，而没有侧向变形，同室内侧限压缩试验中的情况一致，可认为是一维压缩问题。

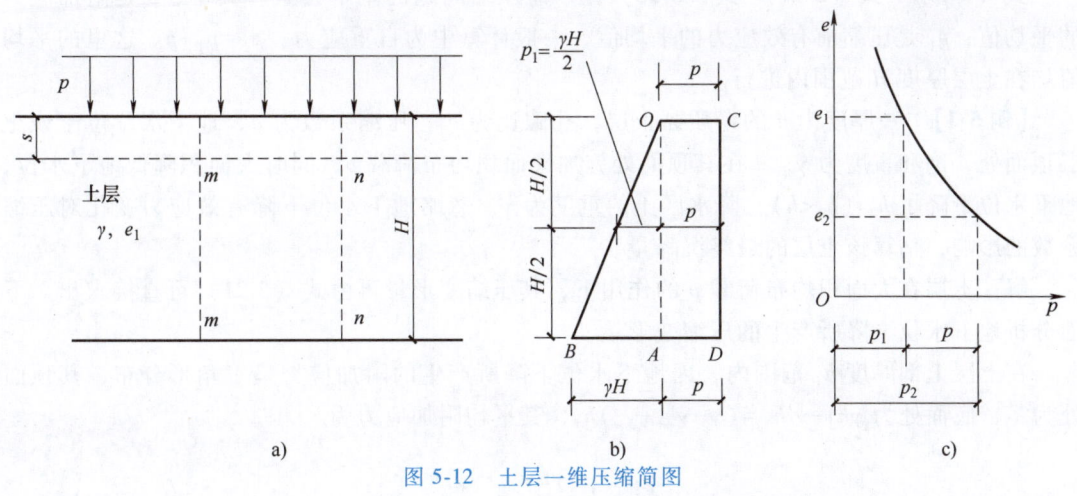

图 5-12　土层一维压缩简图
a) 计算简图　b) 应力分布　c) $e\text{-}p$ 曲线

施加荷载 p 之前，土中的自重应力呈三角形分布，如图 5-12b 中 OBA，取其平均应力 $p_1 = \dfrac{\gamma H}{2}$；施加均布荷载 p 后，在土层中引起的附加应力分布为矩形 $OCDA$，此时土层中的应力状态为三角形与矩形之和，即 $OCDAB$，取其平均应力 $p_2 = \dfrac{\gamma H}{2} + p$。土层中的竖向应力由原来的 p_1 增加到 p_2，相应的孔隙比由 e_1 减小到 e_2。由式（5-2），土层的压缩变形量 s 为

$$s = \frac{e_1 - e_2}{1 + e_1} H \tag{5-19}$$

由式（5-4），压缩系数 a 为

$$a = \frac{e_1 - e_2}{p_2 - p_1} \tag{5-20}$$

把式（5-20）代入式（5-19），得：

$$s = \frac{a}{1 + e_1} pH \tag{5-21}$$

同理，把式（5-6）代入式（5-21），可得用压缩模量 E_s 表示的沉降公式为

$$s = \frac{pH}{E_s} \tag{5-22}$$

式（5-21）和式（5-22）也可用附加应力图形的面积 A（这里，$A = pH$）表示

$$s = \frac{a}{1 + e_1} A \text{ 或 } s = \frac{A}{E_s} \tag{5-23}$$

或用体积压缩系数 m_v 表示

$$s = m_v pH \tag{5-24}$$

如土层处于正常固结状态，沉降也可由 $e\text{-}\lg p$ 曲线用压缩指数 C_c 表示

$$s = \frac{C_c}{1 + e_1} H \lg\left(\frac{p_2}{p_1}\right) \tag{5-25}$$

式（5-19）、式（5-21）～式（5-25）是一维压缩问题的基本公式。其中，p 是附加应力的平均值；p_1 是压缩前有效应力的平均值，一般计算中为自重应力；$p_2 = p_1 + p$。这里的平均值均在土层厚度 H 范围内进行。

【例 5-1】 一厚度为 h 的粉质黏土层，孔隙比为 e_0，压缩系数为 a，地下水位位于该土层顶面处，饱和重度为 γ_{sat}。在其顶面处施加大面积均布荷载 p，同时大面积降低地下水位，地下水位下降了 h_1（$h_1 < h$），降水区土的重度为 γ。忽略地下水位下降有效应力变化对压缩系数的影响，估算该土层的最终沉降量。

解： 土层在大面积均布荷载 p 的作用下，其压缩变形量可由式（5-21）可直接求出。下面分析地下水位下降所产生的压缩变形量。

在土层上部厚度 h_1 范围内，因地下水位下降所产生的附加应力呈三角形分布，其顶面处为零，底面处为 $\gamma h_1 - \gamma' h_1 = (\gamma - \gamma_{sat} + \gamma_w) h_1$，其平均附加应力为

$$\Delta p_1 = \frac{1}{2}(\gamma - \gamma_{sat} + \gamma_w) h_1$$

在土层下部厚度（$h - h_1$）范围内，因上部地下水位下降所产生的附加荷载（$\gamma h_1 - \gamma' h_1$）

沿厚度呈矩形分布，其平均值为

$$\Delta p_2 = (\gamma - \gamma_{sat} + \gamma_w) h_1$$

则因地下水位下降所产生的压缩变形量为

$$s = \frac{a}{1+e_1} \frac{(\gamma - \gamma_{sat} + \gamma_w) h_1}{2} h_1 + \frac{a}{1+e_1} (\gamma - \gamma_{sat} + \gamma_w) h_1 (h - h_1)$$

$$= \frac{a}{1+e_1} (\gamma - \gamma_{sat} + \gamma_w) h_1 \left(h - \frac{h_1}{2} \right)$$

该粉质黏土层的沉降量为大面积均布荷载 p 作用下的压缩变形量与上式之和。

5.3.2 分层总和法

分层总和法（layerwise summation method）是目前最常用的地基最终沉降量的计算方法。假定地基在外荷载作用下的变形只发生在有限厚度的范围内（即有限压缩层），将压缩层厚度内的地基土分层，分别求出各分层的应力，假定在每个分层内应力呈直线变化，取其平均应力，利用室内侧限压缩试验得到各层土的变形参数，即求出各分层的压缩变形量，最后求和得到地基的最终沉降量。通常采用基底中心点下的附加应力计算地基的最终沉降量。

1. 计算原理

将基底以下土分为 n 个薄层，假定第 i 层土的厚度为 h_i，其上下表面的自重应力分别为 $\sigma_{cz(i-1)}$ 和 σ_{czi}，取其平均值 $p_{1i} = [\sigma_{cz(i-1)} + \sigma_{czi}]/2$，压缩曲线上与之对应的孔隙比为 e_{1i}；其上下表面的附加应力分别为 $\sigma_{z(i-1)}$ 和 σ_{zi}，取其平均值 $\overline{\sigma}_{zi} = [\sigma_{z(i-1)} + \sigma_{zi}]/2$，压缩曲线上与自重应力和附加应力之和 $p_{2i} = p_{1i} + \overline{\sigma}_{zi}$ 所对应的孔隙比为 e_{2i}。根据侧限压缩的基本公式，求得该分层的压缩变形量 Δs_i 为

$$\Delta s_i = \frac{e_{1i} - e_{2i}}{1+e_{1i}} h_i, \text{ 或 } \Delta s_i = \frac{a_i}{1+e_{1i}} \overline{\sigma}_{zi} h_i, \text{ 或 } \Delta s_i = \frac{\overline{\sigma}_{zi}}{E_{si}} h_i \tag{5-26}$$

然后叠加得到地基最终沉降量 s，即

$$s = \sum_{i=1}^{n} \Delta s_i \tag{5-27}$$

式中，a_i 为第 i 层土上的压缩系数；E_{si} 为第 i 层土上的压缩模量。

2. 计算步骤

1）分层。一般分层厚度 $h_i \leq 0.4b$（b 为基础宽度），而且天然土层面及地下水位都应作为薄层的分界面。

2）计算基底中心点下各分层面上土的自重应力 σ_{czi} 和附加应力 σ_{zi}。

3）确定地基沉降计算深度 z_n。一般按 $\sigma_{zn}/\sigma_{czn} \leq 0.2$ 确定，对于软土，则按 $\sigma_{zn}/\sigma_{czn} \leq 0.1$ 确定。

4）计算各分层土的平均自重应力 p_{1i}、平均附加应力 $\overline{\sigma}_{zi}$ 和 $p_{2i} = p_{1i} + \overline{\sigma}_{zi}$，从该土层的压缩曲线中由 p_{1i} 及 p_{2i} 查出相应的 e_{1i} 和 e_{2i}。

5）计算每一分层土的压缩变形量 Δs_i，并叠加求和。

其中步骤3）中，是沿用前苏联的规范，以地基附加应力与自重应力之比为 0.2（软土取 0.1）作为控制计算深度的标准，简称应力比法。该法已沿用成习，并有相当的经验。但

它没有考虑土层的构造和性质,过分强调荷载对压缩层深度的影响,而对基础大小这一更为重要的因素重视不足。同时,该方法计算量过于繁重,如自重应力、附加应力和压缩变形量都分成若干薄层分别计算等。下面的规范法将对此进行改进。

【例 5-2】 如图 5-13 所示的矩形基础,基底面积为 4m×2.5m,基础埋深 1m,地下水位位于基底标高处,室内压缩试验结果见表 5-2。用分层总和法计算基础中点的最终沉降量。

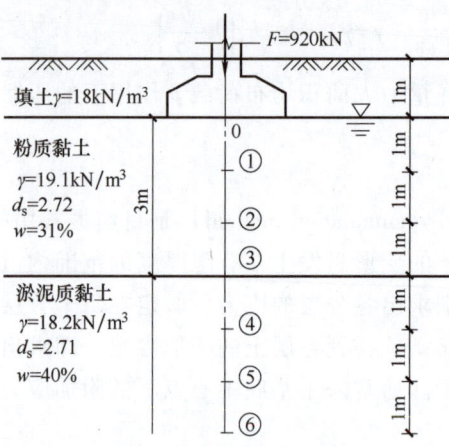

图 5-13 例 5-2 图

表 5-2 例 5-2 中土的室内压缩试验 e-p 关系

土层	p/kPa				
	0	50	100	200	300
粉质黏土	0.942	0.889	0.855	0.807	0.773
淤泥质黏土	1.045	0.925	0.891	0.848	0.823

解: 1)考虑分层厚度不超过 $0.4b = 0.4 \times 2.5 = 1.0\text{m}$ 以及地下水位面,分层厚度取为 1.0m。

2)计算基底附加压力。土层的有效重度分别为

粉质黏土　　　$\gamma' = \dfrac{(d_s-1)\gamma}{d_s(1+w)} = \dfrac{19.1 \times (2.72-1)}{2.72 \times (1+31\%)}\text{kN/m}^3 = 9.22\text{kN/m}^3$

淤泥质黏土　　　$\gamma' = \dfrac{18.2 \times (2.71-1)}{2.71 \times (1+40\%)}\text{kN/m}^3 = 8.20\text{kN/m}^3$

基底压力　　　$p = \dfrac{F+G}{A} = \dfrac{920 + 4.0 \times 2.5 \times 1.0 \times 20}{4.0 \times 2.5}\text{kPa} = 112\text{kPa}$

基底附加压力　　　$p_0 = p - \sigma_{cz} = (112 - 1.0 \times 18)\text{kPa} = 94\text{kPa}$

3)计算各分层上下层面处的自重应力以及各层的平均自重应力,列于表 5-3 中。注意,地下水位下应采用有效重度。

4)地基竖向附加应力计算。基础中点下一定深度处的附加应力计算一般采用角点法。这里 $b = 1.25\text{m}$, $l = 2\text{m}$,即根据 $l/b = 1.6$,不同的 z/b,按 $\sigma_{zi} = 4\alpha_i p_0$ 求得地基竖向附加应力:

0 点处:$z = 0$, $z/b = 0$, $\alpha_c = 0.250$, $\sigma_{z0} = (4 \times 0.250 \times 94)\text{kPa} = 94\text{kPa}$

① 点处：$z=1\text{m}$，$z/b=0.8$，$\alpha_c=0.215$，$\sigma_{z1}=(4\times0.215\times94)\text{kPa}=80.84\text{kPa}$

② 点处：$z=2\text{m}$，$z/b=1.6$，$\alpha_c=0.140$，$\sigma_{z2}=(4\times0.140\times94)\text{kPa}=52.64\text{kPa}$

③ 点处：$z=3\text{m}$，$z/b=2.4$，$\alpha_c=0.088$，$\sigma_{z3}=(4\times0.088\times94)\text{kPa}=33.09\text{kPa}$

其余类同。然后计算各分层的平均附加压力：

1 层：$\overline{\sigma}_{z1}=(\sigma_{z0}+\sigma_{z1})/2=(94+80.84)\text{kPa}/2=87.42\text{kPa}$

2 层：$\overline{\sigma}_{z2}=(\sigma_{z1}+\sigma_{z2})/2=(80.84+52.64)\text{kPa}/2=66.74\text{kPa}$

其余类同，并列于表 5-3 中。

表 5-3　例 5-2 用分层总和法计算地基最终沉降量

分层点	深度 z_i/m	自重应力 σ_c/kPa	附加应力 σ_z/kPa	层号	层厚 h_i/m	自重应力平均值 p_{1i}/kPa	附加应力平均值 $\overline{\sigma}_{zi}/\text{kPa}$	总应力平均值 p_{2i}/kPa	受压前孔隙比 e_{1i}	受压后孔隙比 e_{2i}	分层压缩变形量 $\Delta s_i/\text{mm}$
0	0	18	94	—	—	—	—	—	—	—	—
①	1	27.22	80.84	1	1.0	22.61	87.42	110.03	0.918	0.850	35.45
②	2	36.44	52.64	2	1.0	31.83	66.74	98.57	0.908	0.856	27.25
③	3	45.66	33.09	3	1.0	41.05	42.77	83.82	0.898	0.866	16.86
④	4	53.86	21.81	4	1.0	49.76	27.45	77.21	0.926	0.906	10.38
⑤	5	62.06	15.04	5	1.0	57.96	18.43	76.39	0.920	0.907	6.77
⑥	6	70.26	10.90	6	1.0	66.16	12.99	79.15	0.914	0.905	4.70

5）确定沉降计算深度。按 $\sigma_z=0.2\sigma_{cz}$ 来确定。$z=6\text{m}$ 处，$\sigma_z=10.90\text{kPa}<0.2\sigma_{cz}=0.2\times70.26\text{kPa}=14.05\text{kPa}$，所以沉降计算深度取基底下 6.0m。

如果认为下层土为高压缩性土，则沉降计算深度按 $\sigma_z=0.1\sigma_{cz}$ 来确定。

6）计算各分层压缩变形量。由式 $\Delta s_i=\dfrac{e_{1i}-e_{2i}}{1+e_{1i}}h_i$ 计算，结果列于表 5-3 中。

7）计算基础中点的最终沉降量。

$$s=\sum\Delta s_i=(35.45+27.25+16.86+10.38+6.77+4.70)\text{mm}=101.41\text{mm}$$

5.3.3　规范法

《建筑地基基础设计规范》（GB 50007—2011）提出的地基沉降计算方法（以下简称规范法）是一种简化了的分层总和法。对于性质相同的同一层土，只要其压缩性指标相同，只需分为一层即可。该法引入了平均附加应力系数的概念，并在总结大量实践经验的前提下，重新规定了地基沉降计算深度的标准及地基沉降计算经验系数。

1. 计算原理

设地基土层均质、压缩模量 E_s 不随深度变化，根据式（5-26），总的沉降量为

$$s'=\sum_{i=1}^{n}\dfrac{\overline{\sigma}_{zi}}{E_{si}}h_i \tag{5-28}$$

其中，$\overline{\sigma}_{zi}h_i$ 为第 i 层附加应力曲线所围成的面积，如图 5-14 中阴影部分，用符号 A_{3456} 表示。

由此图可知 $\overline{\sigma}_{zi}h_i = A_{3456} = A_{1234} - A_{1256} = \int_0^{z_i} \sigma_z dz - \int_0^{z_{i-1}} \sigma_z dz$。

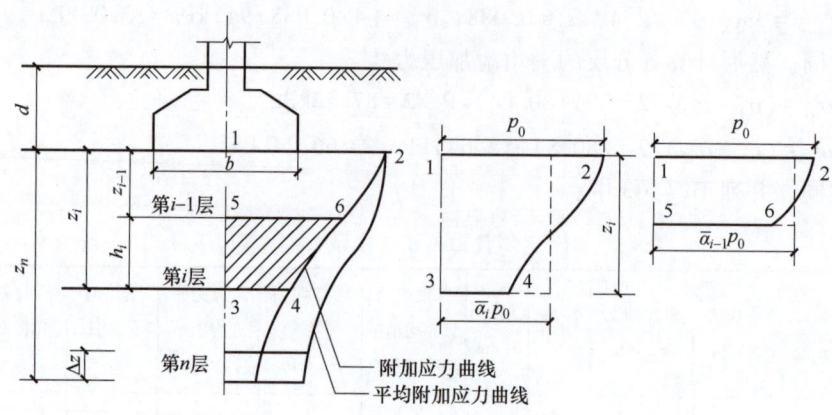

图 5-14 规范法计算地基沉降量

而 $\int_0^z \sigma_z dz = \int_0^z p_0 \alpha dz = p_0 \int_0^z \alpha dz = p_0 \left(\frac{1}{z}\int_0^z \alpha dz\right) z = p_0 \overline{\alpha} z$

式中，$\overline{\alpha} = \frac{1}{z}\int_0^z \alpha dz$ 称为深度 z 范围内平均附加应力系数。

$\overline{\alpha}$ 与附加应力系数 α 一样，对于矩形面积上作用有均布荷载，平均附加应力系数 $\overline{\alpha}$ 也是 $\left(\frac{l}{b}, \frac{z}{b}\right)$ 的函数，也可采用"角点法"，应用叠加原理计算。则

$$\overline{\sigma}_{zi}h_i = p_0\overline{\alpha}_i z_i - p_0\overline{\alpha}_{i-1}z_{i-1} = p_0(\overline{\alpha}_i z_i - \overline{\alpha}_{i-1}z_{i-1})$$

$$s' = \sum_{i=1}^n \frac{\overline{\sigma}_{zi}}{E_{si}}h_i = \sum_{i=1}^n \frac{p_0}{E_{si}}(\overline{\alpha}_i z_i - \overline{\alpha}_{i-1}z_{i-1}) \tag{5-29}$$

经理论计算与建筑物沉降观测相比较发现，对于中等压缩性地基，按式（5-29）计算的沉降量与实际情况基本吻合；对于高压缩性地基，计算沉降量小于实测沉降量，最多可相差 40%以上；对于低压缩性地基，计算沉降量则大于实测沉降量。因此，引入沉降计算经验系数 ψ_s，对式（5-29）进行修正，即

$$s = \psi_s s' = \psi_s \sum_{i=1}^n \frac{p_0}{E_{si}}(\overline{\alpha}_i z_i - \overline{\alpha}_{i-1}z_{i-1}) \tag{5-30}$$

式中，s 为地基最终沉降量，单位为 mm；ψ_s 为沉降计算经验系数，根据地区沉降观测资料及经验确定，无地区经验时，也可按表 5-4 取用；n 为地基沉降计算深度范围内所划分的土层数，计算范围内的分层厚度不宜过大，较厚的土层可适当划分以考虑不同的压缩模量取值，且两个压缩性不同的天然土层面即为沉降计算的分层面；p_0 为正常使用极限状态下，对应于荷载效应准永久组合时的基础底面处的附加应力，单位为 kPa；E_{si} 为基础底面下第 i 层土的压缩模量，应取土的自重应力至土的自重应力与附加应力之和的压力段计算，单位为 MPa；z_i、z_{i-1} 分别为基础底面至第 i 层土、第 $i-1$ 层土底面的距离，单位为 m；$\overline{\alpha}_i$、$\overline{\alpha}_{i-1}$ 分别为基础底面计算点至第 i 层土、第 $i-1$ 层土底面范围内的平均附加应力系数，对于矩形基础，可查表 5-5 按角点法计算，条形基础可取 $b/l=10$。这里 l 与 b 分别为基础的

长边和短边。

表 5-4 沉降计算经验系数 ψ_s

基底附加压力	$\overline{E}_s$/MPa				
	2.5	4.0	7.0	15.0	20.0
$p_0 \geq f_{ak}$	1.4	1.3	1.0	0.4	0.2
$p_0 \leq 0.75 f_{ak}$	1.1	1.0	0.7	0.4	0.2

注：f_{ak} 为地基承载力特征值；$\overline{E}_s$ 为沉降计算深度范围内压缩模量的当量值。

表 5-5 矩形均布荷载角点下的平均附加应力系数 $\overline{\alpha}_c$

z/b	l/b											
	1.0	1.2	1.4	1.6	1.8	2.0	2.4	2.8	3.2	3.6	4.0	5.0	10.0
0.0	0.2500	0.2500	0.2500	0.2500	0.2500	0.2500	0.2500	0.2500	0.2500	0.2500	0.2500	0.2500	0.2500
0.2	0.2496	0.2497	0.2497	0.2498	0.2498	0.2498	0.2498	0.2498	0.2498	0.2498	0.2498	0.2498	0.2498
0.4	0.2474	0.2479	0.2481	0.2483	0.2483	0.2484	0.2485	0.2485	0.2485	0.2485	0.2485	0.2485	0.2485
0.6	0.2423	0.2437	0.2444	0.2448	0.2451	0.2452	0.2454	0.2455	0.2455	0.2455	0.2455	0.2455	0.2456
0.8	0.2346	0.2372	0.2387	0.2395	0.2400	0.2403	0.2407	0.2408	0.2409	0.2409	0.2410	0.2410	0.2410
1.0	0.2252	0.2291	0.2313	0.2326	0.2335	0.2340	0.2346	0.2349	0.2351	0.2352	0.2352	0.2353	0.2353
1.2	0.2149	0.2199	0.2229	0.2248	0.2260	0.2268	0.2278	0.2282	0.2285	0.2286	0.2287	0.2288	0.2289
1.4	0.2043	0.2102	0.2140	0.2164	0.2180	0.2191	0.2204	0.2211	0.2215	0.2217	0.2218	0.2220	0.2221
1.6	0.1939	0.2006	0.2049	0.2079	0.2099	0.2113	0.2130	0.2138	0.2143	0.2146	0.2148	0.2150	0.2152
1.8	0.1840	0.1912	0.1960	0.1994	0.2018	0.2034	0.2055	0.2066	0.2073	0.2077	0.2079	0.2082	0.2084
2.0	0.1746	0.1822	0.1875	0.1912	0.1938	0.1958	0.1982	0.1996	0.2004	0.2009	0.2012	0.2015	0.2018
2.2	0.1659	0.1737	0.1793	0.1833	0.1862	0.1883	0.1911	0.1927	0.1937	0.1943	0.1947	0.1952	0.1955
2.4	0.1578	0.1657	0.1715	0.1757	0.1789	0.1812	0.1843	0.1862	0.1873	0.1880	0.1885	0.1890	0.1895
2.6	0.1503	0.1583	0.1642	0.1686	0.1719	0.1745	0.1779	0.1799	0.1812	0.1820	0.1825	0.1832	0.1838
2.8	0.1433	0.1514	0.1574	0.1619	0.1654	0.1680	0.1717	0.1739	0.1753	0.1763	0.1769	0.1777	0.1784
3.0	0.1369	0.1449	0.1510	0.1556	0.1592	0.1619	0.1658	0.1682	0.1698	0.1708	0.1715	0.1725	0.1733
3.2	0.1310	0.1390	0.1450	0.1497	0.1533	0.1562	0.1602	0.1628	0.1645	0.1657	0.1664	0.1675	0.1685
3.4	0.1256	0.1334	0.1394	0.1441	0.1478	0.1508	0.1550	0.1577	0.1595	0.1607	0.1616	0.1628	0.1639
3.6	0.1205	0.1282	0.1342	0.1389	0.1427	0.1456	0.1500	0.1528	0.1548	0.1561	0.1570.	0.1583	0.1595
3.8	0.1158	0.1234	0.1293	0.1340	0.1378	0.1408	0.1452	0.1482	0.1502	0.1516	0.1526	0.1541	0.1554
4.0	0.1114	0.1189	0.1248	0.1294	0.1332	0.1362	0.1408	0.1438	0.1459	0.1474	0.1485	0.1500	0.1516
4.2	0.1073	0.1147	0.1205	0.1251	0.1289	0.1319	0.1365	0.1396	0.1418	0.1434	0.1445	0.1462	0.1479
4.4	0.1035	0.1107	0.1164	0.1210	0.1248	0.1279	0.1325	0.1357	0.1379	0.1396	0.1407.	0.1425	0.1444
4.6	0.1000	0.1070	0.1127	0.1172	0.1209	0.1240	0.1287	0.1319	0.1342	0.1359	0.1371	0.1390	0.1410
4.8	0.0967	0.1036	0.1091	0.1136	0.1173	0.1204	0.1250	0.1283	0.1307	0.1324	0.1337	0.1357	0.1379
5.0	0.0935	0.1003	0.1057	0.1102	0.1139	0.1169	0.1216	0.1249	0.1273	0.1291	0.1304	0.1325	0.1348

(续)

z/b	l/b												
	1.0	1.2	1.4	1.6	1.8	2.0	2.4	2.8	3.2	3.6	4.0	5.0	10.0
5.2	0.0906	0.0972	0.1026	0.1070	0.1106	0.1136	0.1183	0.1217	0.1241	0.1259	0.1273	0.1295	0.1320
5.4	0.0878	0.0943	0.0996	0.1039	0.1075	0.1105	0.1152	0.1186	0.1211	0.1229	0.1243	0.1265	0.1292
5.6	0.0852	0.0916	0.0968	0.1010	0.1046	0.1076	0.1122	0.1156	0.1181	0.1200	0.1215	0.1238	0.1266
5.8	0.0828	0.0890	0.0941	0.0983	0.1018	0.1047	0.1094	0.1128	0.1153	0.1172	0.1187	0.1211	0.1240
6.0	0.0805	0.0866	0.0916	0.0957	0.0991	0.1021	0.1067	0.1101	0.1126	0.1146	0.1161	0.1185	0.1216
6.2	0.0783	0.0842	0.0891	0.0932	0.0966	0.0995	0.1041	0.1075	0.1101	0.1120	0.1136	0.1161	0.1193
6.4	0.0762	0.0820	0.0869	0.0909	0.0942	0.0971	0.1016	0.1050	0.1076	0.1096	0.1111	0.1137	0.1171
6.6	0.0742	0.0799	0.0847	0.0886	0.0919	0.0948	0.0993	0.1027	0.1053	0.1073	0.1088	0.1114	0.1149
6.8	0.0723	0.0779	0.0826	0.0865	0.0898	0.0926	0.0970	0.1004	0.1030	0.1050	0.1066	0.1092	0.1129
7.0	0.0705	0.0761	0.0806	0.0844	0.0877	0.0904	0.0949	0.0982	0.1008	0.1028	0.1044	0.1071	0.1109
7.2	0.0688	0.0742	0.0787	0.0825	0.0857	0.0884	0.0928	0.0962	0.0987	0.1008	0.1023	0.1051	0.1090
7.4	0.0672	0.0725	0.0769	0.0806	0.0838	0.0865	0.0908	0.0942	0.0967	0.0988	0.1004	0.1031	0.1071
7.6	0.0656	0.0709	0.0752	0.0789	0.0820	0.0846	0.0889	0.0922	0.0948	0.0968	0.0984	0.1012	0.1054
7.8	0.0642	0.0693	0.0736	0.0771	0.0802	0.0828	0.0871	0.0904	0.0929	0.0950	0.0966	0.0994	0.1036
8.0	0.0627	0.0678	0.0720	0.0755	0.0785	0.0811	0.0853	0.0886	0.0912	0.0932	0.0948	0.0976	0.1020
8.2	0.0614	0.0663	0.0705	0.0739	0.0769	0.0795	0.0837	0.0869	0.0894	0.0914	0.0931	0.0959	0.1004
8.4	0.0601	0.0649	0.0690	0.0724	0.0754	0.0779	0.0820	0.0852	0.0878	0.0893	0.0914	0.0943	0.0938
8.6	0.0588	0.0636	0.0676	0.0710	0.0739	0.0764	0.0805	0.0836	0.0862	0.0882	0.0898	0.0927	0.0973
8.8	0.0576	0.0623	0.0663	0.0696	0.0724	0.0749	0.0790	0.0821	0.0846	0.0866	0.0882	0.0912	0.0959
9.2	0.0554	0.0599	0.0637	0.0670	0.0697	0.0721	0.0761	0.0792	0.0817	0.0837	0.0853	0.0882	0.0931
9.6	0.0533	0.0577	0.0614	0.0645	0.0672	0.0696	0.0734	0.0765	0.0789	0.0809	0.0825	0.0855	0.0905
10.0	0.0514	0.0556	0.0592	0.0622	0.0649	0.0672	0.0710	0.0739	0.0763	0.0783	0.0799	0.0829	0.0880
10.4	0.0496	0.0537	0.0572	0.0601	0.0627	0.0649	0.0686	0.0716	0.0739	0.0759	0.0775	0.0804	0.0857
10.8	0.0479	0.0519	0.0553	0.0581	0.0606	0.0628	0.0664	0.0693	0.0717	0.0736	0.0751	0.0781	0.0834
11.2	0.0463	0.0502	0.0535	0.0563	0.0587	0.0609	0.0644	0.0672	0.0695	0.0714	0.0730	0.0759	0.0813
11.6	0.0448	0.0486	0.0518	0.0545	0.0569	0.0590	0.0625	0.0652	0.0675	0.0694	0.0709	0.0738	0.0793
12.0	0.0435	0.0471	0.0502	0.0529	0.0552	0.0573	0.0606	0.0634	0.0656	0.0674	0.0690	0.0719	0.0774
12.8	0.0409	0.0444	0.0474	0.0499	0.0521	0.0541	0.0573	0.0599	0.0621	0.0639	0.0654	0.0682	0.0739
13.6	0.0387	0.0420	0.0448	0.0472	0.0493	0.0512	0.0543	0.0568	0.0589	0.0607	0.0621	0.0649	0.0707
14.4	0.0367	0.0398	0.0425	0.0448	0.0468	0.0486	0.0516	0.0540	0.0561	0.0577	0.0592	0.0619	0.0677
15.2	0.0349	0.0379	0.0404	0.0426	0.0446	0.0463	0.0492	0.0515	0.0535	0.0551	0.0565	0.0592	0.0650
16.0	0.0332	0.0361	0.0385	0.0407	0.0425	0.0442	0.0469	0.0492	0.0511	0.0527	0.0540	0.0567	0.0625
18.0	0.0297	0.0323	0.0345	0.0364	0.0381	0.0396	0.0422	0.0442	0.0460	0.0475	0.0487	0.0512	0.0570
20.0	0.0269	0.0292	0.0312	0.0330	0.0345	0.0359	0.0383	0.0402	0.0418	0.0432	0.0444	0.0468	0.0524

2. 沉降计算经验系数

式（5-30）中的沉降计算经验系数 ψ_s 是任何沉降计算公式都需要考虑的问题。一方面，地基变形计算是在不考虑上部结构刚度影响下进行的，而且还有其他不能量化的因素都无法直接计入；另一方面，地基变形允许值是根据实际建筑物在不同类型地基上长期沉降观测资料归纳整理而制定的。为了使两者之间建立起一个统一的关系式，必须引入一个调整系数。应根据当地的土质条件、建筑物状况、长期沉降观测资料等，分析确定本地区的沉降计算经验系数。当无地区经验时，《建筑地基基础设计规范》（GB 50007—2011）根据经验观测资料与计算对比，得出与土层当量压缩模量 $\overline{E}_s$ 有关的沉降计算经验系数 ψ_s（表 5-4）。当量压缩模量 $\overline{E}_s$ 的定义是根据总沉降量相等的原则按土层的分层变形量进行的 E_{si} 的加权平均值，即

$$\overline{E}_s = \frac{\sum A_i}{\sum \dfrac{A_i}{E_{si}}} \tag{5-31}$$

式中，$A_i = p_0(z_i \overline{\alpha}_i - z_{i-1} \overline{\alpha}_{i-1})$。

显然，$\overline{E}_s$ 体现了各分层土的 E_{si} 在沉降计算中的作用，完全等效于各分层 E_{si} 的综合影响。

3. 沉降计算深度

地基沉降计算深度 z_n 可通过试算确定，即要求满足：

$$\Delta s'_n \leq 0.025 \sum_{i=1}^{n} \Delta s'_i \tag{5-32}$$

式中，$\Delta s'_i$ 为在计算深度 z_n 范围内，第 i 层土的计算变形值，单位为 mm；$\Delta s'_n$ 为在计算深度 z_n 处向上取厚度为 Δz 土层（图 5-12）的计算变形值，单位为 mm。其中，Δz 按表 5-6 确定。

表 5-6 计算厚度 Δz

基底宽度 b/m	≤2	2<b≤4	4<b≤8	b>8
Δz/m	0.3	0.6	0.8	1.0

式（5-32）确定地基沉降计算深度的方法称为变形比法。具体计算时，先假设一个沉降计算深度，进行校核，如不满足，再改变沉降计算深度，直至满足为止。如按式（5-32）计算确定的 z_n 下仍有软弱土层时，在相同条件下，变形会较大，故尚应继续往下计算，直至软弱土层中所取规定厚度 Δz 的计算变形量满足式（5-32）为止。

当无相邻荷载影响，基础宽度在 1~30m 范围内时，基础中点的地基沉降计算深度 z_n 也可按下列公式估算：

$$z_n = b(2.5 - 0.4 \ln b) \tag{5-33}$$

式中，b 为基础宽度，单位为 m，$\ln b$ 为 b 的自然对数。

此外，当沉降计算深度范围内存在基岩时，z_n 可取至其基岩表面；当存在较厚的坚硬黏土层，其孔隙比小于 0.5，且压缩模量大于 50MPa，或存在较厚的密实砂卵石层，其压缩模量大于 80MPa 时，z_n 可取至该层土表面。

【例 5-3】 用规范法计算例 5-2。

解： 根据例 5-2 已得基底面积 $A=(4\times 2.5)\text{m}^2=10\text{m}^2$，基底附加压力为 $p_0=94\text{kPa}$。

1) 确定沉降计算深度 z_n。

因无相邻基础影响，$z_n=b(2.5-0.4\ln b)=[2.5\times(2.5-0.4\times\ln 2.5)]\text{m}=5.33\text{m}$，所以，初步取沉降计算深度 $z_n=5.4\text{m}$。

2) 分层。

自 z_n 向上取一小薄层，由于 $b=2.5\text{m}$，查表 5-6 得 $\Delta z=0.6\text{m}$，从而把地基分为 3 层计算。

3) 沉降计算。

采用"角点法"，运用叠加原理，计算平均附加应力系数 $\bar{\alpha}_i$。查表 5-5 时，$b=1.25\text{m}$，$l/b=1.6$，所得的平均附加应力系数应乘以 4。

计算各点的自重应力，各分层自重应力的平均值作为 p_{1i}；各分层附加应力的平均值 $\bar{\sigma}_{zi}$ 为

$$\bar{\sigma}_{zi}=\frac{p_0(\bar{\alpha}_i z_i-\bar{\alpha}_{i-1}z_{i-1})}{h_i}$$

式中，h_i 为分层厚度。令 $p_{2i}=p_{1i}+\bar{\sigma}_{zi}$，即分层的自重应力的平均值与附加应力的平均值之和。根据室内压缩试验，分别求得 p_{1i} 和 p_{2i} 所对应的孔隙比 e_{1i} 和 e_{2i}，然后根据压缩系数的定义求得压缩系数 a，再根据压缩系数与压缩模量的关系 $E_s=\dfrac{1+e_{1i}}{a}$ 求得压缩模量 E_s，见表 5-7。最后

$$s'=(81.76+15.92+2.51)\text{mm}=100.2\text{mm}$$

表 5-7 例 5-3 规范法计算最终沉降量

分层点	深度 z_i/m	自重应力 σ_c/kPa	层号	厚度 h_i/m	自重应力平均值 p_{1i}/kPa	z/b ($b=1.25$)	$\bar{\alpha}_i$ / $4\bar{\alpha}_i$ / $4z_i\bar{\alpha}_i$	$4p_0(z_i\bar{\alpha}_i-z_{i-1}\bar{\alpha}_{i-1})$	平均附加应力 $\bar{\sigma}_{zi}$/kPa	总应力平均值 p_{2i}/kPa	受压前孔隙比 e_{1i}	受压后孔隙比 e_{2i}	压缩系数 a_i /MPa^{-1}	压缩模量 E_s/MPa	Δs_i/mm
0	0	18	—	—	—	0	0.2500 / 1.0000 / 0	—	—	—	—	—	—	—	—
①	3	45.66	1	3	31.83	2.4	0.1757 / 0.7028 / 2.1084	198.19	66.06	97.89	0.908	0.856	0.787	2.424	81.76
②	4.8	60.42	2	1.8	53.04	3.84	0.1339 / 0.5356 / 2.5709	43.48	24.16	77.20	0.923	0.906	0.704	2.732	15.92
③	5.4	65.34	3	0.6	62.86	4.32	0.1226 / 0.4904 / 2.6482	7.27	12.11	74.97	0.916	0.908	0.661	2.899	2.51

所得结果与例5-2非常接近，但计算要简单得多。

4）校核 z_n。

$\Delta s_n = 2.51\text{mm}$，而 $0.025 s' = 0.025 \times 100.2\text{mm} = 2.51\text{mm}$，满足要求。

5）确定沉降计算经验系数。当量压缩模量为

$$\overline{E}_s = \frac{\sum A_i}{\sum (A_i/E_{si})} = \frac{\sum p_0(z_i\overline{\alpha}_i - z_{i-1}\overline{\alpha}_{i-1})}{\sum p_0[(z_i\overline{\alpha}_i - z_{i-1}\overline{\alpha}_{i-1})/E_{si}]} = \frac{198.19 + 43.48 + 7.27}{\dfrac{198.19}{2.424} + \dfrac{43.48}{2.732} + \dfrac{7.27}{2.899}}\text{MPa} = 2.48\text{MPa}$$

$p_0 = 94\text{kPa}$，假定 $p_0 = f_{ak}$，查表5-4并插值，$\psi_s = 1.4$。

6）地基最终沉降量为 $s = \psi_s s' = 1.4 \times 100.2\text{mm} = 140.3\text{mm}$

5.3.4 e-$\lg p$ 曲线法

前述沉降计算方法没有考虑应力历史的影响。由于没有注意欠固结土在土的自重应力作用下的继续压密和超固结土的卸载再压缩，按上述方法得到的沉降量有时与实际差异较大。考虑土的应力历史进行沉降计算则比较符合实际情况，也是国际上常用的方法。这就需要通过高压固结试验得到 e-$\lg p$ 曲线。与分层总和法一样，按 e-$\lg p$ 曲线计算地基的变形量，也是基于侧限压缩条件。在计算中，土的压缩性指标从原位压缩曲线上来确定，即压缩过程中，孔隙比的变化沿原位压缩曲线变化，因此，就考虑了应力历史对地基沉降的影响。

1. 正常固结土

假定第 i 层土的厚度为 h_i，其自重应力的平均值为 p_{1i}，所对应的初始孔隙比为 e_{0i}，在其上作用的附加应力的平均值为 Δp_i（有效应力增量），其压缩指数为 C_{ci}，由图5-6a可得，由 p_{1i} 压缩至 $p_{1i} + \Delta p_i$，相应的孔隙比减少量 Δe_i 为

$$\Delta e_i = C_{ci}[\lg(p_{1i} + \Delta p_i) - \lg p_{1i}] = C_{ci}\lg \frac{p_{1i} + \Delta p_i}{p_{1i}} \tag{5-34}$$

相应的压缩变形量为

$$\Delta s_i = \frac{\Delta e_i}{1 + e_{0i}} h_i = \frac{h_i}{1 + e_{0i}} C_{ci} \lg \frac{p_{1i} + \Delta p_i}{p_{1i}} \tag{5-35}$$

则地基的总压缩变形量为（设地基分层数为 n）

$$s = \sum_{i=1}^{n} \Delta s_i = \sum_{i=1}^{n} \frac{h_i}{1 + e_{0i}} C_{ci} \lg \frac{p_{1i} + \Delta p_i}{p_{1i}} \tag{5-36}$$

2. 超固结土

计算超固结土层的沉降时，涉及使用压缩曲线的回弹指数 C_e 和压缩指数 C_c，如图5-6b所示，因此计算时应区别两种情况：

1）当第 i 分层土的自重应力 p_{1i}（平均值）与其附加应力 Δp_i（平均值）之和不超过其先期固结压力 p_{ci}，即 $\Delta p_i \leq p_{ci} - p_{1i}$ 时，由图5-6b可知，压力由 p_{1i} 增大到 $p_{1i} + \Delta p_i$，孔隙比沿再压缩曲线 FE 段变化，相应的孔隙比减少量 Δe_i 为

$$\Delta e_i = C_{ei}[\lg(p_{1i} + \Delta p_i) - \lg p_{1i}] = C_{ei}\lg \frac{p_{1i} + \Delta p_i}{p_{1i}} \tag{5-37}$$

若这种情况的分层数为 n，则 n 层土总压缩变形量 s_n 为

$$s_n = \sum_{i=1}^{n} \Delta s_i = \sum_{i=1}^{n} \frac{h_i}{1+e_{0i}} C_{ei} \lg \frac{p_{1i}+\Delta p_i}{p_{1i}} \tag{5-38}$$

2）当第 j 分层土的自重应力 p_{1j}（平均值）与其附加应力 Δp_j（平均值）之和大于其先期固结压力 p_{cj}，即 $\Delta p_j > p_{cj} - p_{1j}$ 时，压力由 p_{1j} 增大到 $p_{1j}+\Delta p_j$，孔隙比先沿再压缩曲线 FE 段减少 $\Delta e'_j$，再沿压缩曲线 ED 段减少 $\Delta e''_j$，两者之和 Δe_j 为

$$\Delta e_j = \Delta e'_j + \Delta e''_j = C_{ej} \lg \frac{p_{cj}}{p_{1j}} + C_{ej} \lg \frac{p_{1j}+\Delta p_j}{p_{cj}} \tag{5-39}$$

若这种情况的分层数为 m，则 m 层土的总压缩变形量 s_m 为

$$s_m = \sum_{j=1}^{m} \Delta s_j = \sum_{j=1}^{m} \frac{h_j}{1+e_{0j}} \left(C_{ej} \lg \frac{p_{cj}}{p_{1j}} + C_{ej} \lg \frac{p_{1j}+\Delta p_j}{p_{cj}} \right) \tag{5-40}$$

这样，地基的总压缩变形量为式（5-38）与式（5-40）之和。

3. 欠固结土

对于欠固结土，其固结沉降包括由于地基附加应力所产生的沉降和由其自重应力作用还将持续固结的沉降之和，可采用正常固结土类似的方法计算。所不同的是，先期固结压力 p_c 小于土的自重应力 p_1，压缩自 p_c 开始计算，即

$$\Delta e_i = C_{ci} \lg \frac{p_{1i}+\Delta p_i}{p_{ci}} \tag{5-41}$$

则 n 层土的总压缩变形量 s 为

$$s = \sum_{i=1}^{n} \Delta s_i = \sum_{i=1}^{n} \frac{h_i}{1+e_{0i}} C_{ci} \lg \frac{p_{1i}+\Delta p_i}{p_{ci}} \tag{5-42}$$

如果基础压缩层范围内的多层土体分别处于不同的固结状态，那就需要先分别按上述方法分别计算其压缩变形量，然后相加就是地基的沉降量。

5.3.5 弹性力学方法

对于竖向集中力 F 作用于弹性半空间体表面的课题，布辛奈斯克于 1885 年给出了内部任意点 $M(x,y,z)$ 处产生的竖向位移 $w(x,y,z)$。如取 M 点的坐标 $z=0$，则可得半空间表面任意点竖向位移 $w(x,y,0)$，即为地基表面的沉降 s，表达式如下：

$$s(x,y) = w(x,y,0) = \frac{F(1-\mu^2)}{\pi E_0 r} \tag{5-43}$$

式中，s 为竖向集中力 F 作用下地基表面任意点沉降；r 为地基表面任意点到竖向集中力作用点的距离，$r = \sqrt{x^2+y^2}$。

对于局部柔性荷载作用下的地基沉降，则可利用式（5-43），根据叠加原理求得。如图 5-15a 所示，设荷载面 A 内 $N(\xi,\eta)$ 点处的分布荷载为 $p_0(\xi,\eta)$，则该点微面积 $\mathrm{d}\xi\mathrm{d}\eta$ 上的分布荷载可由集中力 $F = p_0(\xi,\eta)\mathrm{d}\xi\mathrm{d}\eta$ 代替。于是，地面上与 N 点相距为 $r = \sqrt{(x-\xi)^2+(y-\eta)^2}$ 的 $M(x,y)$ 点的沉降 $s(x,y)$，可由式（5-43）积分求得：

$$s(x,y) = \frac{1-\mu^2}{\pi E_0} \iint_A \frac{p_0(\xi,\eta)\,\mathrm{d}\xi\mathrm{d}\eta}{\sqrt{(x-\xi)^2+(y-\eta)^2}} \tag{5-44}$$

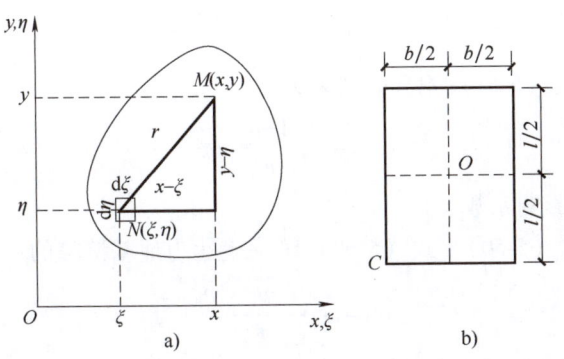

图 5-15 弹性力学方法计算沉降
a）计算简图 b）均布矩形面积荷载

对于均布的矩形荷载，$p_0(\xi,\eta)=p_0=$ 常数，其角点 C 的沉降按式（5-44）积分的结果为

$$s=\delta_c p_0 \qquad (5\text{-}45)$$

式中，δ_c 为单位均布矩形荷载 $p_0=1$ 在角点 C 处引起的沉降，称为角点沉降系数。它是矩形荷载面长度 l 和宽度 b 的函数，即

$$\delta_c=\frac{1-\mu^2}{\pi E_0}\left(l\ln\frac{b+\sqrt{l^2+b^2}}{l}+b\ln\frac{l+\sqrt{l^2+b^2}}{b}\right) \qquad (5\text{-}46)$$

将长宽比 $m=l/b$、式（5-46）代入式（5-45），则

$$s=\frac{(1-\mu^2)b}{\pi E_0}\left[m\ln\frac{1+\sqrt{m^2+1}}{m}+\ln(m+\sqrt{m^2+1})\right]p_0 \qquad (5\text{-}47)$$

令 $\omega_c=\dfrac{1}{\pi}\left[m\ln\dfrac{1+\sqrt{m^2+1}}{m}+\ln(m+\sqrt{m^2+1})\right]$，称为角点沉降影响系数，则式（5-47）变为

$$s=\omega_c\frac{1-\mu^2}{E_0}bp_0 \qquad (5\text{-}48)$$

利用式（5-48），以角点法容易求得均布矩形荷载下地基表面任意点的沉降。例如矩形中心点 O 的沉降是图 5-15b 中以虚线划分的四个相同小矩形的角点沉降之和，由于小矩形的长宽比 $m=(l/2)/(b/2)=l/b$ 等于原矩形的长宽比，所以中心点 O 的沉降为

$$s=4\omega_c\frac{1-\mu^2}{E_0}(b/2)p_0=2\omega_c\frac{1-\mu^2}{E_0}bp_0 \qquad (5\text{-}49)$$

即矩形面积受均布荷载，中心点沉降为角点沉降的 2 倍，如令 $\omega_0=2\omega_c$ 为中心点沉降影响系数，则

$$s=\omega_0\frac{1-\mu^2}{E_0}bp_0 \qquad (5\text{-}50)$$

以上角点法的计算结果和实践经验都表明，柔性荷载下地面的沉降不仅产生于荷载范围之内，而且还影响到荷载面以外，沉降后的地面呈碟形。但一般基础都具有一定的抗弯刚度，因而基底沉降依基础刚度的大小而趋于均匀，所以中心荷载作用下的基础沉降可以近似地按柔性荷载下的基底平均沉降计算，即

$$s = \iint_A s(x,y) \, dx\, dy / A \tag{5-51}$$

对于均布矩形荷载，式（5-51）积分的结果为

$$s = \omega_m \frac{1-\mu^2}{E_0} b p_0 \tag{5-52}$$

式中，ω_m 为平均沉降影响系数。

把式（5-48）、式（5-50）、式（5-52）统一表达为地基沉降的一般形式为

$$s = \omega \frac{(1-\mu^2) b p_0}{E_0} \tag{5-53}$$

式中，b 为矩形荷载（基础）的宽度或圆形荷载（基础）的直径；ω 为沉降影响系数，按基础的刚度、底面形状及计算点位置而定，可由表5-8查得。

表 5-8　沉降影响系数 ω

计算点位置		荷载面形状											
		圆形	方形	矩形（l/b）									
		—	1.0	1.5	2.0	3.0	4.0	5.0	6.0	7.0	8.0	9.0	10.0	100
柔性基础	ω_c	0.6	0.56	0.68	0.77	0.89	0.98	1.05	1.11	1.16	1.20	1.24	1.27	2.00
	ω_0	1.00	1.12	1.36	1.53	1.78	1.96	2.10	2.22	2.32	2.40	2.48	2.54	4.01
	ω_m	0.85	0.95	1.15	1.30	1.52	1.70	1.83	1.96	2.04	2.12	2.19	2.25	2.70
刚性基础	ω_r	0.79	0.88	1.08	1.22	1.44	1.61	1.72	—	—	—	—	2.12	3.40

对于中心荷载下的刚性基础，由于它具有无限大的抗弯刚度，受荷沉降后基础不发生挠曲，因而基底的沉降量处处相等，即在基底范围内，式（5-44）中 $s(x,y) = s$ 为常数，将该式与基础的静力平衡条件 $\iint_A p_0(\xi,\eta) \, d\xi\, d\eta = F$ 联合可求得基底反力 $p_0(x,y)$ 和沉降 s。其中 s 也可表达为式（5-53）的形式，但式中 $p_0 = F/A$（F 和 A 分别为中心荷载合力和基底面积），ω 则取刚性基础的沉降影响系数 ω_r，按表5-8查得，其值与柔性荷载 ω_m 接近。

当地基土质均匀时，利用式（5-53）估算基础的最终沉降量是很简便的。但按这种方法计算的结果往往偏大，这是由于弹性力学公式是按均质的线性变形半空间（半无限体）的假设得到的，而实际上地基常常是非均质的成层土（包括下卧基岩的存在），即使是均质的土层，其变形模量 E_0 一般也随深度而增大，因此，利用弹性力学公式计算沉降的问题，在于所用的 E_0 值是否能反映地基变形的真实情况。地基土层的 E_0 值，如能从既有建筑物的沉降观测资料，以弹性力学公式反算求得，这种数据是很有价值的。

此外，弹性力学公式可用来计算瞬时沉降量，如风荷载或其他短暂荷载作用，只需把变形模量 E_0 换成弹性模量 E，并把土的泊松比 $\mu = 0.5$ 代入即可。

■ 5.4　地基沉降问题讨论

上一节所介绍的利用 e-p 曲线或 e-$\lg p$ 曲线计算地基最终沉降量的分层总和法，其前提为侧限压缩，不考虑土体的侧向变形，属一维压缩课题。实际上，地基受到附加应力后，变形

并不像在固结仪中这么简单地沿一个方向压缩,侧向变形对固结沉降的影响也很大,特别是当地基中黏性土层厚度超过基础底面的宽度时。下面对沉降计算中的主要问题进行讨论。

5.4.1 三维应力状态下黏性土地基沉降的三个发展阶段

在荷载作用下,黏性土地基沉降经历三个不同的发展阶段,即总沉降量 s 按发生的次序可分为三个主要部分:瞬时沉降量(immediate settlement)s_d、固结沉降量(consolidation settlement)s_c 和次固结沉降量(secondary consolidation settlement)s_s,如图 5-16 所示。

$$s = s_d + s_c + s_s \tag{5-54}$$

瞬时沉降也称为初始沉降(initial settlement)或不排水沉降,指加载瞬间土中孔隙水来不及排出,孔隙体积尚未变化,土体发生剪切畸变,地基土发生剪切变形而产生的沉降。由于基础加载面积为有限尺寸,加载后地基中有剪应变产生,特别是在靠近基础边缘应力集中部位。对于饱和或接近饱和的黏性土,加载瞬间土中水来不及排出,在不排水恒体积状况下,剪应变将引起侧向变形而造成瞬时沉降。而这种剪切变形,必须在没有侧限的条件下才会发生,一维沉降则不会产生所谓的剪切畸变。所以,前面基于室内侧限压缩的分层总和法以及规范法都没有计及瞬时沉降。黏性土的瞬时沉降量常采用弹性力学的方法计算。

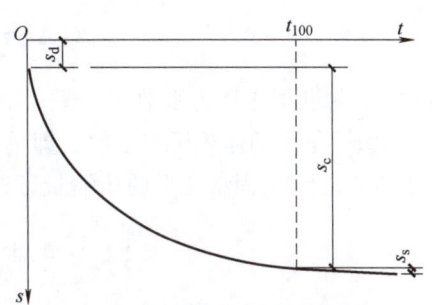

图 5-16 地基沉降的发展与组成

固结沉降又称为主固结沉降(primary consolidation settlement),指在荷载作用下,孔隙水逐渐被挤出而体积相应减少,土体逐渐压密所产生的沉降量。饱和土固结沉降的速率取决于孔隙水的排出速率,通常是地基沉降的主要分量。地基的最终固结沉降量取决于初始孔隙水压力的分布,可近似由前述分层总和法以及规范法求得。但需要指出的是,三维应力状态下地基的初始孔隙水压力与正应力增量和偏应力增量有关,其分布与一维固结理论(见下一节)大不相同。

次固结沉降指土中孔隙水已经消散,有效应力增长基本不变之后变形仍随时间缓慢增长所引起的沉降。这种变形既包括剪应变,又包括体积变化,并与孔隙水的排出无关,而是取决于土骨架本身的蠕变性质。

以上三部分是地基在三向变形过程中不同阶段表现出主要部分的变形量,并非在不同时间段截然分开发生的。如在固结沉降过程中会伴随着次固结沉降,只不过后者量值相对很小而已;在固结沉降接近稳定时,超静孔隙水压力差不多消散后,次固结沉降上升为主要量值。实际上,一般很难将其完全分开,这里的区分也仅仅是为讨论和计算方便而已。

5.4.2 考虑侧向变形时地基沉降量计算

5.3.5 节介绍的计算地基最终沉降量的弹性力学方法,是以弹性半空间竖向位移解答为基础的线性变形法,考虑了地基的三向变形。其中变形参量如取排水条件下土的变形模量和泊松比,所得的应为包括瞬时沉降和固结沉降在内的地基最终沉降量。从中减去利用弹性模量与泊松比按 0.5 取值而得的瞬时沉降量,即为固结沉降部分。但是,运用弹性理论,把土体视为线性变形体，不能反映饱和土在三向应力状态下孔隙水压力逐步消散转化为有效应力的固结特点。

地表在局部荷载 p_0 作用下，地基土处于三维应力状态，土中孔隙水的排出也是三维的。而荷载中心点下任意点的应力状态可近似视为轴对称，相应的，地基中产生大主应力增量 $\Delta\sigma_1$（竖向）和小主应力增量 $\Delta\sigma_3$（水平向），则对于饱和土，该点的初始孔隙水压力 Δu 可由斯肯普顿（A. W. Skempton）公式（见第6章）求得：

$$\Delta u = \Delta\sigma_3 + A(\Delta\sigma_1 - \Delta\sigma_3) \tag{5-55}$$

或写成

$$\Delta u = \Delta\sigma_1\left[A + \frac{\Delta\sigma_3}{\Delta\sigma_1}(1-A)\right] \tag{5-56}$$

式中，A 为孔隙水压力系数。

设 m_v 是土的体积压缩系数，即单位体积土体在单位压力作用下的竖向压缩量。对于厚度为 H 的土层，固结变形的压缩量可近似按下式计算：

$$s'_c = \int_0^H m_v \Delta u \, dz = \int_0^H m_v \Delta\sigma_1 \left[A + \frac{\Delta\sigma_3}{\Delta\sigma_1}(1-A)\right] dz \tag{5-57}$$

而单向固结的固结变形量为

$$s_c = \int_0^H m_v \Delta\sigma_1 \, dz \tag{5-58}$$

引入一个比例系数 C_p 来表示这两个固结变形之比，即

$$C_p = \frac{s'_c}{s_c} \tag{5-59}$$

对于某一指定的土层来说，假定 m_v 和 A 都是常数，则

$$C_p = A + \frac{\int_0^H \Delta\sigma_3 \, dz}{\int_0^H \Delta\sigma_1 \, dz}(1-A) = A + \alpha(1-A) \tag{5-60}$$

式中，$\alpha = \dfrac{\int_0^H \Delta\sigma_3 \, dz}{\int_0^H \Delta\sigma_1 \, dz}$，表示整个土层厚度 H 内大小主应力图面积之比，其大小视荷载面的形状及土层厚度 H 而定。对于圆形基础或条形基础，α 与 z/B 的关系如图 5-17 所示。图中，z 表示到基础底面的深度，B 表示条形基础宽度或圆形基础直径。

由式 (5-60) 可知，固结沉降修正系数 C_p 的数值取决于土的孔隙水压力系数 A、基础形状以及土层厚度 H 与基础宽度 B 之比，对于圆形基础或条形基础，该系数可由图 5-18 查得。从图中可以看出，只有 A 接近于 1，或为浅层压缩土（z/B 较小时），利用单向压缩公式计算固结变形才是比较正确的，否则，就会产生较大的偏差。此时，可从图 5-18 查得固结沉降修正系数 C_p 乘以单向压缩固结变形 s_c，就得到考虑侧向变形的固结沉降，即

$$s'_c = C_p s_c \tag{5-61}$$

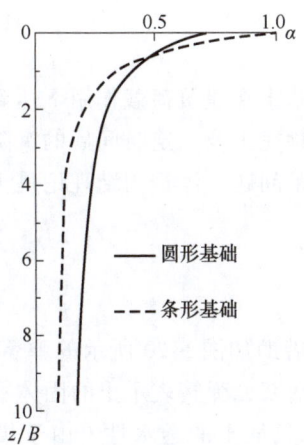

图 5-17　大小主应力图面积之比与 z/B 的关系

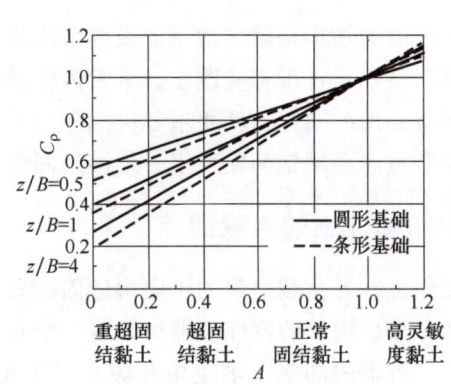

图 5-18　固结沉降修正系数 C_p

5.4.3　次固结沉降

许多室内试验和现场都表明，一定荷载作用下的土，在主固结完成之后发生的次固结过程中，其孔隙比与时间的关系在半对数图上接近于一条直线，如图 5-19 所示。次固结引起的孔隙比变化可表示为

$$\Delta e = -C_a \lg \frac{t_2}{t_{100}} \tag{5-62}$$

式中，C_a 为半对数曲线上直线段的斜率，称为次固结指数（secondary consolidation index）；t_{100} 为相当于主固结达到 100% 的时间；t_2 为需要计算次固结的时间。

次固结指数 C_a 的大小主要视土的种类而定。在缺乏试验资料时，可根据如下选取：正常固结黏土，$C_a = 0.005 \sim 0.02$；塑性大的土，有机土 $C_a \geq 0.03$；超固结土（超固结比 OCR>2），$C_a < 0.001$。由次固结指数 C_a 的大小可以看出，若地基土由塑性大的土或有机土组成，次固结沉降在地基总沉降量中的比例将是很可观的。

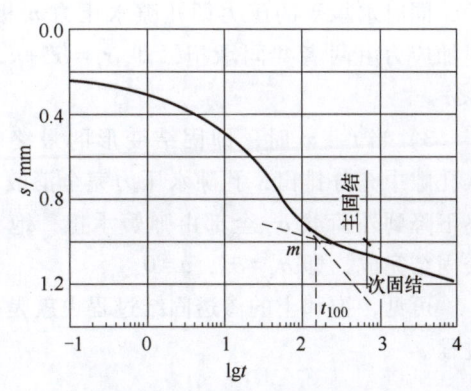

图 5-19　土的 s—$\lg t$ 曲线

根据许多室内和现场试验结果，次固结指数 C_a 主要取决于土的天然含水率，并可按下式估计：

$$C_a = 0.018w \tag{5-63}$$

式中，w 为土的天然含水率，以小数计。

以上对沉降的讨论，都是基于黏性土而言的。对于非黏性土地基，由于加载后剪切和压缩引起的沉降都在加载后很快发生，迄今尚没有比较成熟的计算方法。

■ 5.5 饱和黏性土一维渗透固结理论

前面介绍的方法都是确定地基的最终沉降量,即地基土在建筑荷载作用下达到压缩稳定后的沉降量。然而,在工程实践中,常常需要预估建筑物完工及一定时间后的沉降量和达到某一沉降所需要的时间,这就要求解决沉降与时间的关系问题。渗透固结理论是土力学的重要理论,本节重点介绍饱和黏性土一维渗透固结理论。

5.5.1 饱和黏性土的渗透固结

饱和黏性土在外荷载引起的单向渗透固结过程,可借助如图5-20所示的弹簧-活塞模型来说明。在一个盛满水的刚性容器中,装一个有弹簧的活塞,弹簧表示土的固体颗粒所组成的土的骨架,容器内的水表示土中孔隙水,带孔的活塞象征土的透水性。由于模型中只有固、液两相介质,则外荷载 σ_z 仅由水和弹簧共同承担,根据有效应力原理,有:

$$\sigma_z = \sigma' + u \tag{5-64}$$

很明显,式(5-64)表明土的孔隙水压力 u 与有效应力 σ' 对外荷载 σ_z 的分担作用,但这种分担作用与时间有关:

1)当 $t=0$ 时,即活塞瞬间施加压力,水来不及排出,弹簧没有变形,附加应力全部由水承担,即 $u=\sigma_z$, $\sigma'=0$。

2)当 $t>0$ 时,随着荷载作用时间的延续,水受到压力后逐步排出,弹簧开始受力,σ' 逐步增长,同时水承受的压力即孔隙水压力 u 相应减小,附加应力由两者共同承担,即 $\sigma_z = \sigma' + u$,$\sigma' < \sigma_z$,$u < \sigma_z$。

3)当 $t \to \infty$ 时,即固结变形的最终时刻,水从孔隙中充分排出,孔隙水压力完全消散,活塞最终下降到外荷载 σ_z 全部由弹簧承担,饱和土的渗透固结完成,即 $\sigma_z = \sigma'$,$u=0$。

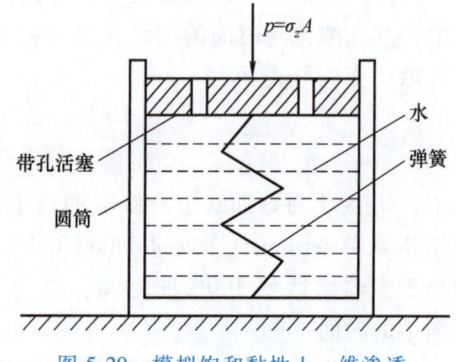

图5-20 模拟饱和黏性土一维渗透固结过程的机械模型

可见,饱和土的渗透固结过程也就是孔隙水压力随时间逐步消散和有效应力逐步增加的过程。

5.5.2 太沙基一维固结理论

早在1925年,太沙基(K. Terzaghi)就建立了饱和黏性土一维固结微分方程,并获得了一定初始条件和边界条件下的解析解,这一方程迄今仍被广泛应用。其适用条件为荷载面宽度远大于压缩土层厚度,地基中的孔隙水主要沿竖向渗流。对于堤坝或高层建筑地基的渗透固结,则是二维或三维问题。

1. 一维固结微分方程及其解答

在厚度为 H 的饱和黏性土层面施加一无限宽广的均布荷载 p_0,土中所产生的附加应力 σ_z 沿深度均匀分布,如图5-21a中面积 $abdc$,土层只沿深度 z 方向渗流,属一维问题。在渗透过程中（$t>0$），面积 $abec$ 和面积 bed 分别表示某时刻有效应力和孔隙水压力沿深度的分布情况。假定上表面（$z=0$）可自由排水，下表面（$z=H$）不透水且不可压缩。为便于方程推导且不失一般性，引入如下基本假设：

1) 土层是均质的，完全饱和。
2) 在固结过程中，土粒和孔隙水是不可压缩的。
3) 土层仅在竖向产生排水固结（相当于完全侧限条件）。
4) 土层的渗透系数 k 和压缩系数 a 为常数。
5) 土层的压缩速率取决于自由水的排出速率，水的渗流符合达西定律。
6) 外荷载是一次瞬时施加的，且附加应力沿深度 z 均匀分布。

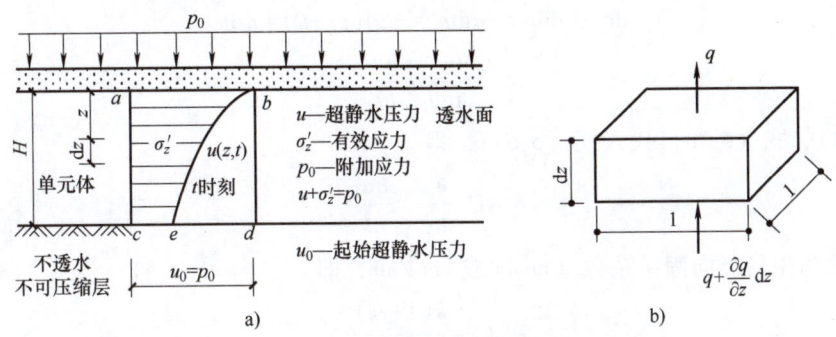

图 5-21　饱和黏性土一维固结模型
a) 模型　b) 单元体

在黏性土层中距顶面 z 处取一微分单元体，长度为 dz，断面面积为 1×1，土体初始孔隙比为 e_0，单元体的体积为 $1\times 1\times dz$。根据孔隙比的定义，可得其中土粒的体积为

$$V_s = \frac{1\times 1\times dz}{1+e_0} = \frac{dz}{1+e_0} \tag{5-65}$$

设在固结过程中的某一时刻 t，从单元顶面（深度 z 处）流出的流量为 q，从单元底面（深度 $z+dz$ 处）流入的流量为 $q+\dfrac{\partial q}{\partial z}dz$，如图 5-21b 所示。此时的孔隙比为 e。则 dt 时间内，单元体内的水体积减少量为

$$dV_w = \left[q-\left(q+\frac{\partial q}{\partial z}dz\right)\right]dt = -\frac{\partial q}{\partial z}dzdt \tag{5-66}$$

此时的孔隙体积为 $V_v = eV_s = e\dfrac{dz}{1+e_0}$。在 dt 时间内，单元体的孔隙体积的变化量为

$$dV_v = \frac{\partial V_v}{\partial t}dt = \frac{\partial}{\partial t}\left(e\frac{dz}{1+e_0}\right)dt = \frac{dzdt}{1+e_0}\frac{\partial e}{\partial t} \tag{5-67}$$

根据假设，土体中土粒和水都是不可压缩的，故此时间内单元体的水量变化量应该等于单元体孔隙体积的变化量，即 $dV_w = dV_v$，综合式（5-66）和式（5-67），得：

$$-\frac{\partial q}{\partial z}dzdt = \frac{dzdt}{1+e_0}\frac{\partial e}{\partial t}$$

即
$$-\frac{\partial q}{\partial z}=\frac{1}{1+e_0}\frac{\partial e}{\partial t} \tag{5-68}$$

这就是饱和土体渗流固结过程的基本关系式。根据达西定律，单位时间内通过断面面积 $A=1\times 1$ 的流量为

$$q=vA=ki=-k\frac{\partial h}{\partial z}=-\frac{k}{\gamma_w}\frac{\partial u}{\partial z} \tag{5-69}$$

式中，水力坡降 $i=-\frac{\partial h}{\partial z}$；超静孔隙水压力 $u=\gamma_w h$，这里 h 为测压管水头高度。

由 $a=-\frac{\mathrm{d}e}{\mathrm{d}p}$ 和有效应力原理，有：

$$\mathrm{d}e=-a\mathrm{d}p=-a\mathrm{d}\sigma'=-a\mathrm{d}(p_0-u)=a\mathrm{d}u$$

即
$$\frac{\partial e}{\partial t}=a\frac{\partial u}{\partial t} \tag{5-70}$$

把式（5-69）、式（5-70）代入式（5-68），得

$$C_v\frac{\partial^2 u}{\partial z^2}=\frac{\partial u}{\partial t} \tag{5-71}$$

式中，C_v 称为土的竖向固结系数（m²/a 或 cm²/a），即

$$C_v=\frac{k(1+e_0)}{a\gamma_w} \tag{5-72}$$

式（5-71）即为饱和土的一维固结微分方程。对于该方程，可以根据不同的初始条件和边界条件求得其特解。图 5-21a 所示课题的初始条件和边界条件为

$t=0$，$0\leq z\leq H$：$u=\sigma_z=p_0$

$0<t<\infty$，$z=0$（透水面）：$u=0$

$0<t<\infty$，$z=H$（不透水面）：$\frac{\partial u}{\partial z}=0$

$t=\infty$，$0\leq z\leq H$：$u=0$

根据以上条件，采用分离变量法求得方程式（5-71）的解析解，即深度 z 处时刻 t 的孔隙水压力为

$$u(z,t)=\frac{4}{\pi}p_0\sum_{m=1}^{\infty}\frac{1}{m}e^{-\frac{m^2\pi^2}{4}T_v}\sin\left(\frac{m\pi}{2H}z\right) \tag{5-73}$$

式中，m 为正奇数（1，3，5，…）；e 为自然对数底数；H 为最大排水距离，当土层单面排水时，H 等于土层厚度；当土层双面排水时，H 等于土层厚度的一半；T_v 为时间因数（time factor）（无量纲），即

$$T_v=\frac{C_v t}{H^2} \tag{5-74}$$

2. 固结度及其应用

所谓固结度（degree of consolidation），是指在某一固结应力作用下，经过时间 t 后，土体发生固结或孔隙水压力消散的程度。对于土层任一深度 z 处经时间 t，其有效应力 σ'_{zt} 与总应力 p_0 之比定义为固结度 U_{zt}，即

$$U_{zt} = \frac{\sigma'_{zt}}{p_0} = \frac{u_0 - u(z,t)}{u_0} = 1 - \frac{u(z,t)}{u_0} \tag{5-75}$$

式中，u_0 为初始孔隙水压力，其大小即等于该点的附加应力。

对于工程而言，更有意义的是其平均固结度。平均固结度 U_t 定义为在固结时刻 t，土层土的骨架已经承担起来的有效应力与全部附加应力的比值，即有效应力沿土层厚度的积分与初始孔隙水压力沿土层厚度的积分的比值。用应力分布图形的面积进一步描述时，平均固结度为沿土层厚度有效应力图形的面积与初始孔隙水压力图形的面积之比，即

$$U_t = \frac{\text{面积 } abec}{\text{面积 } abdc}$$

或

$$U_t = \frac{\int_0^H \sigma'_{zt} \mathrm{d}z}{\int_0^H p_0 \mathrm{d}z} = \frac{\int_0^H u_0 \mathrm{d}z - \int_0^H u(z,t) \mathrm{d}z}{\int_0^H u_0 \mathrm{d}z} = 1 - \frac{\int_0^H u(z,t) \mathrm{d}z}{\int_0^H u_0 \mathrm{d}z} \tag{5-76a}$$

显然，当土层为均质时，地基在固结过程中任一时刻 t 的固结沉降量 s_t 与地基的最终沉降量 s 之比即为地基在 t 时刻的平均固结度，即

$$U_t = \frac{s_t}{s} \tag{5-76b}$$

在地基的固结应力、土层性质和排水条件已定的前提下，固结度仅是时间 t 的函数。它反映了孔隙水压力向有效应力转化的完成程度。显然，$t=0$ 时，$U_t=0$；$t=\infty$ 时，$U_t=1$。

把式（5-73）代入式（5-76a），积分整理后得：

$$U_t = 1 - \frac{8}{\pi^2} \sum_{m=1}^{\infty} \frac{1}{m^2} e^{-m^2 \frac{\pi^2}{4} T_v} = 1 - \frac{8}{\pi^2} \left(e^{-\frac{\pi^2}{4} T_v} + \frac{1}{9} e^{-9\frac{\pi^2}{4} T_v} + \cdots \right) \tag{5-77}$$

该级数收敛很快，当 $U_t > 0.3$ 时，可近似取其第一项，即

$$U_t = 1 - \frac{8}{\pi^2} e^{-\frac{\pi^2}{4} T_v} \tag{5-78}$$

为便于应用，常把 U_t 与 T_v 关系绘制成曲线 [图 5-22 中曲线（0）]。另外，为了简化计算，式（5-77）可用以下近似公式表示：

$$T_v = \frac{\pi}{4} U_t^2, \quad U_t < 0.60 \tag{5-79}$$

$$T_v = -0.933 \lg(1 - U_t) - 0.085, \quad U_t > 0.60 \tag{5-80}$$

以上解答是在起始超静孔隙水压力沿土层厚度均匀分布、单面排水的情况下求得的，称为情况 0。在实际应用中，作用于饱和土层中的起始超静孔隙水压力要比以上讨论复杂得多，为了采用一维固结理论计算，常将起始超静孔隙水压力近似为沿土层厚度线性变化。单面排水条件下，设土层排水面和不排水面的起始超静孔隙水压力分别为 u'_0 和 u''_0，根据 $\alpha = u'_0/u''_0$ 值可将有关课题分为以下 5 种情况（图 5-23）：

情况 0：$\alpha = 1$，应力图形为矩形，相当于土层在自重应力作用下已经固结，基础底面积较大而压缩土层较薄的情况。

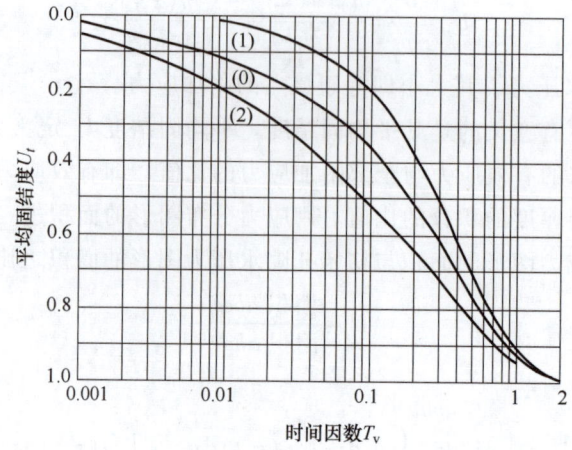

图 5-22　U_t-T_v 关系曲线

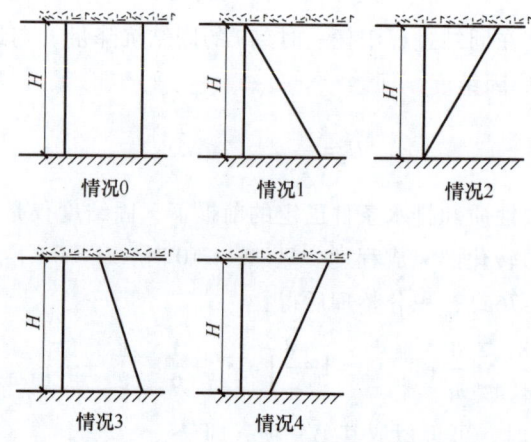

图 5-23　固结土层中的起始压力分布

情况 1：$\alpha = 0$，应力图形为三角形分布，相当于大面积新填土层（饱和时）由于本身自重应力引起的固结；或者土层由于地下水位大幅度下降，在地下水变化范围内，自重应力随深度变化的情况。

情况 2：$\alpha = \infty$，应力图形为三角形分布，相当于基础面积小，土层厚，土层底面附加应力已接近于 0 的情况。

情况 3：$\alpha < 1$，应力图形为梯形分布，相当于土层在自重应力作用下尚未固结，又在上面修建建筑物的情况。

情况 4：$\alpha > 1$，应力图形为梯形分布，与情况 2 类似，但土层底面附加应力大于 0 的情况。

对于情况 1 和情况 2，根据其边界条件同样可求得平均固结度公式，并绘出 U_t-T_v 关系曲线。如图 5-22 中曲线（1）和曲线（2），或制成表格，见表 5-9。而情况 3 和情况 4，则按照情况 0 与情况 1 或情况 2 叠加求得 U_t 与 T_v 的关系。但以上情况都是单面排水，若是双面排水，则不管附加应力分布如何，只要是线性分布，均按情况 0 计算。但此时时间因数表达式中的 H 需以 H/2 代替。

表 5-9 U_t-T_v 关系对照表

平均固结度 $U_t(\%)$	时间因数 T_v		
	情况 0	情况 1	情况 2
0	0	0	0
5	0.002	0.024	0.001
10	0.008	0.047	0.003
15	0.016	0.072	0.005
20	0.031	0.100	0.009
25	0.048	0.124	0.016
30	0.071	0.158	0.024
35	0.096	0.188	0.036
40	0.126	0.221	0.048
45	0.156	0.252	0.072
50	0.197	0.294	0.092
55	0.236	0.336	0.128
60	0.287	0.383	0.160
65	0.336	0.440	0.216
70	0.403	0.500	0.271
75	0.472	0.568	0.352
80	0.567	0.665	0.440
85	0.686	0.772	0.544
90	0.848	0.940	0.720
95	1.120	1.268	1.016
100	∞	∞	∞

对于图 5-23 中情况 3，根据平均固结度的定义，把总应力分布（起始超静孔隙水压力）图分成两部分，第一部分即为情况 0，第二部分即为情况 1。对于第一部分

$$U_{t0} = \frac{A_1}{u_0' H} \text{ 或 } A_1 = U_{t0} u_0' H \tag{5-81a}$$

对于第二部分

$$U_{t1} = \frac{A_2}{\frac{1}{2}(u_0'' - u_0') H}, \text{ 或 } A_2 = U_{t1} \times \frac{1}{2}(u_0'' - u_0') H \tag{5-81b}$$

而情况 3 的平均固结度为

$$U_{t3} = \frac{A_1 + A_2}{\frac{1}{2}(u_0'' + u_0') H} \tag{5-81c}$$

把式 (5-81a) 和式 (5-81b) 代入式 (5-81c), 得:

$$U_{t3} = \frac{U_{t0}u_0'H + U_{t1} \times \frac{1}{2}(u_0'' - u_0')H}{\frac{1}{2}(u_0'' + u_0')H} = \frac{2\alpha U_{t0} + (1-\alpha)U_{t1}}{1+\alpha} \quad (5\text{-}81\text{d})$$

式中, U_{ti} 表示情况 i 的平均固结度 ($i = 0$, 1, 3)。

同样求得情况 4 的平均固结度为

$$U_{t4} = \frac{2U_{t0} + (\alpha - 1)U_{t2}}{1+\alpha} \quad (5\text{-}82)$$

注意,上面的推导中,u_0' 和 u_0'' 分别表示排水面和不排水面上的初始孔隙水压力或附加应力,并非完全对应土层上下表面处的附加应力。对于式 (5-81d), $\alpha < 1$; 对于式 (5-82), $\alpha > 1$。

【例 5-4】 某饱和黏土层,厚 10m,在大面积均布荷载 $p_0 = 100$kPa 作用下,上层面排水,下层面为不透水层。已知初始孔隙比 $e_0 = 0.8$, 压缩系数 $a = 0.25$MPa^{-1}, 渗透系数 $k = 2.5$cm/a。求:

1) 加载 1a 时的沉降量。
2) 求土层沉降 80mm 所需时间。

解: 1) 求加载 1a 时的沉降量。由于是大面积荷载,所以黏土层中附加应力沿深度均匀分布, $\sigma_z = 100$kPa。

黏土层最终沉降为

$$s = \frac{a}{1+e_0}\sigma_z H = \left(\frac{0.25 \times 10^{-3}}{1+0.8} \times 100 \times 10 \times 10^3\right) \text{mm} = 139\text{mm}$$

竖向固结系数为

$$C_v = \frac{k(1+e_0)}{a\gamma_w} = \frac{2.5 \times 10^{-2} \times (1+0.8)}{0.25 \times 10^{-3} \times 10} \text{m}^2/\text{a} = 18\text{m}^2/\text{a}$$

单面排水时的时间因数为

$$T_v = \frac{C_v}{H^2}t = \frac{18}{10^2} \times 1 = 0.18$$

该课题属于情况 0, 查图 5-22 曲线 (0) 或表 5-9, 得到相应的平均固结度 $U_t = 48\%$, $t = 1$a 的沉降量为

$$s_t = (0.48 \times 139)\text{mm} = 67\text{mm}$$

2) 求土层沉降 80mm 所需的时间。

固结度: $U_t = \dfrac{s_t}{s_\infty} = \dfrac{80}{139} = 0.58$

仍按情况 0 查得 $T_v = 0.269$, 所需的时间为

$$t = \frac{T_v H^2}{C_v} = \frac{0.269 \times 10^2}{18} = 1.49\text{a}$$

5.5.3 固结系数的测定

从前面的分析可知,平均固结度 U_t 与时间因数 T_v 有关,而 T_v 又与竖向固结系数 C_v 有

关。土的竖向固结系数越大，土层固结越快，两者关系极为密切。为了正确估算地基固结和建筑物沉降速率，必须合理地测定竖向固结系数。常用的测定方法有时间对数（$\lg t$）法、时间平方根（$\sqrt{t}$）法、三点计算法等，这些方法均基于 U_t-t 关系曲线的各种特点而总结出来。下面仅介绍时间平方根法的原理。

由式（5-79）可知，当 $U_t < 0.60$ 时

$$U_t = \frac{2}{\sqrt{\pi}} \sqrt{T_v} \tag{5-83}$$

即 U_t 与 $\sqrt{T_v}$ 呈直线关系。要注意，当 U_t 较大时（如 $U_t > 0.60$），两者并非直线关系。对于室内侧限压缩试验，其平均固结度为

$$U_t = \frac{h_0 - h}{h_0 - h_\infty} \tag{5-84}$$

式中，h_0 为室内侧限压缩试验土样开始固结时的高度；h_∞ 为土样固结完成后（$t=\infty$）的高度；h 为 t 时刻土样达到平均固结度 U_t 时的高度。

由式（5-74）得：

$$\sqrt{T_v} = \frac{\sqrt{C_v}}{H} \sqrt{t} \tag{5-85}$$

把式（5-84）、式（5-85）代入式（5-83），得：

$$h = h_0 - \frac{2}{\sqrt{\pi}} \frac{\sqrt{C_v}(h_0 - h_\infty)}{H} \sqrt{t} \tag{5-86}$$

即土样在固结过程中，当 $U_t < 0.60$ 时，其高度 h 与 $\sqrt{t}$ 呈直线关系。室内侧限压缩试验也证实了这一点，如图 5-24 所示。该直线与纵轴交点为 A 点（坐标为 h_0），该直线记为 AB。

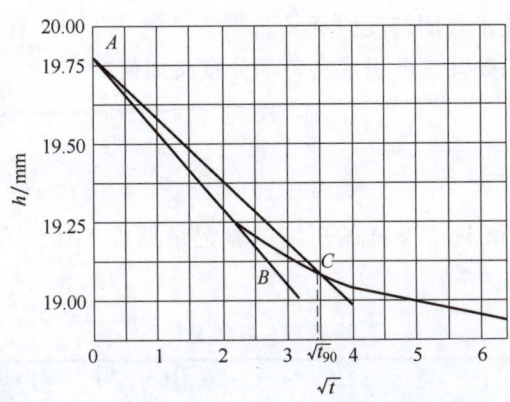

图 5-24　时间平方根法确定竖向固结系数

当平均固结度 $U_t = 0.9$ 时，由式（5-84）易见，此时土样高度 $h_{90} = 0.1 h_0 + 0.9 h_\infty$。由表 5-9 中情况 0 可得 $T_v = 0.848$，所对应的固结时间 t_{90} 为

$$\sqrt{t_{90}} = \sqrt{0.848} \frac{H}{\sqrt{C_v}} = 0.921 \frac{H}{\sqrt{C_v}} \tag{5-87}$$

C 点（$\sqrt{t_{90}}, h_{90}$）位于压缩曲线上，直线 AC 的方程为

$$h = h_0 - \frac{0.9}{0.921} \frac{\sqrt{C_v}(h_0 - h_\infty)}{H} \sqrt{t} \quad (5\text{-}88)$$

比较直线 AC 与直线 AB，AC 的斜率与 AB 的斜率之比为 $1:1.15$。因此，求竖向固结系数的具体做法是：

1）根据室内压缩试验绘制土样高度 h 与 $\sqrt{t}$ 的关系曲线。

2）延长曲线开始段的直线，交纵坐标于 A 点。

3）过 A 点作一直线，令其横坐标为前一直线横坐标的 1.15 倍，则后一直线与 h-$\sqrt{t}$ 曲线的交点 C 所对应的横坐标的二次方即为试样平均固结度达到 90% 所需的时间 t_{90}。这样，该级压力下的竖向固结系数 C_v 由下式求得：

$$C_v = \frac{0.848 H^2}{t_{90}} \quad (5\text{-}89)$$

式中，H 为最大排水距离。由于固结试验一般为双面排水，所以可取某级压力下试样的初始和终了高度平均值的一半为 H。

思 考 题

1. 土的压缩系数、压缩指数、压缩模量和变形模量各具有什么意义？它们是如何获得的？相互之间有何关系？

2. 什么是超固结比？根据超固结比如何划分土层的状态？

3. 试述分层总和法计算最终沉降量的假定条件。

4. 计算最终沉降量的分层总和法和弹性力学方法的根本区别是什么？

5. 分层总和法与规范法，在分层和沉降计算深度方面有何不同？

6. 何为固结度？试述平均固结度的意义。

7. 土的最终沉降量由哪几部分组成？各部分意义如何？

习 题

1. 某工程钻孔 3—1 和 3—2 土样的压缩试验记录见表 5-10，试绘制压缩曲线，并计算 a_{1-2} 和评价压缩性。

表 5-10 习题 1 表

土样编号	垂直压力 p/kPa					
	0	50	100	200	300	400
	孔隙比					
3—1（粉质黏土）	0.866	0.799	0.770	0.736	0.721	0.714
3—2（淤泥质黏土）	1.085	0.960	0.890	0.803	0.748	0.707

2. 某超固结黏土层厚 2.0m，先期固结压力 $p_c = 300$ kPa，现有自重应力 $p_0 = 100$ kPa，建筑物对该土层产生的平均附加应力为 400kPa，已知土层的压缩指数为 $C_c = 0.4$，回弹指数

$C_c = 0.1$,初始孔隙比 $e_0 = 0.8$,求该土层的最终压缩量。

3. 地面以下 4~8m 范围内有一层软黏土,含水率 $w = 42\%$,重度 $\gamma = 17.5 \text{kN/m}^3$,土粒相对密实度 $d_s = 2.70$,压缩系数 $a = 1.35 \text{MPa}^{-1}$。4m 以上为粉质黏土,重度为 16.25kN/m^3,地下水位在地表处。若地面作用一无限均布荷载 $p = 100 \text{kPa}$,求软黏土的最终压缩量。

4. 有一深厚粉质黏土层,地下水位在地表处,饱和重度 $\gamma_{sat} = 18 \text{kN/m}^3$,由于工程需要,大面积降低地下水位 3m,降水区重度变为 17kN/m^3,孔隙比与应力之间的关系为 $e = 1.25 - 0.125 \lg p$,试求降水区土层最终压缩量和地面下 3~5m 厚土层最终压缩量。

5. 某方形基础如图 5-25 所示,其压缩试验结果见表 5-10,试按分层总和法计算地基最终沉降量。

6. 某矩形基础及地基资料如图 5-26 所示,试用规范法计算地基最终沉降量($\psi_s = 1.2$)。

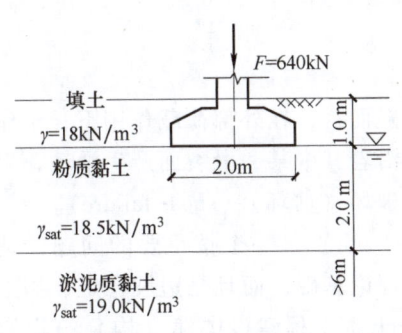

图 5-25 习题 5 图

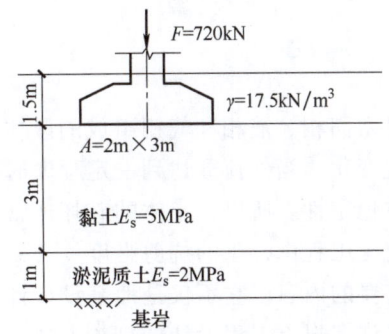

图 5-26 习题 6 图

7. 某饱和黏性土层的厚度为 10m,在大面积荷载 $p_0 = 120 \text{kPa}$ 作用下,土层的初始孔隙比 $e = 1.0$,压缩系数 $a = 0.3 \text{MPa}^{-1}$,渗透系数 $k = 18 \text{mm/a}$。按黏性土层在单面排水和双面排水条件下分别求:

1)加载 1a 时的沉降量。

2)沉降量达 140mm 所需时间。

8. 某饱和黏性土层的厚度为 10m,其下为岩层,上表面可自由排水,表面施加均布荷载 $p = 150 \text{kPa}$,经过 4 个月后,测得土层中各深度处的超静孔隙水压力 u 见表 5-11。

1)绘制 $t = 0$、$t = 4$ 个月、$t = \infty$ 时土层中超静孔隙水压力沿深度的分布图。

2)试估计需要再经过多长时间土层才能达到 90% 平均固结度?

表 5-11 习题 8 表

z/m	u/kPa	z/m	u/kPa
1	25	6	105
2	48	7	112
3	67	8	118
4	83	9	120
5	95		

第6章 土的抗剪强度

6.1 概述

土是由固相、液相和气相组成的散体材料。一般而言,在外部荷载作用下,土体中的应力将发生变化。当外荷载达到一定程度时,土体将沿着其中某一滑裂面产生滑动,而使土体丧失整体稳定性。所以,土体的破坏通常都是剪切破坏(剪坏)(shear failure)。

在岩土工程中,土的抗剪强度(shear strength of soil)是一个很重要的问题,是土力学中十分重要的内容。它不仅是地基设计计算的重要理论基础,而且是边坡稳定、挡土墙侧压力分析等许多岩土工程设计的理论基础。为了保证土木工程建设中建(构)筑物的安全和稳定,必须详细研究土的抗剪强度和土的极限平衡等问题。在工程建设实践中,道路的边坡、路基、土石坝、建筑物地基等丧失稳定性的例子是很多的,如图6-1所示。所有这些事故均是由于土中某一点或某一部分的应力超过土的抗剪强度造成的。

在实际工程中,与土的抗剪强度有关的问题主要有以下三方面:第一是土坡稳定性问题,包括土坝、路堤等人工填方土坡和山坡、河岸等天然土坡以及挖方边坡等的稳定性问题,如图6-1a所示;第二是地基承载力问题,若外荷载很大,基础下地基中的塑性变形区扩展成一个连续的滑动面,使得建筑物整体丧失了稳定性,如图6-1b所示;第三是土压力问题,包括挡土墙、地下结构物等周围的土体对其产生的侧向压力可能导致这些构造物发生滑动或倾覆,如图6-1c所示。

任何材料都有其极限承载能力,通常称为材料的强度。土体作为一种天然材料也有其强度,大量的工程实践和试验表明,土的抗剪性能在很大程度上可以决定土体承载能力,所以在土力学中土的强度特指抗剪强度,土体的破坏为剪切破坏。与其他连续介质材料的破坏不同,土是由颗粒组成的,但一般很少考虑颗粒本身的破坏。土体破坏主要是研究土颗粒之间的黏结破坏,或土颗粒之间产生过大的相对移动。

土的抗剪强度是指土体抵抗剪切破坏的能力。在外荷载作用下,土体中便产生应力分布,从材料力学中可以知道,土体的任意斜面一般均会同时出现正应力和剪应力。土体沿该斜面是否被剪应力破坏,不但取决于这个斜面上的剪应力,还和斜面上所受到的正应力有关。这是因为剪应力作用的结果迫使土颗粒相互错动产生破坏;而正应力的作用则对土颗粒有压实、增加土抗剪的能力,有利于土体的稳定和强度的提高。由此可见,土的抗剪能力是与某一斜面上的正应力和剪应力两个因素有关的。土在什么情况下发生破坏,确切地说,应是当正应力和剪应力在什么组合情况下才会发生破坏。研究表明土的抗剪强度不仅与土颗粒大小、形状、级配、密实度、矿物成分和含水率等因素有关,而且还与土受剪时的排水条件、剪切速率等外界环境条件有关。这就是土的抗剪强度的试验手段和指标选用较为复杂的原因。

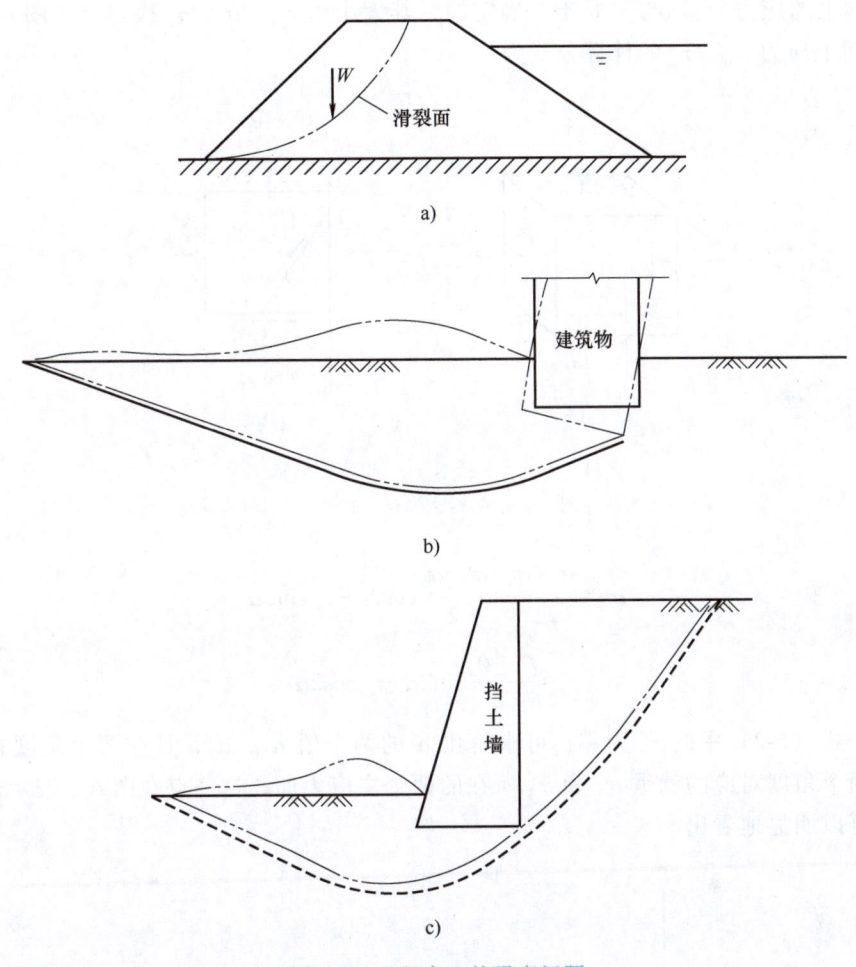

图 6-1 工程中土的强度问题
a) 土坡稳定性   b) 地基承载力   c) 挡土墙土压力

6.2 库仑公式

6.2.1 土体中任一点的应力状态

土体在受到外荷载时,应力在土中的分布已经确定下来,一般来说每一点的应力状态是不一样的,判定某一点的土是否发生破坏,沿什么方向破坏,就要研究土体中每一点的应力状态。所以理解和掌握土体中任一点的应力状态的有关知识是十分重要的。在此首先介绍一下应力状态的有关知识要点,详细内容可参考材料力学。

工程中的土一般是处于三向受力状态，考虑到土的破坏是由于剪应力造成的，而最大剪应力是由主应力 σ_1 和 σ_3 所决定。所以在土力学中对土的受力状态的研究主要集中在 σ_1 和 σ_3 所决定的平面内，一般不考虑 σ_2 的影响。设 σ_1 和 σ_3 所处的平面为 xOz 平面，那么一点的受力状态可描述为如图 6-2a 所示的形式。一旦图中的各应力分量确定下来，那么该受力点任意斜面上的应力分量 σ、τ 是唯一确定的，其大小由 σ_x、σ_z、τ_{xz} 决定。如图 6-2b 所示，任一 α 斜面上应力 σ_α、τ_α 的计算公式为

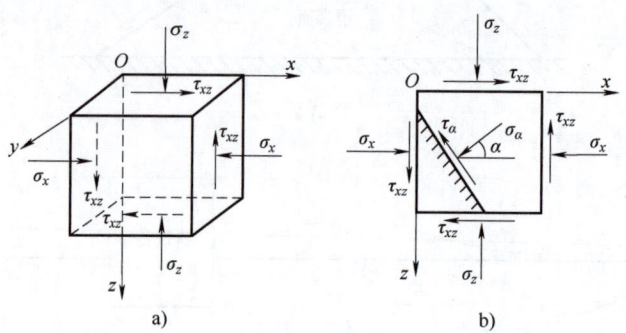

图 6-2 土中任意一点的应力状态
a) 不考虑中间主应力的应力状态　b) xOz 平面内的应力

$$\sigma_\alpha = \frac{\sigma_x + \sigma_z}{2} + \frac{\sigma_x - \sigma_z}{2}\cos 2\alpha - \tau_{xz}\sin 2\alpha \tag{6-1}$$

$$\tau_\alpha = \frac{\sigma_x - \sigma_z}{2}\sin 2\alpha + \tau_{xz}\cos 2\alpha \tag{6-2}$$

如果令式（6-2）中的 τ_α 为零，可求解出 α 的两个值 α_1、α_2，且这两个角度相差 90°。实际上这两个角度对应的就是 σ_1 和 σ_3 所在的两个主应力面，这一点在图 6-3 表示的莫尔应力圆中也可以明显地看出。

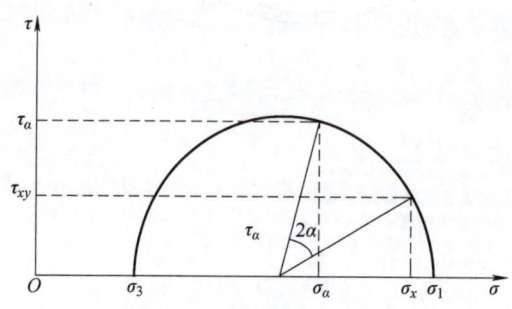

图 6-3 莫尔应力圆

从式（6-1）、式（6-2）中消去参变量 α 后，即得：

$$\left(\sigma_\alpha - \frac{\sigma_x + \sigma_z}{2}\right)^2 + \tau_\alpha^2 = \left(\frac{\sigma_x - \sigma_z}{2}\right)^2 + \tau_{xz}^2 \tag{6-3}$$

很明显，式（6-3）在 $\sigma\text{-}\tau$ 直角坐标系中表示的图形是一个圆，其圆心位于横坐标 σ 轴

上，其横坐标为 $\frac{\sigma_x+\sigma_z}{2}$，半径为 $\sqrt{\left(\frac{\sigma_x-\sigma_z}{2}\right)^2+\tau_{xz}^2}$，如图 6-3 所示，也就是材料力学中的莫尔应力圆或简称为莫尔（Mohr）圆。圆上的每一点的纵横坐标值分别代表对应受力点某一斜面上的 σ、τ。莫尔应力圆上的点与斜面方位的对应关系为某一斜面在莫尔应力圆上对应的点与 x 轴的夹角是实际几何夹角的 2 倍，如图 6-3 所示。

设土中某一点的应力状态 σ_x、σ_z、τ_{xz} 为已知，确定该应力状态下主应力大小和方向的方法如下：

方法一：利用式（6-1）直接求解。由于主应力面上的剪应力为零，由式（6-2）知

$$\frac{\sigma_x-\sigma_z}{2}\sin2\alpha+\tau_{xz}\cos2\alpha=0 \tag{6-4}$$

于是

$$\tan2\alpha=-\frac{2\tau_{xz}}{\sigma_x-\sigma_z} \tag{6-5}$$

从而可求出 $\cos2\alpha$ 和 $\sin2\alpha$，代入式（6-1）即可得到 σ_1、σ_3。

方法二：利用高等数学求极值的方法，式（6-1）两边对 α 求导。σ_α 取极值时，有

$$\frac{\partial\sigma_\alpha}{\partial\alpha}=-(\sigma_x-\sigma_z)\sin2\alpha-2\tau_{xz}\cos2\alpha=0 \tag{6-6}$$

$$\sigma_{\max}=\sigma_1=\frac{1}{2}(\sigma_x+\sigma_z)+\frac{1}{2}\sqrt{(\sigma_x-\sigma_z)^2+4\tau_{xz}^2} \tag{6-7}$$

$$\sigma_{\min}=\sigma_3=\frac{1}{2}(\sigma_x+\sigma_z)-\frac{1}{2}\sqrt{(\sigma_x-\sigma_z)^2+4\tau_{xz}^2} \tag{6-8}$$

上述公式还可以利用图 6-3 中的几何关系导出，可自我练习。请自行画出应力圆，并求出其他参数。

6.2.2　土强度理论的库仑公式

前面已说明，土的强度破坏通常是指剪切破坏，当土体中剪应力等于土的抗剪强度时的临界状态（critical state）称为"极限平衡状态"（state of limit equilibrium）。土的极限平衡条件是指土体处于极限平衡状态时土的应力状态和土的抗剪强度指标之间的关系式。本节将介绍最适用土的强度理论，推导无黏性土和黏性土的极限平衡条件。为便于理解，从最简单的情况着手研究。

材料强度理论实际上是指材料在什么应力状态下发生破坏的判别依据，不同的理论适用于不同的材料。实践表明土体发生破坏时，土体是沿某一斜面或曲面（称为滑动面）产生相对滑动，表现为剪切破坏。而滑动面上的剪应力就等于土的抗剪强度。通常认为，库仑理论最适合土体的情况。该理论是法国学者库仑（C. A. Coulomb）在 1776 年根据砂土的试验结果（图 6-4）提出的，认为土的抗剪强度 τ_f 和滑动面上受到的正应力 σ 成正比，即

$$\tau_f=\sigma\tan\varphi \tag{6-9}$$

黏性土的抗剪强度比砂土的抗剪强度增加一项：土的

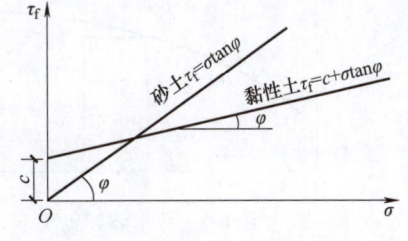

图 6-4　莫尔-库仑准则

黏聚力,即

$$\tau_f = c + \sigma\tan\varphi \tag{6-10}$$

式中,c 为土的黏聚力 (cohesion),单位为 kPa;φ 为土的内摩擦角 (angle of internal friction),单位为 (°)。

一般将式 (6-9)、式 (6-10) 称为土的库仑强度公式,即土的抗剪强度包括两部分:摩擦强度 $\sigma\tan\varphi$ 和黏聚强度 c。对于砂土,通常认为颗粒之间没有黏聚强度,即 $c=0$。

6.2.3 莫尔-库仑强度理论

莫尔 (O. Mohr) 在库仑早期研究工作的基础上,于 1910 年提出了一般意义下的材料剪切破坏理论。他仍然认为剪应力是造成材料破坏的根本原因,当任一平面的剪应力等于材料的抗剪强度时,该点就会沿剪应力所在的平面发生破坏,并认为在破裂面上抗剪强度 τ_f 是该面上法向应力的函数,即

$$\tau_f = f(\sigma) \tag{6-11}$$

这个函数所定义的 τ_f-σ 曲线,如图 6-5 所示,称为莫尔破坏包线 (the Mohr failure envelope),或抗剪强度包线 (shear strength envelope)。该线最直接的确定方法是用同一种土样,测试某一平面上不同的 σ 所对应的土在该平面上破坏时的剪应力 τ。然后将这些点描绘在 σ-τ 坐标系中,这些点所决定的曲线或回归方程,就是莫尔破坏包线。它表示材料在某一平面上的抗剪强度,后者会随该平面上正应力的变化而变化。曲线上每一点表示材料破坏时不同应力 (σ,τ) 的极限状态。如果对于某一点土在某一平面 mn 上的正应力为 σ,剪应力为 τ,σ_0 表示正应力 σ 和剪应力 τ 的合力,如图 6-6 所示,那么该平面能够提供的抗剪强度 τ_f 可由式 (6-10) 确定,该平面的应力状态在 σ-τ 坐标系中所对应的点为 (σ,τ)。显然当 $\tau<\tau_f$ 时,状态点 (σ,τ) 落在破坏包线下面,如图 6-5 中的 A 点所示,表明土体在该点沿该平面不会发生剪切破坏;当 $\tau>\tau_f$ 时,状态点 (σ,τ) 落在破坏包线上面,如图 6-5 中的 B 点所示,表明土体在该点沿该平面已经发生剪切破坏。实际上,这种应力状态是不存在的,因为在实际工程中,应力的发展是渐进的,当实际剪应力 τ 增加到抗剪强度 τ_f 时,就不可能再继续增加,所以实际的剪应力是不会出现 $\tau>\tau_f$ 的情况。当 $\tau=\tau_f$ 时,如图 6-5 中的 C 点所示,平面 mn 处于稳定与破坏的分界点上,平面 mn 处于极限平衡状态,或称为临界状态 (critical state)。

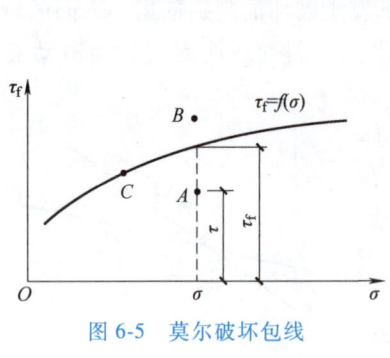

图 6-5 莫尔破坏包线

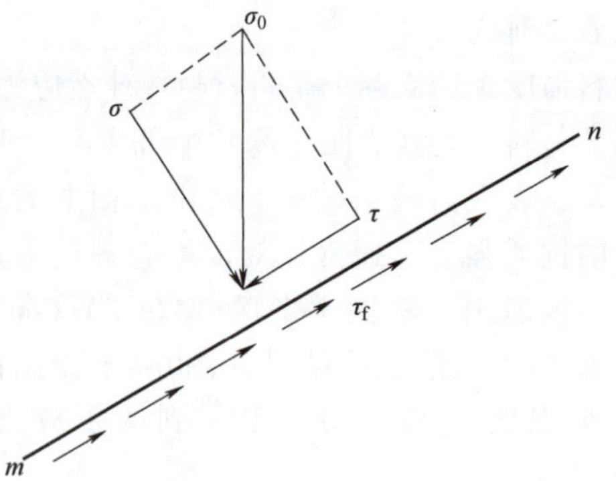

图 6-6 任意面上的应力

在常见的应力范围内，式（6-11）常表示为直线，即用库仑公式式（6-9）或式（6-10）表示，此时称为莫尔-库仑破坏准则（the Mohr-Coulomb failure criterion）或强度理论。

6.2.4 土的极限应力状态

对于土中的一个斜面只要满足式（6-11），就认为该斜面处于极限平衡状态，也就是说，斜面上的正应力 σ 和剪应力 τ 构成斜面的极限应力状态（critical stress state）。其含义是当正应力不变，而剪应力有一个微小的增加，土就会沿斜面发生剪切破坏。在实际工程中，如果土中的某一点出现一个极限平衡状态平面（后面会证明该平面是成对出现的），那么就认为该点的应力状态处于极限平衡状态。在给定一点的应力状态 σ_1、σ_3 或 σ_x、σ_z、τ_{xz} 后，如何判别该点是否达到极限平衡状态或者发生破坏了呢？如果发生破坏又会沿什么方向破坏呢？为了研究这些问题，需要研究土的极限平衡状态。

土在 σ_1、σ_3 或 σ_x、σ_z、τ_{xz} 作用下，除了主应力平面（σ_1、σ_3 作用的平面），其他任意平面一般都会同时存在 σ、τ，这就需要对所有平面进行研究，并从中确定出最有可能的破坏平面。最简单和最直观的方法是将土中某一点的每个斜面上的 σ、τ 标注在 σ-τ 坐标系中，显然这些点组成一个莫尔应力圆，同时将抗剪强度包线也绘制到该坐标系中。抗剪强度包线和莫尔应力圆的关系存在以下三种情况（图 6-7）：

1）莫尔应力圆 I 位于抗剪强度曲线之下，表示该点任一平面上的剪应力都小于土所能承受的最大剪力，即土的抗剪强度，因此不会发生剪切破坏。

2）莫尔应力圆 II 与抗剪强度曲线相切，表示切点 A 所代表平面上的剪应力达到了土的抗剪强度，该点处于极限平衡状态，此时的莫尔应力圆称为极限莫尔应力圆（critical Mohr's stress circle）。

3）莫尔应力圆 III 与抗剪强度曲线相割，表示该点一些平面上的剪应力已大于土的抗剪强度，即土体已被剪破。实际上这种应力状态不可能存在，因为在此之前，该点的土早已沿某一平面剪破了，剪应力不可能超过土的抗剪强度。所以这一种情况仅有其几何意义或理论意义。

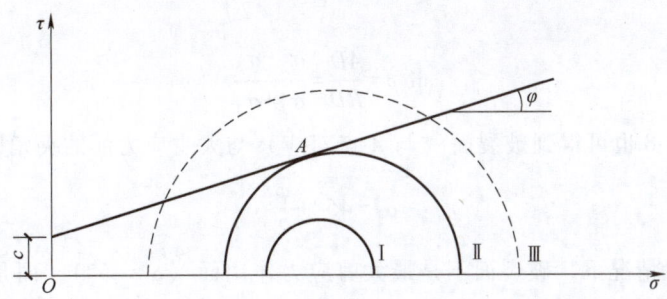

图 6-7 莫尔应力圆与抗剪强度包线之间的关系

实际工程中，一般是首先知道某一点的应力状态，并不是直接知道某一斜面的剪应力和正应力，这就需要了解如何直接运用 σ_1、σ_3 或 σ_x、σ_z、τ_{xz} 去判别土是否发生破坏。土中一点在 σ_1、σ_3 作用下，任意斜面上都有主应力和剪应力，如何确定该点沿哪个斜面发生破坏是十分重要的。

这就需要根据极限莫尔应力圆与抗剪强度曲线相互的几何关系，建立黏性土和无黏性土的极限平衡条件。土中一点的极限平衡条件是指当该点处于极限平衡状态时，其应力与抗剪强度的关系。对于黏性土，由图6-8中的几何关系可得黏性土的极限平衡条件为

$$\sin\varphi = \frac{AD}{RD} = \frac{\sigma_1 - \sigma_3}{\sigma_1 + \sigma_3 + 2c\cot\varphi} \tag{6-12}$$

式（6-12）可写成另两种常用形式，即

$$\sigma_1 = \sigma_3 \tan^2\left(45° + \frac{\varphi}{2}\right) + 2c\tan\left(45° + \frac{\varphi}{2}\right) \tag{6-13a}$$

$$\sigma_3 = \sigma_1 \tan^2\left(45° - \frac{\varphi}{2}\right) - 2c\tan\left(45° - \frac{\varphi}{2}\right) \tag{6-13b}$$

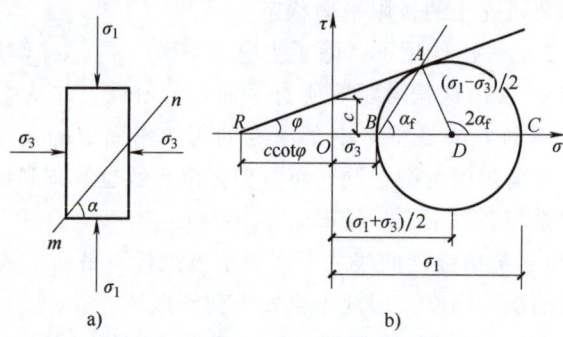

图 6-8 土体中一点达极限平衡状态时的莫尔圆
a) 微单元体 b) 极限平衡状态时的莫尔圆

对于无黏性土，由于 $c=0$，则无黏性土的极限平衡条件为

$$\sigma_1 = \sigma_3 \tan^2\left(45° + \frac{\varphi}{2}\right) \tag{6-14a}$$

$$\sigma_3 = \sigma_1 \tan^2\left(45° - \frac{\varphi}{2}\right) \tag{6-14b}$$

$$\sin\varphi = \frac{AD}{RD} = \frac{\sigma_1 - \sigma_3}{\sigma_1 + \sigma_3} \tag{6-14c}$$

另外，由图6-8也可得到破裂面（与 A 点对应）与大主应力面的夹角即破裂角 α_f 为

$$\alpha_f = 45° + \frac{\varphi}{2} \tag{6-15}$$

所以，在一般情况下，破裂面不是最大剪应力作用面（$\alpha = 45°$），而是莫尔应力圆与抗剪强度曲线相切的切点 A 所代表的斜面，即与最大主应力面成 $\alpha_f = \pm\left(45° + \frac{\varphi}{2}\right)$ 夹角的斜面。

因为尽管 $\alpha = 45°$ 面上的剪应力最大，但其正应力比 $\alpha_f = \pm\left(45° + \frac{\varphi}{2}\right)$ 面上的正应力大 $\frac{1}{2}(\sigma_1 - \sigma_3)\sin\varphi$，由此产生的抗剪强度增加值比两者的剪应力差值更大，这一点从圆心作垂线就可很清楚地看出。另外，从图6-9中可以明显看出破裂面是共轭出现的。

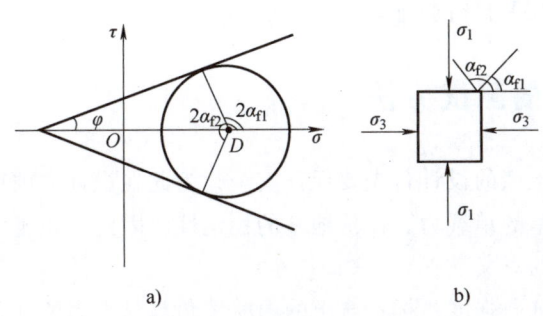

图 6-9 破裂面的位置
a) 两个切点　b) 单元体

6.2.5 极限平衡条件的应用

土的极限平衡条件是判别土体中某一点土是否发生破坏，沿什么方向破坏的重要依据，在实际工程设计与计算中有着极为重要的意义。

【例 6-1】　某建筑物地基中一点计算的应力 $\sigma_1 = 325\text{kPa}$、$\sigma_3 = 135\text{kPa}$。该地基土的抗剪强度指标为：黏聚力 $c = 40.5\text{kPa}$，内摩擦角 $\varphi = 25°$。判断该点土是否稳定。

解：利用极限平衡条件式（6-13b）可得最大主应力在极限平衡时对应的最小主应力为

$$\sigma_{3f} = \sigma_1 \tan^2\left(45° - \frac{\varphi}{2}\right) - 2c\tan\left(45° - \frac{\varphi}{2}\right) = 80.30\text{kPa}$$

所以，$\sigma_{3f} < \sigma_3 < \sigma_1$，由此可以判断该点处于稳定状态。

该问题还可利用极限平衡条件式（6-13a）得 $\sigma_{1f} = 459.77\text{kPa}$，因为 $\sigma_{1f} > \sigma_1$，由此同样可判断该点土体稳定。

上述解法的原理可用图 6-10 来解释。由式（6-13a）和式（6-13b）确定的莫尔应力圆是最大莫尔应力圆，即为极限莫尔应力圆。如果土的实际应力状态对应的莫尔应力圆比极限莫尔应力圆小，那么土体稳定。

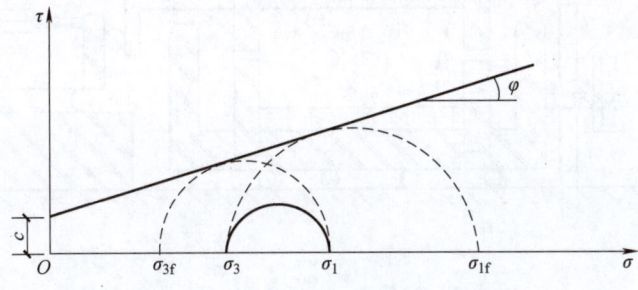

图 6-10　莫尔应力圆与极限莫尔应力圆

实际上，对于利用强度准则判别土体是否发生破坏这类问题，并不一定要遵循上述方法进行计算。只要理解莫尔应力圆和强度准则的含义，可以使用其他方法，但其实质是一样的。例如本问题可先绘出实际的莫尔应力圆，并计算出圆心坐标，然后利用几何关系算出圆心与强度曲线之间的垂直距离，如果该距离大于莫尔应力圆的半径，那么该点土体稳定。其原理和具体计算可作为练习自行验证。

6.3 抗剪强度的测试方法

建筑物的地基或挡土墙的设计首先要保证安全，为此在设计之前就需要测定土的抗剪强度指标，并由此计算地基的承载力、评价地基的稳定性。因此，正确测定土的抗剪强度指标在工程中有着极为重要的意义。

从上述分析可知，抗剪强度指标包含土的内摩擦角与黏聚力两项，可在实验室测试，也可在室外进行现场测试。世界各国室内测定土的抗剪强度的常用仪器有直接剪切仪（简称直剪仪）、三轴压缩仪、无侧限压力仪，而室外一般用十字板剪切仪等。各种仪器的构造与试验方法都不一样。应根据各类建筑工程的规模、用途与地基土的情况，选择相应的仪器与方法进行试验。现分述如下。

6.3.1 直接剪切试验

直接剪切试验（direct shear test）是最早测定土的抗剪强度的试验方法，也是最简单的方法，所以在世界各国广泛应用。直接剪切试验的主要仪器为直剪仪，按照加载的方式不同分应力控制式与应变控制式两种。两者的区别在于施加水平剪切荷载的方式不同：应力控制式采用砝码与杠杆分级加载；应变控制式采用手轮连续加载，后者优于前者。我国目前普遍采用的是应变控制式直剪仪。

1. 试验装置

应变控制式直剪仪的主要部分包括剪切盒（包括固定的上盒与活动的下盒）、垂直加载设备、剪切传动装置、测力计、位移量测系统，如图6-11所示。

直剪仪

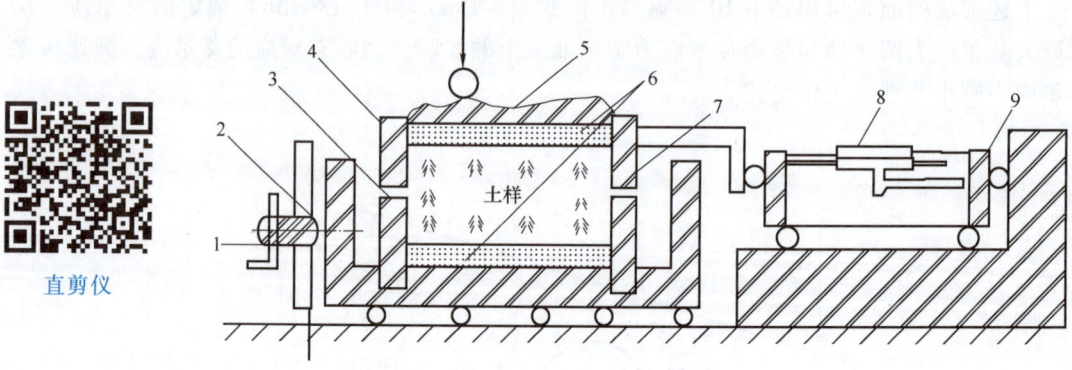

图6-11 应变控制式直剪仪示意图
1—手轮　2—螺杆　3—下盒　4—上盒　5—传压板　6—透水石
7—开缝　8—测微计　9—弹性量力环

2. 试验方法

试验时首先通过加载架对试样施加竖向压力 p，然后以规定的速率对下盒施加水平剪力，并逐渐加大，直至试样沿上、下盒的交界面剪坏为止。在施加剪应力过程中，记录下盒的位移及所加水平剪力的大小，绘制该竖向应力 p 作用下的剪应力 τ 与剪切位移 Δl 的关系曲线，如图 6-12 所示。硬黏土和密实砂土的 $\tau\text{-}\Delta l$ 曲线可能出现剪应力的峰值，该峰值可作为试样在该竖向应力 p 作用下的抗剪强度。峰后强度随剪切位移增大而降低，称为应变软化特征。软黏土和松砂的 $\tau\text{-}\Delta l$ 曲线则往往不出现峰值，强度随剪切位移增加而缓慢增大，称为应变硬化特征，此时应按某一剪切位移值作为控制破坏的标准，一般取相应于 4mm 剪切位移量的剪应力作为土的抗剪强度。

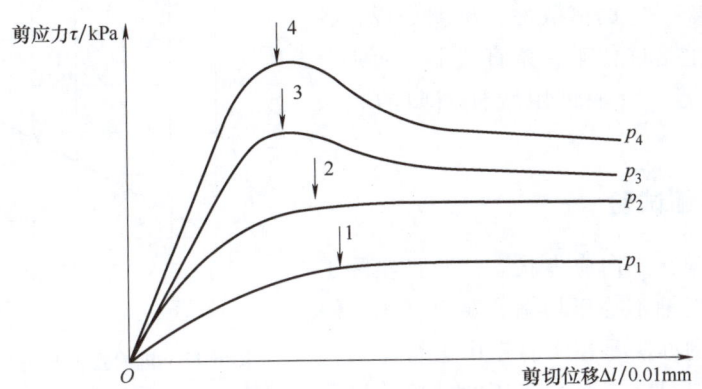

图 6-12　剪应力 τ 与剪切位移 Δl 的关系曲线

为了确定土的抗剪强度指标。取 4 组相同的试样，对各个试样施加不同的竖向应力 p_1、p_2、p_3 和 p_4，然后进行剪切得到相应的抗剪强度 τ_{f1}、τ_{f2}、τ_{f3} 和 τ_{f4}。把试验结果绘在以竖向应力 p 为横坐标，以抗剪强度 τ_f 为纵坐标的平面图上。通过各试验点绘一直线，即抗剪强度线。抗剪强度线与水平线的夹角为试样的内摩擦角 φ，在纵轴的截距为试样土的黏聚力 c。

直接剪切试验按加载速率的不同，分为快剪、固结快剪和慢剪三种，具体做法如下：

1）快剪（quick shear test）。竖向应力施加后，立即进行剪切，剪切速率要快。如《土工试验方法标准》（GB/T 50123—2019）规定：要使试样在 3~5min 内剪坏。

2）固结快剪（consolidated quick shear test）。竖向应力施加后，让试样充分固结，固结完成后，再进行快速剪切，其剪切的速率与快剪相同。

直接快剪试验

3）慢剪（slow shear test）。竖向应力施加后，允许试样排水固结。待固结完成后，施加水平剪应力、剪切速率放慢，使试样在剪切过程中有充分的时间产生体积变形和排水（对剪胀性土则为吸水）。

对于无黏性土，因其渗透性好，即使快剪也能使其排水固结，因此一律采用第一种加载速率进行。

对正常固结的黏性土（通常为软土），在竖向应力和剪应力作用下，土样都被压缩，所以通常在一定应力范围内，快剪的抗剪强度 τ_q 最小，固结快剪的抗剪强度 τ_{cq} 有所增大，而慢剪抗剪强度 τ_s 最大。

3. 试验成果

1）按试验设备提供的方法计算剪切位移和对应的剪应力。

2）剪应力与剪切位移的关系曲线。以剪应力为纵坐标，剪切位移为横坐标，按比例绘制曲线。

3）垂直压力与抗剪强度的关系曲线。在图 6-12 所示的剪应力与剪切位移关系曲线上，取峰值点或稳定值，作为抗剪强度。以垂直压力为横坐标，抗剪强度为纵坐标，绘制曲线，如图 6-13 所示。4 个试样得到 4 个数据，连成一条直线，称为抗剪强度曲线。此曲线与纵坐标的截距 c 即为黏聚力（kPa），与横坐标的夹角 φ 称为内摩擦角（°）。这样可得库仑公式式（6-9）或式（6-10）。

需要强调的是，由于土样和试验条件的限制，试验结果会有一定的离散性，也就是说，各土样的结果不可能恰好位于一条直线上，而是分布在一条直线附近，一般可用线性回归的方法确定。

6.3.2 三轴压缩试验

土体一般是处在三向应力状态，并且实际工程中的土体常是三轴不等压状态。要想真正了解实际情况，最好的办法是在实验室中进行土的三向不等压试验，但目前三向不等压的试验装置因其技术复杂及价格昂贵等原因，尚不普及。这里说的三轴压缩试验（triaxial compression test）是指土样在三个方向受压，但两个方向的压力相等。其基本原理是用塑胶套将圆柱形土样密封起来，放置在一个密封容器（压力室）内，用液体对土样施加围压（all-round pressure），此时 $\sigma_2=\sigma_3$，利用竖向（或轴向）加载装置施加 σ_1。试验时 σ_3 保持不变，增大 σ_1，直至土样破坏。这种条件下的试验称为常规三轴压缩试验。

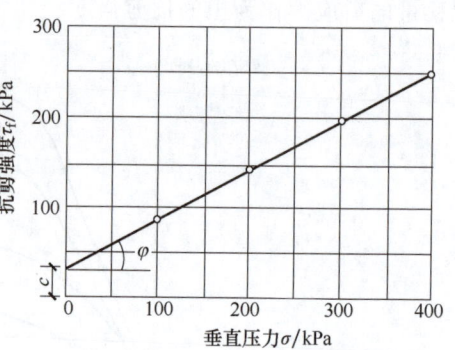

图 6-13 抗剪强度与垂直压力的关系

三轴压缩试验原理

三轴压缩试验的目的也是确定土的抗剪强度。采用这种试验方法，土样的受力状态以及孔隙水的影响比直剪试验更能接近实际情况，试验结果更为可靠，是测定抗剪强度的一种较为完善的方法。所以《建筑地基基础设计规范》（GB 50007—2011）规定，地基基础设计等级为甲级的建筑物应采用三轴压缩试验测定地基的抗剪强度指标。

1. 试验装置

三轴压缩试验所使用的仪器是三轴压缩仪（也称为三轴剪切仪），也分应力控制式和应变控制式两种。应变控制式的构造如图 6-14 所示，主要由以下几部分组成：主机、周围压力系统、孔隙水压力系统以及反压力系统，各系统之间用管路和各种阀门开关连接。

主机部分包括压力室、轴向加压系统等。压力室是三轴压缩仪的主要组成部分，受测土样存放在其中。它是一个由金属上盖、底座以及透明有机玻璃圆筒组成的密闭容器，压力室底座通常由 3 个小孔分别与稳压系统以及体积变形和孔隙水压力量测系统相连。轴向加压系统是由加压框架、量力环通过活塞杆作用在土样的顶端。

周围压力系统是用氮气瓶作为压力源对水进行加压，压力水通过压力室底部的注水孔进入压力室作用在土样周围。通过调压阀和压力表对水压的大小进行控制，如保持恒压或变化压力等。

孔隙水压力系统用来量测土样在三轴压缩试验时土样中的孔隙水的压力变化情况。土样的孔隙水通过底座预制孔进入孔隙水压力系统，孔隙水压力通过孔压传感器或者零位指示器和孔隙水压力表测量。

反压力系统是用来提高试样饱和度的装置。

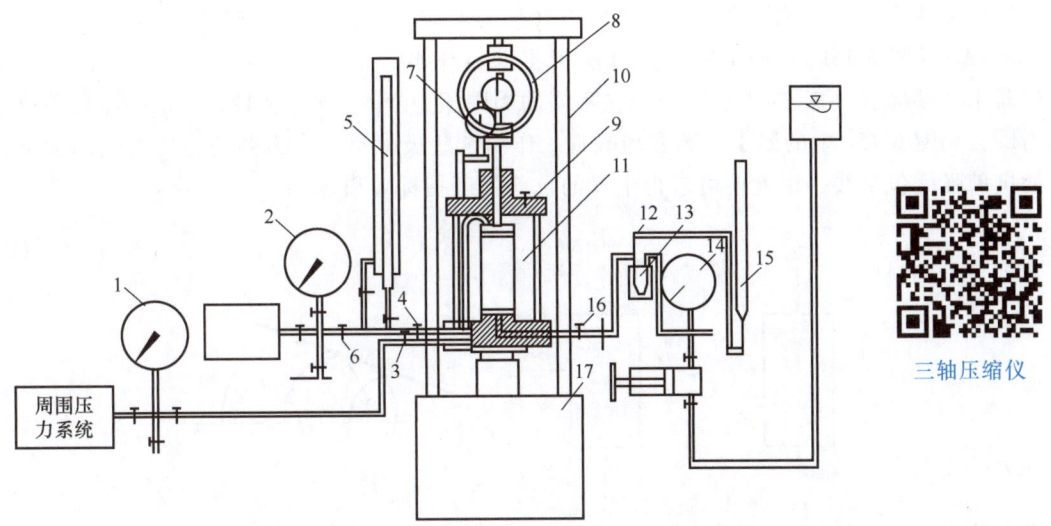

图 6-14 应变控制式三轴压缩仪

1—周围压力表 2—反压力表 3—周围压力阀 4—排水阀 5—体变管 6—反压力阀
7—垂直变形百分表 8—量力环 9—排气孔 10—轴向加压设备 11—压力室 12—量管阀
13—零位指示器 14—孔隙水压力表 15—量管 16—孔隙压力阀 17—离合器

2. 常规三轴压缩试验的一般步骤

(1) 试样制备 试样的形状为圆柱体,要求表面规整,两端平行且垂直于轴线。其尺寸为:最小直径 d 为 35mm,最大直径 d 为 101mm;高度为 $(2.0\sim2.5)d$;试样最大颗粒 $d_{max}<(1/10\sim1/5)d$。从库仑公式可知,理论上仅需 2 个试样即可确定土样的抗剪性能,但考虑到试验数据的离散性,同一种土需要制备 3~4 个试样,分别在不同围压下进行试验。

原状试样制备:先用分样器将圆筒形土样竖向分成 3 个扇形土样,再用切土盘将每个土样仔细切成标准圆柱形试样,取余土测定试样的含水率。

重塑试样制备:根据预定的干密度和含水率,秤取风干过筛的土样,平铺于搪瓷盘内,将计算所需加水量用小喷壶均匀喷洒于土样上,充分拌匀,装入容器盖紧,防止水分蒸发。润湿一昼夜后,在击实器内分层击实(粉质土宜为 3~5 层,黏质土宜为 5~8 层)。各层土料质量应相等,各层接触面应刨毛。

对于饱和试样,应在试样制备、安装在底座上之后,选用抽气饱和、水头饱和或反压饱和的方法排出试样中的气体。

(2) 试样安装
1) 在压力室底座上,依次放上透水石、试样、滤纸、试样帽,将橡皮膜套在试样外,并将橡皮膜上、下两端分别与试样帽与底座扎紧,使其不漏水。
2) 装上压力室罩,向压力室内注满纯水,排出残留气泡后,关闭顶部排气阀,再将压力室顶部的活塞上端对准测力计,下端对准试样顶部。

(3) 施加压力及试验结果 在试样安装好之后,向压力室内施加气压或液压,使试样在各向均受到周围压力 σ_3,并使该周围压力在整个试验过程中保持不变。这时试样内各向主应力都相等,因此在试样内不产生任何剪应力,如图 6-15a 所示。然后通过轴向加载系统即活塞杆对试样加竖向压力，随着竖向压力逐渐增大，试样最终将因受剪而破坏。设剪切破坏时轴向加载系统加在试样上的竖向压应力（称为偏应力）为 $\Delta\sigma$，则试样上的大主应力为 $\sigma_1=\sigma_3+\Delta\sigma$（图 6-15b），而小主应力为 σ_3，据此可作出一个极限莫尔应力圆。用同一种土样的若干个试样（一般 3~4 个）分别在不同的周围压力 σ_3 下进行试验，可得一组极限莫尔应力圆，如图 6-15c 中的圆Ⅰ、圆Ⅱ和圆Ⅲ。作出这些极限莫尔应力圆的公切线，即为该土样的抗剪强度包络线，由此便可求得土样的抗剪强度指标 c 和 φ。

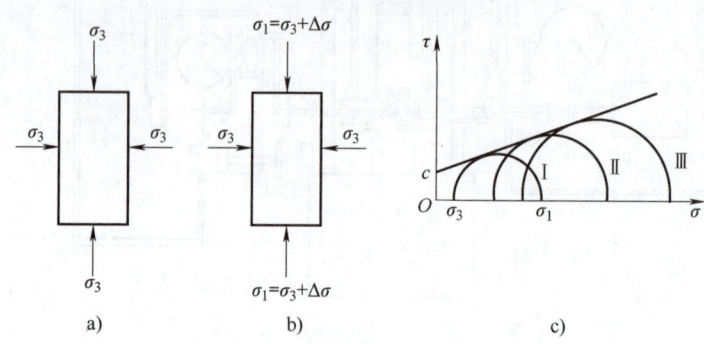

图 6-15 土样的抗剪强度包线
a) 围压 b) 偏应力 c) 极限莫尔应力圆与公切线

（4）测量破坏试样 关闭周围压力阀，打开压力室顶部的排气阀。排除压力室内的水，可用虹吸管快速排水。拆除试样，描述试样破坏形状。通常试样破坏形状分两种：若试样为砂土或硬塑状态的粉性土与粉土，破坏面呈斜向直线剪切面；若试样为饱和状态软土，则无明显剪切面，而在试样中段向外鼓起，直径变大。称试样的质量，并测定含水率。

3. 三种试验方法

土中的水及孔隙水压力对土的抗剪强度的影响十分明显，土体在实际工程的排水条件不同，其力学性能也不一样，所以三轴压缩试验也应模拟实际情况。根据三轴压缩试验过程中试样的固结条件与孔隙水压力是否消散的情况，可分为以下三种试验方法。对同一种试样，试验方法不同，试验结果所得到的抗剪强度指标 c 与 φ 一般也不相同，下面分别进行阐述。

（1）不固结不排水剪切试验（unconsolidated-undrained shear test，UU 试验） 在整个试验过程中将试样密封起来，自始至终关闭排水阀，试样在施加周围压力和随后施加竖向压力直至剪切破坏的过程中都不允许土中水排出，土中的含水率保持不变，土中的孔隙水压力也会随着土样外部压力的改变而改变。显然，这种试验方式试样中的孔隙水压力和土粒一起承担了外部荷载。其工程背景是饱和软黏土中快速加载时的应力状态，得到的抗剪强度指标用 c_u、φ_u 表示。

UU 试验一般可用于测定饱和黏土不排水抗剪强度 c_u。鉴于多数工程施工速度快，较接近不固结不排水剪切条件，一般应采用 UU 试验。而且用 UU 试验成果计算，一般比较安全。

（2）固结不排水剪切试验（consolidated-undrained shear test，CU 试验） 在施加周围压力的过程中，打开排水阀，允许土样排水固结，待土样的排水固结完成后再关闭排水阀，施加竖向压力，直至试样在不排水条件下发生剪切破坏，试验方法如下：

试样安装在压力室底座上的透水板与滤纸上,使试样底部与孔隙水压力量测系统相通。然后施加周围压力 σ_3,打开孔隙水压力阀,测定孔隙水压力 u,然后打开排水阀,使试样中的孔隙水压力消散,直至孔隙水压力消散95%以上。待固结稳定后关闭排水阀,测记排水管读数和孔隙水压力读数。然后使试样在不排水的条件下剪切破坏。在剪切过程中土样基本没有体积变化。

CU 试验得到的抗剪强度指标用 c_{cu}、φ_{cu} 表示。其适用的工程条件为一般正常固结土层在竣工后或在使用阶段受到大量、快速的活荷载或新增荷载作用下的受力情况,在实际工程中经常采用这种方法。对于经过预压固结的地基,也可采用 CU 试验。

(3) 固结排水剪切试验(consolidated-drained shear test,CD 试验) 试样在施加周围压力时允许土样排水固结,待土样固结稳定后,再在排水条件下缓慢施加竖向压力(在施加轴向压力的过程中孔隙压力始终保持为零),直至试样剪切破坏。因而剪切速率应尽可能缓慢。CD 试验模拟的是地基土体充分固结后开始缓慢施加荷载的情况,工程上很少采用。

4. 三轴压缩试验的成果整理

从三种试验方法可知,同一土样由于试验方法的不同,所得到的试验结果则不会相同,其原因是土的固结历史和排水条件的不同。为了更清楚地说明水的影响,需要用有效应力原理来讨论。按照有效应力原理,土中某一点的总应力 σ 等于有效应力 σ' 和孔隙水压力 u 之和,即 $\sigma=\sigma'+u$,因此,在试验中测得土样的孔隙水压力后,就可以求得有效应力的值。由此可以得到两种库仑公式,一种是用总应力表示,即

$$\tau_f = \sigma\tan\varphi + c \tag{6-16}$$

一般称 c、φ 为总应力抗剪强度指标。另一种是用有效应力表示,即

$$\tau_f = c' + \sigma'\tan\varphi' \tag{6-17}$$

或

$$\tau_f = c' + (\sigma-u)\tan\varphi' \tag{6-18}$$

式中,c'、φ' 分别为有效黏聚力和有效内摩擦角,统称为有效应力抗剪强度指标。

利用上述结论可以绘出饱和黏性土 UU 试验所对应的莫尔应力圆,进而求出 c_u、φ_u。假定土样发生破坏时对应的应力状态为 σ_1、σ_3,以 $\sigma_1-\sigma_3$ 为直径,以 $[(\sigma_1+\sigma_3)/2, 0]$ 为圆心可绘出对应的总莫尔应力圆Ⅰ(图 6-16),若破坏时土样中的孔隙水压力为 u,则破坏时的 $\sigma'_1-\sigma'_2=\sigma_1-\sigma_2$,显然有效莫尔应力圆和总莫尔应力圆的大小完全相同,只是位置不同,图 6-16 中虚线表示有效莫尔应力圆。试验表明,当改变围压 σ_3 时,破坏时对应的 σ_1 也会增加,但 $\sigma_1-\sigma_3$ 几乎保持不变。这样通过 UU 试验仅能绘出一系列大小相

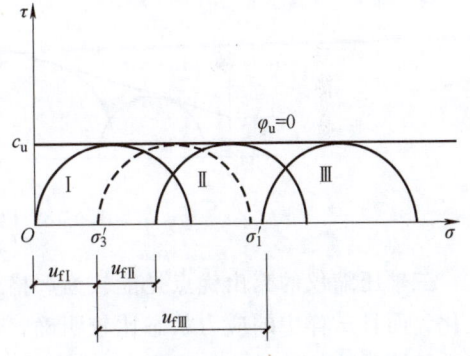

图 6-16 不固结不排水抗剪强度包线

同的总莫尔应力圆或一个有效莫尔应力圆。其抗剪强度包线是一条近乎水平的直线,根据库仑公式

$$\varphi_u = 0 \tag{6-19}$$

$$c_u = \frac{1}{2}(\sigma_1+\sigma_3) \tag{6-20}$$

对这种情况的解释为，当 σ_3 变为 $\sigma_3+\Delta\sigma$ 时，则土样破坏时对应的 σ_1 为 $\sigma_1+\Delta\sigma$，同时孔隙水压力也增加到 $u+\Delta\sigma$，显然压力增加前后的有效应力不变，分别为 $\sigma_1'=\sigma_1-u$、$\sigma_3'=\sigma_3-u$。应力状态的改变仅影响到孔隙水压力，换句话说，外力增加的部分基本是由孔隙水压力的增加来平衡，对土样中的有效应力几乎没有影响。由于几个土样的不固结不排水剪切试验破坏时有效莫尔应力圆只有一个，所以不能用 UU 试验测定相应的有效应力强度指标 c'、φ'。

对于固结不排水剪切试验，其破坏时的有效应力状态会随着总应力状态的改变而改变，根据试验结果得到各个土样破坏时的莫尔应力圆，然后作对应莫尔应力圆的公切线即可得到总应力强度指标 c_{cu}、φ_{cu} 和有效应力强度指标 c'、φ'，如图 6-17 所示。

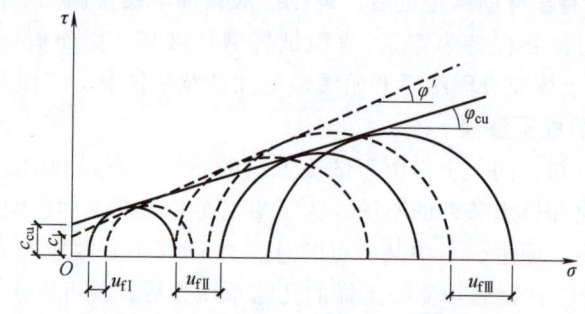

图 6-17　固结不排水抗剪强度包线

对于固结排水剪切试验由于试验过程充分排水，破坏时的孔隙水压力可以忽略不计，所以最后得到的仅有一组总莫尔应力圆，如图 6-18 所示，相应的总应力强度指标为 c_d、φ_d。

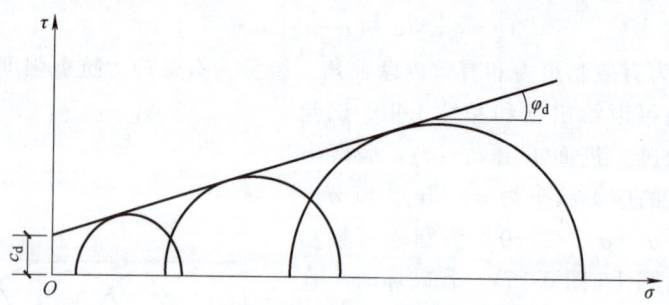

图 6-18　固结排水抗剪强度包线

三轴压缩仪的突出优点是能较为严格地控制排水条件以及可以测量试样中孔隙水压力的变化，而且试样中的应力状态比较明确，也不像直接剪切试验那样限定剪切面。一般说来，三轴压缩试验的结果比较可靠。对那些重要的工程项目，必须用三轴压缩试验测定土的强度指标。三轴压缩仪还用于测定土的其他力学性质，因此，它是土工试验不可缺少的设备。目前通用的三轴压缩仪的缺点是试样的第二主应力和第三主应力相等，即 $\sigma_2=\sigma_3$，而实际土体的受力状态未必都属于这类轴对称情况。另外，三轴压缩试验也存在试样制备和试验操作比较复杂，试样中的应力与应变仍然不够均匀的缺点。由于试样上、下端的侧向变形分别受到刚性试样帽和底座的限制，而在试样的中间部分却不受约束，因此，当试样接近破坏时，试样常被挤压成腰鼓形。

【例 6-2】 设有一组饱和黏性土试样做固结不排水试验，4 组试样分别施加的周围压力 σ_3 及破损时的最大主应力 σ_1 和孔隙水压力 u 的测试结果见表 6-1。试用总应力法和有效应力法确定土的抗剪强度指标。

表 6-1　例 6-2 三轴压缩试验数据

试样编号	1	2	3	4
σ_1/kPa	145	218	310	405
σ_3/kPa	60	100	150	200
u/kPa	21	38	62	84

解： 1）总应力法。以每个试样破损时 σ_1 和 σ_3 在 σ-τ 坐标系中作对应的应力圆。如图 6-19 所示的四个实线圆。作四个圆的公切线，实线表示的抗剪强度包线，与纵坐标的截距为黏聚力 c_{cu} = 17kPa；抗剪强度包线与横坐标（水平线）的夹角即为内摩擦角 φ_{cu} = 17°。

2）有效应力法。利用有效应力原理求出每一组总应力（σ_1，σ_3）对应的有效应力（σ_1'，σ_3'），结果见表 6-2。以 σ_1' 和 σ_3' 作破损时的有效应力圆，作四个虚线圆的公切线，虚线表示有效强度的抗剪强度包线。可得黏聚力 c' = 12kPa，内摩擦角 φ' = 25°。

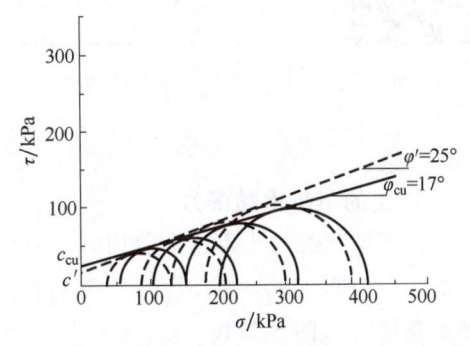

图 6-19　例 6-2 图

表 6-2　例 6-2 三轴压缩试验有效应力数据

试样编号	1	2	3	4
$\sigma_1' = (\sigma_1 - u)$/kPa	124	180	248	321
$\sigma_3' = (\sigma_3 - u)$/kPa	39	62	88	116

实际上，由于土样本身存在着差异，加上试验时产生的试验误差等原因，同一组试样试验所得到的应力圆的抗剪强度包线一般并不是一条直线，而是和直线比较接近的曲线。为了方便，工程中一般用直线代替曲线，其精度完全可以满足工程需要。

6.3.3　无侧限抗压强度试验

1. 试验原理

无侧限抗压强度试验（unconfined compression test）是三轴压缩试验中的围压 σ_3 = 0 时的不排水剪切试验，一般使用于饱和黏性土，所以又称为单轴试验。无侧限抗压强度试验所使用的无侧限压缩仪，其结构如图 6-20 所示。本试验完全可以利用三轴压缩仪进行，试验所用试样直径为 35~50mm，高度与直径之比宜采用 2.0~2.5。

2. 无侧限抗压强度 q_u

取直角坐标系，以轴向应变 ε 为横坐标，轴向应力 σ 为纵坐标，绘制轴向应变与轴向应力关系曲线。取 σ-ε 曲线上峰值 σ_{max} 为无侧限抗压强度（strength of unconfined compression） q_u。如 σ-ε 曲线上峰值不明显时，应取轴向应变 $\varepsilon = 15\%$ 处的轴向应力为 q_u，如图 6-21 所示。

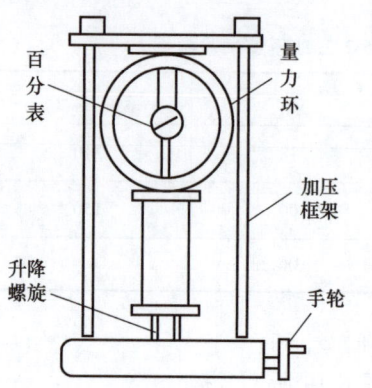

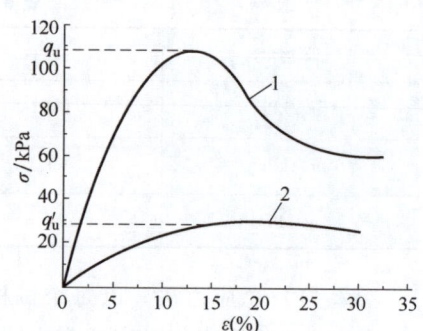

无侧限抗压仪　　图 6-20　无侧限抗压强度试验设备示意图　　图 6-21　轴向应力与轴向应变关系曲线
1—原状试样　2—重塑试样

3. 土的不排水黏聚力

由于饱和黏性土不排水剪切时，内摩擦角 $\varphi_u = 0$，所以，作出无侧限抗压强度试验的破损莫尔应力圆（$\sigma_3 = 0$，$\sigma_1 = q_u$）平行于 σ 轴的切线，该切线在 τ 轴上的截距，即为土的不排水黏聚力（图 6-22）：

$$c_u = \frac{q_u}{2} \tag{6-21}$$

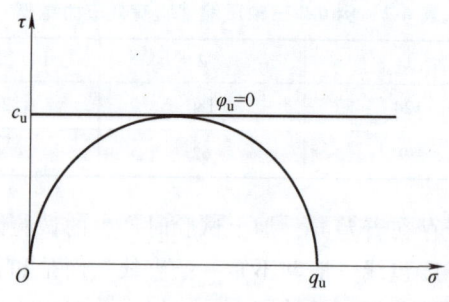

图 6-22　无侧限抗压强度

6.3.4　十字板剪切试验

1. 适用土质条件

十字板剪切试验（vane shear test）是一种抗剪强度试验的原位测试方法，不用取原状土，在工地现场直接测试地基土的强度。这种方法适用于地基为软弱黏性土（尤其是均匀饱和软黏土）、取原状土困难的情况，并可避免原状土在取土、运送及制备试样过程中受扰动影响试验成果可靠性的缺点。

2. 试验设备及试验原理

十字板剪切仪由板头、加力装置和测量装置三部分组成，图 6-23 为设备的示意图。板头由两片正交的金属板组成，厚 2mm，常用尺寸为 D（宽）×H（高）= 50mm×100mm。

十字板剪切试验的工作原理是将十字板头插入土中待测的土层标高处，然后在地面上对轴杆施加扭矩，带动十字板旋转。十字板头的四翼矩形片旋转时与土体间形成圆柱面形状的剪切面。通过测力设备测出最大扭矩 M，据此 M 推算出土的抗剪强度。

3. 十字板抗剪强度计算

十字板剪切的破坏面应是直径为板宽且与十字板等高的圆柱体，破坏时的扭矩 M 由两部分组成，一部分是十字板旋转破坏土柱周围侧面的剪应力施加的力矩，破坏时的剪应力等于土柱侧面的抗剪强度 τ_V；另一部分是土柱上、下面上的剪应力施加的力矩，破坏时的剪应力等于土的水平方向的抗剪强度 τ_H。

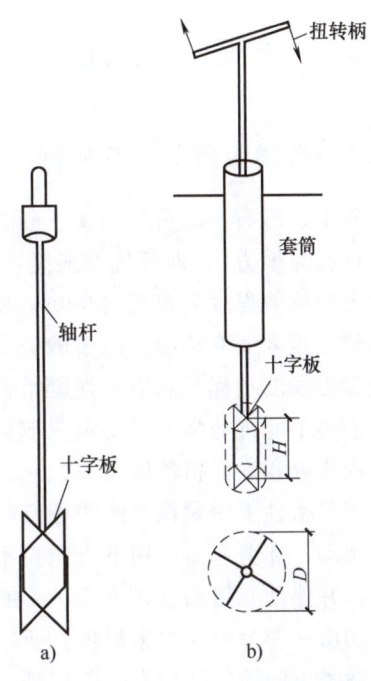

图 6-23 十字板剪切仪试验示意图
a）十字板剪切仪 b）十字板及剪切试验

（1）圆柱体侧面上的力矩 M_1

$$M_1 = \pi DH \times \frac{D}{2} \tau_V \tag{6-22}$$

式中，D 为十字板的直径，单位为 m；H 为十字板的高度，单位为 m；τ_V 为剪切破坏时圆柱土体侧面的抗剪强度，单位为 kPa。

十字板剪切仪

（2）圆柱体上、下表面上的力矩 M_2

$$M_2 = 2 \times \frac{\pi D^2}{4} \times \frac{D}{3} \tau_H \tag{6-23}$$

式中，τ_H 为上、下面上的抗剪强度，单位为 kPa。

由土体剪切破坏时所量测的最大扭矩，应与圆柱体侧面和上、下表面产生的力矩相等，可得十字板剪切破坏扭矩 M 为

$$M = M_1 + M_2 = \frac{\pi HD^2}{2} \tau_V + \frac{\pi D^3}{6} \tau_H \tag{6-24}$$

天然状态的土体是各向异性的，其水平方向和竖直方向的剪应力是不相等的，但为简化计算，假定土体是各向同性体，令 $\tau_V = \tau_H = \tau_f$，代入式（6-24），可得：

$$\tau_f = \frac{2M}{\pi D^2 \left(H + \dfrac{D}{3} \right)} \tag{6-25}$$

十字板现场剪切试验为不排水剪切试验，因此，其试验结果与无侧限抗压强度试验结果接近。由于十字板剪切试验设备简单，操作方便，原位测试成果满意，在世界各国工程勘察中广泛应用。

6.4 砂类土的抗剪强度特征

6.4.1 砂类土抗剪强度机理

砂土、砾石、碎石等均属于砂类土（sandy soil），也称为粒状土。砂类土最明显的特征是不存在黏聚力 c，即其抗剪强度主要靠土颗粒之间的摩擦力提供。早在1776年，库仑就提出砂土的抗剪强度公式（6-9）。实际上无黏性土的 φ 值并不是一个常量，它是随无黏性土的密实程度而变化的。由于砂类土渗透系数大，土体中超静孔隙水压力常等于零，所以，有效应力强度指标与总应力强度指标基本是相同的。

砂类土的抗剪强度主要由三部分组成。第一部分是颗粒之间的滑动摩擦力，其大小与颗粒矿物成分和表面粗糙度有关，这部分摩擦力是构成砂类土强度的主要部分。第二部分主要产生于紧密砂土中颗粒之间的相互咬合作用。当砂类土比较密实时，相互咬合的颗粒会阻碍相对移动，在剪应力作用下土颗粒不但会沿剪应力方向错动，而且在垂直于剪应力方向发生移动，并伴随有转动（图6-24），在破坏面附近造成剪胀（dilatancy）现象。产生剪胀所需要的功由一部分剪应力来提供，所以提高了抗剪强度，这部分强度又称为咬合摩擦。第三部分是砂类土的原始结构发生剪切破坏的过程中，会伴随有颗粒重新排列，这需要消耗掉一部分剪切能，也会增加一部分强度。

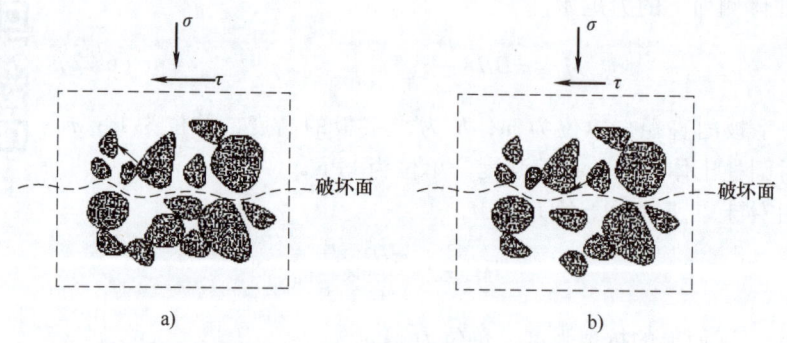

图 6-24　粒状土剪切时颗粒的位移
a) 紧密结构　b) 松散结构

砂类土的强度试验一般采用直剪仪，只有对于饱和砂土才采用三轴压缩仪进行不排水试验。不管采用什么样的试验，也不管砂类土的含水率如何，其强度曲线均为直线。试验证明，松砂的内摩擦角大致与其天然休止角相等。天然休止角是天然堆积的砂土边坡面的最大倾角，取干砂堆成锥体且测坡角大小即可，这种方法比做剪切试验简易得多。密实砂的内摩擦角比天然休止角大 $5° \sim 10°$。

6.4.2 砂类土的抗剪强度特征

图 6-25 所示为松砂、中等密实砂和密实砂三轴固结排水试验得到的应力-应变关系曲线。从图中可以看到密实砂和中等密实砂中剪应力起初都随着轴向应变增大而增大，直到峰

值 τ_m，然后随着轴向应变增大而减小，呈应变软化型，并以残余强度（residual strength）τ_r 为渐近值。松砂中剪应力随着轴向应变增大而增大，呈应变硬化型，其极限值也为 τ_r。对密实砂和中等密实砂可由峰值 τ_m 确定峰值强度，由 τ_r 确定残余强度，并确定相应的强度指标内摩擦角 φ 和残余内摩擦角 φ_r。而松砂的内摩擦角可由极限值 τ_r 确定。

由图 6-26 可见，初始孔隙比较小的紧砂，随着应变的增加，其体积变化是开始稍有减小，继而增加，这种现象就是紧砂的剪胀性，这是由于较密实的砂土颗粒之间排列比较紧密，剪切时砂粒之间产生相对滚动，土颗粒之间的位置重新排列的结果。对于松砂，其体积随应变的增加而减少，这种现象就是松砂的剪缩性。由不同初始孔隙比的试样在同一压力下进行剪切试验，可以得出初始孔隙比与体积之间的关系，如图 6-27 所示。相应于体积变化为零的初始孔隙比称为临界孔隙比（critical void ratio）e_{cr}。三轴压缩试验表明，临界孔隙比是与侧压力有关的，不同的侧压力可以得出不同的临界孔隙比。

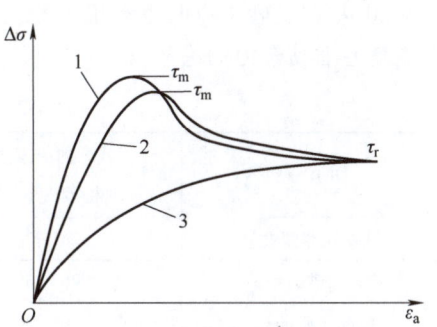

图 6-25　砂土的应力-应变曲线
1—密实砂　2—中等密实砂　3—松砂

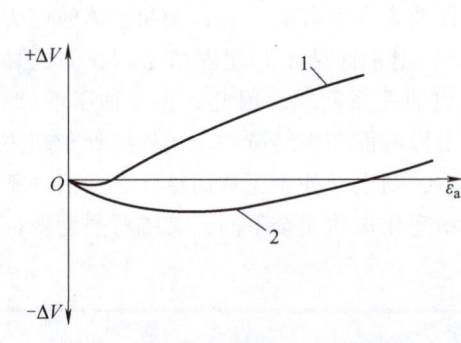

图 6-26　砂土的体变-应变曲线
1—紧砂　2—松砂

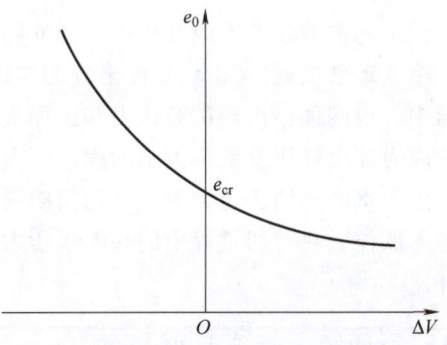

图 6-27　砂土的临界孔隙比

如果饱和砂土的初始孔隙比大于临界孔隙比，在剪应力作用下由于剪缩必然使孔隙水压力增高，而有效应力降低，致使砂土的抗剪强度降低。当饱和松砂受到动荷载作用时（例如地震），由于孔隙水来不及排出，孔隙水压力不断增加，就可能使有效应力降低到零，因而使砂土像流体那样完全失去抗剪强度，这种现象称为砂土的液化，因此临界孔隙比对研究砂土的液化具有很重要的意义。

6.4.3　砂类土的内摩擦角

砂类土的抗剪强度除了与初始孔隙比有关，还与土粒的矿物成分、颗粒的形状、表面的粗糙程度及级配情况有关。此外，试验条件也会影响无黏性土的内摩擦角，例如对于紧砂，用直剪仪测得的结果要比三轴压缩试验的结果大 4°左右，对于松砂则大 0.5°左右，其原因是试验装置的不同影响了试验结果。

由库仑公式看出无黏性土的抗剪强度由内摩擦力构成，内摩擦角是砂类土的重要抗剪强度指标。由表 6-3 可知，砂土的内摩擦角变化范围不是很大，中等密实以上的粉砂为 28°~34°，中砂为 30°~36°，砂砾为 36°~48°。一般来说，孔隙比越小，内摩擦角越大。但是由于含水饱和的粉砂、细砂很容易失去稳定，因此对其内摩擦角的取值应该谨慎，有时规定取 φ 为 20°左右。砂土有时也有很小的黏聚力，这可能是由于砂土中夹有一些黏性土颗粒，也可能是毛细黏聚力的缘故。

表 6-3 无黏性土内摩擦角参考值

土的类型	残余内摩擦角 φ_r（或松砂内摩擦角 φ）	峰值内摩擦角	
		中等密度	密实
粉砂（非塑性）	26°~30°	28°~32°	30°~34°
均匀细砂、中砂	26°~30°	30°~34°	32°~36°
级配良好的砂	30°~34°	34°~40°	38°~46°
砾砂	32°~36°	36°~42°	40°~48°

6.5 黏性土的抗剪强度特征

黏性土的抗剪强度不但和土体自身的物理特性及含水率有关，而且还和土体的应力历史有关。第 5 章已根据 OCR 将黏性土分为欠固结土、正常固结土和超固结土。在测试黏性土的试验中，也同样会出现试验压力和土样应力历史的关系问题。因此，在三轴压缩试验中，如加剪应力前土样所受到压力室的固结压力小于土样的前期固结压力，土样则处于超固结状态；如压力室的固结压力大于土样的前期固结压力，则土样处于正常固结状态。两种不同固结状态的试样，在剪切过程中的孔隙水压力和体积变化规律完全不同，其抗剪强度特征也各不一样。

6.5.1 不固结不排水抗剪强度

通常地基中的土在承受建筑荷载之前，多少总会受到一定的压力，并有一定的固结。当荷载施加的速度较快时，土中的水还来不及排出或发生很小的渗流，由于没有水的排出，此时可以近似地将土看作不固结不排水的状态。简单地说，就是土体在外荷载的作用过程中，土的含水率保持恒定。不固结不排水试验的具体试验办法是，在施加周围压力和轴向压力直至剪切破坏的整个试验过程中都不允许排水。对一组饱和黏性土试样，先在某一围压下固结至稳定，这相当于上覆土自重的压缩作用，试样中的初始孔隙水压力为静水压力，然后分别在不排水条件下施加周围压力和轴向压力至剪切破坏。试验结果表明，无论施加多大的压力 σ_3，最终测到饱和土的抗剪强度是一个常数。这是由于在不排水条件下，试样在试验过程中含水率不变，体积不变，改变周围压力增量只能引起孔隙水压力的变化，并不会改变试样中的有效应力，各试样在剪切前后的有效应力相等，因此抗剪强度不变。如果在较高的剪切固结压力下进行不固结不排水试验，就会得出较大的不排水抗剪强度 c_u。

图 6-16 中的三个实线半圆分别表示三个试样在 $\sigma_{3Ⅰ}=0$、$\sigma_{3Ⅱ}$、$\sigma_{3Ⅲ}$ 的作用下破坏时的总莫尔应力圆，虚线是有效莫尔应力圆。试验结果表明，虽然三个试样的周围压力 σ_3 不同，

但破坏时的主应力差相等，在图6-16上表现出三个总应力圆直径相同，因而破坏包线是一条水平线。即

$$\varphi_u = 0 \quad (6\text{-}26a)$$

$$\tau_f = c_u = (\sigma_1 - \sigma_3)/2 \quad (6\text{-}26b)$$

由于一组试样试验的结果，有效应力圆是同一个，因而就不能得到有效应力破坏包线和 c'、φ'，所以这种试验一般只用于测定饱和土的不排水强度。

不固结不排水试验的"不固结"是指在三轴压力室压力下不再固结，而保持试样原来的有效应力不变，如果饱和黏性土从未固结过，将是一种泥浆状土，抗剪强度也必然等于零。一般从天然土层中取出的试样，相当于在某一压力下已经固结，总具有一定天然强度。天然土层的有效固结压力是随深度变化的，所以不排水抗剪强度 c_u 也随深度变化，均质的正常固结不排水强度大致随有效固结压力呈线性增大。饱和超固结黏性土的不固结不排水抗剪强度包线也是一条水平线，即 $\varphi_u = 0$。

6.5.2 固结不排水抗剪强度

饱和黏性土的固结不排水抗剪强度受应力历史的影响，因此，在研究饱和黏性土的固结不排水强度时，要区别试样是正常固结还是超固结。

正常固结的饱和黏性土的固结不排水剪切试验结果如图6-28所示，图中以实线表示总莫尔应力圆和总应力破坏包线，虚线表示有效应力圆和有效应力破坏包线，u_1 为剪切破坏时的孔隙水压力。由于孔隙水压力沿各个方向是相等的，有效应力为 $\sigma_1' = \sigma_1 - u_1$，$\sigma_3' = \sigma_3 - u_1$，故 $\sigma_1 - \sigma_3 = \sigma_1' - \sigma_3'$，说明有效莫尔应力圆与总莫尔应力圆直径相等，但位置显然不同。因 u_1 为正，有效莫尔应力圆总在总莫尔应力圆的左方，不同固结压力的有效莫尔应力圆左移不同的距离 u_1。总应力破坏包线和有效应力破坏包线都通过原点，说明未受任何固结压力的土不会具有抗剪强度。显然 φ' 大于 φ_{cu}。

对于超固结黏性土，设其前期固结压力为 p_c，当剪切力作用前的固结压力小于 p_c 时，土呈现出超固结特性。超固结土的固结不排水总应力破坏包线如图6-29所示，是一条略平缓的曲线，可近似用直线 ab 代替，与正常固结破坏包线 bc 相交，bc 线的延长线仍通过原点。实用上将 abc 折线取为一条直线，其总应力强度指标为 c_{cu}、φ_{cu}，如图6-29所示。于是，固结不排水剪切的总应力破坏包线可表达为

$$\tau_f = c_{cu} + \sigma \tan\varphi_{cu} \quad (6\text{-}27)$$

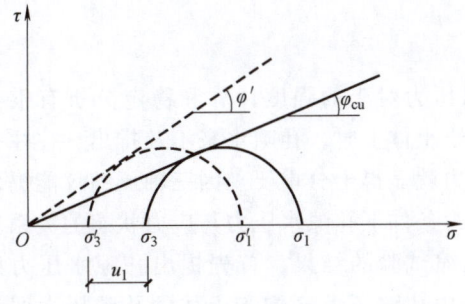

图 6-28 正常固结饱和黏性土固结不排水剪切试验结果

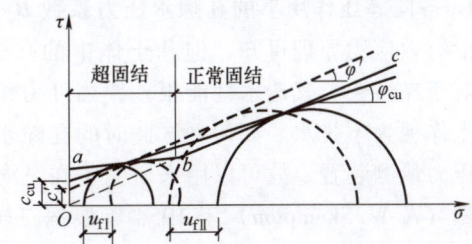

图 6-29 超固结土的固结不排水总应力破坏包线

如以有效应力表示，有效应力圆和有效应力破坏包线如图 6-29 中虚线所示，由于超固结试样在剪切破坏时产生负的孔隙水压力，故有效应力圆在总应力圆的右方；正常固结试样产生正的孔隙水压力，故有效应力圆在总应力圆的左方，有效应力抗剪强度包线可表示为

$$\tau_f = c' + \sigma' \tan\varphi' \tag{6-28}$$

式中，c' 和 φ' 为固结不排水试验得出的有效应力强度参数，通常 $c' < c_{cu}$，$\varphi' > \varphi_{cu}$。

6.5.3 固结排水抗剪强度

固结排水剪切试验在整个试验过程中，超静孔隙水压力始终为零。所以总应力圆就是有效应力圆，总应力破坏包线就是有效应力破坏包线。在剪切过程中，正常固结黏性土发生剪缩，而超固结土则是先剪缩，继而主要呈现剪胀的特性。

图 6-30 表示固结排水的试验结果，试验表明，固结排水试验和上述固结不排水试验的结果十分相似，所测到的结果也十分接近。由于固结排水试验所需的时间太长，故实际工程中常以 c' 和 φ' 代替 c_d 和 φ_d。但是两者的试验条件是有一定差别的，前者在剪切过程中，土的体积保持不变，而后者土的体积会发生变化。因此固结不排水试验中的 c' 和 φ' 并不完全等于固结排水试验中的 c_d 和 φ_d。试验表明，c_d 和 φ_d 略大于 c' 和 φ'。

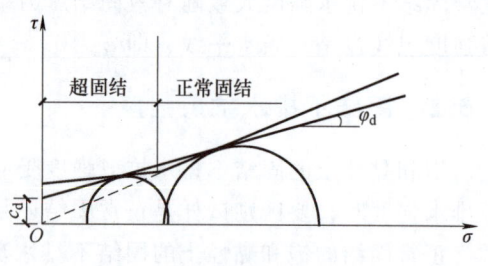

图 6-30　固结排水试验

固结排水剪切试验既可用三轴压缩仪进行试验，也可用直剪仪进行试验。在直接剪切试验中得到的结果常常偏大，根据经验可乘以修正系数 0.9 予以修正。

要特别强调的是，排水条件对土的抗剪强度影响很大，在工程实际中具体选用哪种试验，要结合地基土的实际受力和排水条件。根据大量的工程实践，用得最多的试验方法是不固结不排水剪切试验和固结不排水剪切试验。

6.6　孔隙水压力系数

6.6.1　斯肯普顿孔隙水压力系数

1. 各向等压作用下的孔隙水压力系数 B

由有效应力原理可知，饱和土体中的孔隙水压力对土的强度计算和稳定分析有很大影响。对于黏性土，其透水性能很差，当外力作用于土体上时，孔隙水来不及排出，往往把此时的土体视为不排水。如何测试此时的孔隙水压力就显得十分重要。因三轴压缩仪能提供孔隙水压力量测装置，故可以用来研究土在三向应力条件下孔隙水压力与应力状态的关系。斯肯普顿（A. W. Skempton）于 1954 年根据三轴压缩试验的结果，首先提出孔隙水压力系数（pore pressure parameter）的概念，并用以表示土中孔隙压力（饱和土体的孔隙压力即为孔隙水压力）的大小。

设图 6-31 表示一土样在各向等压的初始应力 σ_0 作用下已固结完毕，初始孔隙水压力

$u_0 = 0$，以模拟土样的原始应力状态。若土样此时在三个主应力上有相同的应力增量 $\Delta\sigma_3$ 作用，孔隙水压力的增量为 Δu_B，则土样体积要有变化。前已指出，在工程常遇到的压力作用下，土中固体土颗粒和水本身体积可视为不能压缩，故土样体积变化主要是孔隙空间的压缩所致。于是由孔隙水压力的增量 Δu_B 所引起的孔隙体积变化 ΔV_v，它们之间的关系为

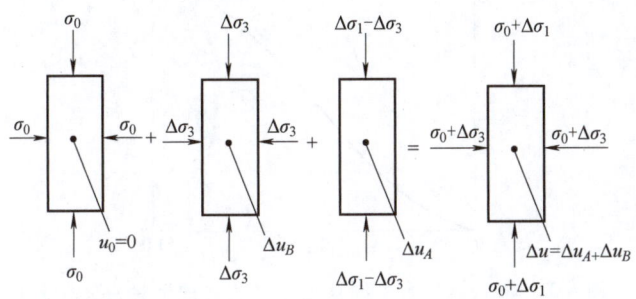

图 6-31　孔隙水压力的变化

$$\frac{\Delta V_v}{V_v} = \frac{\Delta V_v}{nV} = C_v \Delta u_B \tag{6-29}$$

式中，V_v 为试样中孔隙体积，单位为 m^3；V 为土样体积，单位为 m^3；n 为土的孔隙率；C_v 为孔隙的体积压缩系数，单位为 kPa^{-1}，其物理意义为单位应力增量引起的孔隙体积应变。

有效应力增量 $\Delta\sigma_3 - \Delta u$ 必将引起土的孔隙体积的压缩，此时试样的体积应变为

$$\frac{\Delta V}{V} = C_n(\Delta\sigma_3 - \Delta u_B) \tag{6-30}$$

式中，C_n 为土骨架的体积压缩系数，单位为 kPa^{-1}，其物理意义为单位应力增量引起的土骨架体积应变。

土体在不排水不排气状态时，体积变化主要由土体孔隙中气相的压缩产生。土骨架的压缩量必与土的孔隙体积变化相等，即 $\Delta V_v = \Delta V$，所以

$$C_v \Delta u_B = C_n(\Delta\sigma_3 - \Delta u_B)$$

整理后得：

$$\Delta u_B = \frac{1}{1 + n\dfrac{C_v}{C_n}} \Delta\sigma_3 \tag{6-31}$$

令 $\dfrac{1}{1 + n\dfrac{C_v}{C_n}} = B$，则式（6-3）可写成：

$$\Delta u_B = B\Delta\sigma_3 \tag{6-32}$$

显然，B 的物理意义是当土体的围压有一单位增量时，不排水土体所产生的孔隙水压力增量。

对于饱和土来说，孔隙中基本被水充满，C_v 即为水的体积压缩系数。由于水几乎被认为是不可压缩的，所以 $C_v = 0$，故 $C_v/C_n = 0$，此时 $B = 1$。对于非饱和试样，由于土中气体的压缩量较大，土骨架可承受部分外力的作用，故 $B < 1.0$。

试验表明，B值随土的饱和度S_r而变化，其值介于0~1之间，如图6-32所示，土的S_r越小，B值也越小。干土的孔隙全由气体充满不产生孔隙水压力，所施加的$\Delta\sigma$完全由土骨架承担，故$B=0$。

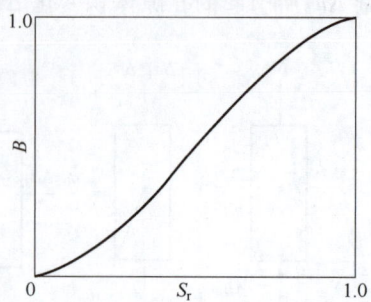

图6-32　孔隙水压力系数B与饱和度S_r的试验关系曲线

2. 偏压应力作用下的孔隙水压力系数A

假定土样在偏压应力增量$\Delta\sigma_1-\Delta\sigma_3$作用下的孔隙水压力增量为$\Delta u_A$（图6-31），则轴向和侧向有效应力增量分别为$\Delta\sigma_1'=\Delta\sigma_1-\Delta\sigma_3-\Delta u_A$和$\Delta\sigma_2'=\Delta\sigma_3'=-\Delta u_A$。设土骨架为理想的弹性材料，根据固体力学理论，土骨架的体积变化仅与有效平均正应力增量σ_m'有关，显然

$$\sigma_m'=\frac{1}{3}(\Delta\sigma_1'+\Delta\sigma_2'+\Delta\sigma_3')=\frac{1}{3}(\Delta\sigma_1-\Delta\sigma_3-3\Delta u_A) \tag{6-33}$$

土骨架的体积改变量为

$$\frac{\Delta V}{V}=\frac{1}{3}C_v(\Delta\sigma_1-\Delta\sigma_3-3\Delta u_A) \tag{6-34}$$

土样中的孔隙改变量为

$$\frac{\Delta V_v}{V_v}=\frac{\Delta V_v}{nV}=C_n\Delta u_A \tag{6-35}$$

同理，设试样处于不排水不排气状态，则$\Delta V_v=\Delta V$，由式（6-34）和式（6-35）可得：

$$\frac{1}{3}C_n(\Delta\sigma_1-\Delta\sigma_3-3\Delta u_A)=nC_v\Delta u_A$$

整理后得：

$$\Delta u_A=\frac{1}{3}\cdot\frac{1}{1+n\dfrac{C_v}{C_n}}(\Delta\sigma_1-\Delta\sigma_3)=\frac{1}{3}B(\Delta\sigma_1-\Delta\sigma_3) \tag{6-36}$$

将式（6-32）和式（6-36）叠加，则可得轴对称三向应力状态下孔隙水压力为

$$\Delta u=\Delta u_A+\Delta u_B=B\left[\Delta\sigma_3+\frac{1}{3}(\Delta\sigma_1-\Delta\sigma_3)\right] \tag{6-37}$$

然而，由于土并非理想的弹性材料，其体积变化不仅取决于平均正应力增量，还与偏应力增量有关，所以，式中的系数$\dfrac{1}{3}$就不再适用，而应代之以另一孔隙水压力系数A。这样

$$\Delta u_A=AB(\Delta\sigma_1-\Delta\sigma_3) \tag{6-38}$$

$$\Delta u = \Delta u_A + \Delta u_B = B[\Delta\sigma_3 + A(\Delta\sigma_1 - \Delta\sigma_3)] \tag{6-39}$$

式中，A 为偏应力增量作用下的孔隙水压力系数。和系数 B 一样，系数 A 也要通过试验确定。当土处于完全饱和状态时，$B=1$，则式（6-39）为

$$\Delta u = \Delta\sigma_3 + A(\Delta\sigma_1 - \Delta\sigma_3) \tag{6-40}$$

可以看出，土体中的孔隙水压力是平均正应力增量和偏应力增量的综合函数。三轴压缩试验实测结果表明，饱和土的 B 值完全可以视为 1.0，而孔隙水压力系数 A 的大小则受许多因素的影响，它随偏应力（$\Delta\sigma_1 - \Delta\sigma_3$）的变化而呈非线性变化。

对于高压缩性的土，A 值比较大。对于超固结土，当其受剪切作用时会发生剪胀现象并产生负的孔隙水压力，此时 $A<0$。实际上，即使对于同一种土，A 值也并不是常数，而与土样所受应变的大小、初始应力状态、应力历史及应力路径等诸多因素有关。

6.6.2 亨克尔孔隙水压力系数

对于非轴对称的三向应力状态的情形，主应力增量之间满足关系 $\Delta\sigma_1 > \Delta\sigma_2 > \Delta\sigma_3$。为此，亨克尔（D. G. Henkel，1960 年）考虑了中主应力的影响，并引入应力不变量和八面体应力，提出了确定饱和土体孔隙水压力的计算公式，即

$$\begin{aligned}\Delta u &= \frac{\beta}{3}(\Delta\sigma_1 + \Delta\sigma_2 + \Delta\sigma_3) + \frac{\alpha}{3}\sqrt{(\Delta\sigma_1 - \Delta\sigma_2)^2 + (\Delta\sigma_2 - \Delta\sigma_3)^2 + (\Delta\sigma_3 - \Delta\sigma_1)^2}\\ &= \beta\Delta\sigma_{oct} + \alpha\Delta\tau_{oct}\end{aligned} \tag{6-41}$$

式中，α、β 称为亨克尔孔隙水压力系数，对于饱和土，$\beta=1.0$；$\Delta\sigma_{oct}$ 和 $\Delta\tau_{oct}$ 分别为八面体正应力和八面体剪应力。

对于三轴压缩试验，有 $\Delta\sigma_2 = \Delta\sigma_3$，代入式（6-41），可得：

$$\Delta u = \Delta\sigma_3 + \frac{1+\sqrt{2}\alpha}{3}(\Delta\sigma_1 - \Delta\sigma_3) \tag{6-42}$$

可见，斯肯普顿孔隙水压力系数 A 与亨克尔孔隙水压力系数 α 的关系为

$$A = \frac{1+\sqrt{2}\alpha}{3} \tag{6-43}$$

一般认为，亨克尔孔隙水压力计算公式可以更好地反映剪应力对孔隙水压力的物理本质，因而具有更为普遍的意义。

6.7 应力路径

6.7.1 应力路径的概念

对于弹性材料，应力和应变的关系是一一对应的，也就是说应力一旦确定，就可以唯一确定其对应的应变，反之依然，即对应关系和加载过程或路径无关。反映到 σ-ε 坐标系中，应力和应变的关系是一条单一的线段，材料的变形仅取决于初始应力状态与最终应力状态，而与应力和应变的变化过程无关。对于土这种三相组成的特殊天然材料，情况则会发生变化。同一应力状态因加载、卸载、重新加载或重新卸载的过程不同，所对应的应变及相应的土的性质都不一样。所以，研究土的性质不仅需要知道土的初始应力状态和最终应力状态，

而且还需要知道它的应力变化过程。

在加载过程中，土体内某点的应力状态的变化可在应力坐标图中以应力点的移动轨迹表示，这种轨迹称为应力路径（stress path）。土在其形成的地质年代中所经受的应力变化情况称为应力历史。而应力路径与应力历史相比，主要差别在于应力路径描述的时间较短，其应力变化的描述也较细致。

以三轴压缩试验为例，保持围压 σ_3 不变，而逐渐增大轴压 σ_1，那么应力状态的变化描绘在图中应该是一系列由 σ_1 和 σ_3 确定的莫尔应力圆。这样虽然能够表示土样应力状态的变化过程，但在一张图上需要画很多莫尔应力圆，会使图面很不清晰。为了避免这种现象，可选取土中的某一方向或斜面上的应力 τ、σ 来表示。这样每一个莫尔应力圆在图中都会有一个代表点或特征点 (σ, τ)。依照加载过程将一系列的特征点按先后顺序连接起来就是应力路径。特征点的选取有两种方法：一种是破裂面（$\alpha_f = 45° + \varphi/2$）上的应力状态；另一种是最大剪应力面（45°）上的应力状态。图 6-33 分别表示两种方法对应的应力路径 Oe 和 Oe'，两者尽管有所区别，但均表示该点的应力路径，本质是一样的。

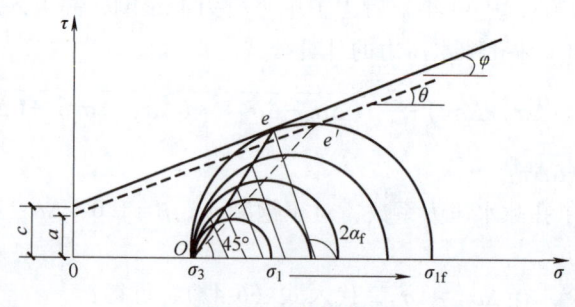

图 6-33　应力路径

由于受外荷载作用时土中可能产生孔隙水压力。因此，在受剪时土中应力也可分为总应力和有效应力两种。两者的变化规律是不同的，所以需要分别用总应力路径（total stress path，TSP）和有效应力路径（effective stress path，ESP）来描述它们。土体中的应力可以用总应力 σ 表示，也可以用有效应力 σ' 表示。表示总应力变化的轨迹就是总应力路径，表示有效应力的变化轨迹则是有效应力路径。有效莫尔应力圆的顶点坐标 (p', q') 与总莫尔应力圆的顶点坐标 (p, q) 有如下的关系：

$$p' = \frac{1}{2}(\sigma_1' + \sigma_3') = \frac{1}{2}(\sigma_1 - u + \sigma_3 - u) = \frac{1}{2}(\sigma_1 + \sigma_3) - u = p - u \tag{6-44a}$$

$$q' = \frac{1}{2}(\sigma_1' - \sigma_3') = \frac{1}{2}(\sigma_1 - u - \sigma_3 + u) = \frac{1}{2}(\sigma_1 - \sigma_3) = q \tag{6-44b}$$

从式（6-44）中可以看出，有效应力路径的确定，取决于试样剪切时孔隙水压力的变化规律。与 τ-σ 坐标图相比，q-p 坐标图上可方便地阐述总应力路径和有效应力路径之间的对应关系。

6.7.2　三轴压缩试验中几种典型的加载应力路径

1. 没有孔隙水压力的情况

没有孔隙水压力时，$u = 0$，所以 $\sigma' = \sigma$，试样在围压 σ_0 的作用下充分排水固结，然后可选择下列加载路径。

1）同步增加围压。这种情况的应力增加量为 $\Delta\sigma_1 = \Delta\sigma_2 = \Delta\sigma_3$，显然，此时土样中只有压应力而无剪应力，对应的莫尔应力圆始终是一个点。在 q-p 坐标系中表现为 p 不断增加，q 始终为零，图 6-34 中的直线 a 为该加载方式的应力路径。

2）$(\sigma_1-\sigma_3)$ 增加，σ_3 不变。此时，$\Delta\sigma_3=0$，p 和 q 的增加量均为 $\Delta\sigma_1/2$，表示出的应力路径是一条 45°的斜线，如图 6-34 中的直线 b 所示。

3）增加 σ_1，相应减少 σ_3。试验时 σ_1 增加，同时 σ_3 相应减少，并保证 $\Delta\sigma_3=-\Delta\sigma_1$，显然 p 的增加量 $\Delta p = (\Delta\sigma_1+\Delta\sigma_3)/2=0$，而 q 的增加量 $\Delta q = (\Delta\sigma_1-\Delta\sigma_3)/2 = \Delta\sigma_1$。对应的应力路径为竖直向上发展的直线，如图 6-34 中的直线 c 所示。莫尔应力圆的变化是圆心位置不动而半径不断增大。

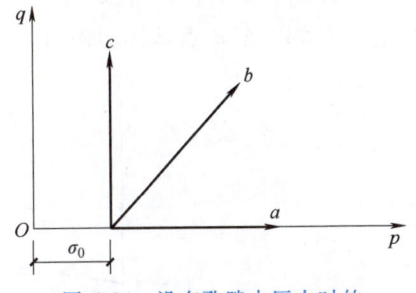

图 6-34 没有孔隙水压力时的几种总应力路径

2. 有孔隙水压力的情况

如果在加载过程中，试样内有孔隙水压力产生，则绘制应力路径就比较复杂。首先要区分是总应力路径还是有效应力路径。如果是总应力路径，因为可以不考虑孔隙水压力的作用，只需考虑作用在试样上的总应力，所以总应力路径的绘制方法与上述没有孔隙水压力是一样的。如果绘制的是有效应力路径，则需要求出总应力增加时所产生的孔隙水压力 u，再根据 $p'=p-u$，$q'=q$，就可以根据每一计算点的总应力 p、q 计算出相应的有效应力 p'、q'，然后绘出有效应力路径。因此，绘制有效应力路径的关键在于求总应力变化所引起的孔隙水压力 u 的变化。

如前所述，在三轴固结不排水剪切试验过程中，由于试样在不排水剪切过程中的孔隙水压力随轴向偏应力的增加呈非线性变化，所以，有效应力路径往往是曲线（图 6-35）。大量试验结果证明，当试样剪破时，无论是总应力路径还是有效应力路径，都将发生转折或趋于水平，因此，应力路径的转折点可作为试样剪破的标准。图 6-35 中的 f 点和 f' 点的坐标分别表示剪破时试样的总应力状态和有效应力状态，它们分别落在以总应力和有效应力表示的极限应力圆顶点的连线 K_f 和 K'_f 上。设 K_f 和 K'_f 线与 q 轴的截距分别为 a 和 a'，倾角分别为 θ 和 θ'，则 a、θ（或 a'、θ'）与 c、φ（或 c'、φ'）的关系可由土的极限平衡理论求得：

$$\sin\varphi = \tan\theta \tag{6-45a}$$

$$c = \frac{a}{\cos\varphi} \tag{6-45b}$$

或

$$\sin\varphi' = \tan\theta' \tag{6-46a}$$

$$c' = \frac{a'}{\cos\varphi'} \tag{6-46b}$$

另外，ef 和 ef' 线上点的横坐标之差反映了试样在剪切过程中孔隙水压力大小的变化。对于正常固结黏性土试样来说，由于在不排水剪切的整个过程中，始终产生正的孔隙水压力,所以有效应力路径 ef' 在总应力路径 ef 的左侧,至 f' 点试样剪破时,孔隙水压力达到最大值 u_f。而超固结黏性土试样在不排水剪切过程中的开始阶段可能产生少量的正孔隙水压力,以后逐渐转为负值,所以,图 6-35 中的有效应力路径 cd' 开始在总应力路径 cd 的左侧,随后转到右侧,至 d' 点试样剪破时,产生负的孔隙水压力 $-u_f$。

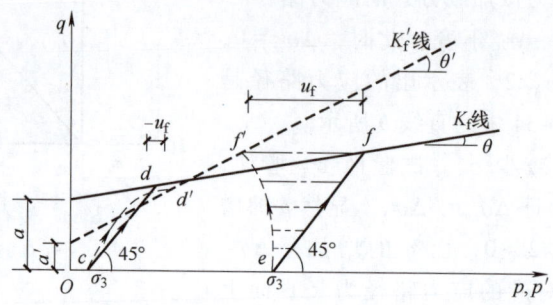

图 6-35　三轴固结不排水剪切试验中的应力路径

对两个具有相同周围压力下固结的正常固结黏性土试样,分别做三轴固结不排水剪切试验和固结排水剪切试验,并将其有效应力路径绘于同一个坐标系中,如图 6-36 所示。由于试样在固结排水剪切过程中孔隙水压力始终为零,其有效应力路径与总应力路径重合,所以排水剪切的有效应力路径沿图 6-36 中的 ef 线继续向右上方延伸,直到交 K_f' 线于 g 点方才剪破。很明显,对相同条件的正常固结黏性土试样来说,固结排水抗剪强度要比固结不排水抗剪强度要高。

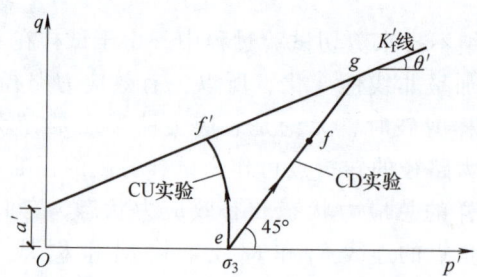

图 6-36　三轴固结不排水剪切试验与固结排水
剪切试验中的有效应力路径比较

思 考 题

1. 什么是抗剪强度?什么是抗剪强度指标?对一定的土类,其抗剪强度指标是否为一定值?为什么?

2. 什么是土的极限平衡状态和极限平衡条件?试用莫尔-库仑强度理论推求土体极限平衡条件的表达式。

3. 土体中首先发生剪切破坏的平面是否就是剪应力最大的平面?为什么?什么情况下,

剪切破坏面与最大剪应力面一致？一般情况下，剪切破坏面与大主应力面之间的夹角是多少？

4. 分别简述直接剪切试验和三轴压缩试验的原理，并比较两者之间的优缺点和适用范围。

5. 试比较黏性土在不同固结和排水条件下的三轴压缩试验中，其应力条件和孔隙水压力变化有何特点？并说明各种抗剪强度指标的适用条件。

6. 软土的无侧限抗压强度与其不固结不排水强度、十字板抗剪强度各有什么关系？

7. 何谓应力路径？如何用 K'_f 线来确定土的有效应力参数？

习　题

1. 已知某住宅地基中某一点所受的 $\sigma_1 = 600\text{kPa}$，$\sigma_3 = 100\text{kPa}$。

1）绘制莫尔应力圆。

2）试求最大剪应力值和最大剪应力作用面与大主应力面的夹角。

3）计算作用在与小主应力面成 60°的面上的正应力和剪应力。

2. 某土样的抗剪强度指标值 $\varphi = 30°$、$c = 0$，若该土样承受最小主应力 $\sigma_3 = 150\text{kPa}$，最大主应力 $\sigma_1 = 200\text{kPa}$ 时，问该土样是否会破坏？

3. 已知地基土的 $\varphi = 25°$、$c = 15\text{kPa}$，并知地基中某点 A 的剪应力 $\tau = 85\text{kPa}$，法向应力 $\sigma = 20\text{kPa}$；另一点 B 的剪应力 $\tau = 152\text{kPa}$，法向应力 $\sigma = 360\text{kPa}$，试分别判断 A、B 两点是否沿剪应力的方向剪破。

4. 已知某工厂地基土的抗剪强度指标黏聚力 $c = 100\text{kPa}$，内摩擦角 $\varphi = 30°$，作用在此地基中某平面上作用有总应力 $\sigma_0 = 150\text{kPa}$，该应力与平面法线的夹角为 $\theta = 37°$。该处会不会发生剪切破坏？

5. 某粉质黏土地基内一点的最大主应力 $\sigma_1 = 135\text{kPa}$，最小主应力 $\sigma_3 = 20\text{kPa}$，黏聚力 $c = 19.6\text{kPa}$，内摩擦角 $\varphi = 28°$，试判断该点土体是否破坏。

6. 某工程取干砂进行直接剪切试验，当法向应力 $\sigma = 375\text{kPa}$ 时，$\tau_f = 250\text{kPa}$。求：

1）该砂样的内摩擦角。

2）破坏时大小主应力。

3）最大主应力与剪切面所成的角度。

7. 一组三个饱和黏性土样，进行三轴固结不排水剪切试验，其结果见表 6-4，试用作图法求该土样的总应力强度指标 c_{cu}、φ_{cu} 和有效应力强度指标 c'、φ'。

表 6-4　某黏性土样三轴固结不排水剪切试验结果

围压 σ_3/kPa	剪切破坏时	
	σ_1/kPa	u/kPa
100	218	57
150	310	92
200	401	126

8. 对饱和黏土试样进行无侧限抗压试验，测得其无侧限抗压强度 $q_u = 100\text{kPa}$。试求：

1）该土样的不排水抗剪强度。

2）与圆柱形试样轴成 60°交角面上的法向应力 σ 和剪应力 τ。

9. 某土样的排水指标 $c' = 20\text{kPa}$，$\varphi' = 30°$，当所受总应力 $\sigma_1 = 500\text{kPa}$，$\sigma_3 = 177\text{kPa}$，土样内孔隙水压力 $u = 50\text{kPa}$ 时，土样处于什么状态？

第 7 章　地基承载力

7.1　概述

地基承载力（bearing capacity of foundation）是指地基土单位面积上可以承受的压力值。在建筑物荷载作用下，地基可能发生的破坏类型一般分为两大类：一类是地基土较软，在建筑物荷载作用下产生过大的沉降或不均匀沉降，导致建筑物严重下沉、倾斜或上部结构的破坏；另一类是建筑物荷载过大，地基中出现了较大范围的剪切破坏（塑性变形）区，且形成了连续的滑裂面，基础下面的部分土体沿滑裂面整体滑动，地基丧失了稳定性，导致建筑物产生倾倒、塌陷等灾难性破坏。因此地基承载力是与地基的变形条件和稳定状态密切相关的。这里所说的地基变形不仅是指地基的竖向变形（也称为沉降），特殊情况下（如建筑物位于斜坡边）也包括地基的横向变形。另外还要注意，地基土的变形性质和剪切破坏（塑性发展）区的发展范围是有区别的。

要合理地进行地基基础设计，首先就要确定地基承载力。确定地基承载力的方法有多种，基本上可以分为三类：理论公式法、经验公式法和原位测试方法。理论公式法基本上都是以土体的极限平衡理论为基础，并依据地基土体塑性区发展的不同阶段，认为地基有不同的承载力水平，如临塑荷载、界限荷载和极限承载力。要注意，在取得这些理论公式时都有较多的简化假定，对同一地基，不同的公式算得的理论值可能相差较大。另外，这些方法都没有考虑地基的变形条件。另外，工程实践中也经常应用一些经验公式法。此类方法所确定的地基承载力是指地基保持稳定并具有一定的安全度，而且变形控制在建筑物容许范围内时的基底压力，常称为容许承载力。但是这些经验公式一般是根据本地区或本行业的工程实践总结，因而具有一定的局限性。所以，原位测试方法（例如载荷试验）对于重要的工程是必须进行的。

7.2　地基的失稳破坏形式

7.2.1　地基失稳破坏的三种形式

建筑物因地基承载力不足而引起的破坏，通常是由于基础下地基土的剪切破坏所造成的。试验研究表明，这种剪切破坏的形式一般分为整体剪切破坏（general shear failure）、局部剪切破坏（local shear failure）、冲切破坏（punching shear failure）三种，如图 7-1 所示。

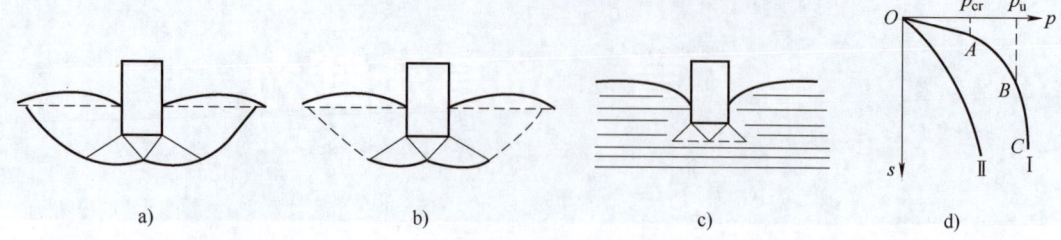

图 7-1 地基失稳破坏形式
a）整体剪切破坏 b）局部剪切破坏 c）冲切破坏 d）p-s 曲线

1. 整体剪切破坏

图 7-1a 所示为整体剪切破坏的特征，对应的荷载沉降 p-s 曲线如图 7-1d 中的曲线 Ⅰ 所示。地基变形的发展可分为三个阶段：

1）当地基荷载（基底压力）较小时，基础下形成一个三角压密区，随同基础压入土中，此时基底压力 p 与沉降 s 基本上呈直线关系（OA 段），属线性变形阶段，相应于 A 点的荷载称为临塑荷载，用 p_{cr} 表示。

2）当荷载增加到某一数值时，基础边缘处土体开始发生剪切破坏，随着荷载的增加，剪切破坏（塑性变形）区逐渐扩大，土体开始向周围挤出，p-s 曲线表现为明显的曲线特征（AB 段），属弹塑性变形阶段，相应于 B 点的荷载称为极限荷载，也称为极限承载力，用 p_u 表示。

3）如果荷载继续增加，剪切破坏区不断扩大，最终在地基中形成连续的滑裂面，并延伸到地表面，同时土体从基础四周挤出，造成基础侧面地面隆起，基础沉降急剧增加或向一侧倾斜，整个地基产生失稳破坏。此时 p-s 曲线出现明显的陡降段（BC 段），通常称为完全破坏阶段。对于压缩性较低的地基土，如密实的砂类土和较坚硬的黏性土，当基础埋置深度较浅时，常常会出现整体剪切破坏。

2. 局部剪切破坏

图 7-1b 所示为局部剪切破坏，它是介于整体剪切破坏和冲切破坏之间的一种破坏形式。随着荷载的增加，剪切破坏区同样从基础边缘处开始发展，但仅局限于地基一定范围内；土体中也形成一定的滑裂面，但没有延伸至地面；地基失稳时，基础四周地面虽稍微隆起，但没有出现明显的裂缝，基础也不会出现明显的倾斜和倒塌。在相应的 p-s 曲线中，直线拐点 A 没有整体剪切破坏明显，过曲线转折点 B 后沉降增长率较前段大，但不像整体剪切破坏那样急剧增加。当地基土为具有一定压缩性的砂土或一般黏性土且基础有一定埋深时，地基可能发生局部剪切破坏。

3. 冲切破坏

冲切破坏也称为刺入破坏，如图 7-1c 所示。当荷载较小时，基础下土层发生压缩变形，随着荷载的增加，基础四周土体发生剪切破坏，基础沿周边向下切入土中，滑裂面仅出现在基础边缘下及基础正下方，基础四周地面不隆起，甚至还会发生凹陷现象。相应的 p-s 曲线无明显的拐点，如图 7-1d 中的曲线 Ⅱ 所示。这种破坏形式常发生在饱和软黏土、松砂地基中。

7.2.2 地基破坏形式的影响因素

地基的破坏形式与多种因素相关，如地基的压缩性特征、基础埋置深度、荷载大小及性质、加载方式、加载速率、应力水平、应力路径等，目前尚无合理的理论作为统一的判别标准。如对于密实砂土地基，当基础埋置较深且快速加载时，也会发生局部剪切破坏；而当基础埋置很深，作用荷载很大时，密实砂土地基也会产生较大的压缩变形而出现冲切破坏。对于正常固结的饱和软黏土地基，快速加载时，由于孔隙水来不及排出，土体不能及时产生压缩变形，就会发生整体剪切破坏。当地基中有很厚的软弱土层且厚薄严重不均时，如果加载过多过快，则会发生严重不均匀沉降，甚至导致建筑物倾斜、倒塌，例如著名的加拿大特朗斯康谷仓的倾倒、意大利比萨斜塔的倾斜等。如果地基下卧基岩面倾斜，可压缩土层厚度不均匀时，也会造成建筑物的倾斜，如我国苏州的虎丘塔。

7.3 地基的临塑荷载和界限荷载

7.3.1 地基的临塑荷载

当地基土发生整体剪切破坏时，得到的 p-s 曲线如图 7-1d 中的曲线 Ⅰ 所示，其中直线段末尾点所对应的基底压力称为临塑荷载（critical pressure for plastic failure）p_{cr}。它表示地基土体将从线性变形阶段过渡到弹塑性变形阶段，此时地基中将要出现但尚未出现塑性破坏区，即塑性区的最大发展深度 $z_{max}=0$。现以浅埋条形基础为例，根据土中应力计算的弹性理论和土体极限平衡条件导出竖向均匀荷载作用下临塑荷载的计算公式。

图 7-2 所示为一宽度为 b，埋置深度为 d 的条形基础，基底压力为 p。假设基础埋深范围内土体的平均重度为 γ_0，则基底附加压力为 $p_0 = p - \gamma_0 d$，由此在地基中任一点 M 处引起的大、小主附加应力可按米歇尔（J. H. Michell, 1902 年）公式计算，即

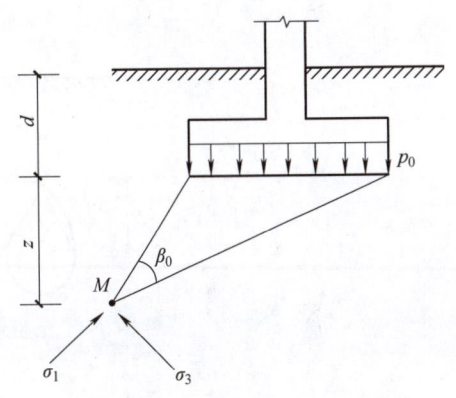

图 7-2 均布条形荷载作用下地基中任一点的附加应力

$$\left.\begin{array}{r}\sigma_1 \\ \sigma_3\end{array}\right\} = \frac{p_0}{\pi}(\beta_0 \pm \sin\beta_0) = \frac{p-\gamma_0 d}{\pi}(\beta_0 \pm \sin\beta_0) \tag{7-1}$$

式中，β_0 为 M 点与基础底面两边缘点连线间的夹角，称为视角。

其中，大主附加应力 σ_1 的方向沿着视角 β_0 的角平分线方向。

M 点处的自重应力为

$$\begin{cases}\sigma_{cz} = \gamma_0 d + \gamma z \\ \sigma_{cx} = K_0 \sigma_{cz}\end{cases} \tag{7-2}$$

式中，γ 为基础底面下土的重度；K_0 为土的侧压力系数；z 为 M 点到基础底面的竖直距离。

如果仅有自重作用，σ_{cz} 和 σ_{cx} 就是主应力，即竖向和水平向就是主应力方向。为简化计算，假定 $K_0=1$，这样 $\sigma_{cz}=\sigma_{cx}$，即 M 点处的自重应力各向相等，每个方向都是主应力方向。则在建筑物荷载作用下，M 点处的总主应力可表示为

$$\left.\begin{array}{c}\sigma_1\\ \sigma_3\end{array}\right\}=\frac{p_0}{\pi}(\beta_0\pm\sin\beta_0)+\gamma_0 d+\gamma z \tag{7-3}$$

根据土中一点的极限平衡理论，当 M 点的应力状态达到极限平衡状态时，其大小主应力应满足

$$\frac{1}{2}(\sigma_1-\sigma_3)=\left[\frac{1}{2}(\sigma_1+\sigma_3)+c\cot\varphi\right]\sin\varphi \tag{7-4}$$

式中，c、φ 分别为基础底面下土的黏聚力和内摩擦角。

将式（7-3）代入式（7-4），整理可得塑性区的边界方程为

$$z=\frac{p-\gamma_0 d}{\pi\gamma}\left(\frac{\sin\beta_0}{\sin\varphi}-\beta_0\right)-\frac{c}{\gamma\tan\varphi}-\frac{\gamma_0}{\gamma}d \tag{7-5}$$

式（7-5）表示塑性区边界上任意一点的深度 z 与视角 β_0 之间的关系。如果基础埋深 d、基底压力 p 以及土的指标 γ_0、γ、c、φ 均为已知，则可根据式（7-5）绘出塑性区边界线，如图 7-3 所示。采用弹性理论计算时，基础底面两边缘点的剪应力最大，因此塑性区首先应从基础两边缘点开始向深处发展。

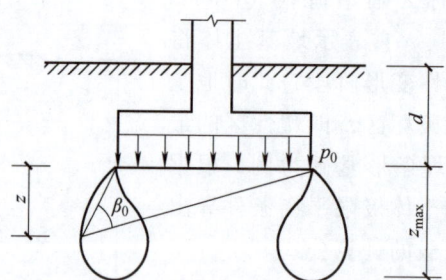

图 7-3　条形基础下的塑性区分布示意图

在基底压力 p 作用下，塑性区发展的最大深度 z_{max}，可由 $\dfrac{dz}{d\beta_0}=0$ 的条件求得，即

$$\frac{dz}{d\beta_0}=\frac{p-\gamma_0 d}{\pi\gamma}\left(\frac{\cos\beta_0}{\sin\varphi}-1\right)=0$$

从而

$$\cos\beta_0=\sin\varphi$$

所以

$$\beta_0=\frac{\pi}{2}-\varphi \tag{7-6}$$

将式（7-6）代入式（7-5）可得塑性区发展最大深度 z_{max} 的表达式为

$$z_{max}=\frac{p-\gamma_0 d}{\pi\gamma}\left[\cot\varphi-\left(\frac{\pi}{2}-\varphi\right)\right]-\frac{c}{\gamma\tan\varphi}-\frac{\gamma_0}{\gamma}d \tag{7-7}$$

由式（7-7）可知，在其他条件不变的情况下，当基底压力 p 增大时，z_{max} 也相应增大，也就是塑性区向深处发展。如塑性区的最大深度 $z_{max}=0$，则表示地基中将要出现但尚未出现塑性区，相应的基底压力即为临塑荷载 p_{cr}，即

$$p_{cr} = \frac{\pi(\gamma_0 d + c\cot\varphi)}{\cot\varphi + \varphi - \frac{\pi}{2}} + \gamma_0 d = cN_c + \gamma_0 d N_q \tag{7-8}$$

式中，N_c 和 N_q 称为承载力系数，即

$$N_c = \frac{\pi\cot\varphi}{\cot\varphi + \varphi - \frac{\pi}{2}}, \quad N_q = \frac{\cot\varphi + \varphi + \frac{\pi}{2}}{\cot\varphi + \varphi - \frac{\pi}{2}} \tag{7-9}$$

7.3.2 地基的界限荷载

在工程实践中，可以根据建筑物的不同要求，用临塑荷载估算地基承载力。但理论和实践经验都表明，即使地基发生局部剪切破坏，地基中塑性区有所发展，但只要塑性区范围不超过某一深度，就不会影响建筑物的安全和正常使用。所以用临塑荷载作为地基承载力无疑是偏于保守的。地基塑性区容许深度与建筑物的等级和类型、荷载性质以及土的特性等因素有关，目前还没有统一标准。一般经验表明，在中心荷载作用下，塑性区的最大发展深度 z_{max} 可控制在基础宽度 b 的 1/4，相应的基底压力称为界限荷载（critical load），用 $p_{1/4}$ 表示；在偏心荷载作用下，塑性区的最大发展深度 z_{max} 可放宽到基础宽度的 1/3，相应的基底压力也称为界限荷载，用 $p_{1/3}$ 表示。因此，令式（7-7）中的 z_{max} 分别等于 $b/4$ 或 $b/3$，可得 $p_{1/4}$ 或 $p_{1/3}$ 的计算公式为

$$p_{1/4} = \frac{\pi\left(\gamma_0 d + c\cot\varphi + \frac{1}{4}\gamma b\right)}{\cot\varphi + \varphi - \frac{\pi}{2}} + \gamma_0 d = cN_c + \gamma_0 d N_q + \gamma b N_{1/4} = p_{cr} + \gamma b N_{1/4} \tag{7-10}$$

$$p_{1/3} = \frac{\pi\left(\gamma_0 d + c\cot\varphi + \frac{1}{3}\gamma b\right)}{\cot\varphi + \varphi - \frac{\pi}{2}} + \gamma_0 d = cN_c + \gamma_0 d N_q + \gamma b N_{1/3} = p_{cr} + \gamma b N_{1/3} \tag{7-11}$$

式中，$N_{1/4}$ 或 $N_{1/3}$ 也称为承载力系数，即

$$N_{1/4} = \frac{\pi/4}{\cot\varphi + \varphi - \frac{\pi}{2}}, \quad N_{1/3} = \frac{\pi/3}{\cot\varphi + \varphi - \frac{\pi}{2}} \tag{7-12}$$

7.3.3 注意事项

在前述有关公式的推导过程中，为了简化计算，引入了一些假定，所以在工程应用过程中，应注意下列问题：

1) 有关公式都是基于条形基础推导的，条形基础属于平面应变问题。如将这些公式用于局部面积荷载（如矩形、方形或圆形基础）时，无疑会出现一定的误差，但结果显然偏

于安全。实际计算时，一般取 b 为矩形基础短边尺寸，圆形基础则采用 $b=\sqrt{A}$，这里 A 为圆形基础面积。

2）在有关公式的推导过程中，对附加应力采用了弹性力学的解答，对于已出现塑性区的塑性变形阶段，这样的推导从理论上是不严格的，但考虑到此时塑性区的范围有限，由此引起的误差一般不大。

3）有关公式也是基于中心竖直荷载或均布荷载推导的。如果工程实际中为偏心或倾斜荷载，则应进行一定的修正。特别是当荷载偏心较大时，这些公式不能采用。

4）在求解总的主应力时，为了便于附加主应力与自重应力的叠加，假定侧压力系数 $K_0=1$，即假定自重应力场为静水压力场。显然这种假定适用于淤泥等饱和软黏土，对于其他大多数土都相差较大。

5）由有关公式可知，临塑荷载 p_{cr} 与基础宽度 b 无关，而界限荷载 $p_{1/4}$ 和 $p_{1/3}$ 与 b 有关，且随 b 的增加而增大。另外，p_{cr}、$p_{1/4}$ 和 $p_{1/3}$ 都随埋置深度 d 的增加而增大。所以在根据试验资料（如浅层平板试验）确定地基承载力进行基础设计时，需要进行基础埋置深度和宽度的承载力修正。

6）对于饱和软土，在不排水条件下，$\varphi_u=0$，前述承载力系数 $N_{1/4}=N_{1/3}=0$，$N_c=\pi$，$N_q=1$，所以

$$p_{cr}=p_{1/4}=p_{1/3}=\pi c_u+\gamma_0 d \tag{7-13}$$

这说明，对于饱和软土，地基中不允许出现塑性区，一旦出现了塑性区，地基就会立即破坏。

7）有关公式的另一个假定是基础底面以下为均质土。对于地基分层时，重度 γ、黏聚力 c 和内摩擦角 φ 应取加权平均值，此时自基础底面向下在地基中所取的深度应根据经验确定，一般可取为基础宽度的 1 倍。另外有地下水时，应取有效重度。

【例 7-1】 某条形基础，宽度 $b=2.4$m，基础埋深 $d=1.0$m，其上作用中心荷载。地基土分为两层：表层为素填土，天然重度 $\gamma_1=17.8$kN/m³，层厚 $h_1=0.8$m；其下为粉土，天然重度 $\gamma_2=18.8$kN/m³，内摩擦角 $\varphi_2=21°$，黏聚力 $c_2=12$kPa。计算该地基的临塑荷载和界限荷载。

解： 基础埋深范围内土的加权平均重度为

$$\gamma_0=\frac{\gamma_1 h_1+\gamma_2 h_2}{d}=\frac{17.8\times 0.8+18.8\times 0.2}{1.0}\text{kN/m}^3=18.0\text{kN/m}^3$$

承载力系数为

$$N_c=\frac{\pi\cot\varphi}{\cot\varphi+\varphi-\frac{\pi}{2}}=\frac{\pi\cot 21°}{\cot 21°+\frac{21}{180}\times\pi-\frac{\pi}{2}}=5.84$$

$$N_q=\frac{\cot\varphi+\varphi+\frac{\pi}{2}}{\cot\varphi+\varphi-\frac{\pi}{2}}=\frac{\cot 21°+\frac{21}{180}\times\pi+\frac{\pi}{2}}{\cot 21°+\frac{21}{180}\times\pi-\frac{\pi}{2}}=3.24$$

$$N_{1/4}=\frac{\pi/4}{\cot\varphi+\varphi-\frac{\pi}{2}}=\frac{\pi/4}{\cot 21°+\frac{21}{180}\times\pi-\frac{\pi}{2}}=0.56$$

所以，临塑荷载和界限荷载分别为

$$p_{cr} = N_c c + N_q \gamma_0 d = (5.84 \times 12 + 3.24 \times 18.0 \times 1.0) \text{kPa} = 128.4 \text{kPa}$$

$$p_{1/4} = p_{cr} + N_{1/4} \gamma b = (128.4 + 0.56 \times 18.8 \times 2.4) \text{kPa} = 153.7 \text{kPa}$$

7.4 地基极限承载力

地基丧失整体稳定时的基底压力称为极限荷载，也称为地基极限承载力（ultimate bearing capacity of foundation），常以 p_u 表示。此时地基中的塑性区已充分发展并形成了连续贯通的滑裂面；基础沉降急剧增加或很长时间不停止；在载荷试验的 p-s 曲线上表现为出现陡降段。与临塑荷载 p_{cr} 和界限荷载 $p_{1/4}$、$p_{1/3}$ 相比，极限承载力 p_u 几乎没有安全储备。因此，在地基基础设计中必须将地基极限承载力除以一定的安全系数，才能作为地基的容许承载力，以保证地基及修建于其上的建筑物的安全与稳定。但这仅是强度方面的考虑，至于是否满足地基变形的要求，则仍需另行验算。

目前，求解地基极限承载力的理论方法很多，但归纳起来，求解途径主要有以下两种：

1) 根据土体的极限平衡理论，用塑性力学的方法建立土中各点达到极限平衡时的静力平衡方程，考虑边界条件即可求出地基达到极限平衡时各点的精确解。此法在理论上很严密，但求解时在数学上遇到很大的困难，目前仅对某些边界条件相对简单的情况求得解析解，一般情况下只能得到数值解，而且运算过程甚繁。

2) 根据模型试验结果进行适当简化，一般先假定滑裂面形状已知，然后根据滑裂面以上的滑动土体的静力极限平衡条件求解。由于不同研究者进行简化的方法不同或假定的滑裂面形状不同，得到的结论并不一致，但这样得到的极限承载力公式比较简便，在工程实践中应用广泛。

下面仅介绍第二种方法。另外还要注意，目前比较成熟的研究成果仅限于地基发生整体剪切破坏的情况。对于地基发生局部剪切破坏或冲切破坏的情况，还没有得到公认的结果。一般的做法是，根据模型试验，将整体剪切破坏的有关公式做适当的修正。

7.4.1 普朗德尔-瑞斯纳公式

普朗德尔（L. Prandtl）于 1920 年根据塑性理论，研究了刚性冲模压入无质量的半无限刚塑性介质中的课题，导出了介质达到破坏时的滑动面形状和极限压力公式。人们把他的解答应用到地基极限承载力的研究上。最初他的研究工作相当于假定承受中心荷载且基底光滑的条形基础坐落在无质量的均匀地基上。在此基础上，1924 年瑞斯纳（H. Reissner）考虑到基础埋置深度的影响，将基底平面当成地基表面，基础两侧基底以上的土体自重视为均布超载，从而进一步完善了极限承载力的理论公式。

根据极限平衡理论，普朗德尔和瑞斯纳把地基中形成的两组连续完整的滑裂面和基底平面之间的土体分为 5 个区：1 个 I 区，2 个 II 区和 2 个 III 区（图 7-4a 和图 7-4b）。基础正下方为 I 区，称为朗肯主动区，土体被压缩达到主动极限平衡状态，竖向为大主应力方向，该区的边界都是直线，是一个等腰三角形，滑裂面 ad、$a'd$ 与水平面交角成 $45° + \dfrac{\varphi}{2}$；

Ⅱ区为过渡区,其边界 $ad(a'd)$、ae、$(a'e')$ 为直线,$de(de')$ 为曲线边界,为对数螺旋线,即 $r=r_0\exp(\theta\tan\varphi)$,由图 7-4a 和图 7-4b 可知,$\theta$ 的取值范围为 $0°\sim90°$;Ⅲ区在基础两边,称为朗肯被动区,土体达到被动极限平衡状态,竖向为小主应力方向,该区的边界也都是直线,是一个等腰三角形,其边界 $ae(a'e')$、$ef(e'f')$ 与水平面交角都成 $\alpha=45°-\dfrac{\varphi}{2}$。

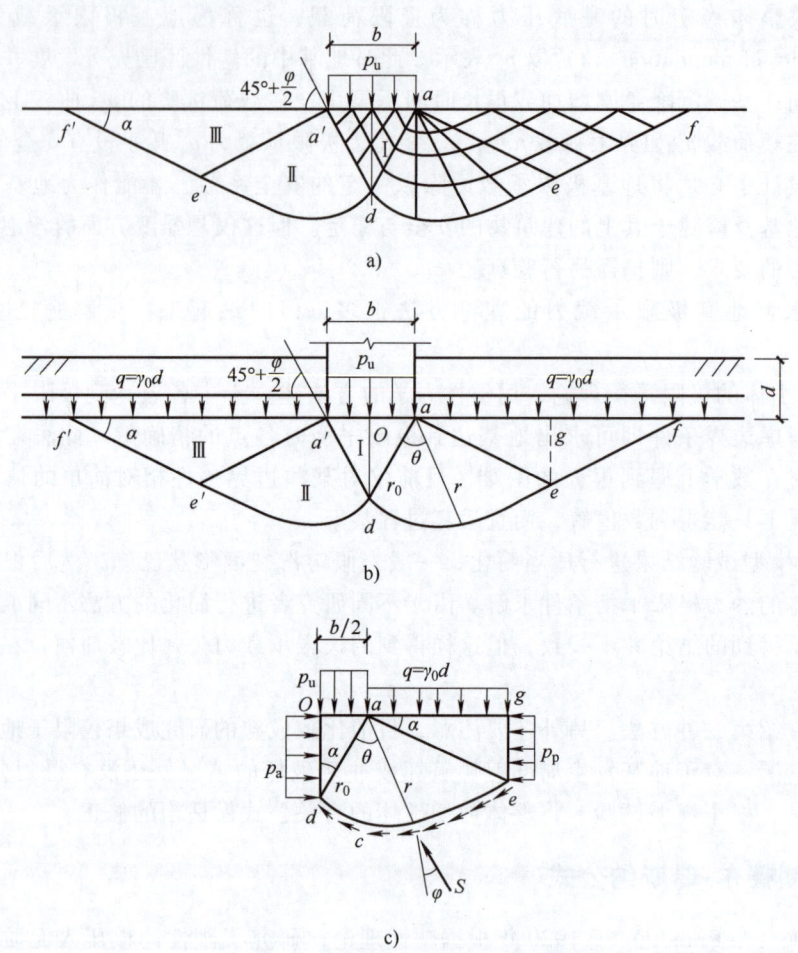

图 7-4 普朗德尔-瑞斯纳地基滑移模型
a) 普朗德尔地基滑移模式 b) 瑞斯纳地基滑移模式 c) 隔离体受力分析

为了推求地基极限承载力 p_u,取图 7-4b 中的一部分滑动土体 $Odeg$ 为隔离体,如图 7-4c 所示。其中,ag、Od 和 eg 的长度分别为:$l_{ag}=\dfrac{b}{2}\exp\left(\dfrac{\pi}{2}\tan\varphi\right)\cot\alpha$,$l_{Od}=\dfrac{b}{2}\cot\alpha$,$l_{eg}=\dfrac{b}{2}\exp\left(\dfrac{\pi}{2}\tan\varphi\right)$。对 $Odeg$ 进行受力分析如下:

1) Oa 边上的分布力为极限承载力 p_u,对 a 点的力矩为

$$M_1=\frac{p_u b}{2}\cdot\frac{b}{4}=\frac{1}{8}p_u b^2 \tag{7-14}$$

2) Od 边上的分布力为主动土压力 $p_a = p_u \tan^2\alpha - 2c\tan\alpha$,对 a 点的力矩为

$$M_2 = \frac{1}{8}p_u b^2 - \frac{1}{4}cb^2\cot\alpha \tag{7-15}$$

3) ag 边上的分布力为上覆土重 $q = \gamma_0 d$,对 a 点的力矩为

$$M_3 = \frac{1}{8}qb^2 \exp(\pi\tan\varphi)\cot^2\alpha \tag{7-16}$$

4) de 边上的分布力分为两部分:支持力与摩擦力的合力 S 以及黏聚力 c。其中 S 的作用线均通过 a 点,所以该分布力对 a 点的力矩为 0;黏聚力 c 对 a 点的力矩为

$$M_4 = \int_0^{\pi/2} cr^2 \mathrm{d}\theta = \frac{1}{2}cb^2 \frac{\cot\varphi[\exp(\pi\tan\varphi) - 1]}{\sin^2\alpha} \tag{7-17}$$

5) eg 边上的分布力为被动土压力 $p_p = p\cot^2\alpha + 2c\cot\alpha$,对 a 点的力矩为

$$M_5 = \frac{1}{8}qb^2 \exp(\pi\tan\varphi)\cot^2\alpha + \frac{1}{4}cb^2 \exp(\pi\tan\varphi)\cot\alpha \tag{7-18}$$

力矩平衡条件要求

$$\sum M_a = M_1 + M_2 - M_3 - M_4 - M_5 = 0 \tag{7-19}$$

将式(7-14)~式(7-18)代入式(7-19),整理可得普朗德尔-瑞斯纳极限承载力公式,即

$$p_u = qL_q + cL_c \tag{7-20}$$

式中,L_q、L_c 称为地基极限承载力系数,它们都是基底以下土体的内摩擦角 φ 的函数,即

$$\begin{cases} L_q = \exp(\pi\tan\varphi)\tan^2\left(45° + \frac{\varphi}{2}\right) \\ L_c = (L_q - 1)\cot\varphi \end{cases} \tag{7-21}$$

显然,按普朗德尔-瑞斯纳公式式(7-20),极限承载力由基础两侧土重 q 和滑动面上黏聚力 c 产生的抗力组成,与基础宽度无关,这是因为公式推导过程中不计地基土的重度所致。此外,基底与土之间还存在一定的摩擦力,所以普朗德尔-瑞斯纳公式仅是一个近似公式。后来,不少学者在这方面继续进行了大量的研究工作,根据不同的假设条件,得出了各种不同的极限承载力近似计算公式,例如太沙基(K. Terzaghi,1943 年)、梅耶霍夫(G. G. Meyerhof,1951 年)、汉森(J. B. Hansen,1961 年,1970 年)、魏西克(A. S. Vesic,1973 年)等人在普朗德尔基础上做了修正和发展。下面仅对太沙基承载力理论和汉森承载力公式进行介绍。

7.4.2 太沙基公式

1943 年,太沙基在其专著《理论土力学》中提出了新的地基承载力计算模式,弥补了普朗德尔-瑞斯纳地基极限承载力理论中的部分缺陷。他将地基土作为有重度的介质,在推导均质地基上的条形基础受中心荷载下极限承载力公式时,引入了下列假定:

1) 基础底面粗糙。当地基发生整体剪切破坏并形成延伸至基底平面高程处的连续滑动面时,基底下有一部分土体将随基础一起移动而始终处于弹性平衡状态,破坏时,它像一"弹性核"随基础一起向下移动,如图 7-5a 所示的 Ⅰ 区。为便于计算,将其曲线边界 ad、$a'd$

简化为直线,并与水平面成 ψ 角,如图 7-5b 所示,一般有 $\varphi \leqslant \psi \leqslant 45° + \dfrac{\varphi}{2}$。当基底完全粗糙时,$\psi = \varphi$。

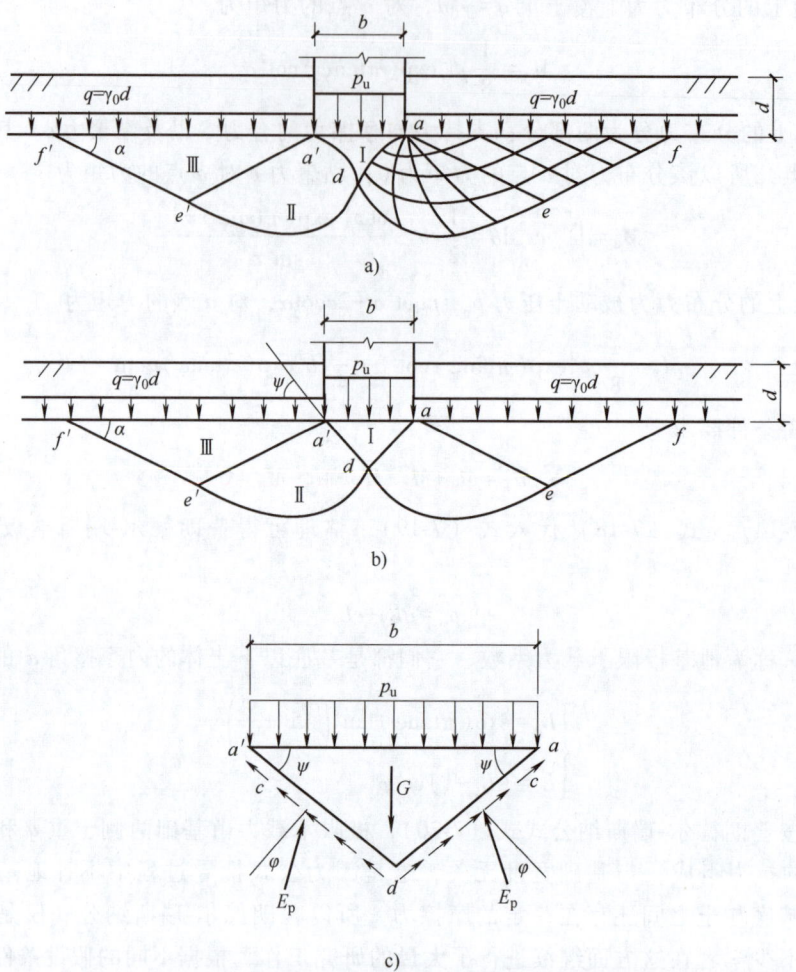

图 7-5 太沙基地基滑移模型
a) 理论滑裂面 b) 简化的滑裂面 c) 弹性核的受力分析

2) 除弹性核 ada' 外,在滑动区域范围内的所有土体均处于塑性平衡状态。滑动区由径向剪切区 Ⅱ 和朗肯被动区 Ⅲ 所组成。径向剪切区 Ⅱ 的边界 $de(de')$ 为对数螺旋线。朗肯被动区 Ⅲ 的边界 ae、ef(或 $a'e'$、$e'f'$)为直线,并与水平面成 $\alpha = 45° - \dfrac{\varphi}{2}$ 角,如图 7-5a、b 所示。

3) 不考虑基底以上基础两侧土的抗剪强度的影响,而用相应的均布超载 $q = \gamma_0 d$ 代替。太沙基取弹性核 ada' 为隔离体,如图 7-5c 所示,根据弹性核的静力极限平衡条件得到了地基的极限承载力公式。在基底完全粗糙时,$\psi = \varphi$,该公式为

$$p_u b = 2E_p + cb\tan\varphi - \dfrac{1}{4}\gamma b^2 \tan\varphi \tag{7-22}$$

式中，E_p 为作用于弹性核边界面 $ad(a'd)$ 上分别由土的黏聚力 c、超载 q 和重度 γ 所引起的被动土压力的合力。

用式（7-22）求地基极限承载力的关键在于计算 E_p。太沙基将弹性核侧面 $ad(a'd)$ 视为挡土墙，分别求仅由超载土的黏聚力 c、超载 q 和重度 γ 所引起的反力，然后叠加得到了 E_p。对于完全粗糙的基底，E_p 为

$$E_p = \frac{1}{2}cbK_c\tan\varphi + \frac{1}{2}qbK_q\tan\varphi + \frac{1}{8}\gamma b^2 K_\gamma\tan\varphi \tag{7-23}$$

式中，K_c、K_q 和 K_γ 分别为土的黏聚力 c、超载 q 和土的重度 γ 所引起的被动土压力系数，它们仅与土的内摩擦角有关。

将式（7-23）代入式（7-22），整理可得：

$$p_u = cL_c + qL_q + \frac{1}{2}\gamma b L_\gamma \tag{7-24}$$

式中，L_c、L_q 和 L_γ 也都称为地基极限承载力系数，分别对应于黏聚力 c、地面超载 q 和土的重度 γ，可查表 7-1 得到，其中

$$\begin{cases} L_q = \frac{1}{2}\dfrac{\exp\left[\left(\dfrac{3}{2}\pi-\varphi\right)\tan\varphi\right]}{\cos^2\left(45°+\dfrac{\varphi}{2}\right)} \\ L_c = (L_q-1)\cot\varphi \end{cases} \tag{7-25}$$

而 L_γ 需用试凑法得到。这主要是基于以下考虑：前述普朗德尔-瑞斯纳和太沙基的计算图式中，都把对数螺旋线的中心放在基础端点处。这样唯一确定了对数螺旋线的中心，同时也唯一确定了滑裂面的位置，但该滑裂面并不是最危险的滑裂面，这样得到的地基极限承载力系数 L_γ 明显偏大。因为极限承载力的定义是使地基达到整体剪切破坏时的最小基底压力值。所以必须通过试算，即假定一系列的对数螺旋线中心，按照极限平衡原理推求基底压力值，其中最小的即为地基极限承载力值，与之相应的才是最危险的滑裂面。按照这种方法，太沙基得到了 L_γ 值，见表 7-1。有的文献中给出了 L_γ 的解析式，如

$$L_\gamma = \frac{1}{4}\tan\left(45°+\frac{\varphi}{2}\right)\left[\tan\left(45°+\frac{\varphi}{2}\right)\exp\left(\frac{3}{2}\pi\tan\varphi-1\right)\right] +$$
$$\frac{3\sin\varphi}{1+8\sin^2\varphi}\left\{\left[\tan\left(45°+\frac{\varphi}{2}\right)-\frac{\cot\varphi}{3}\right]\exp\left(\frac{3}{2}\pi\tan\varphi\right) + \tan\left(45°+\frac{\varphi}{2}\right)\frac{\cot\varphi}{3}+1\right\} \tag{7-26}$$

或

$$L_\gamma = (L_q-1)\frac{\exp\left[\left(\dfrac{\pi}{2}-\varphi\right)\tan\varphi\right]}{2\cos\varphi} \tag{7-27}$$

式（7-24）适用于条形基础下的整体剪切破坏。对于局部剪切破坏或冲切破坏，太沙基建议采用经验方法调整抗剪强度指标 c 和 φ，即以下式中的 c' 和 φ' 代替式（7-24）中的 c 和 φ：

$$c' = \frac{2}{3}c, \quad \varphi' = \arctan\left(\frac{2}{3}\tan\varphi\right) \tag{7-28}$$

这样，式（7-24）变为

$$p_u = \frac{2}{3}cL'_c + qL'_q + \frac{1}{2}\gamma b L'_\gamma \tag{7-29}$$

式中，L'_c、L'_q、L'_γ 分别为局部剪切破坏或冲切破坏模式下与黏聚力 c、地面超载 q 和土的重度 γ 相应的地基极限承载力系数，可由 φ' 查表 7-1 得到。

表 7-1　太沙基地基极限承载力系数表

$\varphi/(°)$	L_c	L_q	L_γ	$\varphi/(°)$	L_c	L_q	L_γ
0	5.71	1.00	0.00	22	20.27	9.19	6.50
2	6.30	1.22	0.23	24	23.36	11.40	8.60
4	6.97	1.49	0.39	26	27.09	14.21	11.50
6	7.73	1.81	0.63	28	31.61	17.81	15.00
8	8.60	2.21	0.86	30	37.16	22.46	20.00
10	9.60	2.69	1.20	32	44.04	28.52	28.20
12	10.76	3.29	1.66	34	52.64	36.50	36.00
14	12.76	4.02	2.20	36	63.53	47.16	50.00
16	12.11	4.92	3.00	38	77.50	61.55	90.00
18	15.52	6.04	3.90	40	95.66	81.27	100.38
20	17.69	7.44	5.00	45	172.29	173.29	297.50

方形基础和圆形基础属于三维问题，因数学计算上的困难，至今仍未得到其解析解，太沙基根据试验资料建议做如下调整：

方形基础（宽度为 b）：

$$p_u = 1.3cL_c + qL_q + 0.4\gamma b L_\gamma \tag{7-30}$$

圆形基础（直径为 b）：

$$p_u = 1.3cL_c + qL_q + 0.3\gamma b L_\gamma \tag{7-31}$$

对于矩形基础（$b×l$），可按 b/l 值在条形基础（$b/l\to 0$）和方形基础（$b/l=1$）之间用插入法求得。如果矩形、方形、圆形基础下地基发生局部剪切破坏或冲切破坏的话，仍可以式（7-28）的 c' 和 φ' 代替式（7-24）中的 c 和 φ 进行调整。

1967 年，太沙基和泼克（R. B. Peck）也研究了基底完全光滑的情况。此时弹性核已不存在而成为朗肯主动区 I，并且整个滑动区域也变得与普朗德尔模式完全相同。此时，$\psi = 45° + \frac{\varphi}{2}$。考虑 I 区的静力极限平衡条件，同样可得到式（7-24）。不过，此时的地基极限承载力系数 L_c 和 L_q 与普朗德尔-瑞斯纳公式式（7-21）完全相同，而 L_γ 则用半经验公式表示，即

$$L_\gamma = 1.8(L_q - 1)\tan\varphi \tag{7-32}$$

7.4.3 汉森公式

汉森（J. B. Hansen，1961 年，1970 年）在普朗德尔理论的基础上，考虑了基础形状、埋置深度、倾斜荷载和基底倾斜等因素的影响，提出了适用范围较广的地基极限承载力公式，即

$$p_u = cL_c s_c d_c i_c g_c b_c + qL_q s_q d_q i_q g_q b_q + \frac{1}{2}\gamma bL_\gamma s_\gamma d_\gamma i_\gamma g_\gamma b_\gamma \tag{7-33}$$

式中，L_c、L_q、L_γ 分别为与黏聚力 c、地面超载 q 和土的重度 γ 相应的地基极限承载力系数，其中 L_c、L_q 见式（7-21），$L_\gamma = 1.8(N_q - 1)\tan\varphi$；$s_c$、$s_q$、$s_\gamma$ 分别为相应的基础形状系数；d_c、d_q、d_γ 分别为相应的基础埋深系数；i_c、i_q、i_γ 分别为相应的荷载倾斜系数；g_c、g_q、g_γ 分别为相应的地面倾斜系数；b_c、b_q、b_γ 分别为相应的基底倾斜系数。

1. 荷载偏心和倾斜作用的修正系数

在偏心荷载作用下，地基极限承载力有所降低，分析时，先通过修正基底尺寸把偏心荷载变为中心荷载。对于矩形基础 $l \times b$，当其双向偏心分别为 e_l 和 e_b 时，修正后的基底有效尺寸为 $l' = l - 2e_l$，$b' = b - 2e_b$，有效基底面积 $A' = l'b'$。当基底不会发生滑移时，汉森建议荷载倾斜系数可由下式确定：

$$i_c = \begin{cases} 0.5 - \sqrt{1 - \dfrac{H}{cA'}}, & \varphi = 0 \\ i_q - \dfrac{1 - i_q}{L_q - 1}, & \varphi > 0 \end{cases} \tag{7-34}$$

$$i_q = \left(1 - \dfrac{0.5H}{P + cA'\cot\varphi}\right)^5 > 0 \tag{7-35}$$

$$i_\gamma = \left[1 - \dfrac{\left(0.7 - \dfrac{\eta}{450°}\right)H}{P + cA'\cot\varphi}\right]^5 > 0 \tag{7-36}$$

式中，H、P 为平行和垂直于基底的荷载分量；φ 为倾斜基底与水平面的夹角。

应该指出，式（7-33）是计算地基极限承载力的公式，但作为其修正系数式（7-34）~式（7-36）中也含有荷载的分量，所以需要多次试算，才能得到正确的结果。

2. 基础形状的修正系数

对于矩形基础

$$\begin{cases} s_c = 1 + \dfrac{L_q}{L_c}\dfrac{b}{l} \\ s_q = 1 + \sin\varphi \dfrac{b}{l} \\ s_\gamma = 1 - \dfrac{0.4b}{l} \geq 0.6 \end{cases} \tag{7-37}$$

3. 基础埋深的修正系数

当考虑基础两侧土的相互作用以及地基以上土的抗剪强度等因素时，可用下列系数修正：

$$d_c = \begin{cases} 1 + \dfrac{0.4d}{b}, & \varphi = 0, d \leq b \\ 1 + 0.4\arctan(d/b), & \varphi = 0, d > b \\ d_q - \dfrac{1 - d_q}{L_c \tan\varphi}, & \varphi > 0 \end{cases} \quad (7\text{-}38)$$

$$d_q = \begin{cases} 1 + 2\tan\varphi(1 - \sin\varphi)^2 \dfrac{d}{b}, & d \leq b \\ 1 + 2\tan\varphi(1 - \sin\varphi)^2 \arctan(d/b), & d > b \end{cases} \quad (7\text{-}39)$$

$$d_\gamma = 1 \quad (7\text{-}40)$$

4. 地面或基底倾斜的修正系数

当地面或基础底面本身倾斜，地面与水平面的倾角 $\beta(°)$ 以及基底与水平面的倾角 $\eta(°)$ 为正值，且满足 $\eta + \beta \leq 90°$ 时，其影响系数为

$$\begin{cases} g_c = 1 - \dfrac{\beta}{147°} \\ g_q = g_\gamma = (1 - 0.5\tan\beta)^5 \end{cases} \quad (7\text{-}41\text{a})$$

$$\begin{cases} b_c = 1 - \dfrac{\eta}{147°} \\ b_q = \exp(-2\eta\tan\varphi) \\ b_\gamma = \exp(-2.7\eta\tan\varphi) \end{cases} \quad (7\text{-}41\text{b})$$

7.4.4 讨论

1. 影响地基极限承载力的因素

由前面介绍的几种地基极限承载力公式可以看出，地基极限承载力分别由滑动土体自重、基础两边的超载以及滑裂面上的黏聚力产生的抗力组成，而且地基极限承载力系数 L_c、L_q 和 L_γ 非负，都是 φ 的增函数。所以，增加基础宽度，增加埋深，提高地基土的抗剪强度指标，都有助于提高地基极限承载力。但对于软黏土，在不排水条件下，$\varphi = 0$，易知 $L_c = 5.14$，$L_\gamma = 0$，$L_q = 1$，所以，其短期极限承载力与基础宽度无关，可表示为

$$p_u = 5.14 c_u + q \quad (7\text{-}42)$$

2. 地基滑动的影响宽度和深度

工程中有时需要了解地基滑动的影响宽度 B 及最大影响深度 H_{max}。它们应与研究地基极限承载力的计算图式有关。对于基于基底光滑假定的普朗德尔或汉森理论等，B 及 H_{max} 可由下式计算：

$$\begin{cases} B = b\tan\left(45° + \dfrac{\varphi}{2}\right)\exp\left(\dfrac{\pi}{2}\tan\varphi\right) \\ H_{max} = b\sin\left(45° + \dfrac{\varphi}{2}\right)\exp\left[\left(\dfrac{\pi}{4} + \dfrac{\varphi}{2}\right)\tan\varphi\right] \end{cases} \quad (7\text{-}43)$$

对于基于假定基底完全粗糙的太沙基理论，B 及 H_{max} 可由下式计算：

$$\begin{cases} B = \dfrac{b\exp\left[\left(\dfrac{3\pi}{4}-\dfrac{\varphi}{2}\right)\tan\varphi\right]}{2\sin\left(45°-\dfrac{\varphi}{2}\right)} \\ H_{\max} = \dfrac{b}{2}\exp\left(\dfrac{\pi}{2}\tan\varphi\right) \end{cases} \quad (7\text{-}44)$$

式中，b 为基础宽度。

3. 现有地基极限承载力理论的缺点

前述地基极限承载力理论都可以写成统一的形式，即 $p_u = cL_c + qL_q + \dfrac{1}{2}\gamma bL_\gamma$，也就是说，都是采用假定滑裂面的方法根据塑性体的静力平衡条件，分别求出由于黏聚力 c、超载 q 和土的自重 γ 所引起的承载力，然后利用叠加得到的。因此，公式中由于 c、q 和 γ 所组成的每一项实际上并不是在同一滑动面的情况下得到的，而且在求解过程中都将滑动土体视为不变形的刚塑性体来考虑的，这样便无法描述地基土从变形发展到破坏的真实过程，也就不能完全反映地基土的破坏特征。这就是目前极限承载力公式中共同存在的主要问题。

4. 安全系数的选用

由理论公式计算得到的极限承载力是地基处于极限平衡状态时的承载力，为了保证建筑物的安全和正常使用，设计时需以一定的安全度将极限承载力予以折减。安全系数的选择与许多因素有关，如建筑地区的地质条件和地基勘探的详尽程度，抗剪强度指标的试验和整理方法，建筑物的类型、特性和使用要求，设计荷载的组合以及由于建筑物的破坏所造成的危害等，再加上各承载力理论存在着差别，因而目前还没有一个统一和完善的标准可供使用。关于安全系数的具体数值，太沙基建议采用 2~3，汉森则建议按表 7-2 选用。

表 7-2 汉森地基极限承载力公式安全系数

土或荷载条件	F_s
无黏性土	2.0
黏性土	3.0
瞬时荷载（如风、地震和相当的活荷载）	2.0
静荷载或者长时期的活荷载	2~3（视土样而定）

【例 7-2】 若例 7-1 的地基属于整体剪切破坏，取安全系数为 3，试分别采用太沙基公式和汉森公式确定其容许承载力。

解： 1）根据 $\varphi_2 = 21°$，由表 7-1 查得太沙基地基极限承载力系数分别为 $L_c = 18.9$，$L_q = 8.3$，$L_\gamma = 5.7$，所以

$$p_u = (12 \times 18.9 + 18 \times 1 \times 8.3 + 0.5 \times 18.8 \times 2.4 \times 5.7)\text{kPa} = 504.8\text{kPa}$$

2）由式（7-33）可得汉森地基极限承载力系数分别为 $L_c = 15.8$，$L_q = 7.1$，$L_\gamma = 3.5$；垂直荷载 $i_c = i_q = i_\gamma = 1$；条形基础 $s_c = s_q = s_\gamma = 1$；由于 $\beta = \eta = 0$，所以 $g_c = g_q = g_\gamma = b_c = b_q = b_\gamma = 1$；根据 $d/b = 0.42$，由式（7-38）~式（7-40）可得：

$$d_c = 1 + \dfrac{0.4d}{b} = 1.17, \quad d_q = 1 + 2\tan\varphi(1-\sin\varphi)^2\dfrac{d}{b} = 1.13, \quad d_\gamma = 1$$

所以

$$p_u = (12\times15.8\times1\times1.17\times1\times1\times1 + 18\times7.1\times1\times1.13\times1\times1\times1 +$$
$$0.5\times18.8\times2.4\times3.5\times1\times1\times1\times1)\text{kPa} = 445.2\text{kPa}$$

3) 取安全系数 $F_s = 3$，所以容许承载力为

太沙基公式　　$[p] = 168.3\text{kPa}$

汉森公式　　　$[p] = 148.4\text{kPa}$

7.5　按现场载荷试验确定地基承载力

对于重要建筑物和复杂地基，各类地基规范都明确规定需用原位测试技术来确定地基承载力。原位测试技术包括载荷试验、静力触探、动力触探、标准贯入试验、旁压试验等。其中，载荷试验相当于在建筑物设计位置的地基土上进行地基和基础的模型试验。一般认为，载荷试验在各种原位测试技术中是最为可靠的，并以此作为其他原位测试的对比依据。

载荷试验包括平板载荷试验（PLT）和螺旋板载荷试验（SPLT），可用于测定承压板下应力主要影响范围内岩土的承载力和变形特性。浅层平板载荷试验适用于浅层地基土；深层平板载荷试验适用于埋深等于或大于 3m 和地下水位以上的地基土；螺旋板载荷试验适用于深层地基土或地下水位以下的地基土。下面按《岩土工程勘察规范》（GB 50021—2001）（2009 年版）（以下简称《勘察规范》）的规定，以平板载荷试验为例介绍载荷试验的基本原理和方法。

《勘察规范》规定，载荷试验应布置在有代表性的地点，每个场地不宜少于 3 个，当场地岩土体不均匀时，应适当增加。浅层平板载荷试验应布置在基础底面标高处。

7.5.1　平板载荷试验的试验装置和基本技术要求

平板载荷试验的主要设备包括加载与传压装置、变形观测系统及承压板等三个部分，浅层平板载荷试验装置如图 5-7 所示。试验时将试坑挖至基础的预计埋置深度，整平基坑，放置承压板，在承压板上分级施加荷载进行试验。其有关基本技术要求如下：

1. 试坑（试井）

浅层平板载荷试验的试坑宽度或直径要求不应小于承压板宽度或直径的 3 倍；深层平板载荷试验的试井直径应等于承压板直径；当试井直径大于承压板直径时，紧靠承压板周围土的高度不应小于承压板直径；试坑底的岩土应避免扰动，保持其原状结构和天然湿度，并在承压板下铺设不超过 20mm 的砂垫层找平，尽快安装试验设备。

2. 承压板

承压板宜采用圆形刚性板，根据土的软硬或岩体裂隙密度选用合适的尺寸；土的浅层平板载荷试验承压板面积不应小于 0.25m^2，对软土或粒径较大的填土不应小于 0.5m^2；土的深层平板载荷试验承压板面积宜选用 0.5m^2；岩石载荷试验的承压板面积不宜小于 0.07m^2。

3. 加载方式

载荷试验加载方式应采用分级维持荷载沉降相对稳定法（常规慢速法）；有地区经验

时，可采用分级加载沉降非稳定法（快速法）或等沉降速率法；加载等级宜取 10~12 级，并不应少于 8 级，荷载量测精度不宜低于最大荷载的 ±1%。

4. 沉降量测

承压板的沉降可采用百分表或电测位移计量测，其精度不应低于 ±0.01mm。对慢速法，当试验对象为土体时，每级荷载施加后，间隔 5min、5min、10min、10min、15min、15min 测读一次沉降，以后每隔 30min 测读一次沉降，当连续两小时每小时沉降量小于或等于 0.1mm 时，可认为沉降已达相对稳定标准，施加下一级荷载；当试验对象是岩体时，间隔 1min、2min、2min、5min 测读一次沉降，以后每隔 10min 测读一次，当连续 3 次读数差小于或等于 0.01mm 时，可认为沉降已达相对稳定标准，施加下一级荷载。

5. 终止试验条件

当出现下列情况之一时，可终止试验：

1) 承压板周边的土出现明显侧向挤出，周边岩土出现明显隆起或径向裂缝持续发展。
2) 本级荷载的沉降量大于前级荷载沉降量的 5 倍，荷载与沉降曲线出现明显陡降。
3) 在某级荷载下 24h 沉降速率不能达到相对稳定标准。
4) 总沉降量与承压板直径（或宽度）之比超过 0.06。

7.5.2 平板载荷试验结果及地基承载力特征值确定

根据载荷试验成果分析要求，应绘制荷载 p 与沉降 s 曲线，必要时绘制各级荷载下沉降 s 与时间 t 或时间对数（$\lg t$）曲线。利用这些曲线可确定地基土承载力、变形模量和基床系数等。

《建筑地基基础设计规范》（GB 50007—2001）提出了地基承载力特征值的概念，2011 年修订后的规范中继续沿用，并且该术语已被其他有关地基的规范或标准相继采用。所谓地基承载力特征值是指由载荷试验测定的地基土压力变形曲线线性变形段内规定的变形所对应的压力值，其最大值为比例界限值。它也是在发挥正常使用功能时所允许采用的抗力设计值，因此其实质就是地基容许承载力。该规范规定，对于平板载荷试验结果，可按下述方法确定地基承载力特征值：

1) 当 p-s 曲线上有比例界限（起始直线段末对应的压力）时，取该比例界限所对应的荷载值作为承载力特征值。
2) 当满足终止试验条件的前三种之一时，其对应的前一级荷载定为极限荷载 p_u，如极限荷载小于对应比例界限的荷载值的 2 倍时，取极限荷载值的一半为承载力特征值。
3) 当不能按上述两款要求确定时，当承压板面积为 0.25~0.50m²，可取 $s = (0.01~0.015)b$（b 为承压板直径或边长）所对应的荷载为承载力特征值，但其值不应大于最大加载量的一半。

同一土层参加统计的试验点不应少于 3 点，当试验实测值的极差不超过其平均值的 30% 时，取此平均值作为该土层的地基承载力特征值 f_{ak}。

7.5.3 平板载荷试验的缺点

平板载荷试验的承压板尺寸一般比实际基础小，影响深度较小，试验只反映这个范围内土层的承载力,如果承压板影响深度之下存在软弱下卧层,而该层又处于基础的主要受力层,如图 7-6 所示,此时除非采用大尺寸的承压板试验,否则意义不大。

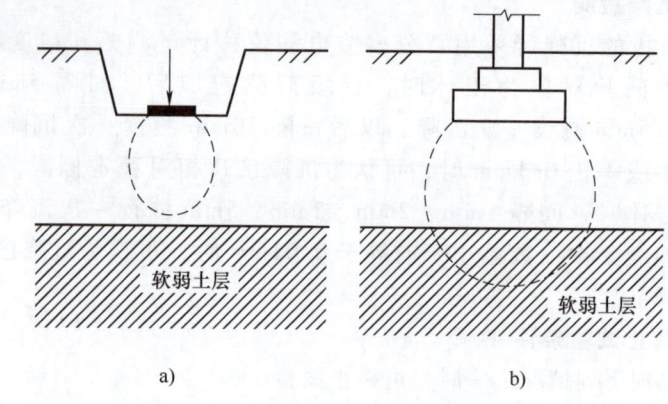

载荷试验

图 7-6　承压板与基础荷载影响深度的比较
a) 载荷试验　b) 实际基础

7.6　按规范方法确定地基承载力

在 7.3 节和 7.4 节分别介绍了计算临塑荷载 p_{cr}、界限荷载 $p_{1/4}(p_{1/3})$ 和地基极限承载力 p_u 的理论公式。但是,从前述推导过程可以看出,这些公式没有涉及地基的变形问题。也就是说,如果直接采用 p_{cr} 和 $p_{1/4}$,或将极限承载力除以安全系数作为地基基础设计用的地基承载力,是可以保证地基不产生失稳破坏的,但是却不能保证地基不会因变形过大而引起上部结构的破坏或无法正常使用。要保证地基基础同时满足地基稳定和变形满足容许值,确定地基承载力的最直接可靠的方法就是采用 7.5 节介绍的现场载荷试验等原位测试技术。另外,目前我国各地区和各部门根据大量的工程实践经验、土工试验和地基载荷试验等综合分析,认为有些土的物理力学指标与地基承载力之间存在着良好的相关性,据此总结出了一系列有关确定地基承载力的表格和方法,并反映在相关的地基基础设计规范中。因此根据这些规范中所提供的数据和方法确定地基承载力,无论从地基稳定还是变形方面,都具有一定的安全储备。本节主要介绍这些规范方法。

需要说明的是,这些规范制定的出发点和基本思想虽然基本一致,但是由于各地区、各行业的土质情况和建筑特点不同,所以各种规范之间存在着一定的差异,甚至有关地基承载力的名词都不尽相同,例如《铁路桥涵地基和基础设计规范》(TB 10093—2017)采用的是地基容许承载力(allowable bearing capacity),而《建筑地基基础设计规范》(GB 50007—2011)和《公路桥涵地基与基础设计规范》(JTG 3363—2019)采用的是地基承载力特征值(characteristic value of subsoil bearing capacity)。另外考虑到我国地域广阔,存在各种各样的特殊岩土,因此一定要注意有关规范中地基承载力表格的适用性。特别要强调的是,按规范方法确定地基承载力并不意味着其他方法处于次要地位,相反的,各种规范都强调载荷试验及其他原位测试的重要作用,即地基承载力要根据载荷试验、公式计算并结合工程实践经验等方法综合确定。

7.6.1 按《建筑地基基础设计规范》确定地基承载力

1974 版的《建筑地基基础设计规范》（以下简称《建规》）建立了土的物理力学性质与地基承载力之间的关系，并建立了表格以供设计查用，1989 版的《建规》保留了这些表格，但在使用上加上了一些限制。2002 版的《建规》则完全取消了这些表格，但允许各地区根据试验和地区经验，制定地方性建筑地基规范，确定地基承载力表。这实际上是考虑到各地区土质条件各异，用几张表格很难概括全国范围内土质的地基承载力规律。在用原表格确定地基承载力时，大多数地区可能基本适用或偏于保守，但是不能排除个别地区可能不安全。此外，随着设计水平的提高和对工程质量的严格，变形控制已是地基设计的重要原则，因此作为国家标准，如仍然沿用承载力表，显然已不能适应当前的要求。

2011 版的《建规》规定：当基础宽度大于 3m 或埋置深度大于 0.5m 时，从载荷试验或其他原位测试、经验值等方法确定的地基承载力特征值 f_{ak}，尚应按下式修正：

$$f_a = f_{ak} + \eta_b \gamma (b-3) + \eta_d \gamma_m (d-0.5) \tag{7-45}$$

式中，f_a 为修正后的地基承载力特征值；η_b、η_d 分别为基础宽度和埋深的地基承载力修正系数，按基底下土的类别查表 7-3 取值；γ 为基础底面以下土的重度，地下水位以下取浮重度；b 为基础底面宽度，当基础底面宽度小于 3m 按 3m 取值，大于 6m 按 6m 取值；γ_m 为基础底面以上土的加权平均重度，地下水位以下取有效重度；d 为基础埋置深度。

需要注意的是，基础埋置深度 d 一般自室外地面标高算起。在填方整平地区，基础埋置深度 d 可自填土地面标高算起，但填土在上部结构施工后完成时，它则应从天然地面标高算起。对于地下室，当采用箱形基础或筏形基础时，基础埋置深度自室外地面标高算起；当采用独立基础或条形基础时，它则应从室内地面标高算起。

表 7-3 承载力修正系数

土 的 类 别		η_b	η_d
淤泥和淤泥质土		0	1.0
人工填土 e 或 I_L 大于或等于 0.85 的黏性土		0	1.0
红黏土	含水比 $\alpha_w > 0.8$	0	1.2
	含水比 $\alpha_w \leq 0.8$	0.15	1.4
大面积压实填土	压实系数大于 0.95、黏粒含量 $\rho_c \geq 10\%$ 的粉土	0	1.5
	最大干密度大于 2.1t/m³ 的级配砂石	0	2.0
粉土	黏粒含量 $\rho_c \geq 10\%$ 的粉土	0.3	1.5
	黏粒含量 $\rho_c < 10\%$ 的粉土	0.5	2.0
e 或 I_L 均小于 0.85 的黏性土		0.3	1.6
粉砂、细砂（不包括很湿与饱和时的稍密状态）		2.0	3.0
中砂、粗砂、砾砂和碎石土		3.0	4.4

注：1. 强风化和全风化的岩石，可参照所风化成的相应土类取值，其他状态下的岩石不修正。
　　2. 地基承载力特征值按 2011 版《建规》附录 D 深层平板载荷试验确定时 η_d 取 0。
　　3. 含水比是指土的天然含水率与液限的比值。
　　4. 大面积填土是指填土范围大于 2 倍基础宽度的填土。

目前建筑工程大量存在着主裙楼一体的结构，对于主体结构地基承载力的深度修正，宜将基础底面以上范围内的荷载，按基础两侧的超载考虑，当超载宽度大于基础宽度 2 倍时，可将超载折算成土层厚度作为基础埋深，基础两侧超载不等时，取小值。

当偏心距 e 小于或等于基础底面宽度 3.3% 时，可根据土的抗剪强度指标确定地基承载力特征值，即按下式计算，并应满足变形要求：

$$f_a = M_b \gamma b + M_d \gamma_m d + M_c c_k \tag{7-46}$$

式中，M_b、M_d、M_c 分别为与基础宽度 b、基础埋置深度 d 和持力层黏聚力 c 相应的承载力系数，按表 7-4 确定；b 为基础底面宽度，大于 6m 按 6m 取值，对于砂土大于 3m 按 3m 取值；c_k 为基底下 1 倍短边宽深度内土的黏聚力标准值。

式（7-46）实际上就是界限荷载 $p_{1/4}$，差别仅在于这里的承载力系数 M_b 根据试验资料和经验，当 φ_k 大于 22°时对理论值加以增大而已。

表 7-4　承载力系数 M_b、M_d、M_c

土的内摩擦角标准值 $\varphi_k/(°)$	M_b	M_d	M_c	土的内摩擦角标准值 $\varphi_k/(°)$	M_b	M_d	M_c
0	0	1.00	3.14	22	0.61	3.44	6.04
2	0.03	1.12	3.32	24	0.80	3.87	6.45
4	0.06	1.25	3.51	26	1.10	4.37	6.90
6	0.10	1.39	3.71	28	1.40	4.93	7.40
8	0.14	1.55	3.93	30	1.90	5.59	7.95
10	0.18	1.73	4.17	32	2.60	6.35	8.55
12	0.23	1.94	4.42	34	3.40	7.21	9.22
14	0.29	2.17	4.69	36	4.20	8.25	9.97
16	0.36	2.43	5.00	38	5.00	9.44	10.80
18	0.43	2.72	5.31	40	5.80	10.84	11.73
20	0.51	3.06	5.66				

【例 7-3】 已知某拟建场地的地质条件为：第一层，层厚 1.0m，$\gamma = 18.0\text{kN/m}^3$；第二层，黏土，未钻透，$\gamma = 18.5\text{kN/m}^3$，$e = 0.70$，$I_L = 0.9$，地基承载力特征值 $f_{ak} = 140\text{kPa}$。如基础底面为 9.5m×36m，埋深 $d = 4.0\text{m}$ 的筏形基础，试计算修正后的地基承载力特征值。

解： 基础宽度 $b = 9.5\text{m}$，大于 6m，按 6m 考虑。

埋深 $d = 4.0\text{m}$，持力层为黏土层，$\gamma = 18.5\text{kN/m}^3$，$I_L = 0.9 > 0.85$，查表 7-3 得：

$$\eta_b = 0, \quad \eta_d = 1.0$$

$$\gamma_m = \frac{18.0 \times 1 + 18.5 \times 3}{4}\text{kN/m}^3 = 18.4\text{kN/m}^3$$

所以，修正后的地基承载力特征值为

$$f_a = f_{ak} + \eta_b \gamma (b-3) + \eta_d \gamma_m (d-0.5) = [140 + 0 + 1.0 \times 18.4 \times (4.0 - 0.5)]\text{kPa} = 204.4\text{kPa}$$

【例 7-4】 某筏形基础尺寸与埋深以及地质条件和例 7-3 相同，经试验得第二层土的抗剪强度指标标准值为 $c_k = 6.0\text{kPa}$，$\varphi_k = 12°$。如该基础仅承受中心荷载，试根据抗剪强度指标确定地基承载力特征值。

解： 基础宽度 $b = 9.5\text{m}$，大于 6m，按 6m 考虑。

根据 $\varphi_k = 12°$，查表 7-4 可得：

$$M_b = 0.23，M_d = 1.94，M_c = 4.42$$

$$f_a = M_b \gamma b + M_d \gamma_m d + M_c c_k = (0.23 \times 18.5 \times 6 + 1.94 \times 18.4 \times 4 + 4.42 \times 6.0) \text{kPa} = 194.8 \text{kPa}$$

7.6.2 按《公路桥涵地基与基础设计规范》确定地基承载力

根据一般公路桥梁和涵洞基础的形式特点，《公路桥涵地基与基础设计规范》（JTG 3363—2019）（以下简称《桥规》）推荐了一套多种土体的地基承载力特征值 f_{a0} 表和计算修正后的地基承载力特征值 f_a 的经验计算公式。该规范在地基承载力理论分析的基础上，总结我国公路部门丰富的工程实践经验，基于土的基本物理性质指标和现场原位测试的结果，考虑了一定的安全储备，给出了多种常见土质的地基承载力特征值 f_{a0}，供参考使用。当基础宽度 $b > 2\text{m}$，埋置深度 $h > 3\text{m}$，且 $h/b \leqslant 4$ 时，则应按该规范提供的经验公式对 f_{a0} 进行修正，以得到修正后的地基承载力特征值 f_a，步骤如下：

1. 确定岩土的分类名称

根据塑性指数、粒径以及工程地质特性等，通常把一般地基岩土分为岩石、碎石土、砂土、黏性土等类别。

2. 确定土的状态

土的状态是指其密实程度或稠度状态。碎石土按密实程度分为松散、稍密、中密及密实；砂土根据相对密度分为松散、稍密、中密及密实状态；黏性土按液性指数分为坚硬、硬塑、可塑、软塑及流塑状态。

3. 确定地基承载力特征值 f_{a0}

对于基础宽度 $b \leqslant 2\text{m}$，埋置深度 $h \leqslant 3\text{m}$ 的基础，各类地基的承载力特征值 f_{a0} 可按其相应状态或物理力学指标从规范查取，见表 7-5~表 7-11。

表 7-5 岩石地基承载力特征值 f_{a0} （单位：kPa）

坚硬程度	节理发育程度		
	节理不发育	节理发育	节理很发育
坚硬岩、较硬岩	>3000	3000~2000	2000~1500
较软岩	3000~1500	1500~1000	1000~800
软岩	1200~1000	1000~800	800~500
极软岩	500~400	400~300	300~200

表 7-6 碎石土地基承载力特征值 f_{a0} （单位：kPa）

土名	密实程度			
	密实	中密	稍密	松散
卵石	1200~1000	1000~650	650~500	500~300
碎石	1000~800	800~550	550~400	400~200
圆砾	800~600	600~400	400~300	300~200
角砾	700~500	500~400	400~300	300~200

注：1. 由硬质岩组成，填充砂土者取高值；由软质岩组成，填充黏性土者取低值。
2. 半胶结的碎石土，可按密实的同类土提高 10%~30%。
3. 松散的碎石土在天然河床中很少遇见，需特别注意鉴定。
4. 漂石、块石参照卵石、碎石并适当提高。

表 7-7　砂土地基承载力特征值 f_{a0}　　　　（单位：kPa）

土名	湿度	密实程度			
		密实	中密	稍密	松散
砾砂、粗砂	与湿度无关	550	430	370	200
中砂	与湿度无关	450	370	330	150
细砂	水上	350	270	230	100
	水下	300	210	190	—
粉砂	水上	300	210	190	—
	水下	200	110	90	—

表 7-8　粉土地基承载力特征值 f_{a0}　　　　（单位：kPa）

e	$w(\%)$					
	10	15	20	25	30	35
0.5	400	380	350	—	—	—
0.6	300	290	280	270	—	—
0.7	250	235	225	215	205	—
0.8	200	190	180	170	165	—
0.9	160	150	145	140	130	125

表 7-9　老黏性土地基承载力特征值 f_{a0}

E_s/MPa	10	15	20	25	30	35	40
f_{a0}/kPa	380	430	470	510	550	580	620

注：当老黏性土 $E_s<10$MPa 时，地基承载力特征值按一般黏性土（表 7-10）确定。

表 7-10　一般黏性土地基承载力特征值 f_{a0}　　　　（单位：kPa）

e	I_L											
	0	0.1	0.2	0.3	0.4	0.5	0.6	0.7	0.8	0.9	1.0	1.1	1.2
0.5	450	440	430	420	400	380	350	310	270	240	220	—	—
0.6	420	410	400	380	360	340	310	280	250	220	200	180	—
0.7	400	370	350	330	310	290	270	240	220	190	170	160	150
0.8	380	330	300	280	260	240	230	210	180	160	150	140	130
0.9	320	280	260	240	220	210	190	180	160	140	130	120	100
1.0	250	230	220	210	190	170	160	150	140	120	110	—	—
1.1	—	—	160	150	140	130	120	110	100	90	—	—	—

注：1. 土中含有粒径大于 2mm 的颗粒超过全部质量 30% 以上者，f_{a0} 可适当提高。

2. 当 $e<0.5$ 时，取 $e=0.5$；$I_L<0$ 时，取 $I_L=0$。此外，超过表列范围的一般黏性土，$f_{a0}=57.22E_s^{0.57}$。

3. 一般黏性土地基承载力特征值 f_{a0} 取值大于 300kPa 时，应有原位测试数据作为依据。

表 7-11　新近沉积黏性土地基承载力特征值 f_{a0}　　（单位：kPa）

e	I_L		
	≤0.25	0.75	1.25
≤0.8	140	120	100
0.9	130	110	90
1.0	120	100	80
1.1	110	90	—

4. 确定修正后的地基承载力特征值 f_a

当基础宽度 $b>2m$，埋置深度 $h>3m$，且 $h/b≤4$ 时，地基承载力特征值可按下式计算：

$$f_a = f_{a0} + k_1 \gamma_1 (b-2) + k_2 \gamma_2 (h-3) \tag{7-47}$$

式中，f_a 为修正后的地基承载力特征值，单位为 kPa；b 为基础底面的最小边宽（或直径），单位为 m，当 $b<2m$ 时，取 $b=2m$，当 $b>10m$ 时，取 $b=10m$；h 为基础底面的埋置深度，单位为 m，一般从自然地面起算，有水流冲刷时则自一般冲刷线起算，而且当 $h<3m$ 时，取 $h=3m$，当 $h/b>4$ 时，取 $h=4b$；γ_1 为基底持力层土的天然重度，单位为 kN/m^3，如持力层在水面以下且为透水者，应采用浮重度；γ_2 为基底以上土层的加权平均重度，单位为 kN/m^3，换算时若持力层在水面以下且不透水时，不论基底以上土的透水性质如何，均取饱和重度；当透水时，水中部分土层取浮重度；k_1、k_2 分别为基底宽度、深度修正系数，根据基底持力层土的类别按表 7-12 确定。

另外，当基础位于水中不透水地层上时，f_a 可按平均常水位至一般冲刷线的水深按 10kPa/m 提高。

表 7-12　地基土承载力宽度、深度修正系数

系数	黏性土				粉土	砂土								碎石土			
	老黏性土	一般黏性土		新近沉积黏性土		粉砂		细砂		中砂		砾砂、粗砂		碎石、圆砾、角砾		卵石	
		$I_L≥0.5$	$I_L<0.5$			中密	密实	中密	密实	中密	密实	中密	密实	中密	密实	中密	密实
k_1	0	0	0	0	0	1.0	1.2	1.5	2.0	2.0	3.0	3.0	4.0	3.0	4.0	3.0	4.0
k_2	2.5	1.5	2.5	1.0	1.5	2.0	2.5	3.0	4.0	4.0	5.5	5.0	6.0	5.0	6.0	6.0	10.0

注：1. 对于稍密和松散状态的砂、碎石土，k_1、k_2 值可采用表列中密值的 50%。
　　2. 强风化和全风化的岩石，可参照所风化成的相应土类取值；其他状态下的岩石不修正。

5. 软土地基

对于软土地基，在进行地基基础设计时，必须通过验算，使之同时满足地基的稳定和变形的要求。因此，在地基沉降量满足要求的前提下，可按下式计算修正后的地基承载力特征值 f_a：

$$f_a = \frac{5.14}{m} k_p c_u + \gamma_2 h \tag{7-48}$$

$$k_p = \left(1 + 0.2 \frac{b}{l}\right)\left(1 - \frac{0.4}{bl}\frac{H}{c_u}\right) \tag{7-49}$$

式中，m 为抗力修正系数，可视软土灵敏度及基础长宽比等因素在 1.5～2.5 范围内选用；k_p 为系数；c_u 为地基土不排水抗剪强度标准值，单位为 kPa；H 为由作用（标准值）引起的水平力，单位为 kN；b 为基础宽度，单位为 m；l 为垂直于 b 边的基础长度，单位为 m。

当有偏心荷载时，b 与 l 分别由 b' 与 l' 代替：$b'=b-2e_b$，$l'=l-2e_l$，这里，e_b、e_l 分别为荷载在基础宽度方向、长度方向的偏心距。

对小桥、涵洞基础，也可用下式计算修正后的地基承载力特征值 f_a：

$$f_a = f_{a0} + \gamma_2 h \tag{7-50}$$

式中，f_{a0} 根据原状土天然含水率按表 7-13 选用。

表 7-13　软土地基承载力特征值 f_{a0}

$w(\%)$	36	40	45	50	55	65	75
f_{a0}/kPa	100	90	80	70	60	50	40

【例 7-5】　已知宽度为 4m、埋深为 5m 的条形基础埋置于某一般黏性土层。已知地下水位在地表下 2m 处，试验测得水位以下土层的天然含水率 $w=32\%$，土粒相对密度 $d_s=2.68$，液限 $w_L=40\%$，塑限 $w_P=18\%$，渗透系数很小，可认为该土层为不透水层；地下水位以上土层的天然重度 $\gamma=18.0\text{kN/m}^3$。试按《桥规》确定修正后的地基承载力特征值 f_a。

解：1）确定地基持力层的承载力特征值 f_{a0}。

由于基础埋深 5m，基底在地下水位以下 3m 处，持力层土为饱和土，$S_r=1.0$，所以天然孔隙比 $e = \dfrac{d_s w}{S_r} = \dfrac{2.68 \times 32\%}{1.0} = 0.858$。

由已知条件天然含水率 $w=32\%$，液限 $w_L=40\%$，塑限 $w_P=18\%$，可得液性指数

$$I_L = \frac{w - w_P}{w_L - w_P} = \frac{32-18}{40-18} = 0.636$$

根据 $e=0.858$，$I_L=0.636$ 查表 7-10 可得 $f_{a0}=201.7\text{kPa}$。

2）计算修正后的地基承载力特征值 f_a。

地基土为一般黏性土，且 $I_L=0.636$，由表 7-12，查得 $k_1=0$，$k_2=1.5$。

由于基底以下土层为不透水层，所以 γ_1 应取为饱和重度，即

$$\gamma_1 = \gamma_{sat} = \frac{d_s + e}{1+e}\gamma_w = \frac{2.68+0.858}{1+0.858} \times 10\text{kN/m}^3 = 19.04\text{kN/m}^3$$

$$\gamma_2 = \frac{18.0 \times 2 + 19.04 \times 3}{5}\text{kN/m}^3 = 18.62\text{kN/m}^3$$

所以修正后的地基承载力特征值 f_a 为

$$f_a = f_{a0} + k_1\gamma_1(b-2) + k_2\gamma_2(h-3) = [201.7 + 0 + 1.5 \times 18.62 \times (5-3)]\text{kPa} = 257.6\text{kPa}$$

1．地基的破坏形式有哪几种？各有什么特点？

2．什么是临塑荷载、界限荷载、极限荷载？基础宽度、埋置深度以及地基土的抗剪强度指标对它们各有什么影响？它们作为地基承载力值，是否需要考虑安全系数？为什么？

3. 计算地基极限承载力的常用理论公式有哪些？试总结它们的优缺点以及适用范围。

4. 试简述载荷试验的步骤及按载荷试验确定地基承载力特征值的方法。

5. 按规范提供的方法确定地基承载力时，为什么要进行基础的宽度和埋置深度修正？

 习 题

1. 某条形基础宽度 $b=3.0\text{m}$，埋置深度 $d=2\text{m}$。场地地质条件为：第一层，杂填土，厚 2m，$\gamma=18.0\text{kN/m}^3$；第二层，粉质黏土，未钻透，$\gamma_{sat}=19.8\text{kN/m}^3$，$c=15.0\text{kPa}$，$\varphi=24°$；地下水位位于第二层顶部。试求：

1）地基的临塑荷载 p_{cr} 及界限荷载 $p_{1/4}$。

2）极限平衡区最大深度达到 $0.2b$ 时的基底压力。

3）用普朗德尔、太沙基和汉森公式分别计算极限荷载 p_u。

2. 某条形基础底面宽度 $b=2.4\text{m}$，埋深 $d=1.6\text{m}$。场地地质条件为：地下水位在地表下 1.0m 处；基底以上为杂填土，天然重度 $\gamma=17.0\text{kN/m}^3$，饱和重度 $\gamma_{sat}=19.0\text{kN/m}^3$；基底以下为粉质黏土，饱和重度 $\gamma_{sat}=19.8\text{kN/m}^3$，$e=0.70$，$I_L=0.80$，地基承载力特征值 $f_{ak}=140\text{kPa}$。试用 2011 版《建规》确定修正后的地基承载力特征值。

3. 某地基表层为 4m 厚的细砂，其下为不透水饱和黏土，地下水位与地表面持平。已知，细砂的土粒相对密度 $d_s=2.65$，天然孔隙比 $e=0.7$；黏土的天然含水率 $w=30\%$，土粒相对密度 $d_s=2.70$，液限 $w_L=38\%$，塑限 $w_P=20\%$。拟建基础宽 6m，长 8m，埋深 4m，试按《桥规》确定该地基修正后的地基承载力特征值。

第 8 章　土压力计算

■ 8.1　概述

在土木、水利、交通等工程中，为了支挡土体的侧向移动，保证土体或土工构筑物的稳定性，经常会修筑各种类型的挡土结构物，俗称挡土墙（retaining wall）。例如支挡建筑物周围填土的挡土墙、房屋地下室的外墙、江河岸边桥的边墩、港口码头以及在工程中经常遇到的隧道、涵洞的衬砌等（图 8-1）。

各类挡土结构物在支挡土体的同时也必然会受到土体的侧向压力的作用，此即所谓的土压力（earth pressure）问题。土压力的计算是挡土结构物断面设计和稳定验算的主要依据，而形成土压力的主要荷载一般包括土体自身重力引起的侧向压力、水压力、影响区域内的构筑物荷载、施工荷载、交通荷载等。在某些特定的条件下，还需要计算在地震荷载作用下挡土墙上可能引起的侧向压力，即动土压力。

挡土结构物按其刚度和位移方式可以分为刚性挡土墙和柔性挡土墙两大类。前者如由砖、石或混凝土所筑成的断面较大的挡土墙，对于这类挡土墙，由于其刚度大，墙体在侧向土压力的作用下，仅能发生整体平移或转动，墙身的挠曲变形则可忽略；墙背受到的土压力呈三角形分布，最大土压力强度发生在底部，类似于静水压力分布。后者如结构断面尺寸较小的钢筋混凝土桩、地下连续墙或各种材料的板桩等，对于这类挡土墙，由于其刚度较小，在侧向土压力作用下会发生明显的挠曲变形，这将影响到土压力的大小和分布，计算时也相对要复杂一些。本章将重点讨论针对刚性挡土墙的古典土压力理论，因为它是土压力计算的基础，其他类型挡土结构物上作用的土压力大都是以刚性挡土墙土压力计算为依据的。

一般而言，土压力的大小及其分布规律同挡土结构物的侧向位移的方向、大小、土的性质以及挡土结构物的高度等因素有关，其中位移方向对土压力类型的影响最为明显。根据挡土结构物侧向位移的方向和大小可以将土压力分为 3 种类型。

1）静止土压力（earth pressure at rest）。如图 8-2a 所示，在土压力作用下，挡土结构物静止不动，土体处于弹性平衡状态，此时作用于挡土结构上的土压力称为静止土压力。作用在单位长度挡土墙上的静止土压力的合力用 E_0（kN/m）表示，静止土压力强度用 p_0（kPa）表示。

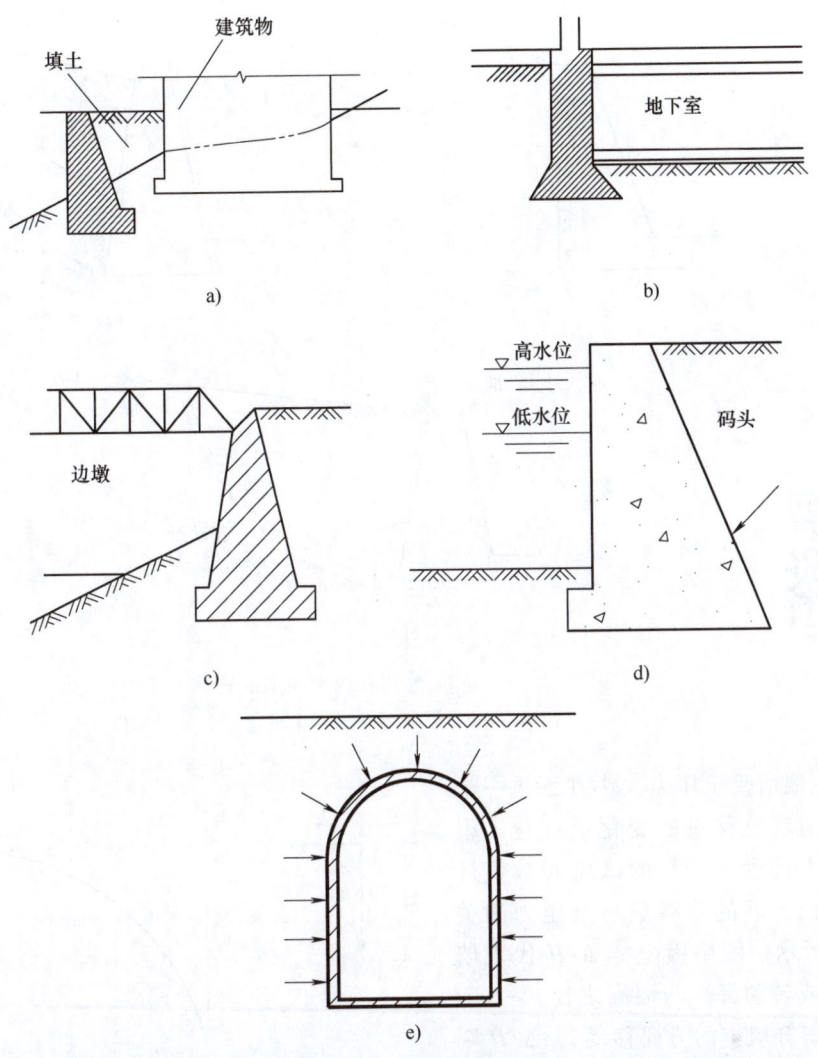

图 8-1 挡土墙应用的几种类型
a）挡土墙 b）房屋地下室的外墙 c）桥的边墩 d）码头 e）隧道

2）主动土压力（active earth pressure）。如图 8-2b 所示，挡土墙在墙后填土压力作用下，背离填土方向移动，这时作用在墙上的土压力将由静止土压力逐渐减小，当墙后土体达到极限平衡状态，并且出现连续滑动面而使土体下滑时，土压力减小到最小值，称为主动土压力。主动土压力合力和强度分别用 E_a（kN/m）和 p_a（kPa）表示。

3）被动土压力（passive earth pressure）。如图 8-2c 所示，若挡土墙在外力作用下，向填土方向移动，这时作用在墙上的土压力将由静止土压力逐渐增大，一直到土体达到极限平衡状态，并且出现连续滑动面，墙后土体将向上挤出隆起，这时土压力增至最大值，称为被动土压力。被动土压力合力和强度分别用 E_p（kN/m）和 p_p（kPa）表示。

通过以上简要的分析，可以将墙体位移对土压力的影响概括为以下两点：

1）挡土墙所受的土压力类型，首先取决于墙体是否发生位移以及位移的方向，可以分为静止土压力 E_0、主动土压力 E_a 和被动土压力 E_p。

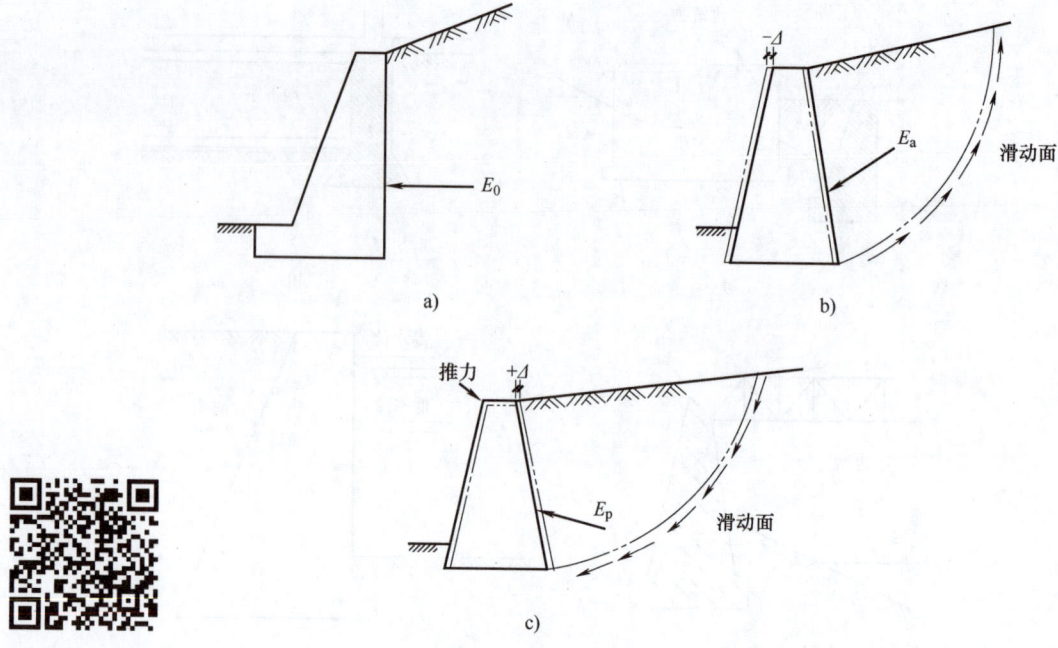

土压力的三种类型

图 8-2 作用在挡土墙上的三种土压力
a) 静止土压力 b) 主动土压力 c) 被动土压力

2) 挡土墙所受土压力大小并不是一个常数，而是随着位移量的变化而变化。根据对中密以上的砂所进行的试验和数值计算的结果，挡土墙的位移量与土压力的关系如图 8-3 所示。图中横坐标 Δ/H 代表墙的位移量（或转动量）与墙高之比，$-\Delta/H$ 代表墙体向离开填土的方向移动，$+\Delta/H$ 则代表墙体朝向填土的方向移动；纵坐标 E 代表作用在墙上的土压力合力。从图中可以看出，墙后土体达到主动极限平衡状态时，将产生主动土压力，此时所需要的位移量很小，对密砂或中密砂来说，其 Δ/H

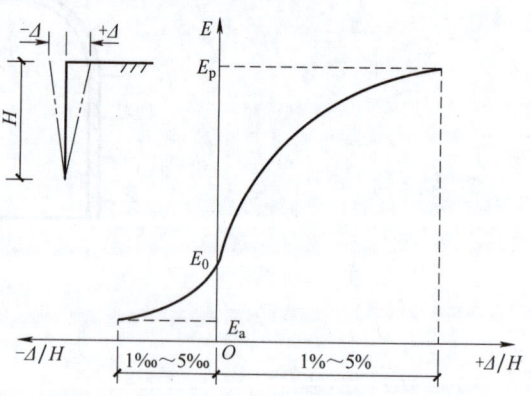

图 8-3 挡土墙的位移量与土压力关系曲线

值只需要 1‰~5‰，这样大小的位移在一般挡土墙中是很容易出现的。因此，设计这种位移形式的挡土墙时，墙所受的土压力宜采用主动土压力 E_a。而产生的被动土压力 E_p 则要比产生的主动土压力 E_a 大得多，同时所需的位移量也大得多，Δ/H 大致要达到 1%~5%，一般是主动土压力的 10 倍左右。显然，这么大的位移量在一般的建筑工程中是不容许发生的，因为在墙后的土体还没有发生破坏以前，结构物可能已先破坏。因此在估计挡土墙能够抵挡多大外力作用而不发生滑动时，只能利用被动土压力的一部分，例如 $(1/4~1/2)E_p$，或者根据需要以静止土压力 E_0 代替。

试验研究表明，影响土压力大小的因素可以归纳为下述的几个方面：

1）挡土墙的位移。挡土墙的位移（或转动）方向和位移（转动）量的大小，是影响土压力大小和形式的最主要因素。

2）挡土墙断面的形状。挡土墙断面的形状包括墙背为竖直或者倾斜、墙背光滑或者粗糙，都关系到采用何种土压力理论计算公式和计算结果的精度。

3）填土的性质。填土的性质主要是指它的物理性质，即重度、含水率、土的强度指标、内摩擦角和黏聚力的大小，以及填土表面的形状（水平向上倾斜或向下倾斜）等，也都影响到土压力的大小。

4）挡土墙的建筑材料。挡土墙墙体材料的不同决定了是否考虑摩擦力的影响，如墙体材料为素混凝土或者钢筋混凝土时，可以认为墙体表面光滑，不计算摩擦力；若墙体为砌石，就必须计入摩擦力的作用，因而土压力的大小和方向都不一样。

本章将主要介绍 3 种土压力的计算，其中静止土压力 E_0 属于弹性平衡状态下的土压力，可以用弹性理论计算；主动土压力 E_a 和被动土压力 E_p 则属于极限平衡状态下的土压力，目前常采用的方法依旧是古典土压力理论，也就是后面将重点介绍的朗肯（Rankine）土压力理论和库仑（Coulomb）土压力理论。当然随着计算机技术和计算方法的发展，目前根据土的实际应力-应变关系，也可以利用有限元法等数值方法来分析计算土压力的大小。

8.2 静止土压力

如前所述，当挡土墙完全没有侧向位移、偏转和自身弯曲变形时，作用在墙上的土压力即为静止土压力。例如，建筑在岩石地基上的重力式挡土墙，由于墙的自重大，不会发生位移，又因为地基坚硬不会产生不均匀沉降，也不会产生转动，此时，墙后土体应处于侧限压缩应力状态，与土的自重应力状态相同，因此可以采用计算自重应力的方法来确定静止土压力的大小。

8.2.1 静止土压力的计算

在挡土墙后水平均匀填土表面以下，任意深度 z 处取一微小单元体（8-4a），已知其水平面和竖直面都是主应力面，所以作用在该单元体上的竖直向主应力就是自重应力 $\sigma_v = \gamma z$，水平向自重应力 $\sigma_h = K_0 \sigma_v = K_0 \gamma z$。设想用一段墙体代替墙背左侧的土体，如图 8-4b 所示。假定墙背垂直光滑（即没有摩擦剪应力），则代替后，右侧土体中的应力状态并没有改变，墙后的土体仍处于侧限应力状态，σ_v 仍然是土的自重应力，只不过 σ_h 由原来表示土体内部的应力变成了土对墙的压力，按定义即为静止土压力强度 p_0，所以有：

$$p_0 = K_0 \gamma z \tag{8-1}$$

式中，K_0 为侧压力系数，在此称为静止土压力系数，一般设为常数。

由式（8-1）可知，p_0 沿墙高呈三角形分布，如图 8-4c 所示。假定墙高为 H，则作用于单位长度墙上的静止土压力合力 E_0 为

$$E_0 = \frac{1}{2} K_0 \gamma H^2 \tag{8-2}$$

E_0 的作用点应在距墙高的 $\frac{1}{3}$ 处，如图 8-4c 所示。

如果将处于静止土压力时的土单元的应力状态用莫尔圆表示在 σ-τ 坐标系中，就会发现这种应力状态离抗剪强度包线还很远，属于弹性平衡状态，如图 8-4d 所示。

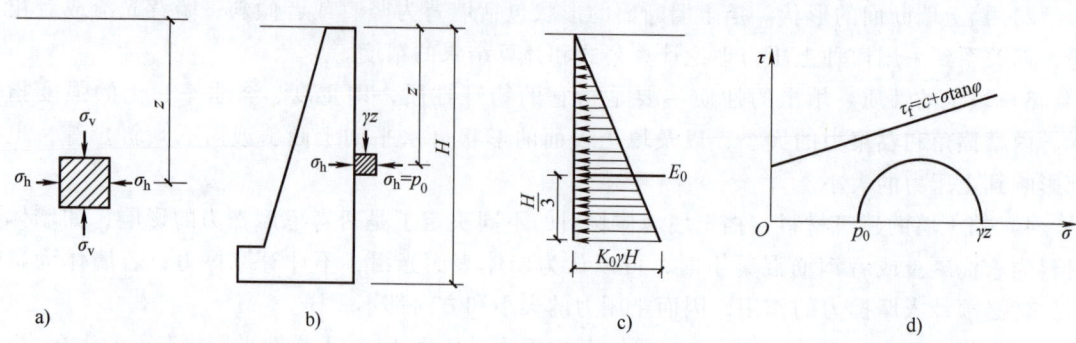

图 8-4　静止土压力计算

a）微元体　b）墙背竖直且光滑的挡土墙　c）静止土压力分布　d）莫尔应力圆与抗剪强度包线相离

8.2.2　静止土压力系数 K_0 的确定

理论上，$K_0 = \dfrac{\mu}{1-\mu}$，式中 μ 为土的泊松比。实际应用中，K_0 可由三轴压缩仪等试验测定，也可由原位试验测得，在缺乏试验资料的情况下，还可以用经验公式来估算。例如对于砂性土等无黏性土：$K_0 = 1-\sin\varphi'$，这里 φ' 为土的有效内摩擦角；对于超固结黏土，相关资料也给出了较多的经验公式，其中形式比较简单的一个为 $K_0 = (\text{OCR})^m (1-\sin\varphi')$，这里 OCR 为土的超固结比；$m$ 为经验系数，一般可取为 0.4~0.5。我国一些老版本的规范中也给出了它的参考值：卵石、砾石为 0.20；砂土为 0.25；粉土为 0.35；粉质黏土为 0.45；黏土为 0.55。

8.2.3　特殊情况下的静止土压力

对于成层土或有超载的情况，第 n 层土底面处的静止土压力分布大小可以按下式计算：

$$p_0 = K_{0n}\left(\sum_{i=1}^{n}\gamma_i h_i + q\right) \tag{8-3}$$

式中，γ_i 为计算点以上第 i 层土的重度；h_i 为计算点以上第 i 层土的厚度；K_{0n} 为第 n 层土的静止土压力系数；q 为填土表面的均布荷载。

当挡土墙墙后填土有地下水存在时，对于透水性较好的砂性土应采用有效重度 γ' 来计算，同时还要考虑作用于挡土墙上的静水压力 p_w 的影响。

【例 8-1】　如图 8-5a 所示，挡土墙后作用有无限均布荷载 $q = 20\text{kPa}$，填土的物理力学指标为 $\gamma = 18\text{kN/m}^3$，$\gamma_{\text{sat}} = 19\text{kN/m}^3$，$c = 0$，$\varphi' = 30°$。试计算作用在挡土墙上的静止土压力分布值及其合力 E_0。

解： 静止土压力系数为 $K_0 = 1-\sin\varphi' = 1-\sin 30° = 0.5$，则土中各点静止土压力值分别为

a 点：$p_{0a} = K_0 q = (0.5 \times 20)\text{kPa} = 10\text{kPa}$

b 点：$p_{0b} = K_0(q+\gamma h_1) = [0.5 \times (20+18 \times 6)]\text{kPa} = 64\text{kPa}$

c 点：$p_{0c} = K_0(q+\gamma h_1+\gamma' h_2) = 0.5 \times [20+18 \times 6+(19-10) \times 4]\text{kPa} = 82\text{kPa}$

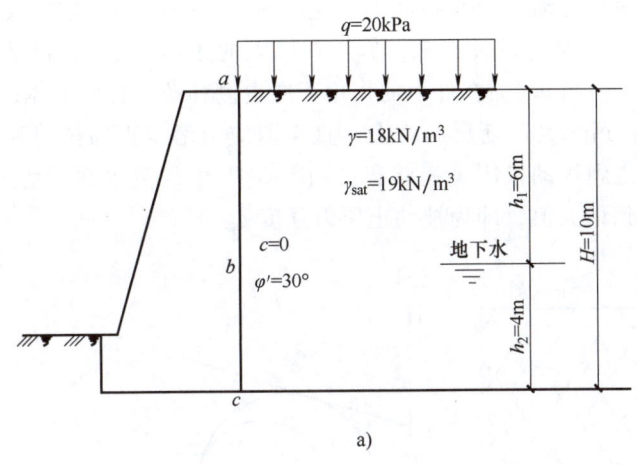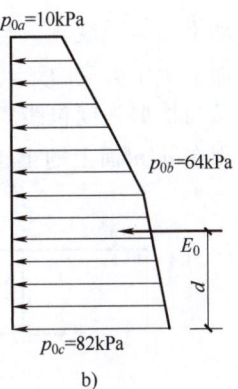

图 8-5 例 8-1 图
a) 计算简图 b) 静止土压力分布

于是可得静止土压力合力为

$$E_0 = \frac{1}{2}(p_{0a}+p_{0b})h_1 + \frac{1}{2}(p_{0b}+p_{0c})h_2$$

$$= \left[\frac{1}{2} \times (10+64) \times 6 + \frac{1}{2} \times (64+82) \times 4\right] \text{kN/m} = 514.0 \text{kN/m}$$

静止土压力合力 E_0 的作用点距墙底的距离 d 为

$$d = \frac{1}{E_0}\left[p_{0a}h_1\left(\frac{h_1}{2}+h_2\right) + \frac{1}{2}(p_{0b}-p_{0a})h_1\left(h_2+\frac{h_1}{3}\right) + p_{0b}\frac{h_2^2}{2} + \frac{1}{2}(p_{0c}-p_{0b})\frac{h_2^2}{3}\right]$$

代入数据计算得：

$$d = 3.80 \text{m}$$

静止土压力的分布如图 8-5b 所示。要注意，本例中，作用在墙体上的还有静水压力。

8.3 朗肯土压力理论

朗肯土压力理论（Rankine's theory of earth pressure）是由英国学者朗肯（W. J. M. Rankine）于 1857 年提出的，由于其概念明确，方法简单，至今仍被广泛应用。

8.3.1 基本原理及假定

朗肯通过研究自重应力作用下，半无限土体内各点的应力从弹性平衡状态发展为极限平衡状态的条件，提出了计算挡土墙土压力的理论，其分析方法如下。图 8-6a 和图 8-7a 所示为具有水平表面的半无限土体。如前所述，当土体静止不动时，深度 z 处土单元体的应力为 $\sigma_v = \gamma z$，$\sigma_h = K_0 \gamma z$；可用图 8-6b 和图 8-7b 的莫尔圆①表示。假定用一竖直光滑面 mn 代表挡土墙墙背，用来代替 mn 左侧的土体而不影响右侧土体中的应力状态，则当 mn 面向左平移时，右侧土体中的水平应力 σ_h 将逐渐减小，而 σ_v 保持不变，因此，莫尔圆的直径逐渐增大。当侧向位移足够大，假定移至 $m'n'$，此时莫尔圆与土体的抗剪强度包线相切，如图 8-6b

的莫尔圆②所示,表明土体已经达到主动极限平衡状态。这时 $m'n'$ 后面的土体进入破坏状态,如图 8-6a 所示,土的抗剪强度已全部发挥出来,作用在墙上的土压力 σ_h 达到最小值,即为主动土压力强度 p_a。与此相反,当 mn 面在外力的作用下向右侧移动,挤压土体,σ_h 将逐渐增加,土中剪应力最初减小,后来又逐渐反向增大,直至剪应力增至土的抗剪强度时,莫尔圆又与抗剪强度包线相切,达到被动极限平衡状态,如图 8-7b 中的莫尔圆③所示。此时,作用在 $m''n''$ 面上的土压力达到最大值,即为被动土压力强度 p_p。

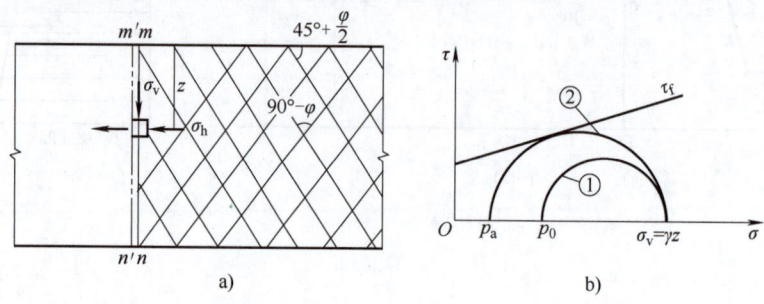

图 8-6 朗肯主动极限平衡状态
a)墙后填土水平向被挤压 b)莫尔圆与抗剪强度包线相切

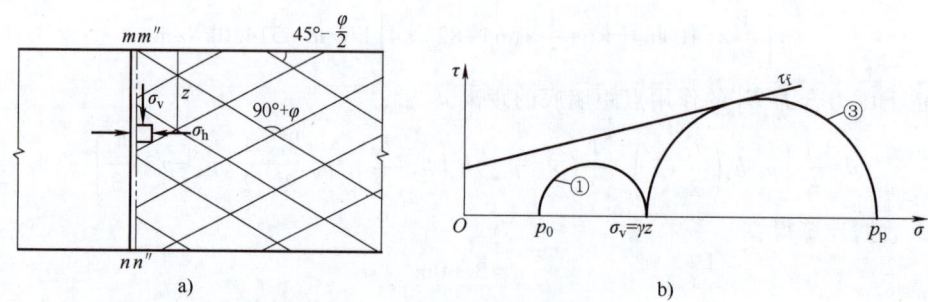

图 8-7 朗肯被动极限平衡状态
a)墙后填土水平向松弛 b)莫尔圆与抗剪强度包线相切

以上两种极限平衡状态又分别称为朗肯主动土压力状态和朗肯被动土压力状态。下面分别讨论这两种土压力的计算。

当忽略墙背与填土之间的摩擦力作用,即认为墙背和填土之间的摩擦角 $\delta=0$,同时挡土墙墙背竖直光滑,填土面为水平面时,作用在挡土墙上的土压力大小就可以用朗肯土压力计算。

8.3.2 朗肯主动土压力的计算

据前述分析可知,当墙后填土达到主动平衡状态时(图 8-6a),作用于任意深度 z 处土单元体上的竖直应力 $\sigma_v = \gamma z$ 就是最大主应力 σ_1;水平应力 σ_h 是最小主应力 σ_3,利用极限平衡条件下 σ_1 与 σ_3 的关系式(8-4)和式(8-5),即可直接求出主动土压力强度 p_a。

黏性土
$$\sigma_3 = \sigma_1 \tan^2\left(45° - \frac{\varphi}{2}\right) - 2c\tan\left(45° - \frac{\varphi}{2}\right) \tag{8-4}$$

砂性土 $$\sigma_3 = \sigma_1 \tan^2\left(45° - \frac{\varphi}{2}\right) \tag{8-5}$$

将 $\sigma_3 = p_a$ 和 $\sigma_1 = \gamma z$ 代入式（8-4）、式（8-5），即可得朗肯主动土压力强度计算公式为

黏性土 $$p_a = \gamma z \tan^2\left(45° - \frac{\varphi}{2}\right) - 2c\tan\left(45° - \frac{\varphi}{2}\right) = \gamma z K_a - 2c\sqrt{K_a} \tag{8-6}$$

砂性土 $$p_a = \gamma z \tan^2\left(45° - \frac{\varphi}{2}\right) = \gamma z K_a \tag{8-7}$$

式中，K_a 为朗肯主动土压力系数，且 $K_a = \tan^2\left(45° - \frac{\varphi}{2}\right)$。

可见，主动土压力强度 p_a 沿深度 z 呈直线分布，如图 8-8a 所示，作用在单位长度挡土墙上的主动土压力合力 E_a 即为 p_a 分布图形的面积，其作用点位置位于分布图形的形心处。当墙体绕墙根发生离开填土方向的转动，达到主动极限平衡状态时，墙后土体发生破坏，形成如图 8-8b 所示的滑动楔体，滑动面与大主应力作用面（水平面）的夹角为 $45° + \frac{\varphi}{2}$。滑动楔体内，土体均发生破坏，两组破裂面之间的夹角为 $90° - \varphi$。滑动楔体以外的土则仍处于弹性平衡状态。

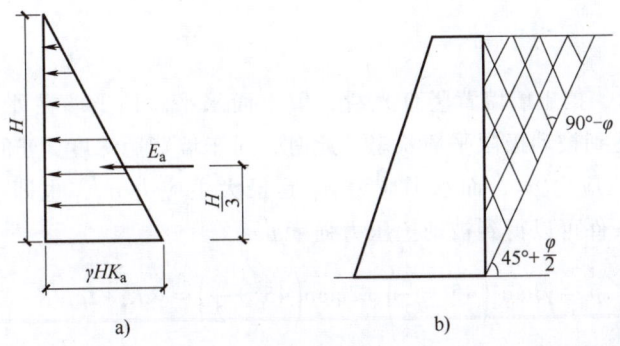

图 8-8 无黏性土主动土压力
a）主动土压力分布 b）墙后土体破裂面形状

对于砂性土，合力 E_a 可按下式计算：

$$E_a = \frac{1}{2} K_a \gamma H^2 \tag{8-8}$$

它的作用点在距挡土墙底面 $\frac{H}{3}$ 高度处，如图 8-8a 所示。

对于黏性土，当 $z = 0$ 时，由式（8-6）可知，$p_a = -2c\sqrt{K_a}$，表明该处土体将出现拉应力，而事实上，在填土和墙背之间区域不可能承受拉应力，因此在拉应力区范围内将出现裂缝，如图 8-9d 所示。一般在计算墙背上的主动土压力时不考虑拉应力区的作用，此时令式（8-6）中的 $p_a = 0$，即可求得如图 8-9b、d 所示拉应力区的高度（又称为临界深度）为

$$z_0 = \frac{2c}{\gamma \sqrt{K_a}} \tag{8-9}$$

主动土压力合力为

$$E_a = \frac{1}{2}(H-z_0)(\gamma H K_a - 2c\sqrt{K_a}) \tag{8-10}$$

合力 E_a 作用于距挡土墙底面 $\frac{1}{3}(H-z_0)$ 高度处，如图 8-9c 所示。

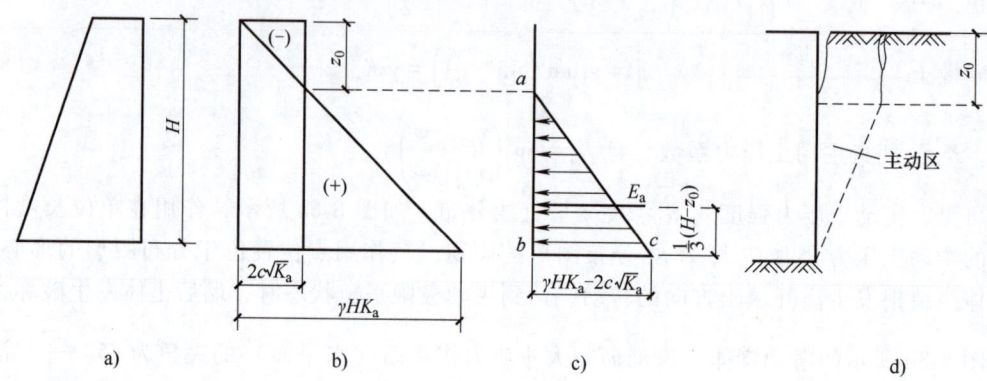

图 8-9　黏性土主动土压力
a) 墙背竖直且光滑的挡土墙　b) 按式（8-6）计算的土压力分布　c) 取用土压力分布　d) 临界深度

8.3.3　朗肯被动土压力的计算

如图 8-10a 所示，挡土墙墙背竖直光滑，填土面水平。挡土墙在外力作用下挤压填土，使挡土墙后的土体达到被动极限平衡状态。此时，对于墙背后深度 z 处的单元土体，其竖直应力 $\sigma_v = \gamma z$ 是最小主应力 σ_3，而水平应力 σ_h 是最大主应力 σ_1，也即被动土压力强度 p_p。同样利用极限平衡条件可以得到被动土压力强度 p_p：

黏性土 $$p_p = \gamma z \tan^2\left(45° + \frac{\varphi}{2}\right) + 2c\tan\left(45° + \frac{\varphi}{2}\right) = \gamma z K_p + 2c\sqrt{K_p} \tag{8-11}$$

砂性土 $$p_p = \gamma z \tan^2\left(45° + \frac{\varphi}{2}\right) = \gamma z K_p \tag{8-12}$$

式中，K_p 为朗肯被动土压力系数，$K_p = \tan^2\left(45° + \frac{\varphi}{2}\right)$。

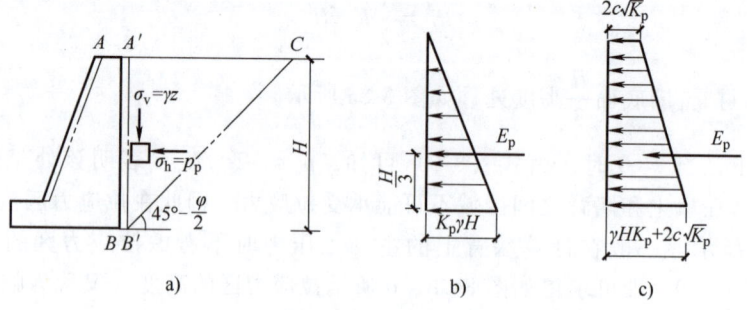

图 8-10　朗肯被动土压力
a) 挡土墙向填土方向移动　b) 砂性填土土压力分布　c) 黏性填土土压力分布

从式（8-11）和式（8-12）可以看出，被动土压力强度 p_p 沿深度 z 呈直线分布，如图 8-10b 和图 8-10c 所示。作用在单位长度挡土墙上的被动土压力合力 E_p 可由 p_p 的分布图形面积求得。

此外由三角函数关系还可以得出：

$$K_p = 1/K_a \qquad (8\text{-}13)$$

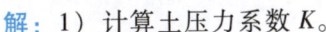

【例 8-2】 某重力式挡土墙高 $H=6\text{m}$，墙背面竖直光滑，墙后为无黏性填土，填土面水平，填土性质指标如图 8-11 所示，试分别求出作用于墙上的静止土压力、主动土压力及被动土压力的大小及分布。

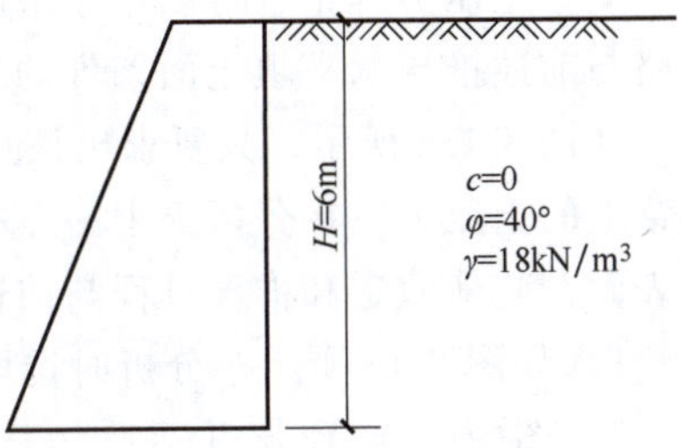

图 8-11 例 8-2 图

解：1）计算土压力系数 K。

静止土压力系数 $K_0 = 1-\sin\varphi' = 1-\sin 40° = 0.357$

主动土压力系数 $K_a = \tan^2\left(45°-\dfrac{\varphi}{2}\right) = \tan^2(45°-20°) = 0.217$

被动土压力系数 $K_p = \tan^2\left(45°+\dfrac{\varphi}{2}\right) = \tan^2(45°+20°) = 4.6$

2）计算墙底处的土压力强度 p。

静止土压力强度 $p_0 = K_0\gamma H = (0.357\times 18\times 6)\text{kPa} = 38.56\text{kPa}$

主动土压力强度 $p_a = K_a\gamma H = (0.217\times 18\times 6)\text{kPa} = 23.44\text{kPa}$

被动土压力强度 $p_p = K_p\gamma H = (4.6\times 18\times 6)\text{kPa} = 496.80\text{kPa}$

3）计算单位墙长度上的土压力合力 E。

静止土压力 $E_0 = \dfrac{1}{2}K_0\gamma H^2 = \left(\dfrac{1}{2}\times 0.357\times 18\times 6^2\right)\text{kN/m} = 115.67\text{kN/m}$

主动土压力 $E_a = \dfrac{1}{2}K_a\gamma H^2 = \left(\dfrac{1}{2}\times 0.217\times 18\times 6^2\right)\text{kN/m} = 70.31\text{kN/m}$

被动土压力 $E_p = \dfrac{1}{2}K_p\gamma H^2 = \left(\dfrac{1}{2}\times 4.6\times 18\times 6^2\right)\text{kN/m} = 1490.40\text{kN/m}$

三者比较发现：$E_p > E_0 > E_a$，土压力强度分布如图 8-12 所示，土压力合力作用点均在距墙底高度 $\dfrac{H}{3} = \dfrac{6}{3}\text{m} = 2\text{m}$ 处。

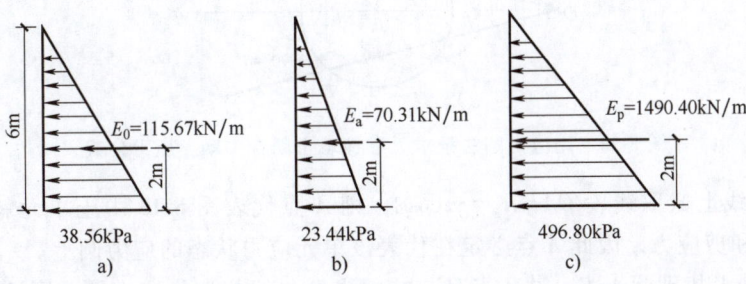

图 8-12 例 8-2 土压力强度及土压力合力
a）静止土压力 b）主动土压力 c）被动土压力

8.3.4 应力圆法求解无黏性土的主动土压力

朗肯土压力理论也可以用于求解具有斜坡填土面时作用于竖直墙背上的土压力，其推导思路与前述推导水平填土面条件的思路基本相同，差别仅在于选取土体中一点的应力单元不同。如图 8-13a 所示，只要求出该点达到极限平衡状态时的应力条件，即可得出作用于竖直墙背上的土压力。在分析土中一点的应力状态时，假定半无限土体具有与水平面成 β 角的倾斜表面，其他假定和推导过程与前述基本一样。在推导的过程应注意：

1）如图 8-13 所示，分析时选取的是任意深度 z 处的一个菱形土单元。
2）图中的 σ_z 和 σ 并不垂直于其作用面。

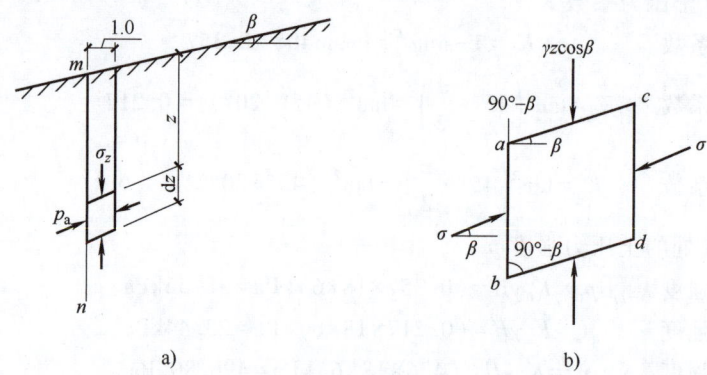

图 8-13 具有倾斜表面的半无限土体中一点的应力状态
a) 斜坡填土 b) 菱形土单元体应力分析

根据代表一点应力状态的莫尔圆，在达到极限平衡状态时应与土的抗剪强度包线 $\tau_f = \sigma\tan\varphi$ 相切的原理，即可求出主动土压力强度 p_a。具体的作图步骤如下：

1）在水平 σ 轴的上下两侧分别画出与水平轴成 $\pm\beta$ 的直线 OL 和 OL'，如图 8-14 所示。

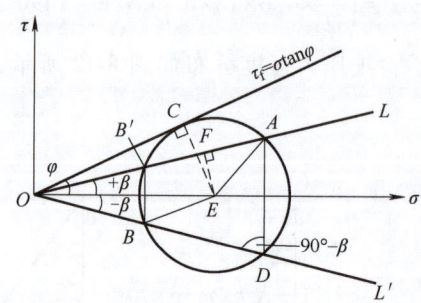

图 8-14 用应力圆法推求无黏性填土朗肯主动土压力公式

2）在 OL 线上截取线段 $OA = \sigma_z = \gamma z\cos\beta$，则 A 点代表图 8-13 中土单元斜面上的应力，包含法向应力和剪应力，因此 A 点必定在代表该单元应力状态的应力圆上。

3）在 σ 轴上找到圆心 E，过 A 点且与抗剪强度包线相切作应力圆，则该应力圆就是该单元体处于极限平衡状态时的应力圆。

4）应力圆交 OL' 线于 B 点，图中圆周角 $\angle ODA = 90°-\beta$，所以 B 点代表单元竖直面上的

应力 σ，即主动土压力强度 p_a，其值等于图中线段 $\overline{OB}$ 的长度。

这样，根据图 8-14 中所示的应力圆几何关系，可推知 p_a。

由图可知：$\dfrac{p_a}{\sigma_z}=\dfrac{OB}{OA}=\dfrac{OB'}{OA}=\dfrac{OF-B'F}{OF+AF}$，且 $OF=OE\cos\beta$。

又

$$B'F=AF=\sqrt{AE^2-EF^2}=\sqrt{CE^2-EF^2}=OE\sqrt{\sin^2\varphi-\sin^2\beta}=OE\sqrt{\cos^2\beta-\cos^2\varphi}$$

则

$$\dfrac{p_a}{\sigma_z}=\dfrac{\cos\beta-\sqrt{\cos^2\beta-\cos^2\varphi}}{\cos\beta+\sqrt{\cos^2\beta-\cos^2\varphi}}$$

已知 $\sigma_z=\gamma z\cos\beta$，故

$$p_a=\gamma z\cos\beta\,\dfrac{\cos\beta-\sqrt{\cos^2\beta-\cos^2\varphi}}{\cos\beta+\sqrt{\cos^2\beta-\cos^2\varphi}} \tag{8-14}$$

令

$$K'_a=\cos\beta\,\dfrac{\cos\beta-\sqrt{\cos^2\beta-\cos^2\varphi}}{\cos\beta+\sqrt{\cos^2\beta-\cos^2\varphi}} \tag{8-15}$$

得

$$p_a=K'_a\gamma z \tag{8-16}$$

可以看出，当 $\beta=0$ 时，$K'_a=\dfrac{1-\sin\varphi}{1+\sin\varphi}=\tan^2\left(45°-\dfrac{\varphi}{2}\right)=K_a$。若墙高为 H，则作用于墙上的主动土压力合力为 $E_a=\dfrac{1}{2}K'_a\gamma H^2$。

用同样的方法也可以求出被动土压力强度 p_p 为

$$p_p=\gamma z\cos\beta\,\dfrac{\cos\beta+\sqrt{\cos^2\beta-\cos^2\varphi}}{\cos\beta-\sqrt{\cos^2\beta-\cos^2\varphi}} \tag{8-17}$$

令

$$K'_p=\cos\beta\,\dfrac{\cos\beta+\sqrt{\cos^2\beta-\cos^2\varphi}}{\cos\beta-\sqrt{\cos^2\beta-\cos^2\varphi}} \tag{8-18}$$

得

$$p_p=K'_p\gamma z \tag{8-19}$$

同样若墙高为 H，则作用于墙上的被动土压力合力为 $E_p=\dfrac{1}{2}K'_p\gamma H^2$。

上述公式只适用于 $c=0$ 的无黏性土，且 $\beta<\varphi$。对于 $c\neq 0$ 的黏性土，也可以用图解法求，但是其表达式相当复杂。另外需要指出的是，由于墙背面不是滑裂面，而且土压力的方向平行于斜坡面，因此，要求墙背与土体之间的摩擦角 δ 必须大于 β。

8.4 库仑土压力理论

法国学者库仑（C. A. Coulomb）在 1776 年根据墙后土楔体整体处于极限平衡状态时的力系平衡条件，提出了另一种土压力分析计算方法，即库仑土压力理论（Coulomb's earth pressure theory）。由于其计算原理比较简明，适用性较广，特别是在计算主动土压力时有足够的精度，因此至今仍在工程上得到广泛的应用。

库仑土压力理论考虑的挡土墙可以是墙背倾斜,具有倾角 α;墙背面粗糙,与填土之间存在摩擦力,摩擦角为 δ;墙后填土面的倾角为 β(图 8-15),而且库仑土压力理论的研究对象是墙后某个滑动楔体整体,从楔体的整体平衡条件出发,直接求出作用在墙背上的总土压力 E。

8.4.1 库仑假设条件

库仑土压力公式最早是从无黏性土条件得出的,在研究中做出了如下基本假定:

1)平面滑裂面假定。当墙向前或者向后移动,使墙后土体达到破坏时,填土将沿两个平面同时下滑或者上滑,一个是墙背 AB 面,另一个是土体内某一与水平面成 θ 角的滑动面 BC。平面滑裂面假定是库仑土压力理论的最主要假定,虽然这一假定和实际情况不符,但是可以大大地简化计算工作,而且其精度能够满足工程的要求。

2)刚体滑动假设。将破坏土楔体 ABC 视为刚体,不考虑滑动楔体内部的应力和应变条件。

3)假定楔体 ABC 整体处于极限平衡状态。在 AB 和 BC 滑动面上,抗剪强度均已充分发挥,即滑动面上的剪应力 τ 均已达到抗剪强度 τ_f。

8.4.2 受力分析及计算

在上述假定下,设土体的自重为 W,下滑时受到墙面的支撑反力 E(其反方向就是土压力),和土体支撑反力 R。根据楔体整体处于极限平衡状态的条件,可得知 E 和 R 的方向:反力 R 的方向与 BC 面的法线成夹角 φ;E 的方向与墙背 AB 面的法线成夹角 δ。当土处于主动土压力状态时,为阻止楔体下滑,R 和 E 在法线的下方;当处于被动土压力状态时,R 和 E 在法线的上方,如图 8-15 所示。根据楔体应满足静力平衡三角形闭合的法则,可以得到 R 和 E 的大小,如图 8-16 所示。由于图 8-15 中的滑裂面是任意假定的,不一定是真正的破坏面,所以要找出真正的滑裂面,可以先假定几个不同 θ 角的滑裂面,分别计算出各自处于极限平衡状态时的土压力 E 值,对于主动土压力状态,E 值最大的滑裂面是真正的滑裂面。同理,对于被动土压力状态,E 值最小的滑裂面就是真正的滑裂面。

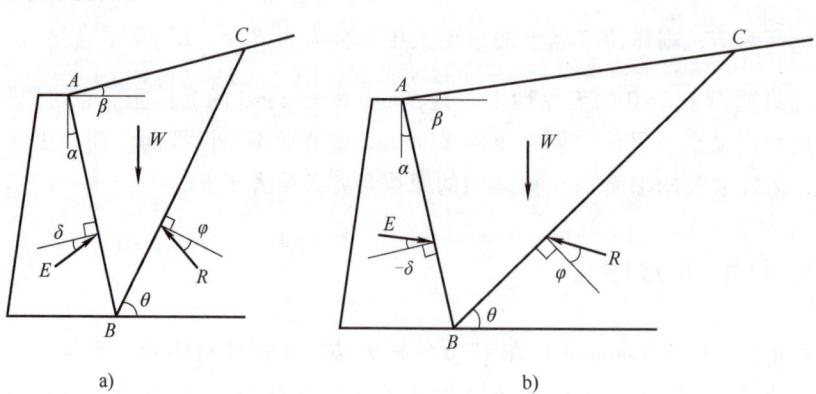

图 8-15 库仑土压力理论

a)主动状态 b)被动状态

受力分析之后可以先计算无黏性土的主动土压力。设挡土墙的形式及各参数如图 8-17 所示。取楔体 ABC 为隔离体，根据几何关系可知，W 和 E 之间的夹角 $\psi=90°-\delta-\alpha$，δ 和 α 均为已知量，故 ψ 也为常数；W 和 R 之间的夹角为 $\theta-\varphi$，由正弦定理得：

$$\frac{E}{\sin(\theta-\varphi)}=\frac{W}{\sin[180°-(\theta-\varphi+\psi)]}$$

则

$$E=\frac{W\sin(\theta-\varphi)}{\sin(\theta-\varphi+\psi)} \qquad (8-20)$$

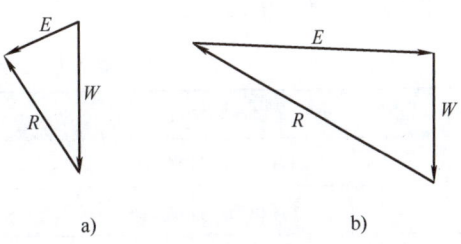

图 8-16　求算 E 值的力三角形
a）主动状态　b）被动状态

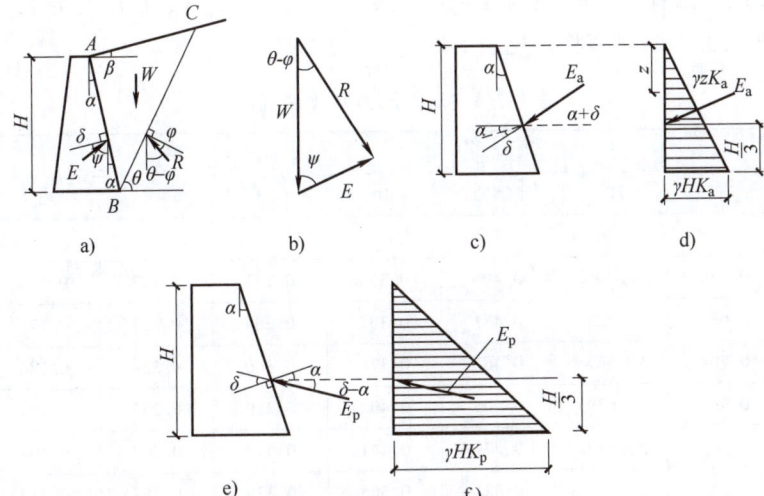

图 8-17　库仑土压力计算
a）库仑主动土压力计算图　b）力三角形　c）库仑主动土压力合力　d）主动土压力分布
e）库仑被动土压力合力　f）被动土压力分布

对式（8-20）进行数学分析可知，土楔自重 W 也是 θ 的函数，故当 φ 和 ψ 为定值的时候，E 也就成了 θ 的单值函数，即 $E=f(\theta)$。令 $\dfrac{\mathrm{d}E}{\mathrm{d}\theta}=0$，解出 θ 后，再代入式（8-20）中，即可得出最后作用于墙背上的主动土压力合力 E_a 的大小，其表达式为

$$E_a=\frac{1}{2}K_a\gamma H^2 \qquad (8-21)$$

式中，γ 为填土的重度；H 为挡土墙高度；K_a 为库仑主动土压力系数，即

$$K_a=\frac{\cos^2(\varphi-\alpha)}{\cos^2\alpha\cdot\cos(\alpha+\delta)\left[1+\sqrt{\dfrac{\sin(\varphi+\delta)\cdot\sin(\varphi-\beta)}{\cos(\alpha+\delta)\cdot\cos(\alpha-\beta)}}\right]^2} \qquad (8-22)$$

式中，φ 为填土的内摩擦角；α 为墙背与竖直线之间的夹角，以竖直线为准，逆时针为正，顺时针为负；β 为填土面与水平面之间的夹角，水平面以上为正，水平面以下为负；δ 为墙背与填土之间的摩擦角，其值可以由试验确定。在没有试验资料时，δ 一般取为 $\left(\dfrac{1}{3}\sim\dfrac{1}{2}\right)\varphi$，

也可以参考表 8-1 中的值选用。

表 8-1 土与挡土墙墙背的摩擦角

挡土墙情况	摩擦角 δ
墙背平滑,排水不良	$(0 \sim 0.33)\varphi$
墙背粗糙,排水良好	$(0.33 \sim 0.5)\varphi$
墙背很粗糙,排水良好	$(0.5 \sim 0.67)\varphi$
墙背与填土间不可能滑动	$(0.67 \sim 1.0)\varphi$

注:φ 为墙背填土的内摩擦角。

从式(8-22)可以看出,K_a 只与 α、β、δ 及 φ 有关,而与 γ、H 没有关系,为了应用上的方便,K_a 的值已经编制成表格,见表 8-2。

表 8-2 主动土压力系数 K_a 值

α	β	φ							
		15°	20°	25°	30°	35°	40°	45°	50°
		$\delta = 0°$							
0°	0°	0.589	0.490	0.406	0.333	0.271	0.217	0.172	0.132
	5°	0.685	0.524	0.431	0.352	0.284	0.227	0.178	0.137
	10°	0.704	0.569	0.462	0.374	0.300	0.238	0.186	0.142
	15°	0.933	0.639	0.505	0.402	0.319	0.251	0.194	0.147
	20°		0.883	0.573	0.441	0.344	0.267	0.204	0.154
	25°			0.821	0.505	0.379	0.288	0.217	0.162
	30°				0.750	0.436	0.318	0.235	0.172
	35°					0.671	0.369	0.260	0.186
	40°						0.587	0.303	0.206
	45°							0.500	0.242
	50°								0.413
10°	0°	0.652	0.560	0.478	0.407	0.343	0.288	0.238	0.194
	5°	0.705	0.601	0.510	0.431	0.362	0.302	0.249	0.202
	10°	0.784	0.655	0.550	0.461	0.384	0.318	0.261	0.211
	15°	1.039	0.737	0.603	0.498	0.411	0.337	0.274	0.221
	20°		1.015	0.685	0.548	0.444	0.360	0.291	0.231
	25°			0.977	0.628	0.491	0.391	0.311	0.245
	30°				0.925	0.566	0.433	0.337	0.262
	35°					0.860	0.502	0.374	0.284
	40°						0.785	0.437	0.316
	45°							0.703	0.371
	50°								0.614

（续）

α	β	φ							
		15°	20°	25°	30°	35°	40°	45°	50°
		$\delta = 0°$							
20°	0°	0.736	0.648	0.569	0.498	0.434	0.375	0.322	0.274
	5°	0.801	0.700	0.611	0.532	0.461	0.397	0.340	0.288
	10°	0.896	0.768	0.663	0.572	0.492	0.421	0.358	0.302
	15°	1.196	0.868	0.730	0.621	0.529	0.450	0.380	0.318
	20°		1.205	0.834	0.688	0.576	0.484	0.405	0.337
	25°			1.196	0.791	0.639	0.527	0.435	0.358
	30°				1.169	0.740	0.586	0.474	0.385
	35°					1.124	0.683	0.529	0.420
	40°						1.064	0.620	0.469
	45°							0.990	0.552
	50°								0.904
−10°	0°	0.540	0.433	0.344	0.270	0.209	0.158	0.117	0.083
	5°	0.581	0.461	0.364	0.284	0.218	0.164	0.120	0.085
	10°	0.644	0.500	0.389	0.301	0.229	0.171	0.125	0.088
	15°	0.860	0.562	0.425	0.322	0.243	0.180	0.130	0.090
	20°		0.785	0.482	0.353	0.261	0.190	0.136	0.094
	25°			0.703	0.405	0.287	0.205	0.144	0.098
	30°				0.614	0.331	0.226	0.155	0.104
	35°					0.523	0.263	0.171	0.111
	40°						0.433	0.200	0.123
	45°							0.344	0.145
	50°								0.262
−20°	0°	0.497	0.380	0.287	0.212	0.153	0.106	0.070	0.043
	5°	0.535	0.405	0.302	0.222	0.159	0.110	0.072	0.044
	10°	0.595	0.439	0.323	0.234	0.166	0.114	0.074	0.045
	15°	0.809	0.494	0.352	0.250	0.175	0.119	0.076	0.046
	20°		0.707	0.401	0.274	0.188	0.125	0.080	0.047
	25°			0.603	0.316	0.206	0.134	0.084	0.049
	30°				0.498	0.239	0.147	0.090	0.051
	35°					0.396	0.172	0.099	0.055
	40°						0.301	0.116	0.060
	45°							0.215	0.071
	50°								0.141

（续）

α	β	φ							
		15°	20°	25°	30°	35°	40°	45°	50°
		δ = 5°							
0°	0°	0.556	0.465	0.387	0.319	0.260	0.210	0.166	0.129
	5°	0.605	0.500	0.412	0.337	0.274	0.219	0.173	0.133
	10°	0.680	0.547	0.444	0.360	0.289	0.230	0.180	0.138
	15°	0.937	0.620	0.488	0.388	0.308	0.243	0.189	0.144
	20°		0.886	0.558	0.428	0.333	0.259	0.199	0.150
	25°			0.825	0.493	0.369	0.280	0.212	0.158
	30°				0.753	0.428	0.311	0.229	0.168
	35°					0.674	0.363	0.255	0.182
	40°						0.589	0.299	0.202
	45°							0.502	0.388
	50°								0.415
10°	0°	0.622	0.536	0.460	0.393	0.333	0.280	0.233	0.191
	5°	0.680	0.579	0.493	0.418	0.352	0.294	0.243	0.199
	10°	0.767	0.636	0.534	0.448	0.374	0.311	0.255	0.207
	15°	1.060	0.725	0.589	0.486	0.401	0.330	0.269	0.217
	20°		1.035	0.676	0.538	0.436	0.354	0.286	0.228
	25°			0.996	0.622	0.484	0.385	0.306	0.242
	30°				0.943	0.563	0.428	0.333	0.259
	35°					0.877	0.500	0.371	0.281
	40°						0.801	0.436	0.314
	45°							0.716	0.371
	50°								0.626
20°	0°	0.709	0.627	0.553	0.485	0.424	0.368	0.318	0.271
	5°	0.781	0.682	0.597	0.520	0.452	0.391	0.335	0.285
	10°	0.887	0.755	0.650	0.562	0.484	0.416	0.355	0.300
	15°	1.240	0.866	0.723	0.614	0.523	0.445	0.376	0.316
	20°		1.250	0.835	0.684	0.571	0.480	0.402	0.335
	25°			1.240	0.794	0.639	0.525	0.434	0.357
	30°				1.121	0.746	0.587	0.474	0.385
	35°					1.166	0.689	0.532	0.421
	40°						1.103	0.627	0.472
	45°							1.026	0.559
	50°								0.937

（续）

α	β	φ							
		15°	20°	25°	30°	35°	40°	45°	50°
		δ = 5°							
-10°	0°	0.503	0.406	0.324	0.256	0.199	0.151	0.112	0.080
	5°	0.546	0.434	0.344	0.269	0.208	0.157	0.116	0.082
	10°	0.612	0.474	0.369	0.286	0.219	0.164	0.120	0.085
	15°	0.850	0.537	0.405	0.308	0.232	0.172	0.125	0.087
	20°		0.776	0.463	0.339	0.250	0.183	0.131	0.091
	25°			0.695	0.390	0.276	0.197	0.139	0.095
	30°				0.607	0.321	0.218	0.149	0.100
	35°					0.518	0.255	0.166	0.108
	40°						0.428	0.195	0.120
	45°							0.341	0.141
	50°								0.259
-20°	0°	0.457	0.352	0.267	0.199	0.144	0.101	0.067	0.041
	5°	0.496	0.376	0.282	0.208	0.150	0.104	0.068	0.042
	10°	0.557	0.410	0.302	0.220	0.157	0.108	0.070	0.043
	15°	0.787	0.466	0.331	0.236	0.165	0.112	0.073	0.044
	20°		0.688	0.380	0.259	0.178	0.119	0.076	0.045
	25°			0.586	0.300	0.196	0.127	0.080	0.047
	30°				0.484	0.228	0.140	0.085	0.049
	35°					0.386	0.165	0.094	0.052
	40°						0.293	0.111	0.058
	45°							0.209	0.068
	50°								0.137
		δ = 10°							
0°	0°	0.533	0.447	0.373	0.309	0.253	0.204	0.163	0.127
	5°	0.585	0.483	0.398	0.327	0.266	0.214	0.169	0.131
	10°	0.664	0.531	0.431	0.350	0.282	0.225	0.177	0.136
	15°	0.947	0.609	0.476	0.379	0.301	0.238	0.185	0.141
	20°		0.897	0.549	0.420	0.326	0.254	0.195	0.148
	25°			0.834	0.487	0.363	0.275	0.209	0.156
	30°				0.762	0.423	0.306	0.226	0.166
	35°					0.681	0.359	0.252	0.180
	40°						0.596	0.297	0.201
	45°							0.508	0.238
	50°								0.420

（续）

α	β	φ							
		15°	20°	25°	30°	35°	40°	45°	50°
		$\delta = 10°$							
10°	0°	0.603	0.520	0.448	0.384	0.326	0.275	0.230	0.189
	5°	0.665	0.566	0.482	0.409	0.346	0.290	0.240	0.197
	10°	0.759	0.626	0.524	0.440	0.369	0.307	0.253	0.206
	15°	1.089	0.721	0.582	0.480	0.396	0.326	0.267	0.216
	20°		1.064	0.674	0.534	0.432	0.351	0.284	0.227
	25°			1.024	0.622	0.482	0.382	0.304	0.241
	30°				0.969	0.564	0.427	0.332	0.258
	35°					0.901	0.503	0.371	0.281
	40°						0.823	0.438	0.315
	45°							0.736	0.374
	50°								0.644
20°	0°	0.695	0.615	0.543	0.478	0.419	0.365	0.316	0.271
	5°	0.773	0.674	0.589	0.515	0.448	0.388	0.334	0.285
	10°	0.890	0.752	0.646	0.558	0.482	0.414	0.354	0.300
	15°	1.298	0.872	0.723	0.613	0.522	0.444	0.377	0.317
	20°		1.308	0.844	0.687	0.573	0.481	0.403	0.337
	25°			1.298	0.806	0.643	0.528	0.436	0.360
	30°				1.268	0.758	0.594	0.478	0.388
	35°					1.220	0.702	0.539	0.426
	40°						1.155	0.640	0.480
	45°							1.074	0.572
	50°								0.981
−10°	0°	0.477	0.385	0.309	0.245	0.191	0.146	0.109	0.078
	5°	0.521	0.414	0.329	0.258	0.200	0.152	0.112	0.080
	10°	0.590	0.455	0.354	0.275	0.211	0.159	0.116	0.082
	15°	0.847	0.520	0.390	0.297	0.224	0.167	0.121	0.085
	20°		0.773	0.450	0.328	0.242	0.177	0.127	0.088
	25°			0.692	0.380	0.268	0.191	0.135	0.093
	30°				0.605	0.313	0.212	0.146	0.098
	35°					0.516	0.249	0.162	0.106
	40°						0.426	0.191	0.117
	45°							0.339	0.139
	50°								0.258

第8章 土压力计算

（续）

α	β	φ							
		15°	20°	25°	30°	35°	40°	45°	50°
		$\delta=10°$							
-20°	0°	0.427	0.330	0.252	0.188	0.137	0.096	0.064	0.039
	5°	0.466	0.354	0.267	0.197	0.143	0.099	0.066	0.040
	10°	0.529	0.388	0.286	0.209	0.149	0.103	0.068	0.041
	15°	0.772	0.445	0.315	0.225	0.158	0.108	0.070	0.042
	20°		0.675	0.364	0.248	0.170	0.114	0.073	0.044
	25°			0.575	0.288	0.188	0.122	0.077	0.045
	30°				0.475	0.220	0.135	0.082	0.047
	35°					0.378	0.159	0.091	0.051
	40°						0.288	0.108	0.056
	45°							0.205	0.066
	50°								0.135
		$\delta=15°$							
0°	0°	0.518	0.434	0.363	0.301	0.248	0.201	0.160	0.125
	5°	0.571	0.471	0.389	0.320	0.261	0.211	0.167	0.130
	10°	0.656	0.522	0.423	0.343	0.277	0.222	0.174	0.135
	15°	0.966	0.603	0.470	0.373	0.297	0.235	0.183	0.140
	20		0.914	0.546	0.415	0.323	0.251	0.194	0.147
	25°			0.850	0.485	0.360	0.273	0.207	0.155
	30°				0.777	0.422	0.305	0.225	0.165
	35°					0.695	0.359	0.251	0.179
	40°						0.608	0.298	0.200
	45°							0.518	0.238
	50°								0.428
10°	0°	0.592	0.511	0.441	0.378	0.323	0.273	0.228	0.189
	5°	0.658	0.559	0.476	0.405	0.343	0.288	0.240	0.197
	10°	0.760	0.623	0.520	0.437	0.366	0.305	0.252	0.206
	15°	1.129	0.723	0.581	0.478	0.395	0.325	0.267	0.216
	20°		1.103	0.679	0.535	0.432	0.351	0.284	0.228
	25°			1.062	0.628	0.484	0.383	0.305	0.242
	30°				1.005	0.571	0.430	0.334	0.260
	35°					0.935	0.509	0.375	0.284
	40°						0.853	0.445	0.319
	45°							0.763	0.380
	50°								0.668

（续）

α	β	φ							
		15°	20°	25°	30°	35°	40°	45°	50°
		δ = 15°							
20°	0°	0.690	0.611	0.540	0.476	0.419	0.366	0.317	0.273
	5°	0.774	0.673	0.588	0.514	0.449	0.389	0.336	0.287
	10°	0.904	0.757	0.649	0.560	0.484	0.416	0.357	0.303
	15°	1.372	0.889	0.731	0.618	0.526	0.448	0.380	0.321
	20°		1.383	0.862	0.697	0.579	0.486	0.408	0.341
	25°			1.372	0.825	0.655	0.536	0.442	0.365
	30°				1.341	0.778	0.606	0.487	0.395
	35°					1.290	0.722	0.551	0.435
	40°						1.221	0.609	0.492
	45°							1.136	0.590
	50°								1.307
−10°	0°	0.458	0.371	0.298	0.237	0.186	0.142	0.106	0.076
	5°	0.503	0.400	0.318	0.251	0.195	0.148	0.110	0.078
	10°	0.576	0.442	0.344	0.267	0.205	0.155	0.114	0.081
	15°	0.850	0.509	0.380	0.289	0.219	0.163	0.119	0.084
	20°		0.776	0.441	0.320	0.237	0.174	0.125	0.087
	25°			0.695	0.374	0.263	0.188	0.133	0.091
	30°				0.607	0.308	0.209	0.143	0.097
	35°					0.518	0.246	0.159	0.104
	40						0.428	0.189	0.116
	45°							0.341	0.137
	50°								0.259
−20°	0°	0.405	0.314	0.240	0.180	0.132	0.093	0.062	0.038
	5°	0.445	0.338	0.255	0.189	0.137	0.096	0.064	0.039
	10°	0.509	0.372	0.275	0.201	0.144	0.100	0.066	0.040
	15°	0.763	0.429	0.303	0.216	0.152	0.104	0.068	0.041
	20°		0.667	0.352	0.239	0.164	0.110	0.071	0.042
	25°			0.568	0.280	0.182	0.119	0.075	0.044
	30°				0.470	0.214	0.131	0.080	0.046
	35°					0.374	0.155	0.089	0.049
	40°						0.284	0.105	0.055
	45°							0.203	0.065
	50°								0.133

（续）

α	β	φ							
		15°	20°	25°	30°	35°	40°	45°	50°
		$\delta = 20°$							
0°	0°			0.357	0.297	0.245	0.199	0.160	0.125
	5°			0.384	0.317	0.259	0.209	0.166	0.130
	10°			0.419	0.340	0.275	0.220	0.174	0.135
	15°			0.467	0.371	0.295	0.234	0.183	0.140
	20°			0.547	0.414	0.322	0.251	0.193	0.147
	25°			0.874	0.487	0.360	0.273	0.207	0.155
	30°				0.798	0.425	0.306	0.225	0.166
	35°					0.714	0.362	0.252	0.180
	40°						0.625	0.300	0.202
	45°							0.532	0.241
	50°								0.440
10°	0°			0.438	0.377	0.322	0.273	0.229	0.190
	5°			0.475	0.404	0.343	0.289	0.241	0.198
	10°			0.521	0.438	0.367	0.306	0.254	0.208
	15°			0.586	0.480	0.397	0.328	0.269	0.218
	20°			0.690	0.540	0.436	0.354	0.286	0.230
	25°			1.111	0.639	0.490	0.388	0.309	0.245
	30°				1.051	0.582	0.437	0.338	0.264
	35°					0.978	0.520	0.381	0.288
	40°						0.893	0.456	0.325
	45°							0.799	0.389
	50°								0.699
20°	0°			0.543	0.479	0.422	0.370	0.321	0.277
	5°			0.594	0.520	0.454	0.395	0.341	0.292
	10°			0.659	0.568	0.490	0.423	0.363	0.309
	15°			0.747	0.629	0.535	0.456	0.387	0.327
	20°			0.891	0.715	0.592	0.496	0.417	0.349
	25°			1.467	0.854	0.673	0.549	0.453	0.374
	30°				1.434	0.807	0.624	0.501	0.406
	35°					1.379	0.750	0.569	0.448
	40°						1.305	0.685	0.509
	45°							1.214	0.615
	50°								1.109

（续）

α	β	φ							
		15°	20°	25°	30°	35°	40°	45°	50°
		δ = 20°							
-10°	0°			0.291	0.232	0.182	0.140	0.105	0.076
	5°			0.311	0.245	0.191	0.146	0.108	0.078
	10°			0.337	0.262	0.202	0.153	0.113	0.080
	15°			0.374	0.284	0.215	0.161	0.117	0.083
	20°			0.437	0.316	0.233	0.171	0.124	0.086
	25°			0.703	0.371	0.260	0.186	0.131	0.090
	30°				0.614	0.306	0.207	0.142	0.096
	35°					0.524	0.245	0.158	0.103
	40°						0.433	0.188	0.115
	45°							0.344	0.137
	50°								0.262
-20°	0°			0.231	0.174	0.128	0.090	0.061	0.038
	5°			0.246	0.183	0.133	0.094	0.062	0.038
	10°			0.266	0.195	0.140	0.097	0.064	0.039
	15°			0.294	0.210	0.148	0.102	0.067	0.040
	20°			0.344	0.233	0.160	0.108	0.069	0.042
	25°			0.566	0.274	0.178	0.116	0.073	0.043
	30°				0.468	0.210	0.129	0.079	0.045
	35°					0.373	0.153	0.087	0.049
	40°						0.283	0.104	0.054
	45°							0.202	0.064
	50°								0.133
		δ = 25°							
0°	0°				0.296	0.245	0.199	0.160	0.126
	5°				0.316	0.259	0.209	0.167	0.130
	10°				0.340	0.275	0.221	0.175	0.136
	15°				0.372	0.296	0.235	0.184	0.141
	20°				0.417	0.324	0.252	0.195	0.148
	25°				0.494	0.363	0.275	0.209	0.157
	30°				0.828	0.432	0.309	0.228	0.168
	35°					0.741	0.368	0.256	0.183
	40°						0.647	0.306	0.205
	45°							0.552	0.246
	50°								0.456

(续)

α	β	φ							
		15°	20°	25°	30°	35°	40°	45°	50°
		δ = 25°							
10°	0°				0.379	0.325	0.276	0.232	0.193
	5°				0.408	0.346	0.292	0.244	0.201
	10°				0.443	0.371	0.311	0.258	0.211
	15°				0.488	0.403	0.333	0.273	0.222
	20°				0.551	0.443	0.360	0.292	0.235
	25°				0.658	0.502	0.396	0.315	0.250
	30°				1.112	0.600	0.448	0.346	0.270
	35°					1.034	0.537	0.392	0.295
	40°						0.944	0.471	0.335
	45°							0.845	0.403
	50°								0.739
20°	0°				0.488	0.430	0.377	0.329	0.284
	5°				0.530	0.463	0.403	0.349	0.300
	10°				0.582	0.502	0.433	0.372	0.318
	15°				0.648	0.550	0.469	0.399	0.337
	20°				0.740	0.612	0.512	0.430	0.360
	25°				0.894	0.699	0.569	0.469	0.387
	30°				1.553	0.846	0.650	0.520	0.421
	35°					1.494	0.788	0.594	0.466
	40°						1.414	0.721	0.532
	45°							1.316	0.647
	50°								1.201
-10°	0°				0.228	0.180	0.139	0.104	0.075
	5°				0.242	0.189	0.145	0.108	0.078
	10°				0.259	0.200	0.151	0.112	0.080
	15°				0.281	0.213	0.160	0.117	0.083
	20°				0.314	0.232	0.170	0.123	0.086
	25°				0.371	0.259	0.185	0.131	0.090
	30°				0.620	0.307	0.207	0.142	0.096
	35°					0.534	0.246	0.159	0.104
	40°						0.441	0.189	0.116
	45°							0.351	0.138
	50°								0.267

（续）

α	β	φ							
		15°	20°	25°	30°	35°	40°	45°	50°
		$\delta=25°$							
-20°	0°				0.170	0.125	0.089	0.060	0.037
	5°				0.179	0.131	0.092	0.061	0.038
	10°				0.191	0.137	0.096	0.063	0.039
	15°				0.206	0.146	0.100	0.066	0.040
	20°				0.229	0.157	0.106	0.069	0.041
	25°				0.270	0.175	0.114	0.072	0.043
	30°				0.470	0.207	0.127	0.078	0.045
	35°					0.374	0.151	0.086	0.048
	40°						0.284	0.103	0.053
	45°							0.203	0.064
	50°								0.133

可以证明，当 $\alpha=0$，$\delta=0$，$\beta=0$ 时，式（8-21）中 E_a 的表达式与前述的朗肯主动土压力合力公式完全一样，说明在这种情况下，库仑土压力理论和朗肯土压力理论的结果是一致的。

由于上述库仑土压力理论直接求得的是土压力合力，而不是土压力分布，所以是不能直接得到合力作用点位置的。为方便应用，可以假定土压力强度沿墙高呈三角形分布，只是这种分布形式只代表土压力的大小，不代表实际作用在墙背上的土压力方向，土压力合力 E_a 的作用方向仍在墙背法线上方且与法线成 δ 角，或与水平面成 $\delta+\alpha$ 角，E_a 作用点在距墙底 $H/3$ 处，如图 8-17c、d 所示。

用同样的方法可以得出被动土压力合力 E_p 为

$$E_p = \frac{1}{2}K_p\gamma H^2 \tag{8-23}$$

式中，K_p 为库仑被动土压力系数，即

$$K_p = \frac{\cos^2(\varphi+\alpha)}{\cos^2\alpha\cdot\cos(\alpha-\delta)\left[1-\sqrt{\dfrac{\sin(\varphi+\delta)\cdot\sin(\varphi+\beta)}{\cos(\alpha-\delta)\cdot\cos(\alpha-\beta)}}\right]^2} \tag{8-24}$$

被动土压力强度沿墙也呈三角形分布，合力 E_p 作用方向在墙背法线下方，与法线成 δ 角，或者与水平面成 $\delta-\alpha$ 角，作用点在距墙底 $H/3$ 处，如图 8-17e、f 所示。

库仑土压力理论本来是用来讨论 $c=0$ 的砂性土的土压力问题，而且要求填土表面为平面。对于填土为 $c\neq0$ 的黏性土或者填土面不是平面，而是任意折线或者曲线时，前述库仑公式就不能使用了，这种情况下，可以用图解法来求解土压力。在后面填土的性质和填土的指标的选择中会发现，填土为黏性土时，不仅参数指标确定比较麻烦，而且存在安全隐患，所以在此不做介绍，具体运用时可以参看相关的技术规范。

8.5 朗肯土压力理论与库仑土压力理论的比较

这两种土压力理论都是研究土压力问题的简化方法。由于它们具有不同的基本假定、分析方法与适用条件，所以在应用时必须注意针对实际情况进行合理选择，否则将会造成不同程度上的误差。本节将对这两个土压力理论进行一些简单比较。

1. 分析方法的比较

这两种理论均属于极限状态下的土压力理论，这是它们的相同点。但是两者在分析方法上存在着较大的差别。

1) 主要表现在研究对象和分析途径的不同。朗肯土压力理论是从研究土中一点的极限应力状态出发，先求作用在土中竖直面上的土压力强度分布，再计算作用在墙背上的土压力合力，因而朗肯土压力理论属于极限应力法；库仑土压力理论是从研究墙后土楔体整体处于极限平衡状态入手，应用静力平衡条件，先求出作用在墙背上的土压力合力，需要时再计算出土压力强度及其分布形式，因而库仑土压力理论属于滑动楔体法。

2) 朗肯土压力理论在理论上比较严密，但是只能应用在一些简单边界条件的情况；库仑土压力理论虽然是一种简化理论，但是它能适用于多种较为复杂的实际边界条件，而且在一定范围内能够得出比较令人满意的结果，因而适用范围更广泛一些。

2. 计算误差

上述两种土压力理论都是建立在一定的假设基础之上的。其中，朗肯土压力理论忽略了墙和填土之间的摩擦力对土压力的影响。库仑土压力理论虽然考虑了墙与土体之间的摩擦力，但是却假定土中的滑裂面是通过墙踵的平面，因而计算结果也存在一定的误差。将朗肯土压力理论及库仑土压力理论与比较严格的极限平衡理论进行对比，可以较好地说明这两种古典土压力理论可能引起的误差有多大。

朗肯土压力理论假定墙背与土没有摩擦，$\delta = 0$，因此计算所得的主动土压力系数 K_a 与极限平衡理论的计算结果相比偏大，但是差别不大，而被动土压力系数 K_p 偏小，特别是当 δ 和 φ 都比较大时，K_p 与较之严格的理论解相比，约是后者的30%。

库仑土压力理论的平面滑裂面假定使得破坏楔体平衡时所必须满足的力系对任一点的力矩之和等于零的条件得不到满足，这是误差产生的重要原因。因此与极限平衡理论的计算结果相比，主动土压力系数 K_a 稍偏小，而被动土压力系数 K_p 偏大，当 δ 和 φ 值都比较大时，K_p 与极限平衡理论计算出来的结果相比，差别很大，此时库仑土压力理论就不宜应用。

综前所述，对于主动土压力，两种理论的差别都不大。由于朗肯土压力公式较为简单，在公式能够适用的情况下，可以优先使用；库仑土压力理论可以适用于比较广泛的边界条件，在工程中的应用更为广泛。对于被动土压力，当 δ 和 φ 较小时，这两种古典土压力理论尚可应用，而当 δ 和 φ 都较大时，误差都很大，均不宜采用，而必须借助其他的办法来解决。

8.6 几种常见情况的土压力计算

工程上遇到的挡土墙及填土的条件，要比上述两种土压力理论复杂得多，例如填土本身可能是性质不同的成层土,墙后有地下水的存在,或者填土表面上有荷载作用及墙背不是直线而是折线等。对于这些情况,只能在上述理论基础上做些近似处理。本节将介绍几种常见情况下的土压力的计算方法。

8.6.1 成层填土的土压力计算

墙后填土由性质不同的土层组成时,很明显土压力将受到不同填土性质的影响。在墙背竖直,填土面水平时,为简单起见,常用朗肯土压力理论来计算,以图 8-18a 所示的两层无黏性填土为例,分两种情况说明其计算方法。

1. $\varphi_1 = \varphi_2$,$\gamma_1 < \gamma_2$

在这种情况下,由于两种土的内摩擦角相同,故它们的主动土压力系数 K_a 相同,只是填土的重度 γ 不同,由公式 $p_a = K_a \gamma z$ 可知,两层填土的土压力分布在土层分界面处将发生变化,如图 8-18b 所示。

2. $\gamma_1 = \gamma_2$,$\varphi_1 < \varphi_2$

由公式 $K_a = \tan^2\left(45° - \dfrac{\varphi}{2}\right)$ 可知,两层填土的主动土压力系数 K_a 不同,分别记为 K_{a1} 和 K_{a2},且 $K_{a1} > K_{a2}$。相应的,两层填土的土压力分布梯度也不一样,在分界面处将发生突变,在分界面的上方,土压力强度 $p_a = K_{a1} \gamma H_1$,在分界面的下方,土压力强度 $p_a = K_{a2} \gamma H_1$,如图 8-18c 所示。

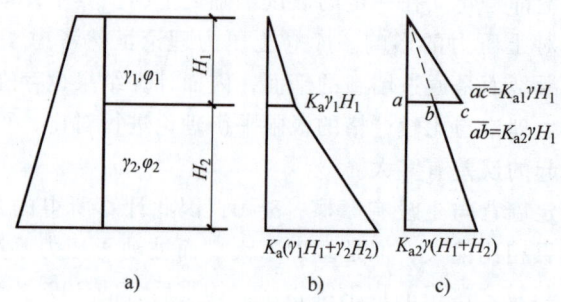

图 8-18 成层填土的土压力计算

a)分层填土 b)$\varphi_1 = \varphi_2$,$\gamma_1 < \gamma_2$ c)$\gamma_1 = \gamma_2$,$\varphi_1 < \varphi_2$

8.6.2 墙后填土中存在地下水

当墙后填土中存在地下水时,要考虑地下水对土压力的影响,具体表现在:

1)地下水位以下的土体重力因受到水的浮力作用,计算时应采用有效重度 γ'。

2)地下水对填土的抗剪强度指标 c、φ 的影响。一般情况下认为地下水对砂性土的影响可以忽略,但是对黏性填土,地下水将使 c、φ 值变小,从而使土压力增大。

3)地下水对墙背产生的静水压力作用。

以图 8-19 所示的挡土墙为例,假定墙后的填土为均一的无黏性土,地下水位在填土面以下 H_1 处,则填土对挡土墙的作用力的计算和本节上述 $\varphi_1 = \varphi_2$,$\gamma_1 < \gamma_2$ 的情况相同,同时要考虑墙背后的水压力 $E_w = \dfrac{1}{2} \gamma_w H_2^2$ 对墙背的作用,这里 H_2 为地下水位以下的墙高。作用在

挡土墙上的合力即为两者之和。

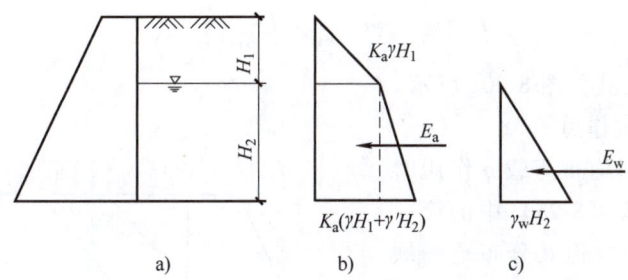

图 8-19 墙后有地下水时土压力计算

a) 墙后填土中有地下水 b) 土压力分布 c) 水压力分布

8.6.3 填土表面作用有荷载

挡土墙墙后填土表面的荷载对挡土墙有比较明显影响的是连续均布荷载、局部均布荷载以及动荷载等。在此只考虑连续均布荷载和局部均布荷载的作用的情况，对于交通荷载和地震荷载作用情况的土压力计算可以参考相关的技术规范。

1. 连续均布荷载作用

当挡土墙墙背竖直，在水平填土面上作用连续均布荷载 q 时，如图 8-20a 所示，也可以用朗肯土压力理论计算主动土压力。此时在填土面下，墙背面深度 z 处取单元体，所受的应力 $\sigma_1 = q + \gamma z$，则 $\sigma_3 = p_a = K_a \sigma_1$，即

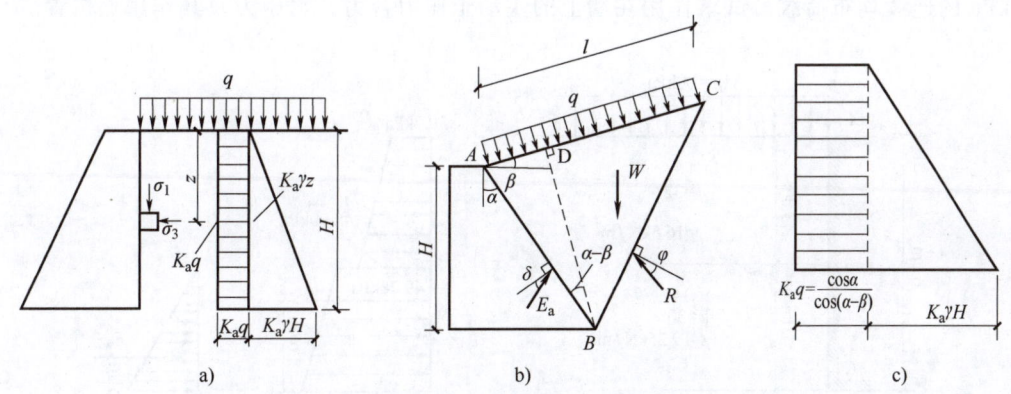

图 8-20 填土面上有连续均布荷载作用

a) 填土面水平 b) 填土面倾斜 c) 填土面倾斜时的土压力分布

$$p_a = K_a q + K_a \gamma z \qquad (8\text{-}25)$$

由式（8-25）可以看出，作用在墙背面的土压力由两部分组成：一部分式由均布荷载 q 引起，为常数，其分布与深度 z 无关；另一部分由土体自身的重力引起，与 z 成正比。土压力合力即为两部分之和。

当挡土墙墙背及填土面均为倾斜平面时，如图 8-20b 所示，为了求解作用在墙背上的主动土压力合力 E_a，可以用图解法，也可以用数解法，经过较为复杂的运算可得出 E_a 的计算

公式为

$$E_a = \frac{1}{2}K_a\gamma H^2 + K_a qH\frac{\cos\alpha}{\cos(\alpha-\beta)}$$ （8-26）

土压力的分布形式如图 8-20c 所示。

2. 局部均布荷载作用

填土表面有局部均布荷载 q 作用时的土压力计算可用式（8-25）中的第一项，即 $p_{aq} = K_a q$ 计算，但其分布范围缺乏理论上的严格分析，部分学者认为填土表面的局部均布荷载产生的土压力是沿平行于破裂面的方向传递到墙背上的，如图 8-21a 所示，荷载 q 仅在墙背的 cd 范围内引起附加应力 p_{aq}，c 点以上和 d 点以下，墙背上所受的土压力不受 q 的影响，ac 及 bd 线均与水平面成 $45° + \frac{\varphi}{2}$ 角。作用在墙背上的土压力分布即为图 8-21b 所示的阴影部分。

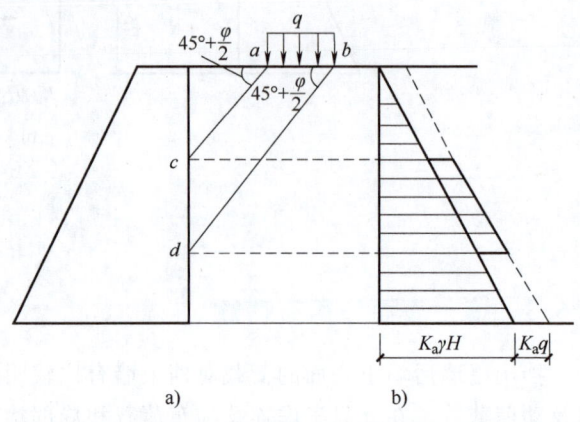

图 8-21 填土表面有局部均布荷载作用

a）局部均布荷载示意图 b）土压力分布

【**例 8-3**】 某挡土墙的墙背面光滑（$\delta = 0$），墙高为 6.0m，墙后两层填土，性质如图 8-22a 所示，地下水位在填土表面下 3.0m 处正好与第二层填土面齐平。填土表面作用有 $q = 100$kPa 的连续均布荷载。试求作用在墙上的主动土压力合力，水压力及其作用点位置。

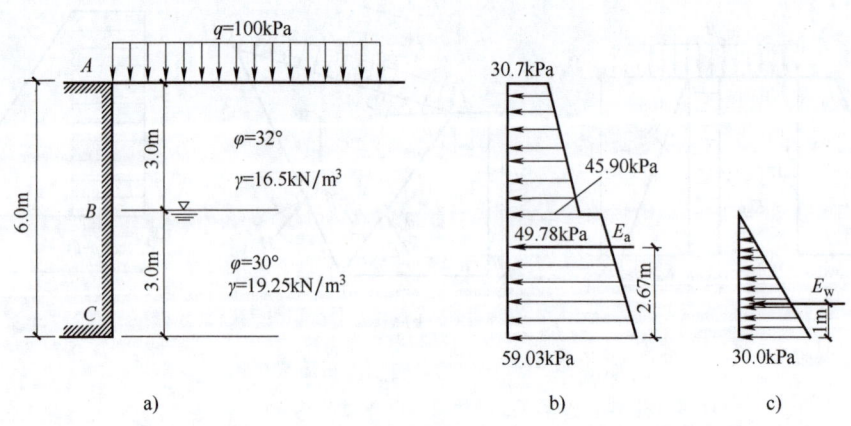

图 8-22 例 8-3 图

a）计算简图 b）土压力 c）水压力

解：分析本题所给的条件，可用朗肯土压力理论计算。

1) 计算土压力系数。

上层土的主动土压力系数 $K_{a1} = \tan^2\left(45° - \frac{\varphi}{2}\right) = \tan^2(45° - 16°) = 0.307$

下层土的主动土压力系数 $K_{a2} = \tan^2\left(45° - \dfrac{\varphi}{2}\right) = \tan^2(45° - 15°) = 0.333$

2) 计算墙背上 A、B、C 三点处的土压力强度。

A 点：$z = 0$ $\quad p_{aA} = K_{a1}q = (0.307 \times 100) \text{kPa} = 30.7 \text{kPa}$

B 点：分界面以上 $\quad p_{aB} = K_{a1}q + K_{a1}\gamma_1 H_1 = (30.7 + 0.307 \times 16.5 \times 3)\text{kPa} = 45.90\text{kPa}$

分界面以下 $\quad p_{aB'} = K_{a2}q + K_{a2}\gamma_1 H_1 = (33.3 + 0.333 \times 16.5 \times 3)\text{kPa} = 49.78\text{kPa}$

C 点：$\gamma' = (19.25 - 10.00)\text{kN/m}^3 = 9.25\text{kN/m}^3$

$\quad p_{aC} = K_{a2}q + K_{a2}\gamma_1 H_1 + K_{a2}\gamma' H_2 = 59.03\text{kPa}$

A、B、C 三点土压力强度的分布如图 8-22b 所示，作用在挡土墙上的土压力合力，即为土压力分布面积之和，故

$$E_a = \left[\dfrac{1}{2} \times (30.7 + 45.90) \times 3 + \dfrac{1}{2} \times (49.78 + 59.03) \times 3\right]\text{kN/m} = 278.12\text{kN/m}$$

3) 水压力的计算。

$$E_w = \dfrac{1}{2}\gamma_w H_2^2 = \left(\dfrac{1}{2} \times 10.0 \times 3^2\right)\text{kN/m} = 45.0\text{kN/m}$$

水压力的分布如图 8-22c 所示，作用点位于墙高 $\dfrac{H_2}{3} = \dfrac{3}{3}\text{m} = 1\text{m}$ 处。

4) 主动土压力合力 E_a 作用点的确定，设作用点距墙底高度为 H_c，则

$$H_c = \dfrac{1}{E_a}\left[p_{aA}H_1\left(H_2 + \dfrac{1}{2}H_1\right) + \dfrac{1}{2}(p_{aB} - p_{aA})H_1\left(H_2 + \dfrac{1}{3}H_1\right) + p_{aB'}H_2\left(\dfrac{1}{2}H_2\right) + \dfrac{1}{2}(p_{aC} - p_{aB'})H_2\left(\dfrac{1}{3}H_2\right)\right]$$

$= 2.67\text{m}$

8.6.4 墙背形状发生改变的情况下的土压力计算

1. 墙背为折线形

当墙背面是折线时，以墙背面的转折点为界，将挡土墙分成若干段，然后分别按库仑土压力理论计算主动土压力 E_a。在此选择只有一个转折点的情况对计算过程加以说明，如图 8-23a 所示。

将墙 AB 当作独立挡土墙，计算出主动土压力 E_{a1}，暂时不考虑墙 BC 的影响。接着计算墙 BC 受到的土压力，计算时，将 CB 延长交地面线于 D 点，以 DBC 作为假想的墙背，墙背后的土压力分布如图 8-23b 所示，再截取与墙 BC 段相应的部分即图中的 $BCEF$，计算出其合力即为作用在 BC 段的主动土压力合力 E_{a2}。

2. 墙背面设置有卸载平台

为了减小作用在墙背上的主动土压力，在工程上可以采用在墙背上设置卸载平台的办法。如图 8-24a 所示，在平台以上 H_1 高度内，仍按照朗肯或库仑土压力理论计算作用在 AB 面上的土压力分布，如图 8-24b 所示。此时平台以上土重 W 已由卸载平台 BCD 承担，所以在平台下 C 点处土压力为零，这样一来，也就减小了平台下 H_2 范围内的土压力作用。被减小的土压力作用范围一般认为是过卸载平台的端点的滑裂面与墙背的交点 E，如图 8-24a 所示。显然，卸载平台伸出越长，减压作用越大，同时挡土墙的抗滑稳定性也有所增强。

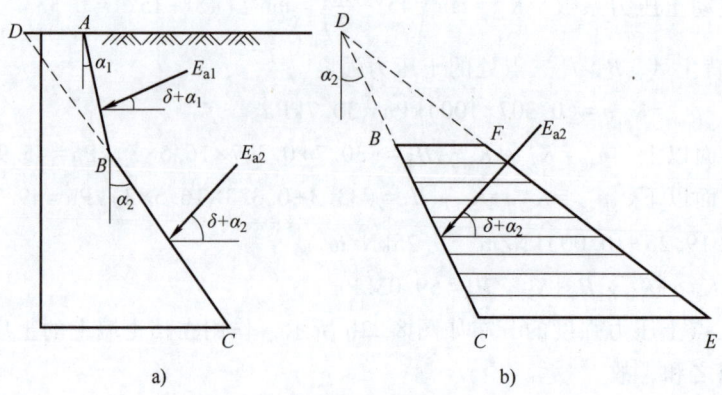

图 8-23 折线墙背土压力计算
a) 折线墙背　b) BC 段土压力分布

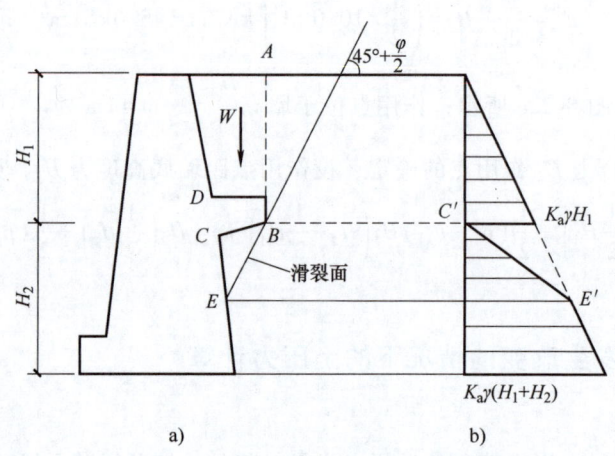

图 8-24 带有卸载平台的挡土墙土压力
a) 卸载平台　b) 土压力分布

8.6.5 填土的性质指标及填土的选择

1. 填土的性质指标

土压力计算的准确与否,不仅取决于计算理论和方法的正确性,而且还取决于计算中采用的土的物理性质指标 γ、c、φ 以及墙背与土的摩擦角 δ 是否符合实际情况。在选用上述指标时,应尽量通过试验确定。当无试验资料或试验条件时,也可参考一些经验值。其中 δ 可以按表 8-1 中的取值选用。对于无黏性土,其重度 γ 在 17.0~19.0kN/m³ 之间,也可以实测。而内摩擦角 φ,一般比较稳定,可采用三轴排水剪切试验值或者采用直剪试验的慢剪试验值,也可以参考相关的技术规范。

对于黏性土,重度应该根据填筑时的含水率实测,其范围在 17.0~19.0kN/m³ 之间。黏土抗剪强度指标 c、φ 的选择,要比无黏性土复杂。在选择黏土作为填土时,由于黏土的渗透系数比较小，在自重或超载作用下，填土中将出现孔隙水压力，如果能准确地测定孔压值，则应该选用有效应力法及相应的有效应力抗剪强度指标 c'、φ' 进行计算才是合理的。但在工程应用中要做到这一点比较困难。根据工程实践经验，对高度在 5m 左右的一般挡土墙，设计时可采用三轴固结不排水剪切的总应力抗剪强度指标 φ_{cu}、c_{cu}，或者采用直剪试验的固结快剪指标 φ_{cq}、c_{cq}，对于一些高度较大，填土速度较快的重要挡土墙，则宜用三轴不排水抗剪强度指标 φ_u、c_u。

2. 填土的选择

挡土墙墙后填土的质量，对土压力大小的影响很大。在设计回填料时，应尽量考虑具有较高长期强度和较大透水性的散粒料，因为它们除了有较高的 φ 值外，还能长期保持着主动应力状态。黏性土渗透系数较小，而且由于有蠕变趋势能使主动土压力向静止土压力状态发展，从而引起作用在墙背上的土压力随时间的延长而增加。对于高度在 5m 左右的挡土墙，填土料往往可以就地取材，当填土料为黏土时，宜掺入适量的块石。一定要避免使用硬黏土作为填料，主要是由于这种土浸湿后会产生很大的膨胀力。在季节性冻胀地区，填料应选择非冻胀填料，如炉渣、碎石、粗砾等。同时回填时应该注意施工质量，应进行分层压密。

还有一种比较理想的填料就是聚苯乙烯泡沫塑料（expanded polystyrene，EPS），它具有下列一些特性：

1）特别小的重度，一般比同一种品种的塑料要轻十几倍甚至几十倍。
2）独特的变形特性。
3）有一定的结构强度，具有较好的自立性。
4）施工方便且速度快。
5）良好的缓冲性能。
6）良好的隔热性能。

在日本，将 EPS 作为轻型填料的应用十分普遍（称为 EPS 法），它广泛用于路基填料，桥台台背填料，滑坡抢修，直立挡墙，涵洞上的填料等一系列工程。近年来，EPS 在我国也引起了一定的重视，但是实际应用还不多，仅能在网上查到少数工程实例。因此 EPS 在我国工程上的应用前景还是比较广阔的。

8.7 挡土墙设计

8.7.1 挡土墙类型选择

常用的挡土墙有重力式挡土墙、悬臂式挡土墙、扶壁式挡土墙及锚定板挡土墙和加筋土挡土墙等。一般应根据工程需要、土质情况、材料供应、施工技术以及造价等因素合理地选择。

1）重力式挡土墙（gravity retaining wall）。一般由块石或混凝土材料砌筑，墙身截面较大。根据墙背倾斜的方向可分为仰斜、直立和俯斜三种，如图 8-25 所示。墙高 H 一般小于 8m。重力式挡土墙依靠墙身自重抵抗土压力引起的倾覆力矩。其优点是构造简单，施工方便，能就地取材，因而在建筑工程中应用最为广泛。

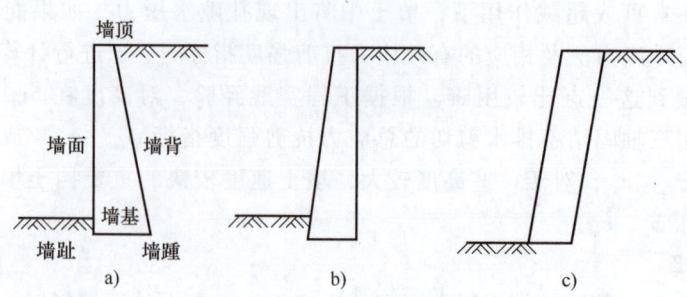

图 8-25 重力式挡土墙形式
a) 仰斜 b) 直立 c) 俯斜

重力式挡土墙上的主动土压力 E_a 以仰斜最小，直立居中，俯斜最大。因此仰斜墙背较为合理。墙背的倾斜形式还应根据使用要求和施工条件综合考虑确定，一般挖坡建墙宜用仰斜，其土压力小，且墙背可与边坡紧密贴合，填方区则用直立或俯斜，便于施工，使填土夯实方便。而在山坡上建墙，则宜用直立，因为仰斜墙身太高，俯斜则土压力较大。

2) 悬臂式挡土墙（cantilever retaining wall）。一般由钢筋混凝土建造，墙的稳定主要依靠墙踵悬臂以上土重维持。墙体内设置钢筋承受拉应力，故墙身截面较小，适用于墙高大于 5m，地基土质较差，当地缺少石料的情况，多用于市政工程储料仓库等。初步设计时，可按图 8-26 选取截面尺寸。

3) 扶壁式挡土墙（counterfort retaining wall）。当墙高大于 10m 时，挡土墙立壁挠度较大，为了增强立壁的抗弯性能，常沿墙的纵向每隔一定距离（0.3~0.6h）设置一道扶壁，称为扶壁式挡土墙，如图 8-27 所示。扶壁间填土可增加抗滑和抗倾覆性能。扶壁式挡土墙一般用于重要的大型土建工程。扶壁式挡土墙设计时可按图 8-27 初选截面尺寸，再将墙身及墙踵作为三边固定的板，用有限元等程序进行优化设计。

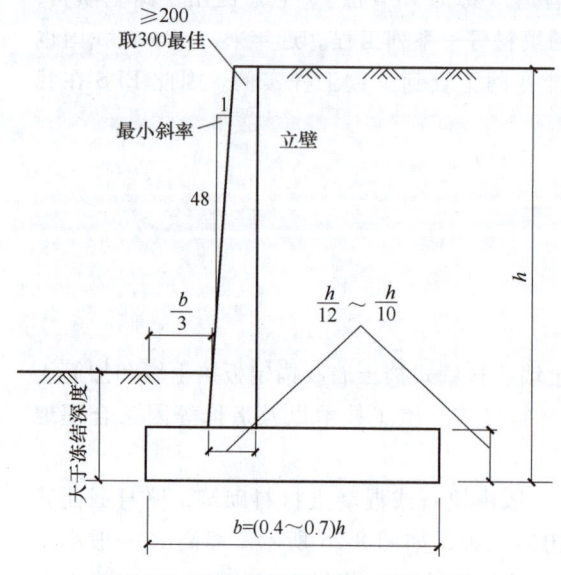

图 8-26 悬臂式挡土墙初步设计尺寸

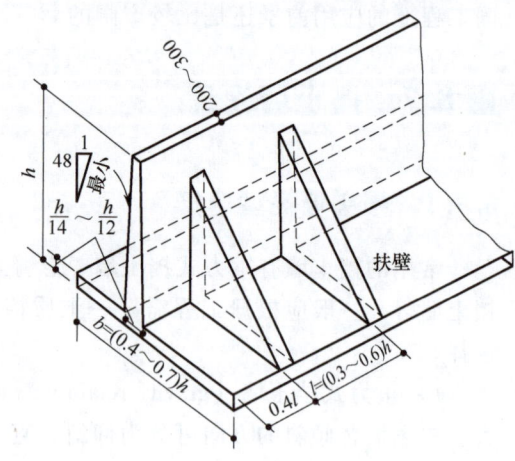

图 8-27 扶壁式挡土墙初步设计尺寸

4）其他形式的挡土墙。锚定板挡土墙（anchored retaining wall by tie rods）由预制的钢筋混凝土立柱、墙面、钢拉杆和埋置在填土中的锚定板在现场拼装而成，依靠填土与结构的相互作用维持其自身稳定，如图 8-28a 所示。其特点是结构轻、柔度大、工程量少、造价低、施工方便，特别适用于地基承载力不大的地区。

加筋土挡土墙（reinforced earth retaining wall）由墙面板、拉筋及填土共同组成，依靠拉筋与填土之间的相互作用来平衡作用在墙面的土压力以保持稳定，从而使面板、拉筋和填土形成一种稳定而柔性的复合支挡结构，如图 8-28b 所示。

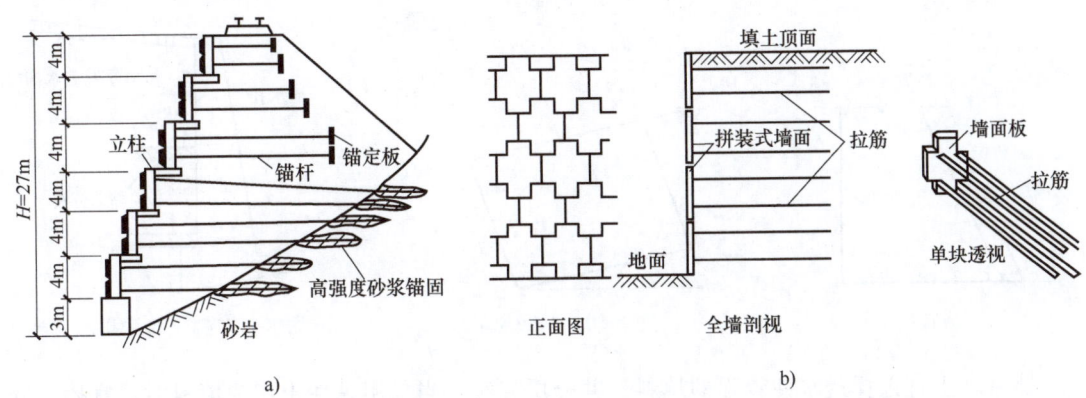

图 8-28　其他形式的挡土墙
a）锚定板挡土墙　b）加筋土挡土墙

8.7.2　重力式挡土墙的设计计算

挡土墙的设计计算应根据使用过程中可能出现的荷载，按承载力极限状态和正常使用极限状态进行荷载效应组合，并取最不利组合进行设计。

根据《建筑地基基础设计规范》（GB 50007—2011），挡土墙基底面积及埋深按地基承载力确定，传至基础底面的荷载效应按正常使用极限状态下荷载效应的标准组合。土体自重、墙体自重均按实际重度计算，地下水位以下应扣除水的浮力，相应的抗力应采用地基承载力特征值。

计算挡土墙的土压力应采用承载力极限状态下荷载效应的基本组合，但荷载效应组合设计值中荷载分析系数均为 1.0；在计算挡土墙内力、确定配筋和验算材料强度时，上部结构传来的荷载效应组合和相应的基底压力，应按承载力极限状态下荷载效应的基本组合，采用相应的荷载系数，即永久荷载对结构不利时分析系数取 1.35，对结构有利时取 1.0。

1. 构造措施

重力式挡土墙的顶宽不宜小于 400mm，底宽宜为墙高的 $\frac{1}{3} \sim \frac{1}{2}$。墙高较小且填土质量较好的墙，初选时底宽可取墙高的 $\frac{1}{3}$。为了施工方便，仰斜式的墙背坡度不宜缓于 1∶0.25，墙面与墙背平行。为减少墙身材料，竖直式的墙面坡度不宜缓于 1∶0.4。墙底埋深不应小于 500mm，墙体在地面以下部分可做成台阶状（图 8-29），以增加墙体抗倾覆能力。基底可做成逆坡,以增加墙底的抗滑能力(图 8-30)。对土质地基,逆坡坡度不大于 1∶10,岩质地基则不大于 1∶5。

有效的排水系统是防止挡土墙倒塌的重要措施之一。墙身应设置泄水孔(图 8-31)。泄水孔孔径不宜小于 100mm,外斜坡度 5%,间距 2~3m。一般在墙后设置宽约 0.5m 的碎石滤水层,以利于排水和防止填土中细颗粒流失。墙身高度大的,还应在中部设置排水盲沟。在墙顶和墙底标高处宜铺设黏土防水层。对不能设置有效排水措施的挡土墙,在进行墙体稳定性验算时,应考虑水的影响。

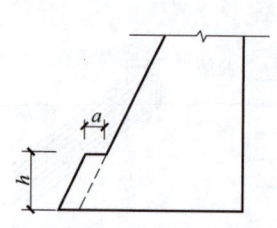
图 8-29 基底台阶尺寸

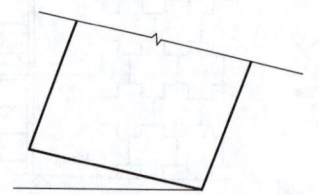
图 8-30 基底逆坡

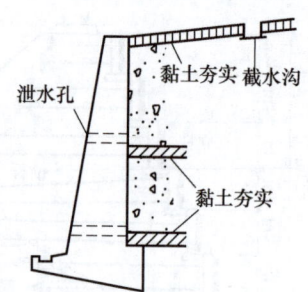
图 8-31 挡土墙的排水措施

墙后填土宜选择透水性较强的填料,并分层夯实。当采用黏性土作为填料时,宜掺入碎石,以增大透水性。在季节性冻土地区,宜选用炉渣、粗砂等非冻胀性材料。

挡土墙应每隔 10~20m 设置一道伸缩缝,缝宽 20mm 左右。当地基有变化时宜加设沉降缝。在拐角和端部应适当加强。

2. 抗倾覆稳定性验算

研究表明,挡土墙的破坏大部分是倾覆破坏。要保证挡土墙在土压力的作用下不发生绕墙趾 O 点的倾覆(图 8-32),抗倾覆安全系数 K_t(safety factor against overturning)(O 点的抗倾覆力矩与倾覆力矩之比)必须满足下式:

$$K_t = \frac{Gx_0 + E_{az}x_f}{E_{ax}z_f} \geq 1.6 \qquad (8\text{-}27)$$

式中,E_{ax} 为 E_a 的水平分力,单位为 kN/m,$E_{ax} = E_a\cos(\alpha+\delta)$;$E_{az}$ 为 E_a 的竖向分力,单位为 kN/m,$E_{az} = E_a\sin(\alpha+\delta)$;$G$ 为挡土墙每延米自重,单位为 kN/m;x_f 为土压力作用点距 O 点的水平距离,单位为 m,$x_f = b - z\tan\alpha$;z_f 为土压力作用点距 O 点的水平距离,单位为 m,$z_f = z - b\tan\alpha_0$;x_0 为挡土墙重心离墙趾的水平距离,单位为 m;α_0 为挡土墙的基底倾角,单位为(°);b 为基底的水平投影宽度,单位为 m;z 为土压力作用点离墙踵的高度,单位为 m;α 为墙背与竖直线的夹角,单位为(°),俯斜时取正号,仰斜时取负号;δ 为土与墙背材料间的外摩擦角,单位为(°)。

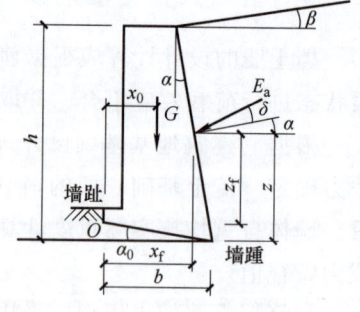
图 8-32 挡土墙的抗倾覆验算

需要注意的是,式(8-27)中的主动土压力 E_a 是采用库仑土压力理论计算得到的,库仑土压力的计算可参看 8.4 节相关内容。当墙背竖直、光滑,且墙后填土水平时,主动土压力 E_a 也可采用朗肯土压力理论进行计算。

若验算结果不满足要求时,可按以下措施处理:

1)增大挡土墙截面尺寸,增加墙自重,但工程量也随之增大。
2)加大x_0,伸长墙趾。但墙趾过长,若厚度不够时,则需配置钢筋。
3)墙背做成俯斜,可减小土压力。
4)在挡土墙垂直墙背上做卸载平台,如图 8-33 所示。此时,卸载平台以上土压力不能传到平台以下,总土压力减小,故抗倾覆稳定性增大。

3. 抗滑移稳定性验算

在土压力作用下,挡土墙也可能沿着基础底面发生滑动(图 8-34)。因此,要求基底的抗滑安全系数(safety factor against sliding)(抗滑力与滑动力之比)$K_s \geq 1.3$,即

$$K_s = \frac{(G_n + E_{an})\mu}{E_{at} - G_t} \geq 1.3 \tag{8-28}$$

式中,G_n 为挡土墙自重在垂直于基底平面方向的分力,单位为 kN/m,$G_n = G\cos\alpha_0$;G_t 为挡土墙自重在平行于基底平面方向的分力,单位为 kN/m,$G_t = G\sin\alpha_0$;E_{an} 为 E_a 在垂直于基底平面方向的分力,单位为 kN/m,$E_{an} = E_a\sin(\alpha + \alpha_0 + \delta)$;$E_{at}$ 为 E_a 在平行于基底平面方向的分力,单位为 kN/m,$E_{at} = E_a\cos(\alpha + \alpha_0 + \delta)$;$\mu$ 为土对挡土墙基底的摩擦系数,宜按试验确定,也可按表 8-3 选用。

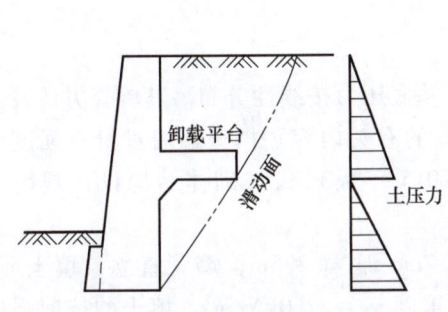

图 8-33 有卸载平台的挡土墙

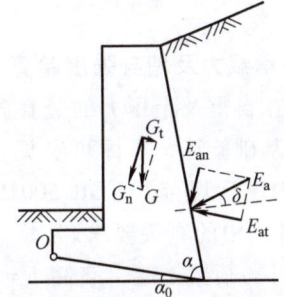

图 8-34 挡土墙的抗滑移稳定性验算

表 8-3 土对挡土墙基底的摩擦系数 μ

土 的 类 别		摩擦系数 μ
黏性土	可塑	0.25~0.30
	硬塑	0.30~0.35
	坚硬	0.35~0.45
粉土		0.30~0.40
中砂、粗砂、砾砂		0.40~0.50
碎石土		0.40~0.60
软质岩石		0.40~0.60
表面粗糙的硬质岩石		0.65~0.75

注:对易于风化的软质岩石和 $I_P > 22$ 的黏性土,μ 值应通过试验确定;对碎石土,可根据其密实度、填充物状况、风化程度等确定。

若抗滑移稳定性验算不满足要求,可采取以下措施加以解决:

1) 修改挡土墙的截面尺寸,以加大墙身自重。
2) 墙基底面做成砂、石垫层,以提高 μ 值。
3) 墙底做成逆坡(图 8-30),利用滑动面上部分反力来抗滑。
4) 在软土地基上,其他方法无效或不经济时,可在墙踵后加拖板,如图 8-35 所示,利用拖板上的土重来抗滑,拖板与挡土墙之间应用钢筋连接。

4. 圆弧滑动稳定性验算

当土质较为软弱时,可能产生接近于圆弧状的滑动面而丧失稳定性,如图 8-36 所示,此时,可采用条分法进行稳定性分析,具体可参考第 9 章的内容。

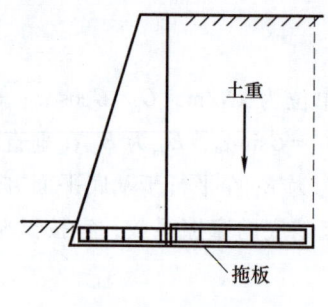

图 8-35 基底拖板

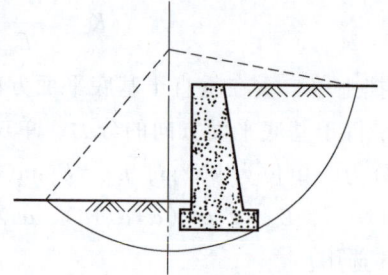

图 8-36 挡土墙圆弧滑动稳定性验算

5. 地基承载力及墙身强度验算

挡土墙在自重及土压力的竖直分力作用下,基底压力按线性分布。其验算方法及要求同天然地基浅基础验算,具体可参见《基础工程》的有关内容。挡土墙墙身材料强度应满足《混凝土结构设计规范》(GB 50010—2010)(2015 年版)和《砌体结构设计规范》(GB 50003—2011)中的有关要求。

【例 8-4】 某挡土墙,墙高 $h=6\text{m}$,顶宽 0.7m,底宽 2.5m,墙背直立,填土面水平,墙背光滑,用毛石和 M2.5 水泥砂浆砌筑,砌体重度 $\gamma_k=22.0\text{kN/m}^3$,填土的抗剪强度指标 $\varphi=40°$,$c=0$,$\gamma=19\text{kN/m}^3$,基底摩擦系数 $\mu=0.5$,试对该挡土墙进行稳定性验算。

解: 1) 土压力计算。采用朗肯土压力理论,由式(8-8)可计算作用在挡土墙上的主动土压力为

$$E_a = \frac{1}{2}\gamma H^2 K_a = \left[0.5 \times 19 \times 6^2 \times \tan^2\left(45° - \frac{40°}{2}\right)\right] \text{kN/m} = 74.4 \text{kN/m}$$

土压力作用点距墙底的距离为

$$z = \frac{1}{3}H = \frac{1}{3} \times 6\text{m} = 2\text{m}$$

2) 挡土墙自重及重心。将挡土墙截面分成一个三角形和一个矩形(图 8-37),分别计算它们的自重:

$$G_1 = \left[\frac{1}{2} \times (2.5-0.7) \times 6 \times 22.0\right] \text{kN/m} = 119\text{kN/m}, \quad G_2 = (0.7 \times 6 \times 22.0) \text{kN/m} = 92.4\text{kN/m}$$

G_1 和 G_2 的作用点与 O 点的距离分别为

$$x_{01} = \frac{2}{3} \times 1.8\text{m} = 1.2\text{m}, \quad x_{02} = \left(1.8 + \frac{1}{2} \times 0.7\right)\text{m} = 2.15\text{m}$$

3）抗倾覆稳定性验算。

$$K_t = \frac{G_1 x_{01} + G_2 x_{02}}{E_a z} = \frac{119 \times 1.2 + 92.4 \times 2.15}{74.4 \times 2} = 2.29 > 1.6，满足要求$$

4）抗滑移稳定性验算。

$$K_s = \frac{(G_1 + G_2)\mu}{E_a} = \frac{(119 + 92.4) \times 0.5}{74.4} = 1.42 > 1.3，满足要求$$

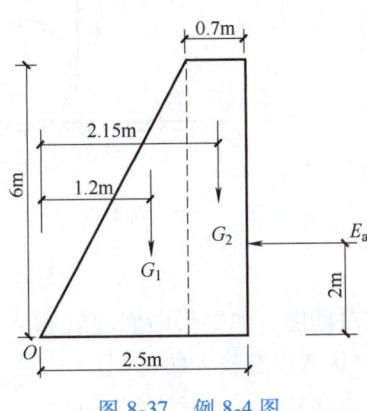

图 8-37　例 8-4 图

8.8　埋管土压力

埋管在基础建设行业中应用十分广泛，如水利工程中的坝下埋管、市政工程中的给排水管、天然气管及石油的输油管道等。为了分析埋管的内力，选择合理的设计断面，必须分析计算作用在埋管上的各种外荷载，尤其是作用于埋管上的填土压力，这是设计的主要荷载。

由于位移方向对土压力的类型起着决定性的作用，埋置方式对埋管土压力的大小及计算方法起着十分重要的作用。一般来讲，埋置方式可分为沟埋式（图 8-38a）和上埋式（图 8-38b）。

沟埋式（pipeline laid in trench）是指在天然场地中开挖沟槽至设计高程，放置埋管后再回填沟槽至地面高程，由此可以认为，沟槽外原有的土体将不再发生变形，只是沟槽内埋管顶部的回填土在自重作用下将发生沉降变形。在回填土下沉的过程中，沟槽壁将对填土产生向上的摩擦力，阻止填土的下沉，即意味着回填土的一部分重力由沟槽侧壁处产生的摩擦力来承担，从而使得作用在埋管顶上的竖直向土压力小于结构物上土柱的重力，即 $\sigma_z < \gamma H$。

上埋式（positive buried pipe）是指将埋管直接敷设在天然地面或浅沟内，然后在上面回填土至设计高程。这时，新填土在自重作用下将产生沉降，但由于埋管宽度以外的填土厚度大于埋管顶部填土的厚度，埋管的刚度大于周围填土的刚度，故埋管顶部填土（也可以形象地称为土柱）的沉降量将小于埋管两侧土的沉降量，在土柱和周围填土的分界面处将产生向下的摩擦力，使得埋管所受到的竖直土压力大于埋管顶部填土的重力，即 $\sigma_z > \gamma H$。

事实上，敷设于地下的各类埋管处于周围土体中，土体和埋管之间相互作用，相互协调。在分析埋管的受力状态时，一般需讨论下列因素的影响：

1）周围土的性质，如压缩性、黏聚力和内摩擦角等。

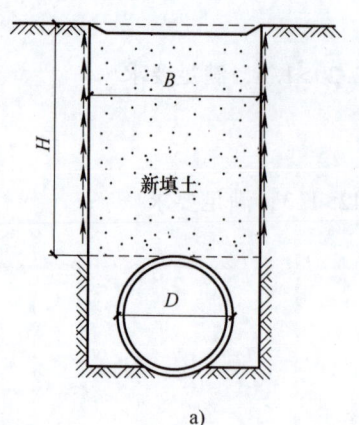
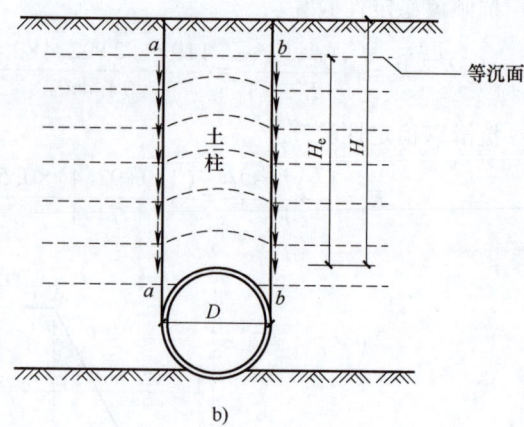

图 8-38 涵管的埋置方式
a) 沟埋式 b) 上埋式

2) 埋管的形状、尺寸及相对刚度。如矩形断面埋管和圆形断面埋管的受力状态显然不同；刚性埋管与柔性埋管的受力状态也有较大的差别。

3) 地质条件。基础为硬基或软基，受力状态将不同。

4) 施工方法。施工质量直接控制土压力分布。

下面根据剪切滑动理论，给出了沟埋式和上埋式两种刚性埋管的竖直和侧向土压力的计算公式。

8.8.1 沟埋式埋管上的土压力计算

马斯顿（A. Marston）于 1913 年利用散体极限平衡理论提出了一个计算沟埋式埋管上竖直土压力的比较简单的模型，至今在工程界仍被广泛应用。图 8-39a 所示为沟埋式埋管，沟槽宽度为 B，填土表面作用有均布荷载 q，填土在自重和荷载 q 的作用下发生沉降。在沟的侧壁处产生向上的摩擦力，在此认为是剪力 τ，并且等于土的抗剪强度指标 τ_f，在填土面下深度 z 处取厚度为 dz 的土层作为隔离体进行受力分析，如图 8-39b 土层重力 $dW = \gamma B dz$，侧向压力 $\sigma_h = K\sigma_z$，则沟壁抗剪强度 $\tau_f = c + \sigma_h \tan\varphi$。由竖直方向力的平衡条件得：

$$dW + B\sigma_z = B(\sigma_z + d\sigma_z) + 2\tau_f dz$$

即
$$\gamma B dz - B d\sigma_z - 2cdz - 2K\sigma_z \tan\varphi dz = 0 \tag{8-29}$$

式中，γ 为沟内填土的重度；c、φ 分别为填土与沟壁之间的黏聚力与内摩擦角；K 为土压力系数，一般介于主动土压力系数 K_a 与静止土压力系数 K_0 之间，马斯顿采用的是主动土压力系数 K_a。

式（8-29）可改写为

$$\frac{d\sigma_z}{dz} = \gamma - \frac{2c}{B} - 2K\sigma_z \frac{\tan\varphi}{B} \tag{8-30}$$

式（8-30）为一阶常微分方程，根据边界条件 $z=0$ 时，$\sigma_z = q$，解该微分方程可得深度 z 处的竖直向土压力为

$$\sigma_z = \frac{B\left(\gamma - \dfrac{2c}{B}\right)}{2K\tan\varphi}\left(1 - e^{-2K\frac{z}{B}\tan\varphi}\right) + q e^{-2K\frac{z}{B}\tan\varphi} \tag{8-31}$$

值得说明的是，沟槽宽度 B 值的大小，对作用在埋管上的土压力的影响很大，随着 B/D 值的增大，沟壁摩擦力 τ 对埋管上的土压力的影响将逐渐减小，当 B/D 值达到某一值时，作用在埋管上的土压力就等于 γH。若 B 值再增大，沟埋式将变成上埋式。

将式（8-31）代入 $\sigma_h = K\sigma_z$，可得沟埋式侧向土压力的分布为

$$\sigma_h = \frac{B\left(\gamma - \dfrac{2c}{B}\right)}{2\tan\varphi}\left(1 - e^{-2K\frac{z}{B}\tan\varphi}\right) + Kq e^{-2K\frac{z}{B}\tan\varphi} \tag{8-32}$$

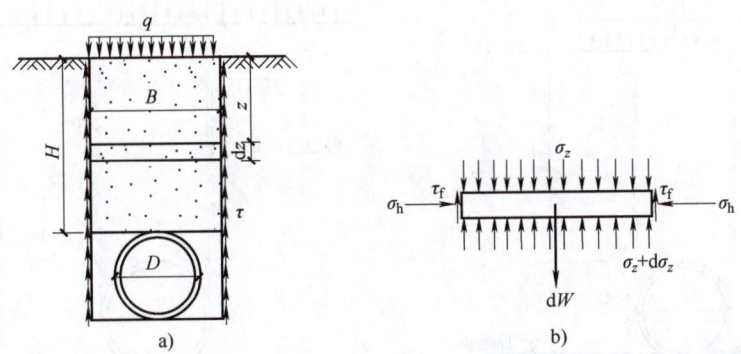

图 8-39　马氏埋管土压力分析模型
a）计算简图　b）微元体受力分析

8.8.2　上埋式埋管上的土压力计算

如图 8-40a 所示，马斯顿假定管上土体与周围土体发生相对位移滑动面为竖直平面 aa' 和 bb'。采用与沟埋式类似的方法，可以得出上埋式埋管顶部的竖直向土压力的计算公式为

$$\sigma_z = \frac{D\left(\gamma + \dfrac{2c}{D}\right)}{2K\tan\varphi}\left(e^{2K\frac{H}{D}\tan\varphi} - 1\right) + q e^{2K\frac{H}{D}\tan\varphi} \tag{8-33}$$

式（8-33）适用于埋管顶部填土厚度较小的情况，若填土厚度 H 较大，则在填土面以下，将出现一个等沉面，在等沉面以上土体没有相对位移，在等沉面以下的土体将产生相对位移，令其厚度为 H_e，滑动面为 aa' 和 bb'（图 8-40b），作用在埋管上的竖直土压力为

$$\sigma_z = \frac{D\left(\gamma + \dfrac{2c}{D}\right)}{2K\tan\varphi}\left(e^{2K\frac{H_e}{D}\tan\varphi} - 1\right) + \left[q + \gamma(H - H_e)\right] e^{2K\frac{H_e}{D}\tan\varphi} \tag{8-34}$$

式中，等沉面的厚度 H_e 可按下式计算：

$$e^{2K\frac{H_e}{D}\tan\varphi} - 2K\tan\varphi \frac{H_e}{D} = 2K\gamma_{sd}\zeta\tan\varphi + 1 \tag{8-35}$$

式中，γ_{sd} 为沉降比，为试验系数，对于埋设在一般土基上的刚性管，可取 $0.5\sim0.8$；ζ 为突出比，指埋管顶部突出于地面以上的高度 H' 与埋管外径 D 之比，即

$$\zeta = \frac{H'}{D} \tag{8-36}$$

将式（8-34）代入公式 $\sigma_h = K\sigma_z$ 得埋管侧向土压力的分布为

$$\sigma_h = \frac{D\left(\gamma + \dfrac{2c}{D}\right)}{2\tan\varphi}\left(e^{2K\frac{H_e}{D}\tan\varphi} - 1\right) + K\left[q + \gamma(H - H_e)\right]e^{2K\frac{H_e}{D}\tan\varphi} \tag{8-37}$$

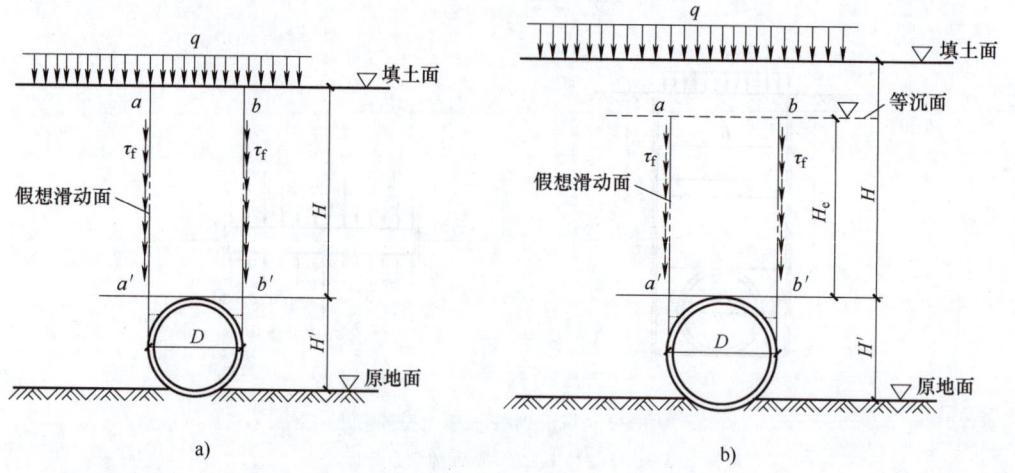

图 8-40　上埋式垂直土压力计算模型
a）填土厚度较小　b）填土厚度较大

需要指出的是，上述土压力计算公式是建立在埋管顶端两侧发生竖直向滑动面的假设上，与实际情况并不完全相符，其计算结果一般比实测值偏大，在使用时，应结合具体情况和已有的资料进行修正。对于重要的工程，可采用非线性土的应力-应变关系，借助有限元等数值计算方法进行分析。

1. 土压力有哪几种？影响土压力的各种因素中最重要的因素是什么？
2. 试阐述主动土压力、静止土压力和被动土压力的定义和产生的条件，并比较三者的数值大小。
3. 试比较朗肯土压力理论和库仑土压力理论的基本假定和适用条件。
4. 挡土墙的刚度及位移对土压力有什么影响？在实际工程中应如何考虑这一影响？
5. 重力式挡土墙抗倾覆稳定安全系数和抗滑稳定安全系数是如何定义的？如果不满足要求，可采用哪些措施？
6. 埋管的土压力有什么特点？

习 题

1. 高 5m、墙背垂直光滑的挡土墙，墙后填无黏性土，填土面水平。填土的重度 $\gamma = 18\text{kN/m}^3$，$\varphi = 36°$，$c = 0$。试分别求出静止土压力、主动土压力以及被动土压力值。

2. 高 6m、墙背竖直光滑的挡土墙，填土面水平，在其上作用有竖直向的均布荷载 $q = 15\text{kN/m}^2$，填土的重度 $\gamma = 18\text{kN/m}^3$，黏聚力 $c = 14\text{kPa}$，内摩擦角 $\varphi = 20°$，求：

1) 沿墙背的主动土压力分布。

2) 主动土压力合力大小及作用点的位置。

3) 填土中可能发生裂缝的深度。

3. 某挡土墙的墙背面竖直、光滑，墙高 7.0m，墙后有两层填土，上层填土高 3.5m，其填土的物理力学性质指标为 $c = 0$、$\varphi = 32°$、$\gamma = 17\text{kN/m}^3$；地下水位在填土表面下 3.5m 处正好与第二层填土面齐平，下层土的物理力学指标为 $c = 0$、$\varphi = 30°$、$\gamma = 20\text{kN/m}^3$。填土表面作用有大小为 $q = 50\text{kPa}$ 的连续均布荷载，试求作用在挡土墙上的主动土压力和水压力的大小。

4. 某挡土墙高 5m，墙背倾角 $\alpha = 10°$，已知填土重度 $\gamma = 20\text{kN/m}^3$，黏聚力 $c = 0$，内摩擦角 $\varphi = 30°$，墙背与填土之间的摩擦角 $\delta = 15°$。假定墙后填土面水平，试计算挡土墙主动土压力大小。

第 9 章 土坡稳定分析

■ 9.1 概述

基坑塌方

1. 土坡与土坡失稳

土坡（soil slope）是指具有倾斜表面的土体。根据其成因，土坡可分为两大类：一种是由于地质作用在自然条件下形成的土坡，称为天然土坡（natural soil slope），如山坡、江河的边坡或岸坡等；另一种就是由于人工填筑或开挖而形成的土坡，称为人工土坡（artificial soil slope），如土坝、基坑、路堑、渠道等。通常把坡底和坡顶水平，坡面为平面，并延伸至无限远的均质人工土坡称为简单土坡（simple soil slope）（图 9-1）。

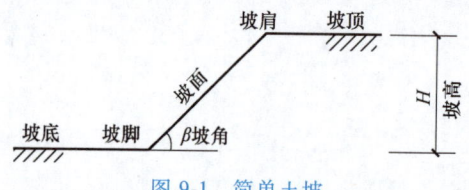

图 9-1 简单土坡　　　　　　　金川某矿坑的滑坡

由于土坡表面倾斜，其上部一定范围内的土体有向下运动的趋势。如果设计、施工或管理不当，或者受到一些诱因的影响，例如地震、暴雨、坡面或坡顶加载等，这部分土体就可能沿一定的滑动面整体下滑而丧失稳定性，这种现象称为土坡失稳（instability of soil slope）或滑坡（landslide）。小型滑坡可影响工程进度，大型滑坡则会导致交通中断、河流堵塞、厂矿城镇被掩埋、工程建设受阻，造成重大的人员伤亡和财产损失。例如：1983 年 3 月 7 日，甘肃省东乡县洒勒山发生黄土滑坡，摧毁四个自然村，227 人死亡；1985 年 12 月 24 日，天生桥二级水电站首部右侧挡土墙施工时发生滑坡，导致基坑内施工的 48 人丧生。因此对滑坡要引起足够的重视。

土坡发生滑动的根本原因是土坡内部某个或某几个面上的剪应力达到了该面上的抗剪强度，土坡的稳定平衡遭到破坏。其具体表现主要包括以下两个方面：

1）外部因素导致坡体中剪应力的增加。在坡顶堆载或修筑建筑物增大坡顶荷载、降雨或灌溉增加土体的重力、河水位或库水位突然下降导致的渗流、地震或爆破等振动引起的动力荷载，以及不合理的削坡等都会引起坡体内部剪应力增大。

2）外部或内部因素导致抗剪强度的降低。气候变化引起土体开裂或冻融、浸水等导致土体软化、膨胀土反复胀缩以及黏性土的蠕变、振动使土的结构破坏或孔隙水压力增加，不合理的开挖导致阻滑段的上附压力减小等都会导致土的抗剪强度降低。

2. 土坡稳定分析

土坡稳定分析一般包括以下两个方面的内容：

1) 对于拟建土坡，根据给定的高度、土的性质、荷载大小及性质等已知条件设计出合理的断面尺寸，特别是安全的坡角。有时还要采取必要的工程措施，加强工程管理，以消除某些可能导致滑坡的不利因素，确保土坡的安全。

2) 对于已存在的边坡，验算其是否稳定、合理。对于可能失稳的土坡，根据危害程度和经济条件，确定治理方案。对于一旦滑坡会给人民生命财产造成危害或对拟建工程有严重影响的土坡，就要研究其潜在的滑裂面位置、给出安全性评价以及相应的加固措施，甚至需要估计滑坡可能发生的时间和危害范围。

本章主要介绍土坡稳定分析的基本原理，对在工程中经常遇到的特殊问题给出必要的说明。

9.2 无黏性土土坡的稳定性分析

9.2.1 均质无黏性土土坡

砂土和碎石土等无黏性土在干燥或完全浸水饱和情况下，其颗粒之间不存在黏聚力，只有摩擦力。因此，只要位于坡面上的各个土粒能够保持稳定，不会下滑，则整个土坡就是稳定的。这类土坡稳定性可由图9-2所示力系的平衡条件来说明。

在均质土坡面上任取一侧面垂直于坡面、底面平行于坡面的土单元体，设其自重为 W，且不考虑其侧面应力对其稳定性的影响。则使其沿斜面向下运动的下滑力（driving force）就是重力在顺坡方向的分量 T：

$$T = W\sin\beta \tag{9-1}$$

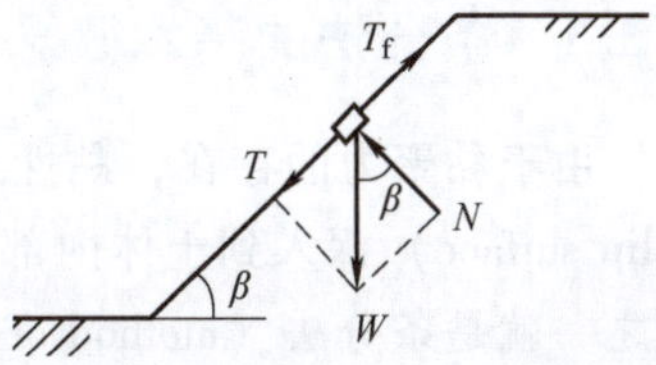

式中，β 为坡角。

图9-2 无黏性土土坡稳定性分析

阻止该颗粒下滑的抗滑力（resisting force）就是该颗粒所受到的摩擦力，其所能发挥的最大值为

$$T_f = N\tan\varphi = W\cos\beta\tan\varphi \tag{9-2}$$

式中，N 为坡面的支持力；φ 为无黏性土的内摩擦角。

定义无黏性土土坡的稳定安全系数（factor of safety）为抗滑力和下滑力的比值，即

$$F_s = \frac{T_f}{T} = \frac{W\cos\beta\tan\varphi}{W\sin\beta} = \frac{\tan\varphi}{\tan\beta} \tag{9-3}$$

由式（9-3）可知，当均质无黏性土土坡的坡角 β 等于土的内摩擦角 φ 时，其稳定安全系数 $F_s=1$，即抗滑力等于下滑力，土坡处于极限平衡状态。此时为极限坡角，常称为自然休止角（natural angle of repose）。只要坡角 $\beta<\varphi$，$F_s>1$，土坡就稳定，而且与坡高无关。为了保证土坡有足够的安全储备，可取 $F_s=1.1\sim1.5$。

9.2.2 有渗流作用时的无黏性土土坡

对于水库蓄水或水库水位突然下降，或坑深低于地下水位的基坑边坡等情况，由于有地

下水从边坡中渗出，会对边坡稳定性带来不利影响。此时在坡面上渗流逸出处取一单元体，如图 9-3 所示。作用于该单元体上的外力除了重力 W、坡面的支持力 N、摩擦力 T_f 以外，还有渗透力 J。如渗流为顺坡出流，则逸出处渗流方向与坡面平行，渗透力方向也与坡面平行，此时下滑力为

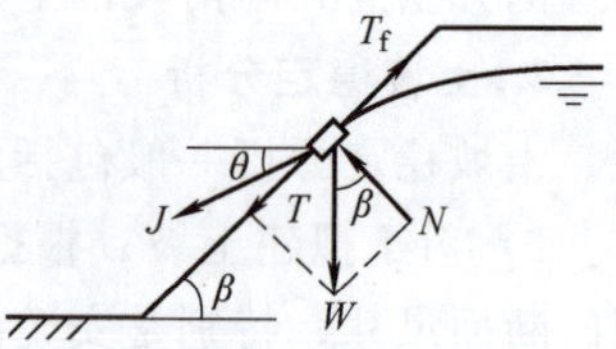

$$T+J = W\sin\beta + J = \gamma' V\sin\beta + \gamma_w iV \qquad (9\text{-}4)$$

图 9-3 有渗流作用时的无黏性土土坡稳定性分析

式中，γ' 为土的有效重度；γ_w 为水的重度；V 为单元体体积；i 为渗流逸出处的水力坡降。

由于是顺坡出流，$i \approx \sin\beta$。而抗滑力仍为摩擦力的最大值 T_f，这样土坡的稳定安全系数为

$$F_s = \frac{T_f}{T+J} = \frac{\gamma'\cos\beta\tan\varphi}{(\gamma'+\gamma_w)\sin\beta} = \frac{\gamma'\tan\varphi}{\gamma_{sat}\tan\beta} \qquad (9\text{-}5)$$

式中，γ_{sat} 为土的饱和重度。

一般的，$\gamma'/\gamma_{sat} \approx 1/2$，所以对比式（9-5）和式（9-3）可知，当考虑顺坡渗流作用时，无黏性土土坡的稳定安全系数近似为无渗流时的一半，因此有渗流作用的土坡的坡度必须减缓。

■ 9.3 黏性土土坡的稳定性分析

9.3.1 条分法的基本概念

由于黏聚力的存在，黏性土土坡不会像无黏性土土坡那样沿坡面滑动，其潜在的滑裂面（slip surface）深入到土体内部。对这类土坡进行稳定分析计算的一种比较简单而实用的方法之一就是条分法（method of slices），也就是先假定一系列可能的滑裂面，然后将每个滑裂面以上土体分成若干竖直土条，对作用于各土条上的力进行平衡分析，求出在极限平衡状态下土体稳定的安全系数，其中最小的安全系数即为土坡的稳定安全系数，相应的滑裂面即为最危险的滑裂面。

条分法最早由瑞典人彼得森（K. E. Petterson）于 1916 年提出，以后又经过费伦纽斯（W. Fellenius 1927 年）、泰勒（D. W. Taylor, 1948 年）等人的不断改进。他们假定土坡稳定问题属于平面应变范畴，滑裂面近似为圆柱面，计算中不考虑土条之间的作用力，并且定义土坡稳定的安全系数为滑裂面上全部抗滑力矩与下滑力矩的比值。后来又有不少学者致力于条分法的改进。其中毕肖普（A. W. Bishop, 1955 年）把安全系数 F_s 的定义改变为沿整个滑裂面的抗剪强度 τ_f 与实际产生的剪应力 τ 之比，对条分法的发展起了非常重要的作用。这样使得安全系数的物理意义更加明确，而且使用范围得到扩展，为后来非圆弧滑动分析及土条分界面上条间力的各种考虑方式提供了有利条件。

图 9-4a 所示为黏性土土坡，将滑裂面以上土体分为 n 个竖直土条，任取一土条 i 进行受力分析，如图 9-4b 所示。其上作用的已知力有：土条自重在内的竖向外力合力 W_i，水平作用力合力 Q_i，考虑地下水时，还有土条两侧和底部的孔隙水压力合力 U_L、U_R、U_i。另外还有如下未知量：

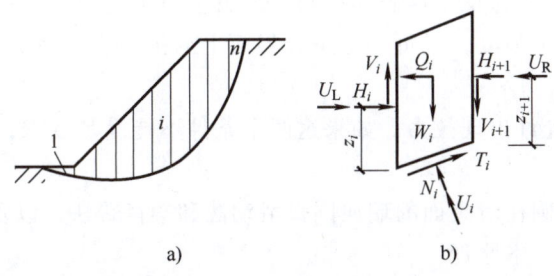

图 9-4 条分法计算图式
a) 土坡分条 b) 第 i 土条受力分析

1) 土条底面上的法向反力 N_i 和切向反力 T_i。当土条很薄时，可假设法向反力 N_i 作用于土条底面中点。按照毕肖普关于安全系数 F_s 的定义和莫尔-库仑强度理论，下式成立：

$$T_i = \begin{cases} \dfrac{1}{F_s}(c_i l_i + N_i \tan\varphi_i) \\ \dfrac{1}{F_s}[c'_i l_i + (N_i - u_i l_i) \tan\varphi'_i] \end{cases} \quad (i=1,2,3,\cdots,n) \quad (9\text{-}6)$$

式中，c_i、φ_i 分别为第 i 土条底部土体的黏聚力和内摩擦角；l_i 为第 i 土条底部的长度；c'_i、φ'_i 分别为有地下水时第 i 土条底部土体的有效黏聚力和有效内摩擦角；u_i 为第 i 土条底部的孔隙水压力。

这样，在确定了土性参数 c_i、φ_i（或 c'_i、φ'_i）和指定某一安全系数的条件下，第 i 土条底面上的法向反力 N_i 和切向反力 T_i 是线性相关的。所以 n 个土条上有 n 个未知量。

2) 土条间水平向条间力 H_i，竖向条间力 V_i 及其作用点高度 z_i。由于第 1 土条的左侧和第 n 土条的作用力应视为已知，所以 n 个土条间共有 $3n-3$ 个未知量。

3) 安全系数 F_s 是一个未知量。

所以，条分法共有 $4n-2$ 个未知量。考虑每个土条水平向和竖向力的平衡以及力矩平衡可以得到 $3n$ 个方程，这样，未知量比方程数多 $n-2$ 个。因此，土坡稳定问题属于高次超静定问题，需要补充 $n-2$ 个方程，问题才能得以解决。可能的途径有两条：一是引进土体本身的应力应变关系；二是做出各种简化假设以减少未知量或增加方程数。但前者会使问题变得非常复杂，所以，工程上普遍采用的是后者，并且，这样的假设大致分为三种：

1) 假定 $n-1$ 个 V_i 值，例如简化毕肖普法假定所有的 V_i 均为零。

2) 假定条间力合力的方向或 H_i 与 V_i 的夹角，例如斯宾塞法（E. Spencer, 1967 年）、摩根斯坦-普赖斯法（N. R. Morgenstern & V. E. Price, 1965 年）、沙尔玛法（S. K. Sarma, 1973 年）以及国内常用的不平衡推力法等。

3) 假定条间力合力的作用点位置，例如简布的普遍条分法（N. Janbu, 1973 年）等。

这样，超静定问题可以转化为静定问题，并且有了这些假定之后，不一定都要求滑裂面为圆柱面。

一般来说，考虑土条条间力的方法算得的安全系数比不考虑条间力的结果要大，但基于合理假定得到的条间力必须满足下列两个合理性条件：

1）在土条分界面上不违反土体破坏准则，即由竖向条间力得出的平均剪应力应不大于分界面上土体的平均抗剪强度，或每一土条分界面上的抗剪安全系数 F_v 必须大于 1，且 F_v 应不小于 F_s。

2）一般土条间不允许出现拉力。如果这两个条件不能满足要求，就必须修改原来的假定，或采用别的方法。

本节主要介绍基于圆柱滑裂面的瑞典圆弧滑动法和毕肖普法，以及非圆弧滑动面的简布法和不平衡推力法等的基本原理。

9.3.2 瑞典圆弧滑动法

1. 基本公式

瑞典圆弧滑动法（Swelish slipcircle method）（简称瑞典法或费伦纽斯法）是条分法中最古老又最简单的方法。该法假定滑裂面为圆柱面（剖面图上为圆弧），不计土条两侧的作用力，并且把安全系数定义为每一土条在滑裂面上所能提供的抗滑力矩之和与外荷载以及滑动土体自重在滑裂面上所产生的下滑力矩之和的比值。这样，当不考虑地下水影响或采用总应力法表示时，第 i 土条上只受自重和其他竖向外荷载的合力 W_i、滑裂面上的法向力 N_i 和切向力 T_i，如图 9-5 所示。很明显

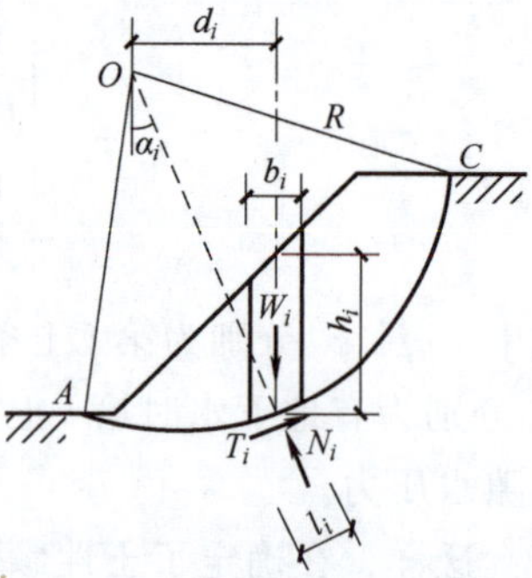

$$N_i = W_i \cos\alpha_i \tag{9-7}$$

第 i 土条底部处的切向力 T_i 对圆心 O 产生抗滑力矩，其所能提供的最大值为

图 9-5 瑞典法计算图式

$$RT_{fi} = R(c_i l_i + N_i \tan\varphi_i) = R(c_i l_i + W_i \cos\alpha_i \tan\varphi_i) \tag{9-8}$$

所以总的抗滑力矩为

$$M_f = R \sum_{i=1}^{n} T_{fi} = R \sum_{i=1}^{n} (c_i l_i + W_i \cos\alpha_i \tan\varphi_i) \tag{9-9}$$

第 i 土条所受自重和其他竖向外荷载的合力 W_i 对圆心 O 所产生的下滑力矩为 $W_i d_i$，所以总的下滑力矩为

$$M = \sum_{i=1}^{n} W_i d_i = R \sum_{i=1}^{n} W_i \sin\alpha_i \tag{9-10}$$

所以，安全系数为

$$F_s = \frac{M_f}{M} = \frac{\sum_{i=1}^{n}(c_i l_i + W_i \cos\alpha_i \tan\varphi_i)}{\sum_{i=1}^{n} W_i \sin\alpha_i} \tag{9-11}$$

当用有效应力法时，在计算 W_i 中所包含的土条自重时，地下水位以下应取饱和重度，第 i 土条底部的有效法向力应为

$$N'_i = W_i \cos\alpha_i - u_i l_i \tag{9-12}$$

第 i 土条底部处的切向力 T_i 对圆心 O 产生的抗滑力矩为

$$RT_{fi} = R(c'_i l_i + N'_i \tan\varphi'_i) = R[c'_i l_i + (W_i \cos\alpha_i - u_i l_i)\tan\varphi'_i] \tag{9-13}$$

所以总的抗滑力矩变为

$$M_f = R \sum_{i=1}^{n} T_{fi} = R \sum_{i=1}^{n} [c'_i l_i + (W_i \cos\alpha_i - u_i l_i) \tan\varphi'_i] \tag{9-14}$$

所以,安全系数为

$$F_s = \frac{M_f}{M} = \frac{\sum_{i=1}^{n}[c'_i l_i + (W_i \cos\alpha_i - u_i l_i)\tan\varphi'_i]}{\sum_{i=1}^{n} W_i \sin\alpha_i} \tag{9-15}$$

2. 最危险滑裂面的确定原则

从以上公式可以看出,安全系数 F_s 是滑裂面圆心坐标 (x_0, z_0) 和半径 R 的函数,所以,原则上讲,最危险滑裂面和边坡稳定的安全系数可通过求最小值的方法得到。但当土坡外形和土层分布都比较复杂时,寻找最危险滑裂面的位置相当困难。多年来,有一些学者对此做了大量的工作。下面介绍寻找简单土坡最危险滑裂面的一种方法。

大量试算表明,简单边坡的最危险滑裂面的圆心在图 9-6 中确定的 DE 线上 E 点附近,其中,D 点位于坡脚 A 点下面 H 再向右取 $4.5H$ 处(H 为坡高),E 点由角度 α_1、α_2 确定,后者可由表 9-1 查得。当土的内摩擦角 $\varphi = 0$ 时,圆弧的圆心就是 E 点;当 $\varphi > 0$ 时,圆心在 E 点上方。试算时可在 DE 延长线上取一系列圆心 a、b、c、d……计算相应的安全系数,在垂直 DE 的方向上按比例划出各线段代表各自的安全系数值,然后连成 F_s 曲线;通过该曲线最凹处作 DE 线的垂线 FG,然后在 FG 线上另取一系列圆心 a'、b'、c'、d'……计算相应的安全系数,同样作出 F_s 曲线;取曲线最凹处对应的 F_s 值为边坡稳定的安全系数,相应的滑裂面就是最危险的滑裂面。

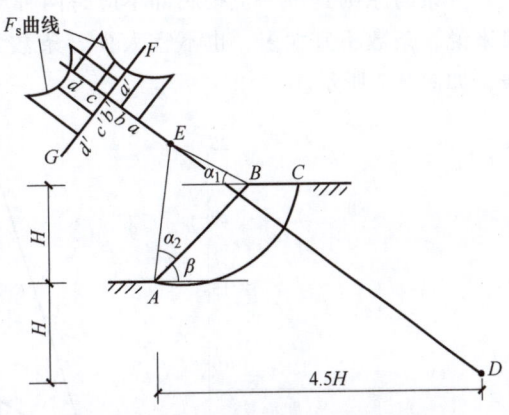

图 9-6 简单边坡最危险滑裂面的确定

表 9-1 α_1、α_2 角

土坡坡度	坡角 β	α_1	α_2
1:0.58	60°	40°	29°
1:1.0	45°	37°	28°
1:1.5	33°41′	35°	26°
1:2.0	26°34′	35°	25°
1:3.0	18°26′	35°	25°
1:4.0	14°03′	36°	25°
1:5.0	11°19′	37°	25°

3. 瑞典法的优缺点

和其他较严格的方法相比，瑞典法的主要优点是在求安全系数时不须迭代或试算，不存在收敛性问题，因此在工程中得到了广泛应用，积累了丰富的经验，而且被多个规范［例如《建筑地基基础设计规范》（GB 50007—2011）］推荐使用。但是，由于该法忽略了土条条间力的影响，严格来说，对每一土条力和力矩的平衡条件是不满足的，仅能满足整个滑动土体的整体力矩平衡条件，这样使得算出的安全系数一般可能偏小 10%～20%，并且这种误差随着圆弧圆心角和孔隙水压力的增大而增大，严重时可使算出的安全系数比其他较严格的方法小一半。

【例 9-1】 有一土坡，坡高、边坡尺寸如图 9-7 所示，地质剖面为两层土，参数分别为：土层 1，厚 5m，$\gamma_1 = 15\text{kN/m}^3$，$c_1 = 5\text{kPa}$，$\varphi_1 = 20°$；土层 2，厚 50m，$\gamma_2 = 18\text{kN/m}^3$，$c_2 = 10\text{kPa}$，$\varphi_2 = 25°$。设某圆弧圆心为 O（18，25）点且通过坡角 A（10，4）点。试用瑞典条分法计算土坡沿该圆弧滑动的安全系数。

解：1）将滑动土体 ABC 分成若干土条。对于均质边坡，土条可取等宽。但对于分层边坡，分条的原则是每一土条底部不应跨两种土；为便于计算，宜从坡面转折处分成两条。一般来说，条数不宜太多，也不宜太少。条数太多增加工作量，太少则影响精度。本例取 10 条，如图 9-7 所示。

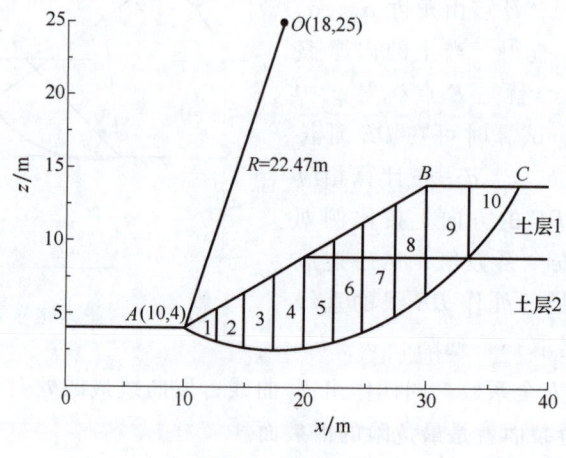

图 9-7 例 9-1 图

2）量取各土条的宽度 b_i、底部长度 l_i、中心高度 h_i（如果某土条包含多层土，则应分别量取土层厚度）以及底面倾角 α_i，计算各土条的重力 W_i，并记录各土条底部的土层编号，以便选择抗剪强度参数，见表 9-2。

表 9-2 例 9-1 土条参数

土条编号	b_i/m	l_i/m	h_i/m	α_i/(°)	土条底部土层编号	W_i/(kN/m)
1	2.50	2.62	0，1.06	-17.51	2	47.68
2	2.50	2.55	0，2.94	-10.92	2	132.37
3	2.50	2.51	0，4.53	-4.47	2	203.80

（续）

土条编号	b_i/m	l_i/m	h_i/m	α_i/(°)	土条底部土层编号	W_i/(kN/m)
4	2.50	2.50	0, 5.83	1.92	2	262.56
5	2.50	2.53	0.63, 6.23	8.33	2	304.06
6	2.50	2.59	1.88, 5.72	14.85	2	327.90
7	2.50	2.69	3.13, 4.90	21.58	2	337.82
8	2.50	2.85	4.38, 3.73	28.64	2	332.10
9	3.78	4.83	5.00, 1.67	38.44	2	396.80
10	3.82	6.29	2.86, 0.0	52.65	1	163.80

3）计算安全系数。将以上各参数代入式（9-15），得 $F_s = 1.81$。

需要强调的是，例题中的圆弧 AC 并不是整个边坡的最危险滑裂面，因此 $F_s = 1.81$ 不是边坡的安全系数。为了得到边坡的安全系数，需要假定大量的滑裂面，进行试算，从中找出 F_s 的最小值。

9.3.3 毕肖普法

1955 年，毕肖普把安全系数 F_s 的定义改变为沿整个滑裂面的抗剪强度 τ_f 与实际产生的剪应力 τ 之比，从而提出一个可以考虑土条条间力作用的稳定分析方法。该法仍然假定滑裂面为圆弧形，并假定各土条底部滑裂面上的抗滑安全系数均相同，都等于整个滑裂面上的平均安全系数。下面以有效应力法为例给出推导过程。

1. 基本公式

如图 9-8 所示，H_i 和 V_i 分别水平和竖向条间力，W_i 为土条自重和其他竖向外力的合力，Q_i 为水平作用力，N_i 和 T_i 分别为土条底部的总法向力和切向力。根据每一土条竖向力的平衡条件有：

$$W_i + V_{i+1} - V_i - T_i \sin\alpha_i - N_i \cos\alpha_i = 0 \quad (9\text{-}16)$$

按照安全系数的定义及莫尔-库仑破坏准则，土条底部的切向力为

$$T_i = \frac{1}{F_s}[c_i' l_i + (N_i - u_i l_i)\tan\varphi_i'] \quad (9\text{-}17)$$

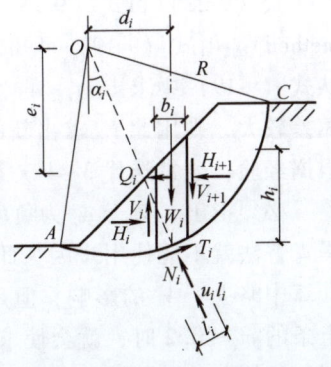

图 9-8 毕肖普法计算图式

式（9-17）代入式（9-16），可得土条底部总法向力为

$$N_i = \frac{1}{m_i}\left(W_i + V_{i+1} - V_i - \frac{c_i' l_i \sin\alpha_i}{F_s} + \frac{u_i l_i \tan\varphi_i' \sin\alpha_i}{F_s}\right) \quad (9\text{-}18)$$

式中，

$$m_i = \cos\alpha_i + \frac{\tan\varphi_i' \sin\alpha_i}{F_s} \quad (9\text{-}19)$$

在极限平衡时，各土条对圆心的力矩之和应为零，此时，因相邻土条间的条间力大小相等但方向相反，所以它们对圆心的力矩将相互抵消。因此

$$\sum_{i=1}^{n} W_i d_i - \sum_{i=1}^{n} T_i R + \sum_{i=1}^{n} Q_i e_i = 0 \tag{9-20}$$

式中，e_i 为第 i 土条上作用的水平力 Q_i 的作用点到圆心 O 的竖向距离。

将式 (9-17) 和式 (9-18) 代入式 (9-20)，考虑到 $d_i = R\sin\alpha_i$，可得安全系数公式为

$$F_s = \frac{\sum_{i=1}^{n} \frac{1}{m_i}\left[c'_i b_i + (W_i + V_{i+1} - V_i - u_i b_i)\tan\varphi'_i \right]}{\sum_{i=1}^{n} W_i \sin\alpha_i + \frac{1}{R}\sum_{i=1}^{n} Q_i e_i} \tag{9-21}$$

式中，b_i 为第 i 土条的宽度。

需要注意的是，式 (9-21) 中的 V_{i+1}、V_i 是未知的。为使问题得解，毕肖普假定各土条之间的竖向条间力均略去不计，也就是假定条间力的合力是水平的。这样式 (9-21) 可简化为

$$F_s = \frac{\sum_{i=1}^{n} \frac{1}{m_i}\left[c'_i b_i + (W_i - u_i b_i)\tan\varphi'_i \right]}{\sum_{i=1}^{n} W_i \sin\alpha_i + \frac{1}{R}\sum_{i=1}^{n} Q_i e_i} \tag{9-22}$$

当用总应力表示时，略去以上各式中的孔隙水压力，且把其中的 c'、φ' 换为 c、φ，即

$$F_s = \frac{\sum_{i=1}^{n} \frac{1}{m_i}(c_i b_i + W_i \tan\varphi_i)}{\sum_{i=1}^{n} W_i \sin\alpha_i + \frac{1}{R}\sum_{i=1}^{n} Q_i e_i} \tag{9-23}$$

式 (9-22) 和式 (9-23) 就是国内外普遍使用的简化毕肖普法 (Bishop's simplified method)。由式 (9-19) 可知，m_i 中也含有 F_s，所以在求解时需要试算，即先假定一个 F_s，从式 (9-19) 中求出 m_i，再代入式 (9-22) 或式 (9-23) 求 F_s，如果算出的 F_s 与假定的 F_s 相差较大，则用此 F_s 求出新的 m_i 和 F_s。如此反复迭代，直到前后两次的 F_s 非常接近为止。根据经验，通常迭代 3~4 次就可满足工程精度要求，而且迭代通常是收敛的。

必须指出，对于 α_i 为负值的那些土条，要注意会不会使 m_i 趋近于零。如果这样，简化毕肖普法就不能使用。因为此时，N_i 会趋于无穷大，这显然是不合理的。究其原因就是在计算中略去了 V_i 的影响，但是又要使各土条维持平衡所致。根据某些学者的意见，当任一土条的 $m_i \le 0.2$ 时，就会使求出的 F_s 值产生较大的误差，此时就应该考虑 V_i 的影响或采用别的计算方法。另外，当 α_i 的绝对值很大时，会使土条底部的 N_i 出现负值，T_i 将要求和滑动方向相同，这是与实际情况相矛盾的。此时可取 $N_i = 0$。

2. 简化毕肖普法的优缺点

简化毕肖普法假定所有的竖向条间力等于零，减少了 $n-1$ 个未知量，又利用了每一土条竖向力的平衡条件和整个滑动土体的力矩平衡条件，避免了求解水平条间力的大小及其作用点的位置。该法比瑞典法前进了一大步，而且毕肖普关于安全系数的定义为其他方法的提出提供了极大的便利。但是该法同样不能满足所有的平衡条件，因而仍不是一个严格的方法，由此产生的误差为 2%~7%。

【**例 9-2**】 土坡剖面同例 9-1。试用简化毕肖普法计算土坡沿圆弧 AC 滑动的安全系数。

解：步骤 1)、2) 同例 9-1，有关参数见表 9-2。

3) 计算安全系数。先假定安全系数 F_s 的初值 F_{s0}，一般可取 $F_{s0} = 1$ 或采用瑞典条分法的计算结果。例 9-1 已经求出安全系数 $F_s = 1.81$，该结果可视为一个很好的近似值，即取 $F_{s0} = 1.81$，依此值代入式（9-19）中求出 m_i，见表 9-3，再代入式（9-23）求出 F_s 的第一次近似值 $F_{s1} = 1.95$；再以 $F_{s1} = 1.95$ 代入式（9-23），可求出 F_s 的第二次近似值 $F_{s2} = 1.96$，该值与第一次近似值已相当接近。如再以 $F_{s1} = 1.96$ 代入式（9-23），可求出 F_s 的第三次近似值 $F_{s3} = 1.96$，因此最终可取安全系数 $F_s = 1.96$。很明显，用简化毕肖普法求得的安全系数大于瑞典条分法的计算结果，这说明瑞典条分法由于完全忽略了条间力的影响，所得结果一般是偏于保守的。

表 9-3 例 9-2 土条参数

土条编号	$W_i \sin\alpha_i$	$c_i b_i + W_i \tan\varphi_i$	$F_{s0} = 1.81$		$F_{s1} = 1.95$		$F_{s2} = 1.96$	
			m_i	(3)/(4)	m_i	(3)/(4)	m_i	(3)/(4)
(1)	(2)	(3)	(4)	(5)	(4)	(5)	(4)	(5)
1	-14.345	47.234	0.876	53.920	0.882	53.553	0.882	53.553
2	-25.075	86.725	0.933	92.953	0.937	92.556	0.937	92.556
3	-15.883	120.034	0.977	122.860	0.978	122.734	0.978	122.734
4	8.797	147.434	1.008	146.264	1.007	146.409	1.007	146.409
5	44.050	166.786	1.027	162.401	1.024	162.877	1.024	162.877
6	84.037	177.902	1.033	172.219	1.028	173.056	1.028	173.056
7	124.250	182.528	1.025	178.076	1.018	179.301	1.017	179.477
8	159.177	179.861	1.001	179.681	0.992	181.311	0.992	181.311
9	246.689	222.831	0.943	236.300	0.932	239.108	0.931	239.346
10	130.212	78.718	0.767	102.631	0.755	104.263	0.754	104.401
Σ	741.907			1447.305		1455.148		1455.720

9.3.4 简布的普遍条分法

瑞典法和毕肖普法原则上仅适用于计算圆弧滑裂面边坡的稳定性。而在实际工程中常常遇到软弱夹层或上为松散土体下为基岩等复杂地质条件，此时滑裂面常常为折线形或曲线折线组合型，和圆柱面相差甚远。因此简布于 1973 年提出了适用于任意形状滑裂面的计算方法，常称为普遍条分法（Janbu's general method of slices）。

1. 基本假设和计算公式

土条间的相互作用力又称为推力，其合力作用点位置的连线称为推力线（line of thrust）。在平面应变条件下，简布假定：整个滑裂面上的安全系数相等，且推力线位置已知。分析表明，推力线的位置对安全系数影响不大，一般可选在（或靠近）土条下三分点处。

图 9-9a 是土坡断面最一般的情况：任意土坡面作用着多种荷载，滑裂面为任意形状。

在整个滑动土体两侧分别作用着侧向的推力 H_a、H_b 和剪力 V_a、V_b。在土坡断面上任取一土条 i，如图 9-9b 所示，其上作用力如下：

1) 自重和所有竖向荷载的合力 W_i，当土条很薄时，可认为它通过土条底面的中心。
2) 地震力等水平荷载的合力 Q_i，其作用点距离土条底部为 z_{Q_i}。
3) 土体两侧的推力 H_i、H_{i+1}，其作用线距离滑裂面分别为 z_i、z_{i+1}。
4) 土条两侧的剪力 V_i、V_{i+1}。
5) 土条底部的剪力 T_i 和支持力 N_i，其作用点通过土条底部中心。

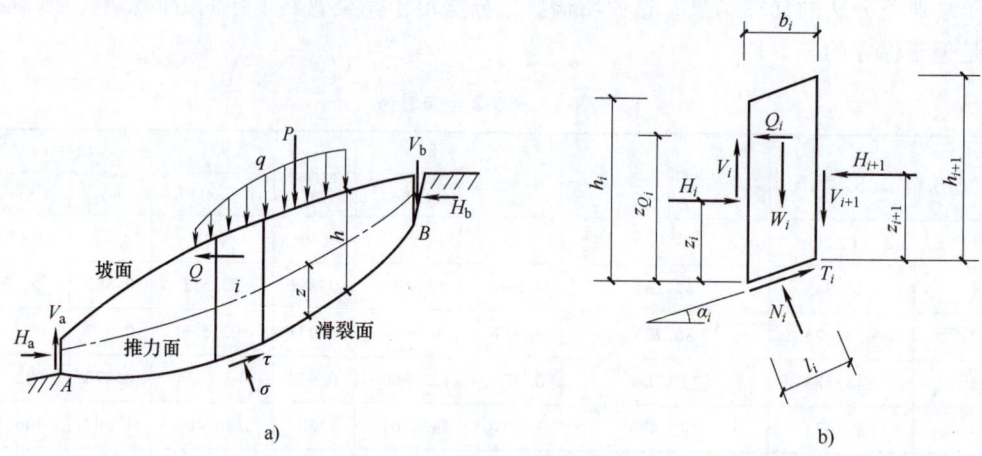

图 9-9　简布法计算图式
a) 计算简图　b) 第 i 土条受力分析

记 $\Delta H_i = H_{i+1} - H_i$，$\Delta V_i = V_{i+1} - V_i$。考虑该土条受力平衡可得：

$$W_i + V_{i+1} - V_i - T_i \sin\alpha_i - N_i \cos\alpha_i = 0 \tag{9-24a}$$

$$H_i - H_{i+1} - Q_i + T_i \cos\alpha_i - N_i \sin\alpha_i = 0 \tag{9-24b}$$

也就是

$$N_i = (\Delta V_i + W_i)\sec\alpha_i - T_i \tan\alpha_i \tag{9-25a}$$

$$\Delta H_i = -Q_i + T_i \cos\alpha_i - N_i \sin\alpha_i = -Q_i - (\Delta V_i + W_i)\tan\alpha_i + T_i \sec\alpha_i \tag{9-25b}$$

对土条底部中心取力矩平衡，并略去高阶小量可得：

$$V_{i+1} = H_i \frac{z_{i+1}}{b_i} + H_i\left(\tan\alpha_i - \frac{z_i}{b_i}\right) + Q_i \frac{z_{Q_i}}{b_i} \tag{9-26}$$

对于整个滑动土体，水平向力的平衡要求

$$\sum_{i=1}^{n} \Delta H_i = H_b - H_a \tag{9-27}$$

将式（9-25b）代入式（9-27），可得

$$-\sum_{i=1}^{n} Q_i - \sum_{i=1}^{n}(\Delta V_i + W_i)\tan\alpha_i + \sum_{i=1}^{n} T_i \sec\alpha_i = H_b - H_a \tag{9-28}$$

按照安全系数的定义及莫尔-库仑破坏准则，土条底部的切向力为

$$T_i = \frac{1}{F_s}\left[c'_i l_i + (N_i - u_i l_i)\tan\varphi'_i\right] \tag{9-29}$$

将式（9-25a）代入式（9-29），可得：

$$T_i = \frac{1}{F_s m_i}[c'_i b_i + (W_i + \Delta V_i - u_i b_i)\tan\varphi'_i]$$ (9-30)

式中，$m_i = \cos\alpha_i + \dfrac{\tan\varphi'_i \sin\alpha_i}{F_s}$。

将式（9-30）代入式（9-28），可得安全系数为

$$F_s = \frac{\sum_{i=1}^{n}\dfrac{1}{m_i \cos\alpha_i}[c'_i b_i + (W_i + \Delta V_i - u_i l_i)\tan\varphi'_i]}{H_b - H_a + \sum_{i=1}^{n} Q_i + \sum_{i=1}^{n}(W_i + \Delta V_i)\tan\alpha_i}$$ (9-31)

2. 计算步骤

1）假设 $\Delta V_i = 0$，用式（9-31）计算安全系数 F_s 的第一次近似 F_{s1}。该步骤类似简化毕肖普法，即先假定一个 F_s，算出 m_i，再代入式（9-31）计算安全系数 F_s，并与假定值进行比较，如果两者之间的差值满足容许值，则进入步骤 2）；否则，将计算值代替假定值，重新计算。

2）用上述 F_s 的近似值按式（9-30）计算每一土条的底部剪切力 T_i。

3）将 T_i 依次代入式（9-25b）计算前 $n-1$ 条的 ΔH_i，从而求出每一土条的推力 H_i；然后代入式（9-26）计算前 $n-1$ 条的 V_{i+1}，从而求出 ΔV_i。

4）将新求出的 ΔV_i 代入式（9-31），求出 F_s 的第二次近似 F_{s2}。如果 F_{s1} 与 F_{s2} 的误差满足容许值，F_{s2} 就是所假定的某一滑裂面上的安全系数；否则重复步骤 2）~步骤 4）。

需要注意的是，尽管该方法可以满足所有的静力平衡条件，可以说是一个严格方法，但是，其推力线的假定必须满足前述条间力的合理性条件。另外，也要注意，该方法可能不收敛。

9.3.5 不平衡推力传递法

不平衡推力传递法（unbalanced thrust transfer method），又称为传递系数法（transfer co-efficient method），是我国工民建和铁道部门在核算边坡稳定时使用非常广泛的方法。该法将条间力的合力（推力）作用点取在滑体厚度的 $\dfrac{1}{2}$ 处，并假定其方向与上一土条底面相平行，根据力的平衡条件，从上往下逐条推求，直到最后一条土条的推力为零。它适用于任何形状的滑裂面，特别是折线形，此时土条可按滑裂面的直线段来划分。

任取一滑动土条进行受力分析，如图 9-10 所示，其两侧的条间力合力 F_{i-1} 和 F_i 的作用方向分别与上一条土条底面平行。取垂直与平行土条底面方向力的平衡，可得：

$$N_i - W_i \cos\alpha_i - F_{i-1}\sin(\alpha_{i-1} - \alpha_i) = 0$$ (9-32a)
$$T_i + F_i - W_i \sin\alpha_i - F_{i-1}\cos(\alpha_{i-1} - \alpha_i) = 0$$ (9-32b)

按照安全系数的定义及莫尔-库仑破坏准则，土条底部的切向力为

$$T_i = \frac{1}{F_s}[c'_i l_i + (N_i - u_i l_i)\tan\varphi'_i]$$ (9-33)

以上各式消去 T_i 和 N_i，可得：

$$F_i = W_i \sin\alpha_i - \frac{1}{F_s}[c'_i l_i + (W_i \cos\alpha_i - u_i l_i)\tan\varphi'_i] + F_{i-1}\psi_i \tag{9-34}$$

式中，ψ_i 为传递系数，即

$$\psi_i = \cos(\alpha_{i-1} - \alpha_i) - \frac{\tan\varphi'_i}{F_s}\sin(\alpha_{i-1} - \alpha_i) \tag{9-35}$$

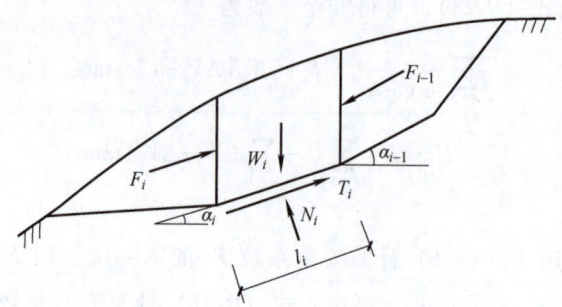

图 9-10　不平衡推力传递法计算图式

求解时一般采用试算法，即先假定 F_s，然后从坡顶向下按式（9-34）依次推求推力 F_i，直到最后一条。如果最后一条的推力等于零或已知值，则假定的 F_s 即为所求；否则重新假定 F_s 进行试算。在计算中需要注意，因为土条之间不能承受拉力，所以任何土条的推力 F_i 如果为负，则此 F_i 不再向下传递，而对下一土条取 $F_{i-1} = 0$。

为了计算方便，《建筑地基基础设计规范》（GB 50007—2011）、《公路路基设计规范》（JTG D30—2015）以及其他现行规范都将式（9-34）简化为

$$F_i = F_s W_i \sin\alpha_i - [c'_i l_i + (W_i \cos\alpha_i - u_i l_i)\tan\varphi'_i] + F_{i-1}\psi_i \tag{9-36}$$

相应的，式（9-35）也改为

$$\psi_i = \cos(\alpha_{i-1} - \alpha_i) - \tan\varphi'\sin(\alpha_{i-1} - \alpha_i) \tag{9-37}$$

其中安全系数的取用，应根据滑坡现状及其对工程的影响等因素确定，《建筑地基基础设计规范》规定，对于地基基础设计等级为甲级、乙级和丙级的建筑物分别宜取 1.25、1.15 和 1.05。工程中常根据规定的安全系数按式（9-36）求得的最后一个条块的推力（称为剩余下滑力）F_n 来判断边坡的稳定性，即当 $F_n \leq 0$，则边坡稳定；否则，边坡不稳定，相应的 F_n 可作为设计支挡工程结构所承受的推力。

需要说明的是，这里 F_i 的方向是硬性规定的，当 α 较大时，有可能使土条分界面上的安全系数小于 1。同时，该法只考虑了力的平衡，没有考虑力矩的平衡。

思　考　题

1. 什么是滑坡？滑坡发生的原因是什么？
2. 无黏性土土坡的安全系数是如何定义的？影响因素有哪些？
3. 黏性土土坡的安全系数有哪几种定义？
4. 简述条分法的基本原理。根据一个滑裂面能求出边坡的安全系数吗？为什么？
5. 简述瑞典圆弧滑动法、简化毕肖普法、简布法和不平衡推力传递法的基本假定。

习 题

1. 一均质无黏性土土坡，其饱和重度 $\gamma_{sat} = 20\text{kN/m}^3$，内摩擦角 $\varphi = 30°$，如果要求这个边坡的稳定安全系数 $F_s = 1.3$，试问考虑与不考虑平行于坡面渗流情况下土坡坡角分别应为多少？

2. 已知某均质边坡高度 $H = 10\text{m}$，坡角 $\beta = 55°$，土的重度 $\gamma = 18.6\text{kN/m}^3$，内摩擦角 $\varphi = 12°$，黏聚力 $c = 16\text{kPa}$。试用瑞典圆弧滑动法和简化毕肖普法计算边坡的安全系数。

第 10 章　特殊性土地基

10.1　概述

我国地域辽阔,从沿海到内陆,从山区到平原,广泛分布着各种各样的土类。某些土类,由于生成时不同的地理环境、气候条件、地质成因、历史过程和次生变化等原因,使它们具有一些特殊的成分、结构和性质,如黄土的湿陷性、膨胀土的胀缩性、软土的高压缩性、冻土的冻胀变形、盐渍土的融陷和腐蚀性等。当用作建筑物的地基时,如果不注意这些特殊性就可能引起事故。通常把这些具有特殊工程地质的土类称为特殊土。各种天然形成的特殊土的地理分布存在着一定的规律,表现出一定的区域性,故又有区域性特殊土之称。为保证建筑物安全和正常使用,应根据其特点和工程要求,因地制宜,综合治理。

我国主要的区域性特殊土有软土、湿陷性黄土、膨胀土、红黏土、软土、冻土、盐渍土、污染土、风化岩与残积土和多年冻土等。限于篇幅,本章将主要介绍在我国分布较广的湿陷性黄土、膨胀土和污染土的工程性质及用作地基时应采取的工程措施。

黄土（loess）是一种第四纪地质历史时期干旱和半干旱气候条件下的堆积物,在世界许多地方分布甚广,约占陆地总面积的 9.3%。黄土的内部物质成分和外部形态特征都不同于同时期的其他沉积物,在地理分布上也有一定的规律性。

膨胀土（expansive soil）也是一种很重要的地区性特殊土类,按照《膨胀土地区建筑技术规范》(GB 50112—2013) 中的定义,膨胀土应是土中黏粒成分主要由亲水性矿物组成,同时具有显著的吸水膨胀和失水收缩两种变形特性的黏性土。众所周知,一般黏性土也都有膨胀、收缩特性,但其量不大,对工程没有太大的影响；而膨胀土的膨胀—收缩—再膨胀的周期性变形特性非常显著,并常给工程带来危害,因而工程上将其从一般黏性土中区别出来,作为特殊土对待。此外,由于它同时具有吸水膨胀和失水收缩的往复胀缩性,故也称为胀缩性土。

污染土（contaminated soil）是近代工业生产产生的废弃物,由于无组织的排放或排放系统失效,使其渗入土层,导致土的物理、力学、化学性质发生变化,直接影响工程活动或有害于人类健康、动物繁衍、植物生长的土。

10.2 湿陷性黄土

10.2.1 黄土的特征和分布

黄土是一种产生于第四纪地质历史时期干旱条件下的沉积物，其外观颜色较杂乱，主要呈黄色或褐黄色，颗粒组成以粉粒为主，同时含有砂粒和黏粒。它的内部物质成分和外部形态特征与同时期其他沉积物不同。一般认为不具层理的黄土称为原生黄土。原生黄土经流水冲刷、搬运和重新沉积形成的黄土称为次生黄土，常具层理和砾石夹层。

具有天然含水率的黄土，如未受水浸湿，一般强度较高，压缩性较低，某些黄土在一定压力下受水浸湿，土结构迅速破坏，产生显著附加下沉，强度也迅速降低，称为湿陷性黄土（collapsible loess），主要属于晚更新世（Q_3）的马兰黄土以及全新世（Q_4）的黄土状土。该类黄土形成年代较晚，土质均匀或较为均匀，结构疏松，大孔发育，有较强烈的湿陷性。在一定压力下受水浸湿，土结构不破坏，并无显著附加下沉的黄土称为非湿陷性黄土（non-collapsible loess），一般属于早更新世（Q_1）的午城黄土，其形成年代久远，土质密实，颗粒均匀，无大孔或略具大孔结构，一般不具有湿陷性或仅有轻微湿陷性。位于午城黄土层以上为中更新世（Q_2）的离石黄土，上部一般具有湿陷性，下部不具湿陷性，此上部土的湿陷性应根据建筑物的实际压力或上覆土的饱和自重压力进行浸水试验确定。非湿陷性黄土地基的设计和施工与一般黏性土地基无甚差异，故下面仅讨论与工程建设关系密切的湿陷性黄土。

我国的湿陷性黄土，一般呈黄色或褐黄色，粉粒含量常占土重的60%以上，含有大量的碳酸盐、硫酸盐和氯化物等可溶盐类，天然孔隙比约为1.0，一般具有肉眼可见的大孔隙，竖直节理发育，能保持直立的天然边坡。湿陷性黄土又分为非自重湿陷性黄土和自重湿陷性黄土两种。在土自重应力作用下受水浸湿后不发生湿陷者称为非自重湿陷性黄土；而在自重应力作用下受水浸湿后发生湿陷者称为自重湿陷性黄土。

黄土在世界各地分布甚广，其面积达1300万km^2，约占陆地总面积的9.3%，主要分布于中纬度干旱、半干旱地区。如法国的中部和北部，东欧的罗马尼亚、保加利亚、俄罗斯、乌克兰等，美国沿密西西比河流域及西部不少地区。我国黄土分布也非常广泛，面积约64万km^2，其中湿陷性黄土约占3/4。以黄河中游地区最为发育，多分布于甘肃、陕西、山西、青海、宁夏、河南也有部分分布，其他如河北、山东、辽宁、黑龙江、内蒙古和新疆等省（区）也有零星分布。

《湿陷性黄土地区建筑标准》（GB 50025—2018）（以下简称《黄土标准》）在调查和搜集各地区湿陷性黄土的物理力学性质指标、水文地质条件、湿陷性资料等基础上，综合考虑各区域的气候、地貌、地层等因素，给出了我国湿陷性黄土工程地质分区略图以供参考。

10.2.2 黄土湿陷发生原因及影响因素

1. 黄土湿陷原因

黄土的湿陷现象是一个复杂的地质、物理、化学过程，对其湿陷的原因和机理，国内外学者有种种假说，如毛细管假说、溶盐假说、胶体不足假说、水膜楔入假说、欠压密理论和结构学说等。但至今尚未获得一种大家公认的理论能够充分地解释所有的湿陷现象和本质。本章简单介绍一下被公认为能比较合理解释湿陷现象的欠压密理论、溶盐假说和结构学说。

1) 黄土的欠压密理论。在干旱、少雨气候下，黄土沉积过程中水分不断蒸发，土粒间的盐类析出，胶体凝固，形成固化黏聚力，阻止上面的土对下面土的压密作用而成为欠压密状态，时间长了，堆积的欠压密土层越来越厚，从而形成这种高孔隙比、低湿度的湿陷性黄土。一旦水浸入较深，固化黏聚力消失，就产生湿陷。

2) 溶盐假说。黄土湿陷是由于黄土中存在大量的易溶盐。当黄土中含水率较低时，易溶盐处于微晶状态，附在颗粒表面，起着胶结作用。当受水浸湿后，易溶盐溶解，胶结作用丧失，产生湿陷。但溶盐假说并不能解释所有的湿陷现象，例如我国湿陷性黄土中易溶盐含量就较少。

3) 结构学说。黄土湿陷的根本原因是湿陷性黄土具有特殊结构体系。这种结构体系是由集粒和碎屑组成的骨架颗粒相互黏结形成的一种粒状架空结构体系，它含有大量架空孔隙。颗粒间的黏结强度是在干旱、半干旱条件下形成的，来源于上覆土重的压密、少量的水在粒间接触处形成的毛管压力、粒间电分子引力、粒间摩擦及少量胶凝物质的固化黏聚等。该结构体系在水和外荷载共同作用下，必然导致黏结强度降低、黏结点破坏，使整个结构体系失去稳定。

尽管解释黄土湿陷原因的观点各异，归纳起来可以分为外因和内因两方面。黄土受水浸湿和荷载作用是湿陷发生的外因，黄土的结构特征及物质成分是产生湿陷性的内因。

2. 影响黄土湿陷性的因素

影响黄土湿陷性的因素来自组成黄土的物质成分和其特殊结构。在组成黄土的物质成分中，黏粒含量对湿陷性有一定影响，一般来说，黏粒含量越多，湿陷性就越弱。我国黄土湿陷性存在着由西北向东南递减的趋势，这与自西北向东南方向砂粒含量减少而黏粒含量增多情况是一致的。另外黄土中盐类及其存在状态对湿陷性有直接影响，如以较难溶解的碳酸钙含量为主，则湿陷性减弱，而其他碳酸盐、硫酸盐和氯化物等易溶盐含量越多，则湿陷性就越强。

黄土的湿陷性与孔隙比和含水率大小有关。天然孔隙比 e 越大，或天然含水率 w 越小，则湿陷性就越强。饱和度 $S_r \geqslant 80\%$ 的黄土，称为饱和黄土，其湿陷性已退化。在天然含水率相同时，黄土的湿陷变形随湿度的增加而增大。

黄土的湿陷性还与外加压力有关，外加压力越大，湿陷量也显著增加，但当压力超过某一数值时，再增加压力，湿陷量反而减少。

10.2.3 湿陷性黄土地基的勘查与评价

正确评价黄土地基的湿陷性具有很重要的工程意义，主要包括以下三方面内容：
1) 查明一定压力下黄土浸水后是否具有湿陷性。
2) 判别场地的湿陷类型，是自重湿陷性还是非自重湿陷性。
3) 判定湿陷黄土地基的湿陷等级，即其强弱程度。

1. 湿陷系数

黄土的湿陷量与所承受的压力大小有关。湿陷性的有无、强弱可按某一给定压力下土体浸水后的湿陷系数（coefficient of collapsibility）δ_s 来衡量，而湿陷系数由室内压缩试验测定。

在压缩仪中将原状试样逐级加压到规定的压力 p，当压缩稳定后测得试样高度 h_p，然后加水浸湿，测得下沉稳定后高度 h'_p。设土样原始高度为 h_0，则土的湿陷系数 δ_s 为

$$\delta_s = \frac{h_p - h'_p}{h_0} \tag{10-1}$$

在工程中，δ_s 主要用于判别黄土的湿陷性，当 $\delta_s < 0.015$ 时，应定为非湿陷性黄土；$\delta_s \geq 0.015$ 时，应定为湿陷性黄土。试验时测定湿陷系数的压力 p 应采用黄土地基的实际压力，但初勘阶段，建筑物的平面位置、基础尺寸和埋深等尚未确定，即实际压力大小难以预估。因而《黄土标准》规定：自基础底面（初勘时，自地面下 1.5m）算起，对晚更新世（Q_3）黄土、全新世（Q_4）黄土和基底压力不超过 200kPa 的建筑，10m 以内的土层应用 200kPa，10m 以下至非湿陷性土层顶面，应用其上覆土的饱和自重应力（当大于 300kPa 时，仍应用 300kPa）。对中更新世（Q_2）黄土或基底压力大的高、重建筑，均宜用实际压力判别黄土的湿陷性。

2. 湿陷起始压力

如前所述，黄土的湿陷量是压力的函数。事实上存在一个压力界限值，若黄土所受压力低于该数值，即使浸了水也只产生压缩变形而无湿陷现象。该界限称为湿陷起始压力（initial collapse pressure）p_{sh}，常用单位为 kPa。它是一个很有实用价值的指标。例如，当设计荷载不大的非自重湿陷性黄土地基的基础和土垫层时，可适当选取基础底面尺寸及埋深或土垫层厚度，使基底或垫层底面总压应力 $p \leq p_{sh}$，则可避免湿陷发生。

湿陷起始压力可根据室内压缩试验或野外载荷试验确定，其分析方法可采用双线法或单线法。

（1）双线法　在同一取土点的同一深度处，以环刀切取 2 个试样。一个在天然湿度下分级加载，另一个在天然湿度下加第一级荷重，下沉稳定后浸水，至湿陷稳定后再分级加载。分别测定 2 个试样在各级压力下，下沉稳定后的试样高度 h_p 和浸水下沉稳定后的试样高度 h'_p，绘制不浸水试样的 p-h_p（h_0ABC）曲线和浸水试样的 p-h'_p 曲线（$A_1B_2C_2$），再按下述单线法确定 C_1 点，并按比例修正成曲线 $A_1B_1C_1$，如图 10-1 所示。然后计算各级荷载下的湿陷系数 δ_s，并绘制 p-δ_s 曲线。在 p-δ_s 曲线上取 $\delta_s = 0.015$ 所对应的压力作为湿陷起始压力 p_{sh}。

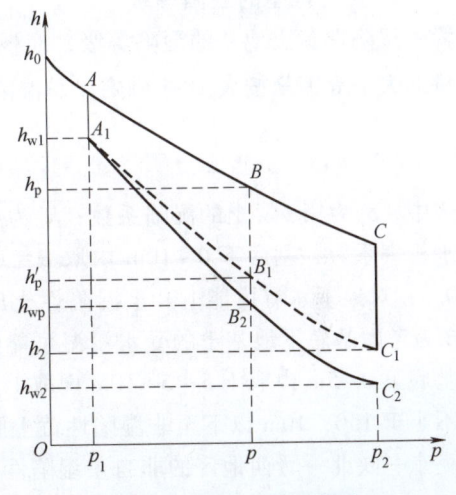

图 10-1　双线法压缩试验

（2）单线法　在同一取土点的同一深度处，至少以环刀切取 5 个试样。各试样均分别在天然湿度下分级加载至不同的规定压力。下沉稳定后测定土样高度 h_p，再浸水至湿陷稳定为止，测试样高度 h'_p，绘制 p-δ_s 曲线。p_{sh} 的确定方法与双线法相同。

上述方法是针对室内压缩试验而言，野外载荷试验方法与之相同，不再赘述。我国各地湿陷起始压力相差较大，如兰州地区一般为 20~50kPa，洛阳地区常在 120kPa 以上。此外，大量试验结果表明，黄土的湿陷起始压力随土的密度、湿度、胶结物含量以及土的埋深等的增加而增加。

3. 场地湿陷类型的划分

工程实践表明，自重湿陷性黄土无外荷载作用时，浸水后也会迅速发生剧烈的湿陷，甚至一些很轻的建筑物也难免遭受其害。而对非自重湿陷性黄土地基则很少发生。对两种湿陷性黄土地基，所采取的设计和施工措施应有所区别。因此必须正确划分场地的湿陷类型。

建筑物场地的湿陷类型，应按实测自重湿陷量或计算自重湿陷量 Δ_{zs} 判定。实测自重湿陷量应根据现场试坑浸水试验确定。其结果可靠，但费水费时，且有时受各种条件限制而不易做到。计算自重湿陷量可按下式计算：

$$\Delta_{zs} = \beta_0 \sum_{i=1}^{n} \delta_{zsi} h_i \tag{10-2}$$

式中，δ_{zsi} 为第 i 层土在上覆土的饱和（$S_r > 0.85$）自重应力作用下的湿陷系数，其测定和计算方法同 δ_s，即 $\delta_{zsi} = (h_z - h_z')/h_i$，其中，$h_z$ 是加压至土的饱和自重压力时，下沉稳定后的高度；h_z' 是上述加压稳定后，在浸水作用下，下沉稳定后的高度；h_i 为第 i 层土的厚度，单位为 cm；n 为总计算土层内湿陷土层的数目，总计算厚度应从天然地面算起（当挖、填方厚度及面积较大时，自设计地面算起）至其下全部湿陷性黄土层的底面为止，但 $\delta_s < 0.015$ 的土层不计；β_0 为因土质地区而异的修正系数，陇西地区取 1.5，陇东—陕北—晋西地区取 1.2，关中地区取 0.9，其他地区取 0.5。

当 $\Delta_{zs} \leq 7\text{cm}$ 时，应定为非自重湿陷性黄土场地；当 $\Delta_{zs} > 7\text{cm}$ 时，应定为自重湿陷性黄土场地。

4. 黄土地基的湿陷等级

湿陷性黄土地基的湿陷等级，应根据基底下各土层累计的总湿陷量 Δ_s 和计算自重湿陷量的大小等因素按表 10-1 判定。总湿陷量可按下式计算：

$$\Delta_s = \sum_{i=1}^{n} \alpha \beta \delta_{si} h_i \tag{10-3}$$

式中，δ_{si} 为第 i 层土的湿陷系数；h_i 为第 i 层土的厚度，单位为 cm；α 为不同深度地基土浸水机率系数，基底下 0~10m 内取 $\alpha = 1.0$，10~20m 取 0.9，20~25m 取 0.6，超过 25m 取 0.5，对地下水有可能上升至湿陷性土层内，或侧向浸水影响不可避免的区段，取 $\alpha = 1.0$；β 为考虑基底下地基土的受水浸湿可能性和侧面挤出等因素的修正系数。缺乏实测资料时，基底下 0~5m 内取 1.5；5~10m 内取 1.0，在自重湿陷性黄土场地，可取所在地的 β_0 值，且不小于 1.0；10m 以下至非湿陷性黄土层顶面，可取工程所在地区的 β_0 值，但对陇西地区，陇东—陕北—晋西地区的非自重湿陷性黄土场地取 1.0。

表 10-1 湿陷性黄土地基的湿陷等级

Δ_s/mm	非自重湿陷性场地	自重湿陷性场地	
	$\Delta_{zs} \leq 70\text{mm}$	$70\text{mm} < \Delta_{zs} \leq 350\text{mm}$	$\Delta_{zs} > 350\text{mm}$
$50 < \Delta_s \leq 100$	Ⅰ（轻微）	Ⅰ（轻微）	Ⅱ（中等）
$100 < \Delta_s \leq 300$		Ⅱ（中等）	
$300 < \Delta_s \leq 700$	Ⅱ（中等）	Ⅱ（中等）或Ⅲ（严重）	Ⅲ（严重）
$\Delta_s > 700$	Ⅱ（中等）	Ⅲ（严重）	Ⅳ（很严重）

注：对 $70\text{mm} < \Delta_{zs} \leq 350\text{mm}$，$300\text{mm} < \Delta_s \leq 700\text{mm}$ 一档的划分，当湿陷的计算值 $\Delta_s > 600\text{mm}$，自重湿陷量的计算值 $\Delta_{zs} > 300\text{mm}$ 时，可判为Ⅲ级，其他情况可判定为Ⅱ级。

Δ_s是湿陷性黄土地基在规定压力下充分浸水后可能发生的湿陷变形值。设计时应根据黄土地基的湿陷等级考虑相应的设计措施。相同情况下湿陷等级越高，设计措施要求也越高。

5. 黄土地基的勘察

湿陷性黄土地区的地基勘察除满足一般勘察要求外，还需针对湿陷性黄土的特点进行以下勘察工作：

1）应着重查明地层时代、成因、湿陷性土层的厚度、土的物理力学性质（包括湿陷起始压力），湿陷系数随深度的变化、地下水位变化幅度和其他工程地质条件，以及划分湿陷类型和湿陷等级，确定湿陷性、非湿陷性土层在平面与深度上的界限。

2）划分不同的地貌单元，查明湿陷洼地、黄土溶洞、滑坡、崩塌、冲沟和泥石流等不良地质现象的分布地段、规模和发展趋势及其对建设的影响。

3）了解场地内有无地下坑穴，如古墓、古井、坑、穴、地道、砂井和砂巷等；研究地形的起伏和地面水的积累及排泄条件；调查洪水淹没范围及其发生时间，地下水位的深度及其季节性变化情况，地表水体和灌溉情况等。

4）调查邻近既有建筑物的现状及其开裂与损坏情况。

5）采取原状土样，必须保持其天然湿度、密度和结构（Ⅰ级土试样），探井中取样的竖向间距一般为1m，土样直径不宜小于12cm。钻孔中取样，必须注意钻进工艺。取土勘探点中应有一定数量的探井。在Ⅲ、Ⅳ级自重湿陷性黄土场地上，探井数量不得少于取土勘探点的1/3~1/2。场地内应有一定数量的取土勘探点穿透湿陷性黄土层。

【例】 陕北地区某建筑场地，工程地质勘察中探坑每隔1m取土样，测得各土样δ_{zsi}和δ_{si}，见表10-2。试确定该场地的湿陷类型和地基的湿陷等级。

表10-2　土样δ_{zsi}和δ_{si}的数值

取土深度/m	1	2	3	4	5	6	7	8	9	10
δ_{zsi}	0.002	0.014	0.020	0.013	0.026	0.056	0.045	0.014	0.001	0.020
δ_{si}	0.070	0.060	0.073	0.025	0.088	0.084	0.071	0.037	0.002	0.039

注：δ_{zsi}或$\delta_{si}<0.015$，属非湿陷性土层。

解： 1）场地湿陷类型判别。首先计算自重湿陷量Δ_{zs}，自天然地面算起至其下全部湿陷性黄土层面为止，陕北地区可取$\beta_0=1.2$，由式（10-2）可得：

$$\Delta_{zs} = \beta_0 \sum_{i=1}^{n} \delta_{zsi} h_i$$

$$= 1.2 \times (0.020+0.026+0.056+0.020+0.045) \times 100 \text{cm}$$

$$= 20.04 \text{cm} > 7 \text{cm}$$

故该场地应判定为自重湿陷性黄土场地。

2）黄土地基湿陷等级判别。计算黄土地基的总湿陷量Δ_s，且取$\beta=\beta_0$，$\alpha=1$，则

$$\Delta_s = \sum_{i=1}^{n} \alpha\beta\delta_{si} h_i$$

$$= 1 \times 1.2 \times (0.070+0.060+0.073+0.025+0.088+0.084+0.071+0.037+0.039) \times 100 \text{cm}$$

$$= 65.64 \text{cm} > 60 \text{cm}$$

该湿陷性黄土地基的湿陷性等级可判定为Ⅲ级（严重）。

10.2.4 湿陷性黄土地基的工程措施

湿陷性黄土地基的设计和施工，应满足承载力、湿陷变形、压缩变形及稳定性要求。并针对黄土地基湿陷性特点和工程要求，因地制宜，以地基处理为主，采取如下措施防止地基湿陷，确保建筑物安全和正常使用。

1. 地基处理

地基处理的目的在于破坏湿陷性黄土的大孔结构，以便全部或者部分消除地基的湿陷性，从根本上避免或削弱湿陷现象的发生。常用的地基处理方法见表10-3。

表10-3 湿陷性黄土地基常用的处理方法

名 称		适 用 范 围	一般可处理（或穿透）基底下的湿陷性土层厚度/m
垫层法		地下水位以上，局部或整片处理	1~3
夯实法	强夯	$s_r<60\%$的湿陷性黄土，局部或整片处理	3~5
	重夯		1~2
挤密法		地下水位以上，局部或整片处理	5~15
桩基础		基础荷载大，有可靠的持力层	≤30
预浸水法		Ⅲ、Ⅳ级自重湿陷性黄土场地，6m以上尚应采用垫层等方法处理	可消除地面下6m以下全部土层的湿陷性
单液硅化或碱液加固法		一般用于加固地下水位以上的既有建筑物地基	≤10 单液硅化加固的最大深度可达20

注：在雨季、冬季选择垫层法、夯实法和挤密法处理地基时，施工期间应采取防雨、防冻措施，并应防止地面水流入已处理和未处理的基坑或基槽内。

估算非自重湿陷性黄土地基的单桩承载力时，桩端阻力和桩侧摩阻力均应按饱和状态下的土性指标确定。计算自重湿陷性黄土地基的单桩承载力时，不计湿陷性土层范围内桩侧摩阻力，并应扣除桩侧负摩阻力。桩侧负摩阻力的计算深度，应自桩基承台底面算起至湿陷性土层顶面为止。

2. 防水措施

其目的是消除黄土发生湿陷变形的外因。要求做好建筑物在施工及长期使用期间的防水、排水工作，防止地基土受水浸湿。其基本防水措施包括：做好场地平整和防水系统，防止地面积水；压实建筑物四周地表土层，做好散水，防止雨水直接渗入地基；给排水管和建筑物之间留有一定防护距离；提高防水地面、排水沟、检漏管沟和井等设施的设计标准，避免漏水浸泡局部地基土体等。

3. 结构措施

从地基基础和上部结构相互作用的概念出发，在建筑结构设计中采取适当措施，以减小建筑物的不均匀沉降或使结构能适应地基的湿陷变形。如选取适宜的结构体系和基础形式，加强上部结构整体刚度，预留沉降净空等。

4. 施工措施及使用维护

湿陷性黄土地基的建筑物施工，应根据地基土的特性和设计要求合理安排施工程序，防止施工用水和场地雨水流入建筑物地基引起湿陷。在使用期间，对建筑物和管道应经常进行维护和检修，确保防水措施的有效发挥，防止地基浸水湿陷。

在上述措施中，地基处理是主要的工程措施。防水措施、结构措施的采用，应根据地基处理的程度不同而有所差别。若通过地基处理消除了全部地基土的湿陷性，就不必再考虑其他措施；若只是消除了地基主要部分湿陷量，则设计还应辅以防水措施和结构措施。

10.3 膨胀土

10.3.1 膨胀土的特性

1. 膨胀土的特征及分布

我国膨胀土除少数形成于全新世（Q_4）外，其地质年代多属于第四纪晚更新世（Q_3）或更早一些，具有黄、红、灰白等色，常呈斑状，并含有铁锰质或钙质结核，具有以下一些工程特征：

1) 多出露于二级及二级以上的河谷阶地、山前和盆地边缘及丘陵地带。地形坡度平缓，一般坡度小于12°，无明显的天然陡坡。膨胀土在结构上多呈坚硬或硬塑状态，结构致密，呈棱形土块者常具有胀缩性，且棱形土块越小，胀缩性越强。

2) 裂隙发育是膨胀土的一个重要特征，常见光滑面或擦痕。裂隙有竖向、斜交和水平三种。裂隙间常充填灰绿、灰白色黏土。竖向裂隙常出露地表，裂隙宽度随深度的增加而逐渐尖灭；斜交剪切缝隙越发育，胀缩性越严重。此外，膨胀土地区旱季常出现地裂，上宽下窄，长可达数十米至百米，深数米，壁面陡立而粗糙，雨季则闭合。

3) 膨胀土的黏粒含量一般很高，粒径小于0.002mm的胶体颗粒含量一般超过20%。液限大于40%，塑性指数大于17，且多在22~35之间。自由膨胀率一般超过40%（红黏土除外）。其天然含水率接近或略小于塑限，液性指数常小于零，压缩性低，多属于低压缩性土。

4) 膨胀土的含水率变化易产生胀缩变形。初始含水率与胀后含水率越接近，土的膨胀就越小，收缩的可能性和收缩值就越大。膨胀土地区多为上层滞水或裂隙水，水位随季节性变化，常引起地基的不均匀胀缩变形。

膨胀土在自然状态下，液性指数 I_L 常小于零，呈坚硬或硬塑状态，孔隙比 e 一般为0.6~1.1，压缩性较低。过去对这种土的特性不是很了解，工程技术人员常误认为其土性坚硬、强度高、压缩性低，可以作为良好的天然地基。实践证明，这种土对工程建设潜伏着严重的破坏性，而且一旦发生工程事故，治理难度很大。

膨胀土在我国分布广泛，且常常呈岛状分布，以黄河以南地区较多，广西、云南、湖北、河南、安徽、四川、河北、山东、陕西、江苏、贵州和广东等地均有不同范围的分布。国外也一样，美国50个州中有膨胀土的占40个州。此外在印度、澳大利亚、南美洲、非洲和中东广大地区，也常有不同程度的分布。膨胀土的工程问题已成为世界性的研究课题。我国在总结大量勘察、设计、施工和维护等方面的成套经验基础上，已编制成《膨胀土地区建筑技术规范》（GB 50112—2013）（以下简称《膨胀土规范》）。

2. 膨胀土的危害性

膨胀土具有显著的吸水膨胀和失水收缩的变形特性,给工程建设带来极大危害,使建造在其上的构筑物随季节性气候的变化而反复不断地产生不均匀的升降,致使房屋开裂、倾斜,公路路基发生破坏,堤岸、路堑产生滑坡,涵洞、桥梁等刚性结构物产生不均匀沉降等,造成巨大损失。美国土木工程学会在 1973 年曾进行过统计报道,在美国由于膨胀土问题造成的损失,至少达 23 亿美元,而据 1993 年第七届国际膨胀土会议中的报道,目前这种损失每年已超过 100 亿美元,比洪水、飓风和地震所造成的损失总和的 2 倍还多。在我国,据不完全统计,在膨胀土地区修建的各类工业与民用浅表层轻型结构,因地基土胀缩变形而导致损坏或破坏每年造成的经济损失达数百亿元,全国通过膨胀土地区的铁路线占铁路总长度的 15%~25%,因膨胀土而带来的各种病害非常严重,每年直接的整修费就在数亿元以上。由于上述情况,膨胀土的工程问题引起学术界和工程界的高度重视。例如途径膨胀土地区的南水北调中线工程,组织了专项科学研究。

在我国,房屋建筑工程是涉及膨胀土较早的工程,故有关膨胀土对房屋建筑造成危害的研究开展较早。研究结果表明,建造在膨胀土地基上的房屋破坏具有以下一些规律:

1) 建筑物的开裂破坏具有地区性成群出现的特点,建筑物裂缝随气候变化不停地张开和闭合。由于低层轻型、砖混结构质量轻、整体性较差,且基础埋置浅,地基土易受外界环境变化的影响而产生胀缩变形,其损坏最为严重。

2) 因建筑物在竖直和水平方向受弯扭,故转角处首先开裂,墙上常出现对称或不对称的八字形、X 形交叉裂缝,外纵墙基础因受到地基膨胀过程中产生的竖向切力和侧向水平推力作用而产生水平裂缝和位移,室内地坪和楼板则发生纵向隆起开裂。

3) 膨胀土边坡不稳定,易产生水平滑坡,引起房屋和构筑物开裂,且损坏比平地上更为严重。

10.3.2 影响膨胀土胀缩变形的因素

膨胀土的胀缩变形特性主要取决于膨胀土的矿物成分与含量、微观结构等内在机制(内因),但同时受到气候、地形地貌等外部环境(外因)的影响。

1. 影响膨胀土胀缩变形的内因

1) 矿物成分。膨胀土中黏土矿物主要是蒙脱石和伊利石。蒙脱石亲水性强,具有既易吸水又易失水的强烈活动性。伊利石亲水性比蒙脱石低,但也有较高的活动性。两种矿物含量的大小直接决定了土的膨胀性的大小。此外,蒙脱石所吸附的外来阳离子的类型对土的胀缩性也有影响,如吸附钠离子(钠蒙脱石)时就具有特别强烈的胀缩性。

2) 微观结构。膨胀土中黏土矿物多呈晶状片,颗粒彼此叠聚成一种微集聚体结构单元,其微观结构为颗粒彼此面面叠聚形成的分散结构。该结构具有很大的吸水膨胀和失水收缩的能力。故膨胀土的胀缩性还取决于其矿物在空间分布上的结构特征。

3) 黏粒含量。由于黏土颗粒细小,比面积大,因而具有很大的表面能,对水分子和水中阳离子的吸附能力强。因此土中黏粒含量(粒径小于 $2\mu m$)越高,则土的胀缩性越强。

4) 干密度。土的胀缩表现于土的体积变化。土的密度越大,则孔隙比越小,浸水膨胀就越强烈,失水收缩也越小;反之,孔隙比越大,浸水膨胀就越小,失水收缩也越大。

5) 初始含水率。影响膨胀土胀、缩性质的最大外界因素是水对膨胀土的作用,或者更确切地说，水分的迁移是控制土胀、缩特性的关键外在因素。土的初始含水率与胀后含水率的差值影响土的胀缩变形，初始含水率与胀后含水率相差越大，则遇水后土的膨胀越大，失水后土的收缩越小。只有土中存在着可能产生水分迁移的梯度和进行水分迁移的途径，才有可能引起土的膨胀或收缩。

尽管某一种黏土具有潜在的较高的膨胀势，但如果它的含水率保持不变，则不会有体积发生变化；实践证明，含水率的轻微变化，哪怕只是1%~2%的量值，就足以引起有害的膨胀。土中水分迁移的方式与各种环境因素诸如气候条件、地下水位、地形特征、地面覆盖以及地质构造、土的种类等条件有关。

6）土的结构强度。结构强度越大，土体限制胀缩变形的能力也越大。当土的结构受到破坏以后，土的胀缩性就随之增强。

2. 影响膨胀土胀缩变形的外因

1）气候条件。一般膨胀土分布地区降雨量集中，旱季较长。若建筑场地潜水位较低，则表层膨胀土受大气影响，土中水分处于剧烈变动之中，对室外土层影响较大，故基础室内外土的胀缩变形存在明显差异，甚至外缩内胀，使建筑物受到往复不均匀变形的影响，导致建筑物开裂。实测资料表明，季节性气候变化对地基土中水分的影响随深度的增加而递减。

2）地形地貌。高地临空面大，地基中水分蒸发条件好，故含水率变化幅度大，地基土的胀缩变形也较剧烈。因此一般低地的膨胀土地基较高地的同类地基的胀缩变形要小得多；在边坡地带，坡脚地段比坡肩地段的同类地基的胀缩性又要小得多。

3）日照环境。日照的时间与强度也不可忽视。通常房屋向阳面开裂较多，背阳面（即北面）开裂较少。此外，建筑物周围树木（尤其是不落叶的阔叶树）对胀缩变形也将造成不利影响（树根吸水，减少土中含水率），加剧地基的干缩变形；建筑物内外的局部水源补给，也会增加胀缩变形的差异。

10.3.3 膨胀土地基的勘察和评价

1. 膨胀土的工程特性指标

膨胀土地基的勘察除满足一般勘察要求外，应着重于下列内容：

1）选址勘察阶段，应以工程地质调查为主。收集当地多年气象资料，了解气候变化特点；查明膨胀土的成因，划分地貌单元，了解地形形态以及有无不良地质现象；调查水文地质情况，调查地表水排泄、积聚情况，地下水类型、水位及其变化幅度等；分析当地建筑物损坏原因。

2）初步勘察阶段应确定膨胀土的胀缩性；查明场地内不良地质现象的成因、分布和危害程度；采取原状土样进行室内基本物理性质试验、收缩试验、膨胀力试验和膨胀率试验，初步查明场地内膨胀土的物理力学性质。

3）详勘阶段应确定地基土层胀缩等级以作为设计的依据。

为判别及评价膨胀土的胀缩性，除一般物理力学指标外，尚应确定下列胀缩性指标：

1）自由膨胀率。将人工制备的磨细烘干土样（结构内部无约束力），经无颈漏斗注入量土杯（容积10mL）盛满刮平后，倒入盛有蒸馏水的量筒（容积50mL）内，加入凝聚剂并用搅拌器上下均匀搅10次，使土样充分吸水膨胀，至稳定后测其体积。则在水中增加的体积与原体积之比，称为自由膨胀率（free swelling rate）δ_{ef}，可按下式计算：

$$\delta_{ef} = \frac{v_w - v_0}{v_0} \times 100\% \tag{10-4}$$

式中，δ_{ef} 为膨胀土的自由膨胀率，%；v_w 为土样在水中膨胀稳定后的体积，单位为 mL；v_0 为干土样原有体积，单位为 mL。

自由膨胀率表示膨胀土在无结构力影响下和无压力作用下的膨胀特性，可反映土的矿物成分及含量，用于初步判定是否为膨胀土。

2）膨胀率。膨胀率（swelling rate）指原状土样在一定压力下，处于侧限条件下浸水膨胀后，土样增加的高度与原高度之比。试验时，将原状土置于侧限压缩仪中，根据工程需要确定最大压力，并逐级加载至最大压力。待下沉稳定后，浸水使其膨胀并测读膨胀稳定值。然后逐级卸载至零，测定各级压力下膨胀稳定时的土样高度变化值。膨胀率 δ_{ep} 可按下式计算：

$$\delta_{ep} = \frac{h_w - h_0}{h_0} \times 100\% \tag{10-5}$$

式中，δ_{ep} 为某级荷载下膨胀土的膨胀率，%；h_w 为某级荷载下土样在水中膨胀稳定后的高度，单位为 mm；h_0 为土样的原始高度，单位为 mm。

膨胀率 δ_{ep} 可用于评价地基的胀缩等级，计算膨胀土地基的变形量以及测定其膨胀力。

2. 线缩率和收缩系数

膨胀土失水收缩，其收缩性可用线缩率和收缩系数表示。它们是地基变形计算中的两项主要指标。线缩率指土的竖向收缩变形与原状土样高度之比。试验时将土样从环刀中推出后，置于 20℃恒温或 15~40℃自然条件下干缩，按规定时间测读试样高度，并同时测定其含水率 w。土的线缩率（linear shrinking rate）δ_s 可按下式计算：

$$\delta_s = \frac{h_0 - h_i}{h_0} \times 100\% \tag{10-6}$$

式中，h_i 为某含水率 w_i 时的土样高度，单位为 mm；h_0 为土样的原始高度，单位为 mm。

根据不同时刻的线缩率及相应的含水率可绘制出收缩曲线，如图 10-2 所示。可以看出，随着水分的蒸发，土样高度逐渐减小，δ_s 增大。原状土样在直线收缩阶段中含水率每降低 1% 时，所对应的竖向线缩率的改变即为收缩系数（shrinkage coefficient）λ_s，可按下式计算：

$$\lambda_s = \frac{\Delta \delta_s}{\Delta w} \tag{10-7}$$

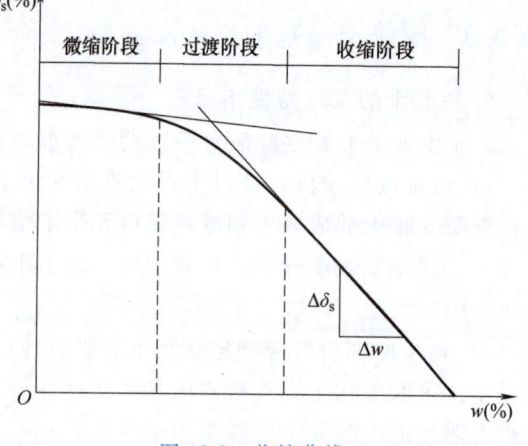

图 10-2　收缩曲线

式中，Δw 为收缩过程中直线变化阶段两点含水率之差，%；$\Delta \delta_s$ 为收缩过程中直线变化阶段与两点含水率之差对应的竖向线缩率之差，%。

3. 膨胀力

原状土样在体积不变时，由于浸水产生的最大内应力称为膨胀力 p_e，若以试验结果中各

级压力下的膨胀率 δ_{ep} 为纵坐标，压力 p 为横坐标，可得 p-δ_{ep} 关系曲线，如图 10-3 所示。该曲线与横坐标的交点即为膨胀力（swelling force）p_e。

在选择基础形式及基底压力时，膨胀力是个有用的指标，若需减小膨胀变形，则应使基底压力接近 p_e。

4. 膨胀土地基的评价

1) 膨胀土的判别。膨胀土的判别是解决膨胀土地基勘察、设计的首要问题。其主要依据是工程地质特征与自由膨胀率 δ_{ef}。凡 $\delta_{ef} \geq 40\%$，且具有上述膨胀土野外特征和建筑物开裂破坏特征，胀缩性能较大的黏性土，应判定为膨胀土。

2) 膨胀土的膨胀潜势。不同胀缩性能的膨胀土对建筑物的危害程度明显不同。故判定为膨胀土后，还要进一步确定膨胀土的胀缩性能，即胀缩强弱。研究表明，δ_{ef} 较小的膨胀土，膨胀潜势较弱，建筑物损坏轻微；δ_{ef} 较大的膨胀土，膨胀潜势较强，建筑物损坏严重。因此《膨胀土规范》按 δ_{ef} 大小划分土的膨胀潜势强弱，以判别土的胀缩性高低，见表 10-4。

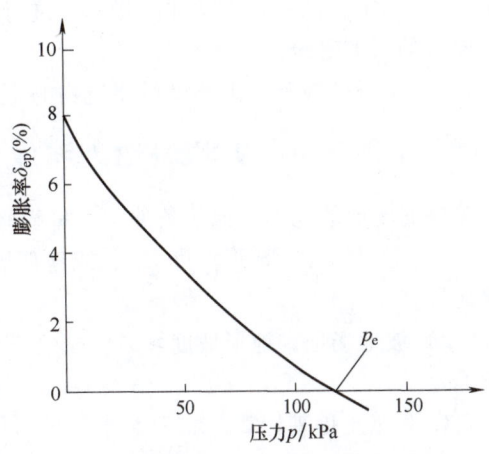

图 10-3 p-δ_{ep} 关系曲线

表 10-4 膨胀土的膨胀潜势分类

自由膨胀率 δ_{ef}（%）	膨 胀 潜 势
$40 \leq \delta_{ef} < 65$	弱
$65 \leq \delta_{ef} < 90$	中
$\delta_{ef} \geq 90$	强

3) 膨胀土地基的胀缩等级。评价膨胀土地基，应根据其膨胀、收缩变形对低层砖混结构的影响程度进行。《膨胀土规范》规定以 50kPa 压力下（相当于一层砖石结构的基底压力）测定的土的膨胀率，计算地基分级变形量 s_c，计算方法见式（10-8）和式（10-9），由此作为划分膨胀土地基胀缩等级的标准，见表 10-5。

表 10-5 膨胀土地基的胀缩等级

地基分级变形量 s_c/mm	级　别
$15 \leq s_c < 35$	Ⅰ
$35 \leq s_c < 70$	Ⅱ
$s_c \geq 70$	Ⅲ

5. 膨胀土地基的勘察

膨胀土地基勘察除满足一般勘察要求外，还应着重进行以下工作：

1) 收集当地多年的气象资料（降水量、气温、蒸发量、地温等），了解其变化特点。

2）查明膨胀土的成因，划分地貌单元，了解地形形态及有无不良地质现象。

3）调查地表水排泄积累情况以及地下水的类型、埋藏条件、水位和变化幅度。

4）测定土的物理力学性质指标，进行收缩试验、膨胀力试验和膨胀率试验，确定膨胀土地基的胀缩等级。

5）调查植被等周围环境对建筑物的影响，分析当地建筑物损坏原因。

10.3.4 膨胀土地基计算及工程措施

根据场地的地形、地貌条件，可将膨胀土建筑场地分为：

1）平坦场地，地形坡度<5°；或地形坡度为5°~14°，且距坡肩水平距离大于10m的坡顶地带。

2）坡地场地，地形坡度≥5°；或地形坡度<5°，但同一建筑物范围内局部地形高差大于1m。

1. 膨胀土地基计算

膨胀土地基的膨胀变形量 s_e 可按下式计算：

$$s_e = \psi_e \sum_{i=1}^{n} \delta_{epi} \lambda_{si} \Delta w_i h_i \quad (10\text{-}8)$$

膨胀土地基的收缩变形量 s_s 可按下式计算：

$$s_s = \psi_s \sum_{i=1}^{n} \lambda_{si} \Delta w_i h_i \quad (10\text{-}9)$$

式中，ψ_e、ψ_s 分别为计算膨胀变形量和收缩变形量的经验系数，可取0.7；δ_{epi} 为基础底面下第 i 层土在压力 p_i（该层土平均自重应力与附加应力之和）作用下的膨胀率，由室内试验确定；λ_{si} 为第 i 层土的垂直收缩系数；Δw_i 为第 i 层土在收缩过程中可能发生的含水率变化的平均值（小数表示）；h_i 为第 i 层土的计算厚度，一般为基底宽度的0.4倍，单位为cm；n 为自基底至计算深度内所划分的土层数，计算深度可取大气影响深度，有浸水时，可按浸水影响深度确定。

位于平坦场地的建筑物地基，其承载力可由现场浸水载荷试验、饱和三轴不排水试验或《膨胀土规范》承载力表确定，变形则按胀缩变形量控制。而位于斜坡场地上的建筑物地基，除上述计算控制外尚应进行地基的稳定性计算。

2. 膨胀土地基的工程措施

膨胀土地基的工程建设，应根据当地气候条件、地基胀缩等级、场地工程地质和水文地质条件，结合当地建筑施工经验，因地制宜采取综合措施，一般可从以下两方面考虑：

（1）设计措施　选择场地时应避开地质条件不良地段，如浅层滑坡、地裂发育、地下水位剧烈等地段。尽量放置在地形条件比较简单、地质较均匀、胀缩性较弱的场地。坡地建筑应避免大开挖，依山就势布置，同时应利用和保护天然排水系统，并设置必要的排洪、截流和导流等排水措施，加强隔水、排水，防止局部浸水和渗漏现象。

建筑上力求体型简单，建筑物不宜过长，在地基土不均匀、建筑平面转折、高差较大及建筑结构类型不同处，应设置沉降缝。一般地坪可采用预制块铺砌，块体间嵌柔性材料，大面积地面应设分格变形缝；对有特殊要求的地坪可采用地面配筋或地面架空等措施，尽量与墙体脱开。民用建筑层数宜多于2层，以加大基底压力，防止膨胀变形。并应合理确定建筑物与周围树木间的距离，避免选用吸水量大、蒸发量大的树种绿化。

结构上应加强建筑物的整体刚度，承重墙体宜采用拉结较好的实心砖墙，不得采用空斗墙、砌块墙或无砂混凝土砌体，避免采用对变形敏感的砖拱结构、无砂大孔混凝土和无筋中型砌块等。基础顶部和房屋顶层宜设置圈梁，其他层隔层设置或层层设置。建筑物的角段和内外墙的连接处，必要时可增设水平钢筋。

加大基础埋深，且不应小于1m。当以基础埋深为主要防治措施时，基底埋置宜超过大气影响深度或通过变形验算确定。较均匀的膨胀土地基，可采用条形基础；基础埋深较大或条形基础基底压力较小时，宜采用墩式基础。

可采用地基处理方法减小或消除地基胀缩对建筑物的危害，常用的方法有换土垫层、土性改良、深基础等。换土应采用非膨胀性黏土、砂石或灰土等材料，厚度应通过变形计算确定，垫层宽度应大于基底宽度。土性改良可通过在膨胀土中掺入一定量的石灰来提高土的强度。也可采用压力灌浆将石灰浆液灌入膨胀土的裂缝中起加固作用。当大气影响深度较深，膨胀土层较厚，选用地基加固或墩式基础施工困难时，可选用桩基础穿越。

（2）施工措施　在施工中应尽量减少地基中含水率的变化。基槽开挖施工宜分段快速作业，避免基坑岩土体受到暴晒或浸泡。雨期施工应采取防水措施。当基槽开挖接近基底设计标高时，宜预留150~300mm厚土层，待下一工序开始前挖除；基槽验槽后应及时封闭坑底和坑壁；基坑施工完毕后，应及时分层回填夯实。

由于膨胀土坡地具有多向失水性和不稳定性，坡地建筑比平坦场地的破坏严重，故应尽量避免在坡坎上兴建建筑。若无法避开，先应采取排水措施，设置支挡和护坡进行治坡，整治环境，再开始兴建建筑。

10.4　污染土

10.4.1　污染土成因和污染土场地类型

由于致污物质的侵入，使土的成分、结构和性质发生了显著变异的土，应判定为污染土。污染土的定名可在原分类名称前冠以"污染"二字。

污染土场地和地基可分为下列类型，不同类型场地和地基勘察应突出重点：
1）已受污染的已建场地和地基。
2）已受污染的拟建场地和地基。
3）可能受污染的已建场地和地基。
4）可能受污染的拟建场地和地基。

10.4.2　污染土场地和地基的勘察

污染土场地和地基的勘察，应根据工程特点和设计要求选择适宜的勘察手段，并应符合下列要求：
1）以现场调查为主，对工业污染应着重调查污染源、污染史、污染途径、污染物成分、污染场地既有建筑物受影响程度、周边环境等。对尾矿污染应重点调查不同的矿物种类和化学成分，了解选矿所采用工艺、添加剂及其化学性质和成分等。对垃圾填埋场应着重调查垃圾成分、日处理量、堆积容量、使用年限、防渗结构、变形要求及周边环境等。

2）采用钻探或坑探采取土试样，现场观察污染土颜色、状态、气味和外观结构等，并与正常土比较，查明污染土分布范围和深度。

3）直接接触试验样品的取样设备应严格保持清洁，每次取样后均应用清洁水冲洗后再进行下一个样品的采取；对易分解或易挥发等不稳定组分的样品，装样时应尽量减少土样与空气的接触时间，防止挥发性物质流失并防止发生氧化；土样采集后宜采取适宜的保存方法并在规定时间内运送至试验室。

4）对需要确定地基土工程性能的污染土，宜采用以原位测试为主的多种手段；当需要确定污染土地基承载力时，宜进行载荷试验。

10.4.3 污染土和水的室内试验

污染土和水的室内试验，应根据污染情况和任务要求进行下列试验：
1）污染土和水的化学成分。
2）污染土的物理力学性质。
3）对建筑材料腐蚀性的评价指标。
4）对环境影响的评价指标。
5）力学试验项目和试验方法应充分考虑污染土的特殊性质，进行相应的试验，如膨胀、湿化、湿陷性试验等。
6）必要时进行专门的试验研究。

10.4.4 污染土评价

污染土评价应根据任务要求进行，对场地和建筑物地基的评价应符合下列要求：
1）污染源的位置、成分、性质、污染史及对周边的影响。
2）污染土分布的平面范围和深度、地下水受污染的空间范围。
3）污染土的物理力学性质，污染对土的工程特性指标的影响程度。
4）工程需要时，提供地基承载力和变形参数，预测地基变形特征。
5）污染土和水对建筑材料的腐蚀性。
6）污染土和水对环境的影响。
7）分析污染发展趋势。
8）对已建项目的危害性或拟建项目适宜性的综合评价。

10.4.5 建设用地土壤污染风险筛选值和管制值

1. 保护人体健康的建设用地土壤污染风险筛选值和管制值

按照《土壤环境质量建设用地土壤污染风险管控标准（试行）》（GB 36600—2018），保护人体健康的建设用地土壤污染风险筛选值和管制值分基本项目和其他项目，分别见表10-6和表10-7。

表 10-6 建设用地土壤污染风险筛选值和管制值（基本项目） （单位：mg/kg）

序号	污染物项目	CAS 编号	筛选值		管制值	
			第一类用地	第二类用地	第一类用地	第二类用地
重金属和无机物						
1	砷	7440-38-2	20①	60①	120	140
2	镉	7440-43-9	20	65	47	172
3	铬（六价）	18540-29-9	3.0	5.7	30	78
4	铜	7440-50-8	2000	18000	8000	36000
5	铅	7439-92-1	400	800	800	2500
6	汞	7439-97-6	8	38	33	82
7	镍	7440-02-0	150	900	600	2000
挥发性有机物						
8	四氯化碳	56-23-5	0.9	2.8	9	36
9	氯仿	67-66-3	0.3	0.9	5	10
10	氯甲烷	74-87-3	12	37	21	120
11	1,1-二氯乙烷	75-34-3	3	9	20	100
12	1,2-二氯乙烷	107-06-2	0.52	5	6	21
13	1,1-二氯乙烯	75-35-4	12	66	40	200
14	顺-1,2-二氯乙烯	156-59-2	66	596	200	2000
15	反-1,2-二氯乙烯	156-60-5	10	54	31	163
16	二氯甲烷	75-09-2	94	616	300	2000
17	1,2-二氯丙烷	78-87-5	1	5	5	47
18	1,1,1,2-四氯乙烷	630-20-6	2.6	10	26	100
19	1,1,2,2-四氯乙烷	79-34-5	1.6	6.8	14	50
20	四氯乙烯	127-18-4	11	53	34	183
21	1,1,1-三氯乙烷	71-55-6	701	840	840	840
22	1,1,2-三氯乙烷	79-00-5	0.6	2.8	5	15
23	三氯乙烯	79-01-6	0.7	2.8	7	20
24	1,2,3-三氯丙烷	96-18-4	0.05	0.5	0.5	5
25	氯乙烯	75-01-4	0.12	0.43	1.2	4.3
26	苯	71-43-2	1	4	10	40
27	氯苯	108-90-7	68	270	200	1000
28	1,2-二氯苯	95-50-1	560	560	560	560
29	1,4-二氯苯	106-46-7	5.6	20	56	200
30	乙苯	100-41-4	7.2	28	72	280
31	苯乙烯	100-42-5	1290	1290	1290	1290
32	甲苯	108-88-3	1200	1200	1200	1200

(续)

序号	污染物项目	CAS 编号	筛选值		管制值	
			第一类用地	第二类用地	第一类用地	第二类用地
挥发性有机物						
33	间-二甲苯+对-二甲苯	108-38-3, 106-42-3	163	570	500	570
34	邻-二甲苯	95-47-6	222	640	640	640
半挥发性有机物						
35	硝基苯	98-95-3	34	76	190	760
36	苯胺	62-53-3	92	260	211	663
37	2-氯酚	95-57-8	250	2256	500	4500
38	苯并[a]蒽	56-55-3	5.5	15	55	151
39	苯并[a]芘	50-32-8	0.55	1.5	5.5	15
40	苯并[b]荧蒽	205-99-2	5.5	15	55	151
41	苯并[k]荧蒽	207-08-9	55	151	550	1500
42	䓛	218-01-9	490	1293	4900	12900
43	二苯并[a,h]蒽	53-70-3	0.55	1.5	5.5	15
44	茚并[1,2,3-cd]芘	193-39-5	5.5	15	55	151
45	萘	91-20-3	25	70	255	700

① 具体地块土壤中污染物检测含量超过筛选值，但等于或者低于土壤环境背景值水平的，不纳入污染地块管理。

表 10-7　建设用地土壤污染风险筛选值和管制值（其他项目） （单位：mg/kg）

序号	污染物项目	CAS 编号	筛选值		管制值	
			第一类用地	第二类用地	第一类用地	第二类用地
重金属和无机物						
1	锑	7440-36-0	20	180	40	360
2	铍	7440-41-7	15	29	98	290
3	钴	7440-48-4	20①	70①	190	350
4	甲基汞	22967-92-6	5.0	45	10	120
5	钒	7440-62-2	165①	752	330	1500
6	氰化物	57-12-5	22	135	44	270
挥发性有机物						
7	一溴二氯甲烷	75-27-4	0.29	1.2	2.9	12
8	溴仿	75-25-2	32	103	320	1030
9	二溴氯甲烷	124-48-1	9.3	33	93	330
10	1,2-二溴乙烷	106-93-4	0.07	0.24	0.7	2.4

（续）

序号	污染物项目	CAS 编号	筛选值		管制值	
			第一类用地	第二类用地	第一类用地	第二类用地
半挥发性有机物						
11	六氯环戊二烯	77-47-4	1.1	5.2	2.3	10
12	2,4-二硝基甲苯	121-14-2	1.8	5.2	18	52
13	2,4-二氯酚	120-83-2	117	843	234	1690
14	2,4,6-三氯酚	88-06-2	39	137	78	560
15	2,4-二硝基甲酚	51-28-5	78	562	156	1130
16	五氯酚	87-86-5	1.1	2.7	12	27
17	邻苯二甲酸二（2-乙基己基）酯	117-81-7	42	121	420	1210
18	邻苯二甲酸丁基苄基酯	85-68-7	312	900	3120	9000
19	邻苯二甲酸二正辛酯	117-84-0	390	2812	800	5700
20	3,3'-二氯联苯胺	91-94-1	1.3	3.6	13	36
有机农药类						
21	阿特拉津	1912-24-9	2.6	7.4	26	74
22	氯丹②	12789-03-6	2.0	6.2	20	62
23	p,p'-滴滴滴	72-54-8	2.5	7.1	25	71
24	p,p'-滴滴伊	72-55-9	2.0	7.0	20	70
25	滴滴涕③	50-29-3	2.0	6.7	21	67
26	敌敌畏	62-73-7	1.8	5.0	18	50
27	乐果	60-51-5	86	619	170	1240
28	硫丹④	115-29-7	234	1687	470	3400
29	七氯	76-44-8	0.13	0.37	1.3	3.7
30	α-六六六	319-84-6	0.09	0.3	0.9	3
31	β-六六六	319-85-7	0.32	0.92	3.2	9.2
32	γ-六六六	58-89-9	0.62	1.9	6.2	19
33	六氯苯	118-74-1	0.33	1	3.3	10
34	灭蚁灵	2385-85-5	0.03	0.09	0.3	0.9
多氯联苯、多溴联苯和二噁英类						
35	多氯联苯（总量）⑤	—	0.14	0.38	1.4	3.8
36	3,3',4,4',5-五氯联苯（PCB 126）	57465-28-8	$4×10^{-5}$	$1×10^{-4}$	$4×10^{-4}$	$1×10^{-3}$
37	3,3',4,4',5,5'-六氯联苯（PCB 169）	32774-16-6	$1×10^{-4}$	$4×10^{-4}$	$1×10^{-3}$	$4×10^{-3}$
38	二噁英类（总毒性当量）		$1×10^{-5}$	$4×10^{-5}$	$1×10^{-4}$	$4×10^{-4}$
39	多溴联苯（总量）	—	0.02	0.06	0.2	0.6
石油烃类						
40	石油烃（$C_{10} \sim C_{40}$）		826	4500	5000	9000

① 具体地块土壤中污染物监测含量超过筛选值，但等于或者低于土壤环境背景值水平的，不纳入污染地块管理。
② 氯丹为 α-氯丹、γ-氯丹两种物质含量总和。
③ 滴滴涕为 o,p'-滴滴涕、p,p'-滴滴涕两种物质含量总和。
④ 硫丹为 α-硫丹、β-硫丹两种物质含量总和。
⑤ 多氯联苯（总量）为 PCB77、PCB81、PCB105、PCB114、PCB118、PCB123、PCB126、PCB156、PCB157、PCB167、PCB169、PCB189 12 种物质含量总和。

2. 建设用地土壤污染风险筛选污染物项目的确定

1）表 10-6 中所列项目为初步调查阶段建设用地土壤污染风险筛选的必测项目。

2）初步调查阶段建设用地土壤污染风险筛选的选测项目依据《建设用地土壤污染状况调查技术导则》（HJ 25.1—2019）、《建设用地土壤污染风险管控和修复监测技术导则》（HJ 25.2—2019）及相关技术规定确定，可以包括但不限于表 10-7 中所列项目。

3. 建设用地土壤污染风险筛选值和管制值的使用

1）建设用地规划用途为第一类用地的，适用表 10-6 和表 10-7 中第一类用地的筛选值和管制值；规划用途为第二类用地的，适用表 10-6 和表 10-7 中第二类用地的筛选值和管制值。规划用途不明确的，适用表 10-6 和表 10-7 中第一类用地的筛选值和管制值。

2）建设用地土壤中污染物含量等于或者低于风险筛选值的，建设用地土壤污染风险一般情况下可以忽略。

3）通过初步调查确定建设用地土壤中污染物含量高于风险筛选值，应当依据《建设用地土壤污染状况调查技术导则》（HJ 25.1—2019）、《建设用地土壤污染风险管控和修复监测技术导则》（HJ 25.2—2019）等标准及相关技术要求，开展详细调查。

4）通过详细调查确定建设用地土壤中污染物含量等于或者低于风险管制值，应当依据《建设用地土壤污染风险评估技术导则》（HJ 25.3—2019）等标准及相关技术要求，开展风险评估，确定风险水平，判断是否需要采取风险管控或修复措施。

5）通过详细调查确定建设用地土壤中污染物含量高于风险管制值，对人体健康通常存在不可接受风险，应当采取风险管控或修复措施。

6）建设用地若需采取修复措施，其修复目标应当依据《建设用地土壤污染风险评估技术导则》、《建设用地土壤修复技术导则》（HJ 25.4—2019）等标准及相关技术要求确定，且应当低于风险管制值。

7）表 10-6 和表 10-7 中未列入的污染物项目，可依据《建设用地土壤污染风险评估技术导则》等标准及相关技术要求开展风险评估，推导特定污染物的土壤污染风险筛选值。

4. 建设用地分类

建设用地中，城市建设用地根据保护对象暴露情况的不同，可划分为两类。第一类用地：包括《城市用地分类与规划建设用地标准》（GB 50137—2011）规定的城市建设用地中的居住用地（R）、公共管理与公共服务设施用地中的中小学用地（A33）、医疗卫生用地（A5）和社会福利设施用地（A6），以及公园绿地（G1）中的社区公园或儿童公园用地等。

第二类用地：包括《城市用地分类与规划建设用地标准》（GB 50137）规定的城市建设用地中的工业用地（M）、物流仓储用地（W）、商业服务业设施用地（B）、道路与交通设施用地（S）、公用设施用地（U）、公共管理与公共服务设施用地（A）（A33、A5、A6 除外）以及绿地与广场用地（G）（G1 中的社区公园或儿童公园用地除外）等。

10.4.6　污染对土的工程特性的影响

污染对土的工程特性的影响程度可按表 10-8 划分，并根据工程具体情况，可采用强度、变形、渗透等工程特性指标进行综合评价。对污染土的处置与修复应根据污染程度、分布范围、土的性质、修复标准、处理工期和处理成本等综合考虑。

表 10-8 污染对土的工程特性的影响程度

影响程度	轻微	中等	大
工程特性指标变化率（%）	<10	10~30	>30

注："工程特性指标变化率"是指污染前后工程特性指标的差值与污染前指标的百分比。

思 考 题

1. 湿陷性黄土主要分布在我国哪些地区？具有什么主要的特征？
2. 什么是黄土的湿陷性？黄土为什么具有湿陷性？是不是所有黄土都具有湿陷性？
3. 如何从黄土的组成和物理性质来分析其湿陷性的高低？
4. 黄土的湿陷性用什么指标判定？这个指标是如何测得的？判定的标准是什么？
5. 黄土的湿陷性与压力有何关系？什么是湿陷起始压力？
6. 什么是自重湿陷性黄土和非自重湿陷性黄土？如何区分？
7. 何谓自重湿陷性系数？非自重湿陷性黄土是否仍具有湿陷性？
8. 如何计算场地的自重湿陷量和判定场地是否为自重湿陷性场地？
9. 地基的湿陷量和场地的湿陷量有什么不同？
10. 按湿陷性，黄土地基分成几个等级？如何划分等级？
11. 对于湿陷性黄土地基，可以采取哪些措施以消除其湿陷性或减少其湿陷性？
12. 什么是膨胀土？它具有哪些主要的外观特征？
13. 膨胀土地基按胀缩变形量划分成几种等级？胀缩变形量如何计算？计算时膨胀变形量取多大的基底压力？
14. 膨胀土地基的实际变形量计算分成几种情况？各种情况的变形量如何计算？
15. 膨胀土地基上建筑物允许沉降量的控制标准，较一般地基，应更为严格还是可略为降低？
16. 膨胀土地基的最小埋置深度多大？这个规定有何依据？
17. 膨胀土地基当变形量不能满足要求时，可以采取哪些工程措施？
18. 什么是污染土？污染土场地和地基的勘察有什么要求？
19. 污染土要进行哪些室内试验？

习 题

1. 对某黄土样进行压缩试验，试验时切取原状土样用的环刀高 20mm，土样浸水前后的压缩变形量见表 10-9。已知黄土的相对密度 $d_s = 2.71$，天然状态下干重度 $\gamma_d = 14.1 \text{kN/m}^3$。

   1) 绘出浸水前后压力与孔隙比关系曲线。
   2) 求 $p = 200 \text{kPa}$ 时土的湿陷系数 δ_s。

表 10-9 土样浸水前后的压缩变形量

土样浸水情况	天然含水率					浸水饱和			
垂直压力/kPa	0	50	100	150	200	200	250	300	400
土样变形量/mm	0	0.22	0.41	0.43	0.45	2.51	2.56	2.62	2.82

2. 陇东地区某建筑场地进行工程地质勘察，其中一个探井的土工试验资料见表 10-10，试确定该场地的湿陷类型和黄土地基的湿陷等级。

表 10-10 某探井的湿陷系数和饱和自重作用下的湿陷系数

取土深度/m	1.5	2.5	3.5	4.5	5.5	6.5	7.5	8.5	9.5	10.5
δ_s	0.075	0.057	0.073	0.028	0.086	0.085	0.072	0.037	0.002	0.039
δ_{zs}	0.0018	0.014	0.020	0.013	0.027	0.055	0.050	0.013	0.001	0.025

3. 对某膨胀土样进行自由膨胀率试验，已知土样原始体积为 10mL，膨胀稳定后测得土样体积为 15.6mL，试求此土的自由膨胀率。

参 考 文 献

[1] 陈国兴. 土质学与土力学 [M]. 2 版. 北京：中国水利水电出版社，2006.
[2] 陈书申，陈晓平. 土力学与地基基础 [M]. 3 版. 武汉：武汉工业大学出版社，2006.
[3] 陈希哲. 土力学地基基础 [M]. 4 版. 北京：清华大学出版社，2004.
[4] FREDLUND D G，RAHARDJO H. 非饱和土土力学 [M]. 陈仲颐，张在明，陈愈炯，译. 北京：中国建筑工业出版社，1997.
[5] 陈仲颐，周景星，王洪瑾. 土力学 [M]. 北京：清华大学出版社，1994.
[6] 华南理工大学，东南大学，浙江大学，等. 地基及基础 [M]. 3 版. 北京：中国建筑工业出版社，1998.
[7] 高大钊. 土力学与基础工程 [M]. 北京：中国建筑工业出版社，1998.
[8] 高大钊，袁聚云. 土质学与土力学 [M]. 3 版. 北京：人民交通出版社，2006.
[9] 龚晓南. 土力学 [M]. 北京：中国建筑工业出版社，2002.
[10] 顾慰慈. 挡土墙土压力计算手册 [M]. 北京：中国建材工业出版社，2005.
[11] 顾晓鲁，钱鸿缙，刘惠珊，等. 地基与基础 [M]. 3 版. 北京：中国建筑工业出版社，2003.
[12] 黄文熙. 土的工程性质 [M]. 北京：中国水利水电出版社，1983.
[13] 刘成宇. 土力学 [M]. 2 版. 北京：中国铁道出版社，2000.
[14] 刘福臣，成自勇，崔自治. 土力学 [M]. 北京：中国水利水电出版社，2005.
[15] 刘增荣. 土力学 [M]. 上海：同济大学出版社，2005.
[16] 刘忠玉. 土力学 [M]. 北京：中国电力出版社，2007.
[17] 卢廷浩. 土力学 [M]. 2 版. 南京：河海大学出版社，2005.
[18] 纳珀特，克雷格. Craig 土力学 [M]. 顾晓强，杨硕成，译. 北京：机械工业出版社，2020.
[19] 钱家欢，殷宗泽. 土工原理与计算 [M]. 2 版. 北京：中国水利水电出版社，1996.
[20] 沈珠江. 理论土力学 [M]. 北京：中国水利水电出版社，2000.
[21] 王泽云. 土力学 [M]. 重庆：重庆大学出版社，2002.
[22] 汪闻韶. 土的动力强度和液化特性 [M]. 北京：中国电力出版社，1997.
[23] 殷宗泽. 土工原理 [M]. 北京：中国水利水电出版社，2007.
[24] 赵成刚，白冰. 土力学原理：修订本 [M]. 北京：清华大学出版社，2009.
[25] 赵明华. 土力学与基础工程 [M]. 4 版. 武汉：武汉理工大学出版社，2014.
[26] 赵树德，廖红建. 土力学 [M]. 2 版. 北京：高等教育出版社，2010.
[27] 中华人民共和国住房和城乡建设部. 建筑地基基础设计规范：GB 50007—2011 [S]. 北京：中国建筑工业出版社，2011.
[28] 中华人民共和国住房和城乡建设部. 土工试验方法标准：GB/T 50123—2019 [S]. 北京：中国计划出版社，2019.
[29] 中华人民共和国住房和城乡建设部. 建筑抗震设计规范：GB 50011—2010 [S]. 2016 年版. 北京：中国建筑工业出版社，2016.
[30] 中华人民共和国建设部. 岩土工程勘察规范：GB 50021—2001 [S]. 2009 年版. 北京：中国建筑工业出版社，2009.
[31] 中华人民共和国建设部. 土的工程分类标准：GB/T 50145—2007 [S]. 北京：中国计划出版社，2008.
[32] 中华人民共和国住房和城乡建设部. 湿陷性黄土地区建筑标准：GB 50025—2018 [S]. 北京：中国建筑工业出版社，2019.

[33] 中华人民共和国住房和城乡建设部. 膨胀土地区建筑技术规范：GB 50112—2013［S］. 北京：中国建筑工业出版社，2013.

[34] 中华人民共和国交通运输部. 公路桥涵地基与基础设计规范：JTG 3363—2019［S］. 北京：人民交通出版社股份有限公司，2019.

[35] 国家铁路局. 铁路桥涵地基和基础设计规范：TB 10093—2017［S］. 北京：中国铁道出版社，2017.

[36] 中华人民共和国交通运输部. 公路路基设计规范：JTG D30—2015［S］. 北京：人民交通出版社股份有限公司，2015.

[37] 中华人民共和国交通运输部. 公路土工试验规程：JTG 3430—2020［S］. 北京：人民交通出版社股份有限公司，2020.

[38] OERTEL H. 普朗特流体力学基础［M］. 朱自强，钱翼稷，李宗瑞，译. 北京：科学出版社，2008.

[39] BUDHU M. Soil mechanics and foundations［M］. New York：John Wiley & Sons Inc.，2000.

[40] BOWLES J E. Foundation analysis and design［M］. 5th ed. New York：The McGraw-Hill Companies，Inc.，1996.

[41] SCHOFIELD A N，WROTH C P. Critical state soil mechanics［M］. London：McGraw-Hill Book Company，1968.

[42] TERZAGHI K，PECK R B. Soil mechanics in engineering practice［M］. 2nd ed. New York：Willey，1967.

[43] WOOD D M. Soil behaviour and critical state soil mechanics［M］. Cambridge：Cambridge University Press，1990.